TÜBINGER RECHTSWISSENSCHAFTLICHE ABHANDLUNGEN

Herausgegeben von
Mitgliedern des Fachbereichs Rechtswissenschaft
der Universität Tübingen

Band 42

Recht und Realität der Unternehmenskorporation

Ein Beitrag zur Theorie der juristischen Person

von

DR. IUR. CLAUS OTT

ord. Prof. an der Universität Hamburg

1977

J. C. B. MOHR (PAUL SIEBECK) TÜBINGEN

CIP-Kurztitelaufnahme der Deutschen Bibliothek

Ott, Claus

Recht und Realität der Unternehmenskorporation:
e. Beitr. zur Theorie d. jur. Person. –
1. Aufl. – Tübingen: Mohr, 1977.
(Tübinger rechtswissenschaftliche Abhandlungen; Bd. 42)
ISBN 3-16-638822-2
ISSN 0082-6731

Als Habilitationsschrift auf Empfehlung des Fachbereichs Rechtswissenschaft
der Eberhard-Karls-Universität gedruckt
mit Unterstützung der Deutschen Forschungsgemeinschaft

Printed in Germany
Offsetdruck: Gulde-Druck, Tübingen
Einband: Heinrich Koch, Großbuchbinderei, Tübingen

VORWORT

Die vorliegende Arbeit will einen Beitrag zur rechtlichen Neuordnung des Unternehmensrechts, vor allem, soweit es die Großunternehmen betrifft, erbringen. Sie geht von der Einsicht in die Zeitgebundenheit juristischer Begriffe und Theorien aus und versucht demgemäß, die unser Gesellschafts- und Unternehmensrecht prägenden Kategorien mit sozialwissenschaftlichen Forschungen zur Realität der Großunternehmen zu konfrontieren. Dabei findet auch die einschlägige amerikanische Literatur zur corporation Eingang in die Untersuchung, was sich aus der vergleichbaren Problemstruktur rechtfertigt. Besondere Schwierigkeiten der Darstellung ergeben sich daraus, daß gerade in diesem für unsere Gesellschafts- und Wirtschaftsordnung zentralen Bereich mit sehr weit auseinanderliegenden Vorverständnissen zu rechnen ist. So ist festzustellen, daß Aussagen über Großunternehmen als wirtschaftliche und politische Machtzentren, die in der sozialwissenschaftlichen Diskussion seit langem allgemein akzeptiert sind, unter Juristen auf einen sehr viel schmaleren Konsens treffen oder aber offenen oder versteckten Dissens auslösen.

Der Schwerpunkt der Arbeit liegt in einer Analyse der Legitimationsdefizite der Unternehmenskorporation in ihrer gegenwärtigen Ausgestaltung und in ihrem gegenwärtigen rechtlichen Status, der noch immer entscheidend von der Vorstellung geprägt wird, es handle sich hier um Verwirklichungen individueller Privatautonomie. Hier geraten Legitimationsmuster einer lange zurückliegenden Entwicklungsstufe mit den Realitäten der Gegenwart in einen zu neuen Ordnungskonzepten drängenden Widerspruch, der zunächst sichtbar gemacht werden muß und soll, bevor nach einer Lösung gesucht werden kann. Die Suche nach einer Lösung führt freilich noch nicht zu einem System eines neuen Unternehmensrechts, sondern muß sich zunächst darauf beschränken, vorhandene Ansätze zusammenzustellen und weiterzuentwickeln. Konkrete Überlegungen zur Umgestaltung der Unternehmenskorporation, wie sie im letzten Kapitel der Arbeit enthalten sind, sollen ein mögliches Fazit aus den vorangegangenen Analysen und Lösungsansätzen ziehen und zur Diskussion stellen.

Die Arbeit war Bestandteil meiner Habilitation am Fachbereich Rechtswissenschaft der Universität Tübingen im Sommersemester 1973. Durch meine Berufung nach Hamburg im Oktober 1973 und durch die hier übernommenen Pflichten im Zusammenhang mit der Vorbereitung und Durchführung des „Hamburger Modells" der Einstufigen Juristenausbildung hat sich die Drucklegung leider verzögert. Wichtige neuere Literatur konnte im wesentlichen bis zum Frühsommer 1975 noch eingearbeitet werden. Dem Fachbereich danke ich für die Aufnahme der Arbeit in seine Schriftenreihe.

Dank schulde ich der Deutschen Forschungsgemeinschaft für einen Beitrag zu den Druckkosten und zuvor schon für ein Stipendium, das mir einen Studienaufenthalt an der University of California in Berkeley, Center for the Study of Law and Society, von 1968 bis 1969 ermöglicht hat, der dann bis 1970 ausgedehnt werden konnte. Dank schulde ich auch dem „Center" und seinem damaligen Chairman, Prof. Philip Selznick, für Gelegenheit und Anleitung zu einem intensiven Studium der amerikanischen Rechtssoziologie und zur Erarbeitung der für die vorliegende Untersuchung einschlägigen amerikanischen Literatur. Die vielen Gespräche und Diskussionen mit den Mitgliedern und Gästen des „Center" vermittelten Anregungen und Eindrücke von nachhaltiger Wirkung. Mein Dank gilt auch Prof. Richard Buxbaum, Faculty of Law, Berkeley, für seine ständige Bereitschaft zu Gesprächen und zur Kritik. Prof. Antonie Peters (Utrecht), damals ebenfalls am „Center", war stets zu sachverständiger freundschaftlicher Hilfe und Ermutigung bereit.

Prof. Friedrich Kübler (Frankfurt a. M.), Dr. Ulrich Bälz und Dr. Georg Sandberger (beide Tübingen) haben mir nach der Rückkehr aus USA in gleicher Weise geholfen. Ihnen allen möchte ich auch an dieser Stelle danken.

Für technische Hilfe danke ich Gert Donkers und Dieter Ulbricht.

Vor allem aber gilt mein Dank meinem verehrten Lehrer Professor Ludwig Raiser für die unvergleichlichen Jahre als Assistent an seinem Lehrstuhl und für Anregung wie Förderung dieser Arbeit. Ohne die stetige Ermutigung durch ihn wäre der Versuch eines neuen Ansatzes nicht unternommen worden und nicht möglich gewesen.

Hamburg, September 1976 Claus Ott

ÜBERSICHT

1. Teil

UNTERNEHMENSKORPORATION UND JURISTISCHE PERSON

2. Teil

DIE LEGITIMATIONSKRISE DER UNTERNEHMENSKORPORATION

3. Teil

DIE UNTERNEHMENSKORPORATION IN DER MODERNEN RECHTSORDNUNG

Schluß

INHALTSVERZEICHNIS

I. Teil

UNTERNEHMENSKORPORATION UND JURISTISCHE PERSON

1. Kapitel

Wirtschaftliche Macht im Umbruch der bürgerlichen Gesellschaft

2. Kapitel

Unternehmenskorporation und Theorie der Juristischen Person

3. Kapitel

Soziale Funktionen der Juristischen Person

II. Teil

DIE LEGITIMATIONSKRISE
DER UNTERNEHMENSKORPORATION

4. Kapitel

Die Verschleierung unkontrollierter Macht im Gesellschaftsrecht

5. Kapitel

Legitimation durch Wirtschaftsordnung und Unternehmensverfassung?

III. Teil

DIE UNTERNEHMENSKORPORATION IN DER MODERNEN RECHTSORDNUNG

6. Kapitel

Unternehmenskorporationen als intermediäre Gewalten im Rechtssystem der Gesellschaft

7. Kapitel

Die Neuordnung der Unternehmenskorporation

1. Teil

UNTERNEHMENSKORPORATION UND JURISTISCHE PERSON

1. Kapitel

Wirtschaftliche Macht im Umbruch der bürgerlichen Gesellschaft

I. Die Herausforderung des Rechts durch die Vermachtung der Wirtschaft

1. Wirtschaftliche Macht und Privatrechtsdoktrin

Wenn die Kontrolle wirtschaftlicher Macht heute durchweg als eines der vordringlichsten Probleme des Privatrechts gilt[1], so wird die Bedrohung nicht allein in der Entwicklung und in der Dominanz von Groß- und Größtunternehmen mit ihren weitgespannten Einflußnetzen gesehen, sondern mehr noch in der Reaktion des Staates, von der befürchtet wird, daß sie zu einem Zustand permanenter staatlicher Intervention und damit letztlich zum Ende der Vorherrschaft des Privatrechts in der Wirtschaft führe. Die Trennung von Staat und Wirtschaft und die Zurechnung der Wirtschaft zum privaten Bereich des „Bürgers" ist für das Privatrecht im überkommenen Sinn schlechthin entscheidend. Das Privatrecht war das Recht der bürgerlichen Wirtschaftsgesellschaft[2], und noch heute hält die Privatrechtsdoktrin daran

---

[1] Aus der unübersehbaren Literatur zu diesem Problemkomplex sei hier nur verwiesen auf *Biedenkopf*, Über das Verhältnis wirtschaftlicher Macht zum Privatrecht, in Festschrift für Franz Böhm, 1965, S. 113 ff.; *ders.*, Die Konzentration als Rechtsproblem, in *H. Arndt*, Die Konzentration in der Wirtschaft I, 2. Aufl., 1971, S. 515 ff.; *Ballerstedt*, Vertragsfreiheit und Konzentration, ebd., S. 537 ff.; *Flume*, Allg. Teil, II, § 1, 7, 9; *Mestmäcker*, Über die normative Kraft privatrechtlicher Verträge, JZ 1964, 441 ff.; *L. Raiser*, Die Zukunft des Privatrechts, 1971; *E. Steindorff*, Wirtschaftsordnung und -steuerung durch Privatrecht? in Festschrift für Ludwig Raiser, 1974, S. 621 ff.

[2] *Wieacker*, Privatrechtsgeschichte der Neuzeit, S. 543 f.; *F. Kübler*, Privatrecht und Demokratie in Festschrift für Ludwig Raiser, S. 697 ff., bes. S. 716 ff. – Eine umfassende Auseinandersetzung mit der Entwicklung der Privatrechtstheorie unternimmt *R. Wiethölter*, Privatrecht als Gesellschaftstheorie?, ebd., S. 645 ff.

fest, daß zur Freiheit des einzelnen in der Gesellschaft auch und gerade die Freiheit seiner wirtschaftlichen Betätigung und der unternehmerischen Entfaltung gehöre[3]. Wenn aber durch das Privatrecht eine herrschaftsfreie Ordnung der Wirtschaftsbeziehungen vermittelt werden soll, so ist die Voraussetzung dafür, daß es „gelingt, mit dem Problem der privaten Macht mit den Mitteln des Privatrechts fertig zu werden“[4].

a) Aber die wirtschaftliche Macht, wie sie in den Großunternehmen entgegentritt, stellt diesen Anspruch des Privatrechts entschieden in Frage. Die immer weiter um sich greifende Expansion und Konzentration läßt es mehr als zweifelhaft erscheinen, ob das privatrechtliche Instrumentarium wirklich einen effektiven Rechtsschutz gegen diese Zusammenballungen von Macht gewährleisten und sie noch irgendwie unter die Kontrolle des Rechts bringen kann. Viel eher scheinen die Institute des Privatrechts in ihrer Funktion umzuschlagen und selbst zum Herrschaftsinstrument zu werden[5]. Das Problem dieser „privaten Macht“ reicht noch tiefer: es spiegelt Umschichtungen wider, die das System des Privatrechts von Grund auf erschüttern. Eine Schlüsselrolle spielt dabei der Wettbewerb. Er ist letztlich die eigentliche Basis der Privatrechtskonzeption. Er bietet sich als Ausweg aus dem Dilemma einer Wirtschaft an, die systematisch Machtblöcke aufbaut und gleichzeitig von exogener Kontrolle freigehalten werden will und soll. Der Wettbewerb soll den richtigen Gebrauch wirtschaftlicher Macht kontrollieren und er soll zugleich die Ausgangslage der Privatrechtsordnung herstellen: das faktische Gleichgewicht zwischen den Rechtssubjekten. Demgemäß erweist sich die „machtverteilende“ und „neutralisierende“ Wirkung des Wettbewerbs für die Doktrin als das „missing link“, das die theoretische Verbindung von Wirtschaft und Privatrecht herzustellen verspricht[6]. Gewicht und Dynamik der Großunternehmen drohen indessen gerade das Wettbewerbskonzept zu sprengen. Im Grunde bleibt von der ursprünglich

---

[3] Einige Stimmen aus der neueren Literatur: *Volker Emmerich,* Das Wirtschaftsrecht der öffentlichen Unternehmen, S. 64 ff.; *Manfred Wolf,* Rechtsgeschäftliche Entscheidungsfreiheit und vertraglicher Interessenausgleich, S. 90 ff.; *Bernhard Grossfeld,* Aktiengesellschaft, Unternehmenskonzentration und Kleinaktionär, S. 50 ff.; *Hans Merz,* Privatautonomie heute – Grundrecht und Rechtswirklichkeit, pass., bes. S. 13 ff.; *H. P. Westermann,* Vertragsfreiheit und Typengesetzlichkeit im Recht der Personengesellschaften, S. 21 ff.; *Dieter Reuter,* Privatrechtliche Schranken der Perpetuierung von Unternehmen, S. 32 ff.

[4] *Emmerich,* aaO. S. 131.

[5] Dazu eingehend *Biedenkopf,* aaO.

[6] Hierzu ist vor allem auf das Werk *Franz Böhms* zu verweisen; s. u. a. Wettbewerb und Monopolkampf, 1933; Die Ordnung der Wirtschaft als geschichtliche Aufgabe und rechtsschöpferische Leistung, 1937. Aus neuerer Zeit: Privatrechtsgesellschaft und Marktwirtschaft, ORDO XVII, 75 ff. und als konsequenter Versuch, die Funktionszusammenhänge des Unternehmens mit den Mitteln des Privatrechts zu erfassen in Festgabe für Heinrich Kronstein, S. 11 ff. Zur Weiterentwicklung dieses Konzepts vgl. bes. *J. Mestmäcker,* Über das Verhältnis des Rechts der Wettbewerbsbeschränkungen zum Privatrecht, AcP 168 (1968), S. 235 ff.

konkret gemeinten Vorstellung einer egalitären Gesellschaft wirtschaftender Bürger nur der Verweis auf gewisse Ausweichmöglichkeiten vor den wirtschaftlichen Machtblöcken, die der Wettbewerb dem einzelnen Bürger offenhalten soll und angeblich offenhält. Schon das erweckt Zweifel, ob es wirklich noch gerechtfertigt ist, hier von Koordination statt von Subordination zu sprechen. Vollends zweifelhaft wird dies, wenn man das Ausmaß der Vermachtung der Wirtschaft und die Realität der Großunternehmen offen in Betracht zieht und fragt, welche Wirkung der Wettbewerb hier faktisch hat und überhaupt noch haben kann.

Selbst wenn aber die machtneutralisierende Wirkung des Wettbewerbs in relevantem Maß nachzuweisen wäre, so bliebe doch der prinzipielle Einwand, daß sich der Funktionszusammenhang der modernen Wirtschaft mit den Kategorien und Begriffen des Privatrechts schon deshalb nicht mehr angemessen erfassen läßt, weil die mit dem Privatrecht vorausgesetzte Trennung von Staat und Wirtschaft unhaltbar geworden ist. Die staatliche Aktivität in der Wirtschaft ist kaum zu übersehen. Ein Großteil aller Gesetze betrifft die Steuerung und Integration der Wirtschaft, und ein Großteil aller staatlicher Maßnahmen ist hierauf konzentriert. Organisationen des Staates wirken auf allen Ebenen mit denen der Wirtschaft zusammen; der Staat ist unmittelbares und untrennbares Element der Veranstaltung der Wirtschaft[7]. Allzu offenkundig sind die staatlichen Kräfte auch permanent darauf gerichtet, Funktionsstörungen in der Wirtschaft zu begegnen, als daß man noch unbefangen vom „freien Spiel der wirtschaftlichen Kräfte“ sprechen und in der Erhaltung der Privatautonomie und der privaten unternehmerischen Initiative das eigentliche Anliegen der Wirtschaftsordnung sehen könnte[8]. Diese Entwicklung, die von der Doktrin mit dem Begriff des „Wirtschaftsrechts“ zusammengefaßt wird, durchkreuzt alle Bemühungen, die Ordnung der Wirtschaft auf das Privatrecht zu gründen. Schon der Begriff des Wirtschaftsrechts bezeichnet die Auflösung der „systematischen Einheit des bürgerlichen Rechts durch die Ausgliederung gerade der sozialen Schwerefelder des Privatrechts in Sondergebiete“[9]. Die „Abdankung der liberalen Wirtschaftsgesellschaft“, die heute zu konstatieren ist, bedeutet auch die Abdankung der privatrechtlichen Wirtschaftsordnung.

---

[7] Vgl. dazu näher und mit weiteren Nachweisen *Claus Ott*, Die soziale Effektivität des Rechts bei der politischen Kontrolle der Wirtschaft in Zur Effektivität des Rechts. Jahrbuch für Rechtssoziologie und Rechtstheorie, Band 3. 1972. S. 345 ff. Zur Entwicklung *H. U. Wehler*, Der Aufstieg des organisierten Kapitalismus in Deutschland in H. A. Winkler, Hrsg., Organisierter Kapitalismus, 1974, S. 36 ff.

[8] Vgl. zur kritischen Auseinandersetzung insbesondere mit Franz Böhm *Hans Zacher*, Aufgaben einer Theorie der Wirtschaftsverfassung, in Festschrift für Franz Böhm, S. 63 ff., 66 ff.

[9] *Wieacker*, Privatrechtsgeschichte, S. 543.

b) Eine neue und zeitgemäße Konzeption für die Ordnung der Wirtschaft ist damit zur Debatte gestellt. Das „Wirtschaftsrecht" enthält darauf bislang keine Antwort, denn es ist kaum mehr als eine pragmatische und unscharfe Zusammenfassung der direkten und indirekten staatlich-rechtlichen Regulationen des Wirtschaftsprozesses und folgt damit wie diese selbst den jeweils akuten Steuerungsproblemen der Wirtschaft. Eine umfassende Gesellschaftstheorie, wie sie der Liberalismus zu seiner Zeit entwickelt hatte, fehlt bislang für das moderne Wirtschaftsrecht[10].

Der Nenner „Wettbewerb" ist insgesamt zu schmal, um das Verhältnis der Wirtschaft sowohl zum Staat als auch zum einzelnen Bürger zu bestimmen und zu erfassen. Die Grenzen des Staates lassen sich im Bereich der Wirtschaft ebenso wenig wie in anderen Sozialbereichen abschließend bestimmen, und ebensowenig wie sich Staat und Wirtschaft als voneinander unterschiedene Sozialbereiche verstehen lassen, lassen sie sich als getrennte Funktionsbereiche begreifen. Die Wirtschaft entpuppt sich vielmehr als Teil des gesamtgesellschaftlichen politischen Prozesses, in dem staatliche und wirtschaftliche Institutionen und fast alle gesellschaftlichen Interessengruppierungen aufeinandertreffen und um Einfluß ringen.

Auch das Verhältnis zum Bürger erweist sich als komplexer als es nach der Doktrin scheinen muß. Alle Vorkehrungen gegen die Gefährdung des einzelnen durch private Macht, alle Mobilisierung rechtlicher Instrumente und Institutionen ändern nichts daran, daß eben dieser „einzelne" als Konsequenz der liberalen Utopie, die das Privatrecht als Feld der „selbstmächtigen Person im Rechtssinne" konstituiert[11], sich in einer Zwangssolidarität mit wirtschaftlichen Machtblöcken findet, welche sich ihm gegenüber wenig solidarisch verhalten und die deshalb trotz allem Ausbau der subjektiven Rechte und der Grenzen der Vertragsfreiheit doch immer zu seinen Lasten gehen muß[12]. Die Befreiung aus dieser Zwangssolidarität, die konsequente Differenzierung des rechtlichen Status nach dem Status im sozialen Herrschaftssystem würde für den „einzelnen", weil er machtlos ist, mehr Schutz bedeuten als eine noch so subtile Privatrechtsdogmatik, die letztlich doch am abstrakten Begriff des „Rechtssubjekts", des „Vertragspartners" etc.

---

[10] Zu den Auseinandersetzungen um den Begriff des Wirtschaftsrechts sei zusammenfassend verwiesen auf *W. Schmidt-Rimpler*, Art. Wirtschaftsrecht, HDSW Band 12, Nachtrag, S. 686 ff.; *Walter Schluep*, Was ist Wirtschaftsrecht? in Festschrift für Walther Hug, S. 25 ff., jeweils mit eingehenden Nachweisen. Kritisch zur Entwicklung insges. auch *H. Zacher*, aaO. und *Horst Ehmke*, Wirtschaft und Verfassung, S. 7 ff. Neuerdings auch *Koppensteiner*, Rechtstheorie 1973, 1 ff. und *Wiethölter*, aaO. (Anm. 2).

[11] *Ballerstedt*, Privatrecht und Politik in Festgabe für Otto Kunze, S. 54.

[12] Auf den Schutz einer Quasi-Privatheit durch gesellschaftlich vielfach obsolet gewordene Institutionen wie Privateigentum und Vertragsfreiheit weist kritisch hin *Joachim Hirsch*, Zur politischen Ökonomie des politischen Systems in Kress/Senghaas, Hrsg., Politikwissenschaft, S. 190 ff., 209.

festhält. Aber die Dogmatik interessiert sich nicht grundsätzlich dafür, ob einer der „Vertragspartner" ein Unternehmen ist, das die Verhandlungssituation in allen wesentlichen Beziehungen unter Kontrolle hat, während der andere bestenfalls die Wahl haben mag, auf den Vertragsschluß überhaupt und damit auch auf die weitere Verfolgung seiner Interessen zu verzichten, – womit freilich der Vertrag als Instrument der Selbstbestimmung ad absurdum geführt ist[13]. Gleichwohl behandelt das Privatrecht sie beide als statusgleich und wendet die gleichen Prinzipien auf sie an, denn – so die noch immer typische Vorstellung – „Unternehmer sind Privatpersonen und nichts als Privatpersonen – dies gilt auch für den Staat und andere Personen des öffentlichen Rechts, soweit sie sich als Unternehmer betätigen, besitzen also anderen Beteiligten am Wirtschaftsverkehr gegenüber keinerlei Befehlsgewalt... Ihr Recht, über Vermögen und Dienstleistungen anderer Personen, die ihnen vollkommen gleichgestellt sind, zu disponieren, ist allein aus dem rechtsgeschäftlichen Willen der Leistungsverpflichteten abgeleitet; all seine legitime Betätigungsgewalt trägt der Unternehmer von denjenigen zu Lehen, deren Dienste und Vermögen er in Anspruch nimmt. Marktmäßige Kooperation ist Kooperation zwischen Gleichberechtigten ..."[14].

An dieser abstrakten Gleichheit muß die Doktrin trotz ihrem Bemühen um eine Korrektur von Gleichgewichtsstörungen im Einzelfall festhalten. Am Begriff des „einzelnen" hängt letztlich das gesamte Privatrechtssystem, zumindest soweit es die Wirtschaft einbeziehen will, denn nur durch diese Abstraktion ist der für die Erhaltung des Systems notwendige Bezug auf eine einheitliche Wirtschaftsgesellschaft herstellbar. Würde diese Abstraktion aufgegeben, so würde zugleich sichtbar, daß die liberale Wirtschaftsgesellschaft nicht mehr besteht, sondern an ihre Stelle ein Gruppen- und Verbände-Pluralismus getreten ist, „in dem der wirtschaftliche Interessenkampf nicht mehr durch einzelne Wirtschaftssubjekte, sondern durch kollektive Interessenvertretungen geführt und so sein Ausgleich gesucht wird"[15], und in dem relativ wenige Organisationen umfassende Machtpositionen aufgebaut haben. –

---

[13] Treffend bemerkt *Wolfgang Friedmann*, Recht und sozialer Wandel, S. 103/4 in diesem Zusammenhang: „Insoweit eine Person bezüglich des Vertragsabschlusses frei von körperlicher Behinderung oder anderem unmittelbarem Zwang ist, wird fingiert, daß sie dem idealtypischen Vertragspartner entspricht. Weil das Gesetz unparteiisch ... (ist), berücksichtigt es nicht die Ungleichheit, die sich daraus ergibt, daß es sich bei der einen Partei um eine Gesellschaft handeln kann, die die gesamte Öl- und Chemieindustrie eines Landes kontrolliert und bei der Gegenpartei um einen Arbeiter mit Wochenlohn und wöchentlicher Kündigungsfrist."

[14] *Franz Böhm* in Festgabe für H. Kronstein, S. 25.

[15] *Wieacker*, Privatrechtsgeschichte, S. 546.

2. *Wirtschaft und Verfassung*

Der Vorstellung von einer besonderen Wirtschaftsgemeinschaft ist auch von der verfassungsrechtlichen Doktrin seit Beginn der Auseinandersetzungen um eine Wirtschaftsverfassung in der Weimarer Zeit immer von neuem Vorschub geleistet worden. Insofern deckt sich der Begriff der Wirtschaftsverfassung mit dem Anliegen der Privatrechtsdoktrin: die Grenzen des „Staates" gegenüber dem wie immer verstandenen Bereich der „Wirtschaft" zu bestimmen. Auch bei dem Bemühen um eine Ausfüllung dieses Bereichs ergibt sich eine ähnliche Übereinstimmung sowohl in den dogmatischen Ansätzen als auch in den dadurch aufgeworfenen Problemen: der Rückgriff auf die Abstraktion des „freien Unternehmers" bzw. auf den ebenso abstrakten Begriff der „freien unternehmerischen Initiative"[16], die beide die tatsächlichen sozialen Strukturen des Wirtschaftsprozesses verdecken.

a) Die Ausgrenzung eines besonderen Bereichs „Wirtschaft" als Implikation der Wirtschaftsverfassung erfolgt im einzelnen aus verschiedenen Ansätzen heraus. Sie alle führen dazu, daß der Funktionszusammenhang der Wirtschaft mit anderen gesellschaftlichen und insbesondere politischen Abläufen letztlich zugunsten besonderer Gruppen verkürzt wird[17]. Das zeigt sich unmittelbar dort, wo die „Wirtschaft" als eigenständiger Organismus auf berufsständischer oder „wirtschaftsdemokratischer" Grundlage ausgewiesen wird, mit der Konsequenz der Entwicklung eigener politischer Organe[18]. Freilich ist eine solche Selbstverwaltung der Wirtschaft – genauer: politische Kontrolle der Wirtschaft durch bestimmte Gruppen von Wirtschaftsbeteiligten – im Rahmen des Grundgesetzes nicht von aktueller Bedeutung. Die Verfassung gibt der Wirtschaft keine eigenständige politische Organisation. Aber die Tendenzen zur Ausgrenzung der Wirtschaft gehen auch von anderen Ansätzen aus. Sie zeigen sich insbesondere in der von der neo-liberalen Schule beeinflußten Doktrin, die unter Übernahme ökonomischer Theorien und Modelle die Wirtschaft als spezifischen Sach- und Funktionszusammenhang auszuweisen sucht. Wirtschaft deckt sich dann mit den Strukturen einer Wettbewerbs- und Marktordnung und sie erweist sich als eigener Lebensbereich, der sowohl eigene Ordnungsziele entwickelt als auch

---

[16] Vgl. BVerfGE 14, 263, 281: „In der grundsätzlichen Zulassung der Konzerne liegt die prinzipielle Anerkennung ihrer unternehmerischen Freiheit"... Ebenso S. 282: „Der Konzern ist eine wirtschaftliche Organisationsform, die sich in der modernen Wirtschaft – als einer Wirtschaft freier Unternehmer auf der Grundlage des Privateigentums und freier Kapitaldisposition – entwickelt hat.."

[17] *Zacher*, aaO. S. 78. Vgl. auch *Ehmke*, aaO. S. 36 ff., 40.

[18] Vgl. zu entsprechenden Ansätzen in der Weimarer Republik F. Naphtali, Wirtschaftsdemokratie, 1929, 2. Aufl. 1968. Zu den Tendenzen eines korporativen Aufbaus der Wirtschaft in der Weimarer Republik: *E. Tatarin-Tarnheyden*, Recht der Berufsverbände und Wirtschaftsdemokratie in Hans Carl Nipperdey, Hrsg., Die Grundrechte und Grundpflichten der Reichsverfassung, 3. Band, 1930, S. 519 ff.

eigenen Regeln folgt, die jeweils in ökonomischen Sachgesetzlichkeiten begründet erscheinen. Sie soll ökonomischer Rationalität, nicht politischer Willkür verhaftet, also in diesem Sinn vorrechtlicher Natur sein[19]. Für die neo-liberale Wirtschaftsverfassungsdoktrin liegt gerade darin in entscheidender Weise Grund und Rechtfertigung, um den Bereich der Wirtschaft dem allgemeinen politischen Prozeß in der Gesellschaft zu entziehen: die Fixierung der Wirtschaftsverfassung auf ein bestimmtes wirtschaftstheoretisches Ordnungsmodell. Wirtschaftsverfassung ist so besehen die verfassungsrechtliche Fortsetzung des Privatrechtssystems im Bereich der Wirtschaft, die Absicherung des privatrechtlichen Wirtschaftssystems auf Verfassungsebene.

Auch wenn die Versuche gescheitert sind, das Grundgesetz unmittelbar mit dem politischen Programm der „Sozialen Marktwirtschaft" oder dem entsprechenden ökonomischen Modell zu identifizieren, ist mit dem Begriff der Wirtschaftsverfassung doch auch heute noch eine deutliche Tendenz verbunden, „möglichst viel Wirtschafts(rechts)politik dem permanenten Austrag im fixierenden Zugriff der Verfassungsinterpretation zu entziehen"[20]. Nachdem jedoch der zunächst eingeschlagene Weg über ein Gesamtbekenntnis des Grundgesetzes zum markt- bzw. privatwirtschaftlichen Modell nicht weiter geführt hat, erscheint dies nur von Einzelbestimmungen der Verfassung her noch möglich. Bezeichnenderweise knüpft die Doktrin die verfassungsrechtliche Gewährleistung einer marktwirtschaftlichen Verfassung im Sinne einer in ihrem Wesen freiheitlichen Ordnung an die personalen Garantien der Art. 2 und 14 GG. Die Ausdifferenzierung der Wirtschaft beruht aus dieser Sicht nicht mehr auf einer strukturellen Besonderheit der Wirtschaft, sondern auf der persönlichen Freiheit der Wirtschaftsbeteiligten, und zwar insbesondere der „Unternehmer". Aus Art. 2 GG vor allem wird die verfassungsrechtliche Gewährleistung der Wirtschaftsfreiheit abgeleitet, die Wettbewerbs- und Vertragsfreiheit ebenso umfaßt wie die Freiheit der Produktion und des Konsums[21], und das Bundesverfassungsgericht selbst hat den Konzern als wirtschaftliche Organisationsform, als „Zusammenballung wirtschaftlicher und finanzieller Macht" der ausdrücklich aus Art. 2 Abs. 1 GG abgeleiteten „freien unternehmerischen Initiative" zugerechnet[22]. Bemerkenswert an dieser personal vermittelten Ausdifferenzierung der Wirtschaft ist nicht allein die Rückführung des „Sach- und Funktionszu-

---

[19] Für nähere Nachweise und Kritik: *Ott,* Die soziale Effektivität des Rechts, aaO. bes. S. 361 ff.

[20] *Zacher,* aaO. S. 70. Ebenso kritisch *Ehmke,* aaO. S. 18 ff. Explizit für eine „Gewaltenteilung" qua Wirtschaftsverfassung *J. Mestmäcker,* Macht- Recht- Wirtschaftsverfassung in Macht und ökonomisches Gesetz, 1973, S. 183 ff., bes. S. 189 ff.

[21] *Nipperdey,* Die soziale Marktwirtschaft in der Verfassung der Bundesrepublik, S. 6 ff.; s. a. WuW 1954, 211 ff., sowie *ders.,* Grundprinzipien des Wirtschaftsverfassungsrechts, DRZ 1950, 193; *E. R. Huber,* DÖV 1956, 135 ff.; *Maunz-Dürig-Herzog,* RN 46 ff. zu Art. 2 Abs. 1 GG mit eingeh. Nachw.

[22] BVerfGE 14, 263, 280, 282 („Feldmühle-Urteil").

sammenhangs“ auf einen bestimmten Kreis von „Wirtschaftsbeteiligten“ als Konstituens der „Wirtschaft“, sondern mehr noch die Bestimmung dieses Kreises selbst: hier finden sich die Kriterien der liberalen Wirtschaftsgesellschaft wieder, und dies auf derselben Abstraktionshöhe wie bei der modernen Privatrechtsdoktrin. Der Kreis der Wirtschaftsbeteiligten wird von der Wirtschafts-, Eigentums- und Unternehmerfreiheit her gezogen[23]; Ausdifferenzierung der Wirtschaft im Sinne der Gewährleistung einer „freiheitlichen wirtschaftlichen Ordnung“ bedeutet primär Erhaltung des „freien Privatunternehmertums“[24].

b) Damit ergeben sich im übrigen von selbst auch die Parallelen zur schon erwähnten Privatrechtsdoktrin. Was dort der „einzelne“ ist, ist hier der „Unternehmer“ bzw. der „freie Unternehmer“, der „freien Selbstbestimmung“ dort entspricht die „freie unternehmerische Initiative“ hier. Hier wie dort verdeckt die Abstraktheit der Begriffe und des rechtlichen Status die außerordentliche Diskrepanz im sozialen und wirtschaftlichen Status. Wenn die Privatrechtsdoktrin zwischen wirtschaftlichen Machtblöcken und dem einzelnen Menschen in der Rolle des Konsumenten, des Arbeitnehmers, des Tankstellenpächters usw. nicht grundsätzlich zu unterscheiden vermag, so setzt die verfassungsrechtliche Doktrin in ähnlicher Weise unbefangen Unternehmer und Unternehmer, Unternehmen und Unternehmen gleich. Der Konzern – „Zusammenballung wirtschaftlicher und finanzieller Macht“[25] – ist ebenso Ausdruck der freien unternehmerischen Initiative wie der als Zulieferer von ihm abhängige Familienbetrieb, der, wie es häufig der Fall ist, seinem ganzen Zuschnitt nach auf diesen einzigen Abnehmer ausgerichtet ist. Beide haben teil an der Gewährleistung des Privatunternehmertums und beiden ist gemeinsam der verfassungsrechtliche Schutz gegen eine „staatliche Kommandowirtschaft“. –

Freilich hat sich diese Doktrin im Bereich des Verfassungsrechts nicht in gleicher Weise durchzusetzen vermocht wie im Privatrecht. Sie findet in neueren Auseinandersetzungen mit dem Problem der Wirtschaftsverfassung zunehmend Widerspruch. Wenn hier der Begriff der Wirtschaftsverfassung aufgelöst wird in die „schwer in ein System zu bringende Summe der Antworten der geschriebenen und ungeschriebenen, in immer wieder anderen Konstellationen beteiligten Verfassungsnormen auf die sich stetig erneuernde Herausforderung durch die ökonomischen Gegebenheiten und Interessen und die Probleme ihrer vorgefundenen und angestrebten rechtlichen Ordnung“[26], so liegt darin die grundsätzliche Abkehr von der Ausdifferenzierung der Wirtschaft aus dem Staat, oder genauer: aus dem staatlich ver-

---

[23] So ausdrücklich auch *Benda,* Industrielle Herrschaft und sozialer Staat, S. 151 ff., bes. S. 172 ff.

[24] Vgl. *Maunz-Dürig-Herzog,* aaO. Ebenso in der Tendenz *Mestmäcker,* aaO. S. 192.

[25] BVerfG, aaO.

[26] *Zacher,* aaO. S. 89.

faßten politischen Prozeß. Dem entspricht es auch, wenn nachdrücklich der politische Charakter der Wirtschaft aufgewiesen und betont wird, daß die „Rechtsordnung unserer Wirtschaft ... wie auch sonst unsere Rechtsordnung von dem durch das Grundgesetz legitimierten, von Richterstand und Öffentlichkeit kontrollierten politischen Kräftespiel ab(hängt), das seinen Verantwortlichkeitsschwerpunkt im parlamentarischen Willensbildungsprozeß als dem Entfaltungszentrum des als umfassend zuständig gedachten souveränen Gesetzgebers (Volk) hat“[27].

Durch die Rechtsprechung des Bundesverfassungsgerichts ist einer politischen Sonderstellung der Wirtschaft oder genauer: eines bestimmten Kreises von Wirtschaftsbeteiligten entgegengewirkt worden. Danach besteht ein weiter Bereich des Ermessens für den Gesetzgeber bei wirtschaftsordnenden Maßnahmen, die die unternehmerische Autonomie einengen, bestimmte Sozialbereiche einer umfassenden staatlichen Planung unterwerfen und sie einer marktwirtschaftlichen Ordnung entziehen. Im Rahmen dieser Gestaltungsfreiheit kann der Gesetzgeber folglich die ihm sachgerecht erscheinende Wirtschaftspolitik betreiben. Wenn ihm das Grundgesetz eine totale Verstaatlichung der Wirtschaft, eine „staatliche Kommandowirtschaft“ verbietet, so nicht aufgrund einer vorgegebenen und in sich geschlossenen Ordnung eines besonderen Lebensbereichs „Wirtschaft“, sondern deshalb, weil für eine generelle Verstaatlichung kein zwingender Grund und keine sachliche Notwendigkeit im Interesse der Allgemeinheit besteht und weil eine zentrale Planwirtschaft unter den heutigen Bedingungen ohne Grund und übermäßig in die Interessen aller Beteiligten eingreifen würde[28]. –

3. *Intermediäre Verbände*

Rechtsfragen von prinzipieller Bedeutung werden schließlich durch die Organisationen und Verbände der Wirtschaft, die zu einem bestimmenden Strukturmerkmal des „organisierten Kapitalismus“ geworden sind, aufgeworfen. Hier liegt eines der schwierigsten Teilprobleme bei der rechtlichen Erfassung der Wirtschaft. Die Lösung wird zur Abkehr von einem Konzept zwingen, dem intermediäre Gewalten zwischen Bürger und Staat im Grunde fremd sind und das deshalb auch keine Kriterien für eine sachgerechte Ordnung dieses Bereichs liefern kann.

Die juristischen Auseinandersetzungen um eine Systematik der Wirt-

---

[27] *Wiethölter* in Festschrift für Franz Böhm, S. 59. In diesem Sinn kritisch auch *Ehmke*, aaO. S. 18 ff. und pass.

[28] Vgl. z. B. BVerfGE 4, 7 ff. (InvestitionshilfeG); BVerfG BB 1969, 194 (Mühlenurteil); BVerfG DÖV 1967, 345 (Weinwirtschaftsgesetz); BVerfGE 21, 73 (GrundstücksverkehrsG). Im einzelnen *Peter Wittig*, BB 1969, 386 ff., mit weiteren Nachweisen.

schaftsverbände im weitesten Sinn, der auch die Unternehmen, zumindest die Unternehmensorganisationen einbezieht, stehen erst am Anfang und haben noch keine Klärung des hier besonders tiefgreifenden sozialen und ökonomischen Strukturwandels und seiner rechtlichen Implikationen erbracht. In der generellen Auseinandersetzung um Bedeutung, Funktion und Rechtsstellung der Verbände überwiegen jedenfalls noch immer die überkommenen Systemvorstellungen, die den Verbänden zögernd und allenfalls begrenzt einen eigenen Stellenwert zuerkennen, und die Tendenz ist deutlich, nicht-staatliche Verbände und Organisationen rechtssystematisch auf individualistische Prinzipien zurückzuführen.

Die juristische Analyse konzentriert sich zunächst auf die „positive" Funktion der Verbände. Während die Verbände bei ihrem ersten Auftreten in der Weimarer Republik noch als irreguläre Teilhaber am politischen Geschehen galten[29], hat sich in der Folgezeit die Einstellung ihnen gegenüber grundlegend gewandelt und sie gelten heute als unverzichtbare Institutionen einer pluralistischen Gesellschaft. Ihre Funktion wird in der „Vorformung des politischen Willens" gesehen: Sie spielt sich in einem Bereich ab, in dem „die Entscheidungen noch nicht fallen, in dem sie aber vorbereitet und durch eine öffentliche Auseinandersetzung der verschiedenen Strömungen ermöglicht werden. Dieser Bereich ist das Feld der ‚intermediären Kräfte', der organisierten Gruppeninteressen. In ihm werden Zielsetzungen hervorgebracht, formuliert, und durch organisiertes Zusammenwirken vertreten ... Verbände und Parteien sind unter den Bedingungen der Gegenwart notwendige Faktoren demokratischer Willensbildung, weil politische Antriebe nur noch in geringem Maße von Einzelpersonen ausgehen, weil sie der Sammlung, Sichtung und des vermittelnden Ausgleichs bedürfen, weil sie nur durch das Mittel gruppenmäßigen Zusammenschlusses Aussicht haben, verwirklicht zu werden, und weil sie die Sachkenntnis der unmittelbar Betroffenen in den Prozeß der politischen Willensbildung einbringen"[30].

Die Verbände erscheinen aus dieser Sicht als ein Instrument der direkten Demokratie, das nicht nur notwendig ist, um unter den Bedingungen der pluralistischen Gesellschaft den demokratischen Prozeß überhaupt in Gang zu halten, sondern das zudem auch unmittelbar dem „einzelnen" dient: „Im modernen Flächenstaat hängt die Verwirklichung der Demokratie in erster Linie von den Vereinigungen ab, welche die Kluft zwischen den einzelnen und dem Staat überbrücken. Erst durch Vereinigung werden die in ihrer Isoliertheit ohnmächtigen einzelnen zu einer sozialen Macht, welche die gesellschaftliche Wirklichkeit zu verändern und die Ausübung der Staatsmacht zu beeinflussen vermag."[31] Diese Funktion der sozialen Selbst-

---

[29] *Forsthoff*, Der Staat in der Industrie-Gesellschaft, S. 119.

[30] *Konrad Hesse*, Grundzüge des Verfassungsrechts, 8. Aufl., 1975, S. 62. Ebenso *Ekkehart Stein*, Lehrbuch des Staatsrechts, 3. Aufl., 1973, S. 151 ff.; weiter *Maunz-Dürig-Herzog*, RN 7 zu Art. 9 GG.

[31] *Ekkehart Stein*, aaO. S. 151.

behauptung wird zum Teil über den Bereich der politischen Partizipation hinaus auf den umfassenden Lebensbereich ausgedehnt; die Verbände werden als „Selbsthilfeorganisationen der Gesellschaft“ bezeichnet, die auf „genossenschaftliche Art und Weise ihre Mitglieder mit dem versorgen sollen, was sie sich aus eigener Kraft nicht mehr zu beschaffen vermögen, und sie dort unterstützen sollen, wo sie sich selbst nicht mehr zu helfen wissen“[32].

Von diesen Verbandsfunktionen her liegt es nahe, die Verbände mittels des Grundrechts der Vereinigungsfreiheit in die Verfassung zu integrieren. Aber in der Doktrin wird selbst darauf hingewiesen, daß es der Bedeutung der Verbände für die politische Willensbildung nicht gerecht würde, ihre Gründung und ihre Existenz als reines Grundrechtsproblem zu verstehen[33]. Die Funktion der Vereinigungsfreiheit als „unentbehrliches Mittel einer aktiven Demokratie“ ist nicht zu bestreiten, wohl aber, daß sich damit die Wirklichkeit der Verbände – im umfassenden Sinn als Organisationen des intermediären Bereichs verstanden – zureichend erfassen läßt.

Mit der Feststellung der zentralen Bedeutung der Verbände unter den gegebenen gesellschaftlichen Verhältnissen beginnen erst die Schwierigkeiten. Die Verbände als intermediäre Gewalten stellen eine individualistisch konzipierte Verfassung notwendig in Frage. Die Position des einzelnen ändert sich, wenn sich solche Organisationen vor die politischen Institutionen des staatlichen Bereichs schieben und den direkten Zugang versperren. Das ist die Kehrseite der positiven politischen Funktion der Verbände: sie mögen erhöhte Partizipation bewirken, aber sie begründen neue Abhängigkeiten und werden selbst zu Institutionen sozialer Herrschaft.

Die Bedeutung der Verbände liegt auch keineswegs nur in einer effektiven Organisation individueller Partizipationschancen. Gerade im Wirtschaftssektor wird ihre „öffentliche“ Funktion sichtbar, die weniger bewirkt, daß die Staatsmacht dem einzelnen, sondern daß vielmehr der einzelne der Staatsmacht ausgeliefert wird oder genauer: daß sich Verbandsmacht und Staatsmacht verbinden. Dies verweist auf die Rolle der Wirtschaftsverbände, „die eine Art wirtschaftlicher Selbstverwaltung üben, durch ihre Interessensicherung und ihren disziplinierenden Einfluß auf die Mitgliedsunternehmen in nicht unbeträchtlichem Maß die Staatsaufsicht entlasten und wertvolle Informationen für die Aufsichtsbehörden liefern“[34].

---

[32] *Herbert Krüger*, Allgemeine Staatslehre, S. 395.

[33] *Maunz-Dürig-Herzog*, RN 14 zu Art. 9 GG, wo auch darauf hingewiesen wird, daß sich die Verbände damit heute in der Lage der Parteien vor Aufnahme des Art. 21 GG in die Verfassung befänden. Ebd. RN 17 wird die Gewährleistung eines kollektiven der eines individuellen Freiheitsrechts gegenübergestellt, letztlich wird aber die kollektive als Korrelat der individuellen Vereinigungsfreiheit verstanden, RN 18. Eine institutionelle Garantie der Vereinigungen wird dagegen entschieden abgelehnt, RN 21.

[34] *Bullinger*, Staatsaufsicht in der Wirtschaft, VVDStRL 22 (1965), S. 304/5.

Der Schwerpunkt kritischer Überlegungen zum Verbandsrecht liegt bislang auf der sog. inneren Verbandsfreiheit, auf einer Ordnung des Verbands, die demokratischen Prinzipien der Willensbildung von unten nach oben, einer pluralistischen Infrastruktur und einer umfassenden Publizität und Transparenz der Entscheidungsvorgänge zu entsprechen habe. Die fundamentale Herausforderung der Verfassungsordnung der parlamentarischen Demokratie läßt sich dadurch allein aber nicht beseitigen. Sie liegt darin, daß die Verbände zur Verfassung im materiellen Sinn gehören, eine institutionelle Verbindung mit dem System der Organe und Ämter – wie Herbert Krüger kritisch vermerkt[35] – aber fehlt. Dies obwohl die Verbände im politischen Prozeß eine Rolle spielen, die der der verfassungsmäßigen Organe häufig nicht nachsteht, und obwohl die Aufgaben des Staates heute „weniger denn je von einer einheitlichen Bürokratie, sondern von zahlreichen mehr oder weniger selbständigen Einrichtungen und Verbänden versehen werden, die von den Körperschaften ... des öffentlichen Rechts ... bis zu privaten Unternehmen und Verbänden reichen ...“[36]. –

4. Das Herrschaftssystem der Wirtschaft

Der verengte Ansatz der juristischen Doktrin verstellt den Blick auf die Strukturen wirtschaftlicher Macht[37]. Diese wird nicht unter dem Aspekt organisierter und zu einem Herrschaftssystem zusammengeschlossener sozialer Macht gesehen, sondern in Teilaspekte zerlegt und von isolierten Problemstellungen her zu erfassen versucht, so wie sie sich aus der Orientierung an einem juristischen System ergeben, das das Bestehen und schon die Möglichkeit eines Bereichs nicht-staatlicher sozialer Gewalt negiert. Infolge dieses Ausgangspunktes versteht die Doktrin „private Macht“ letztlich als systemkonformen Tatbestand[38]. Dies erklärt sich aus der Verteidigung

---

Dort auch weitere Hinweise. Vgl. *Maunz-Dürig-Herzog*, RN 21 zu Art. 9 GG: Die Verbände bewegen sich im vorkonstitutionellen Raum.

35 Allgemeine Staatslehre, S. 407.

36 *Bullinger*, Öffentliches Recht und Privatrecht, S. 79. B. erwähnt ausdrücklich neben den besonderen öffentlichen Bindungen unterworfenen Verbänden auch diejenigen, die von sich aus teilweise gemeinwichtige Aufgaben erfüllen, wie z. B. Gewerkschaften und Wirtschaftsverbände.

37 Daß wirtschaftliche Macht ein zentrales Problem u. a. der Rechtsordnung darstellt, wird heute allenfalls noch außerhalb der wirtschaftswissenschaftlichen und wirtschaftsrechtlichen Diskussion bestritten. Zur Information über Grundbegriffe und -zusammenhänge sowie über den allgemeinen Stand der Diskussion sei kurzerhand verwiesen auf: Macht und ökonomisches Gesetz, Verhandlungen auf der Tagung des Vereins für Socialpolitik ... in Bonn 1972, Berlin 1973 sowie auf Helmut Arndt, Markt und Macht, 1973.

38 „Wirtschaftliche Machtstellungen sind dazu angetan, eine ‚Verfassungswirklichkeit‘ zu schaffen, die der geschriebenen Verfassung demokratischer Staaten zuwiderläuft und dahin tendiert, die Funktion der verfassungsmäßigen Organe zu

des überkommenen, „dualistischen" Systems gegen strukturfremde Einbrüche und sie richtet sich auf die Erhaltung einer „herrschaftsfreien Ordnung der Wirtschaftsbeziehungen". Die Betonung des negativen Aspekts entzieht das Phänomen wirtschaftlicher Macht aber der systematischen Eingliederung in die Rechtsordnung und verkennt, daß die Organisationen wirtschaftlicher Macht zu beherrschenden gesellschaftlichen Institutionen geworden sind und in einem Sozialbereich stehen, in dem sich „staatliche und gesellschaftliche Institutionen zu einem einzigen, nach Kriterien des Öffentlichen und Privaten nicht länger mehr zu differenzierenden Funktionszusammenhang zusammenschließen"[39].

a) Eine außerordentliche Verkürzung des Problems wirtschaftlicher Macht durch die juristische Doktrin liegt schon in der Vorstellung, daß dieses sich nur in spezifisch „wirtschaftlichen" Zusammenhängen stelle. In Wirklichkeit werden heute in unserer Gesellschaft nahezu alle Lebensbereiche von den Auswirkungen wirtschaftlicher Macht erfaßt. Eine wesentliche Funktion wirtschaftlicher Macht ist es gerade, daß sie den zur Systemstabilisierung erforderlichen Einfluß auf den Staatsapparat, aber auch auf gesellschaftliche Werte und Normen vermittelt, also unmittelbar und umfassend politisch ist. Es hieße das gegenwärtige soziale System verkennen, wollte man die Existenz wirtschaftlicher Macht als solche für systemwidrig erklären, wie dies unter dem Einfluß liberalen Rechtsstaats- und Marktordnungsdenkens bis heute geschieht. Die Bedeutung wirtschaftlicher Macht ergibt sich aus der in der komplexen Struktur der Wirtschaftsorganisationen und insbesondere der Unternehmen begründeten Notwendigkeit, ihre Umweltbeziehungen langfristig zu kontrollieren und zu stabilisieren. Den Zufälligkeiten eines sich selbst überlassenen Marktes kann der moderne Produktionsprozeß ohne schwere volkswirtschaftliche Schäden nicht ausgesetzt werden; auf der Basis unberechenbarer und unbeeinflußbarer Wechselfälle des Marktes wäre sinnvolles Wirtschaften heute weithin unmöglich. So besehen ist wirtschaftliche Macht notwendig als Korrektiv des Marktes[40].

---

beeinträchtigen"; Wissenschaftlicher Beirat beim Bundeswirtschaftsministerium, Gutachten zum Wettbewerbsproblem, 1962, S. 14.

[39] *Habermas,* Strukturwandel der Öffentlichkeit, S. 164. Vgl. insgesamt zu dieser Entwicklung Habermas, ebd., S. 157 ff., 169 ff. H. bezeichnet diese Entwicklung ausdrücklich als Durchbrechung des klassischen Privatrechtssystems, vgl. S. 164.

[40] Vgl. im einzelnen und mit weit. Nachw. *Ott,* Die soziale Effektivität des Rechts, aaO. S. 345 ff. Aus der umfangreichen Literatur sei an dieser Stelle nur verwiesen auf *Andrew Shonfield,* Modern Capitalism, 1965; (dt.: Geplanter Kapitalismus, 1968); *J. K. Galbraith,* The New Industrial State, 1967 (dt.: Die moderne Industriegesellschaft, 1968); Andrew Hacker (Hrsg.): The Corporation Take-Over, 1964; *Michael Reagan,* The Managed Economy, 1963; *Joachim Hirsch,* Zur politischen Ökonomie des politischen Systems in Kress/Senghaas, Hrsg., Politikwissenschaft S. 190 ff., mit eingehenden Nachweisen; *Claus Offe,* Politische Herrschaft und Klassenstrukturen. Zur Analyse spätkapitalistischer Gesellschaftssysteme; ebd.,

b) Die Entwicklung zum geplanten bzw. „organisierten“ Kapitalismus stellt die juristische Doktrin und ihr Konzept wirtschaftlicher Macht grundsätzlich in Frage. Wenn wirtschaftliche Macht sowohl systembedingt als auch systemnotwendig ist, dann reduziert sich der Erklärungswert des Koordinationsmodells, an dem die Doktrin für den wirtschaftlichen Bereich festhält, sehr entscheidend. Es kann dann sinnvoll nur für Beziehungen zwischen den wirtschaftlichen, staatlichen und sonstigen Machtgruppen beibehalten werden, die sich in die Systemsteuerung teilen, verliert dabei allerdings endgültig seinen privatrechtlichen Bezug. In allen übrigen Beziehungen, insbesondere also auch in den Beziehungen zum „einzelnen“, sei er nun Privatunternehmer im eigentlichen Sinn, Arbeitnehmer oder Konsument, kann dagegen nur der Rückgriff auf das für das öffentliche Recht entwikkelte Subordinationsmodell die bestehenden Abhängigkeiten erfassen helfen – unter Berücksichtigung aller Unterschiede zwischen staatlicher und wirtschaftlicher Macht. Zwar ist die „hoheitliche Gewalt“ des Staates formal anders organisiert als wirtschaftliche Macht. Wird aber nur das Kriterium der formal einseitigen, rechtsverbindlichen Regelung des Einzelrechtsverhältnisses zum maßgeblichen Kriterium der Unterordnung gemacht, in allen Fällen formal zweiseitiger Regelung dagegen von Gleichordnung gesprochen, so verlieren diese Begriffe jeglichen strukturellen Bezug und haben allenfalls noch terminologische Bedeutung im Rahmen der überkommenen juristischen Doktrin. Der Funktionswandel der Privatrechtsinstitute und vor allem des Vertrags wird dann ebenso außer acht gelassen wie der Umstand, daß sich wirtschaftliche Abhängigkeit schon vor der Begründung von Einzelrechtsverhältnissen aktualisiert. Sie wirkt sich in einer umfassenden Gestaltung der Lebensbedingungen aus, auf die der einzelne keinen Einfluß hat, und die vollendete Tatsachen schafft, noch ehe es zur Begründung individueller Rechtsbeziehungen kommt. Das gilt für alle Lebensbereiche, die in direkter oder indirekter Abhängigkeit von Investitionsentscheidungen stehen. Es gilt aber auch für den eigentlichen Konsumbereich – für die Doktrin weithin noch das Paradigma der Gleichordnung. Bei näherem Zusehen reduziert sich aber die scheinbare Entscheidungsfreiheit des „einzelnen“ – des Konsumenten – auch hier: ihm bleibt ein gewisser Bewegungsspielraum innerhalb festgelegter Grenzen und notfalls die problematische Freiheit, sich durch Konsumverzicht dem System selbst zu entziehen. „Die Souverä-

S. 155 ff. Nachdrücklich für die Funktionalität wirtschaftlicher Macht unter bestimmten Voraussetzungen vor allem auch die neuere Wettbewerbstheorie, vgl. *E. Kantzenbach,* Die Funktionsfähigkeit des Wettbewerbs, 1967. Von dieser Funktionalität geht nunmehr auch das Kartellrecht und die Kartellrechtspraxis aus, vgl. Begründ. zum 2. ÄndG zum GWB, BT-Drucksache VI/2520 v. 18. 8. 71 und BT-Drucksache VII/76 v. 25. 1. 73. Siehe auch *Kirschstein,* Marktmacht und ihre Kontrolle, S. 16 ff. Zum Besitz von Macht als – notwendigem – wirtschaftlichen Handlungsspielraum weiter z. B. *K. Oettle,* Produktionsmitteleigentum und wirtschaftliche Macht in Macht und ökonomisches Gesetz, S. 1175 ff.

nität der ... Konsumenten ist nicht nur auf wenige Kategorien von Lebenschancen zurückgedrängt, sie ist überdies auch in der unmittelbaren Konsumsphäre verkürzt. Im Zuge der rapiden Innovation auf den Konsumgütermärkten ... bekommt der Begriff der ‚Nachfrage' selbst etwas Ideologisches: die Wahlhandlungen der Konsumenten reagieren bloß affirmativ auf ein prästabilisiertes Angebot, das wenig Widerspruch duldet."[41]

c) Wirtschaftliche Macht muß als Teil des politischen Herrschaftssystems begriffen werden. Die notwendige Stabilisierung dieses Systems geht unausweichlich zu Lasten individueller Entscheidungsalternativen. Das Modell einer Gleichordnung aller Wirtschaftsbeteiligten muß schon deshalb scheitern, weil die „Produzenten" strukturell in der Anpassung an kurzfristige und nicht kalkulierbare Entwicklungen beschränkt sind. Ebenso kann der Produktionsprozeß unter den gegebenen Bedingungen nur funktionieren, wenn ein hohes Maß an Standardisierung und Typisierung gewährleistet ist – nicht nur hinsichtlich der Produkte selbst, sondern auch im Hinblick auf ihren Vertrieb. Eine konsequente Gleichordnung von „Produzent" und „Konsument", eine konsequente Verwirklichung der Privatautonomie des letzteren müßte die Wirtschaft untragbaren Stabilitätsverlusten aussetzen.

Das bedeutet Macht auf der einen, Abhängigkeit auf der anderen Seite. In der Tat begründet wirtschaftliche Macht eine Zwangslage, die mit der Lage des einzelnen gegenüber dem Staat vergleichbar ist. Freilich entsteht ein falsches Bild, wenn man nur vom formalen und isolierten Einzelrechtsverhältnis ausgeht und reglementierende Faktoren außerhalb desselben außer Betracht läßt. Ein falsches Bild ergibt sich deshalb auch für die Doktrin, die prinzipiell nur nach Gleichgewichtsstörungen im Vertragsverhältnis fragt und diese zudem – dem Wettbewerbsmodell entsprechend – nur in der konkreten Ausschaltung des Marktes durch Kartelle, Monopole oder „marktbeherrschende Stellungen" sieht. So wichtig solche Institutionen auch sind, so wenig erfassen sie allein den Funktionszusammenhang des Herrschaftssystems. Konstituierend hierfür sind einmal direkte Verflechtungen der wirtschaftlichen Machtzentren durch formale und informelle Beziehungen, wobei der Suprastruktur der Banken und institutionellen Investoren zentrale Bedeutung zukommt. Zum andern sind aber auch die Verflechtungen mit staatlichen und anderen politischen Machtzentren und Institutionen wie überhaupt mit gesellschaftlich relevanten Institutionen von grundlegender Bedeutung[42]: sie bewirken insgesamt ein umfassendes soziales

---

[41] *Claus Offe,* aaO. S. 177. Kritisch zum Begriff der Konsumentensouveränität bes. auch *Winfried Vogt,* Zur Kritik der herrschenden Wirtschaftstheorie, in dem von ihm herausgegebenen Taschenbuch-Seminar: Politische Ökonomie (S. 179 ff.).

[42] Vgl. *Michael Reagan,* The Managed Economy, S. 159 ff., 190 ff.; *Andrew Shonfield,* Modern Capitalism, bes. S. 239 ff. mit Bezug auf die Entwicklung in Deutschland. Auch *E. Kogon,* Wirkungen der Konzentration auf die Demokratie in H. Arndt, Hrsg., Die Konzentration in der Wirtschaft, Band 2, 2. Aufl., 1971, S. 591 ff.

Kontrollsystem, das durch disziplinierende Mechanismen, die in die Institutionen selbst eingebaut sind, eine „zuverlässige Ausschaltung und Unterdrückung systemgefährdender Bedürfnisartikulationen“[43] garantiert.

d) Die Etablierung wirtschaftlicher Macht als „private government“[44] ist durch das Festhalten der Doktrin am Privatrechtsmodell maßgebend unterstützt worden. Das Privatrecht ist zum integrierenden Bestandteil des „private government“ der Wirtschaft geworden. Privat ist diese Ordnung freilich nur insofern, als sie sich einer Kontrolle der Öffentlichkeit zu entziehen vermag. Den politisch-öffentlichen Charakter wirtschaftlicher Macht und den Funktionszusammenhang mit staatlichen und anderen gesellschaftlichen Institutionen vermag das Privatrecht nicht zu eliminieren; von einer privatrechtlichen Einkleidung der wirtschaftlichen Beziehungen gehen keinerlei Impulse zu einer Re-Privatisierung aus, die dem liberalen Modell entsprechen würde. Das Privatrecht erweist sich als hilflos gegenüber der auf wirtschaftlicher Macht beruhenden Sonderrechtsordnung[45], mehr noch: die noch immer zu einem beträchtlichen Teil in selbstgenügsamer Begrifflichkeit befangene Doktrin hat den sich unter formaler Fortgeltung des positiven Rechts vollziehenden Strukturwandel, der sehr wesentlich gerade von der Wirtschaft ausging, vielfach kaum zur Kenntnis genommen, und sie hat deshalb auch einer tiefgreifenden Umfunktionierung der Privatrechtsinstitute kaum Widerstand entgegengesetzt[46]. Sie hat diesen Vorgang jedenfalls nicht zum Anlaß genommen, die generelle Tendenz zur Abstraktion und Formalisierung und die dadurch bewirkte, auch heute erst in Ansätzen durchbrochene Isolierung gegenüber politischen, wirtschaftlichen und sozialen Veränderungen konsequent zu überwinden. Privatrechtliche Institutionen wurden und werden so mehr oder weniger unverändert und ohne Berücksichtigung ihrer Loslösung aus dem ursprünglich intendierten funktionalen Zusammenhang auf Tatbestände wirtschaftlicher Herrschaft übertra-

---

[43] *Claus Offe,* aaO. S. 165. – Zu einer umfassenden Kritik s. auch *Jörg Huffschmid,* Die Politik des Kapitals. Konzentration und Wirtschaftspolitik in der Bundesrepublik, 1971, bes. S. 109 ff., 137 ff. Zur historischen Entwicklung *K. E. Born* in H. U. Wehler, Hrsg., Moderne deutsche Sozialgeschichte, S. 279 ff.

[44] Zum Begriff des „private government“ vgl. *Philip Selznick,* Law, Society, and Industrial Justice, 1969, bes. S. 259 ff.; *Richard Eells,* The Government of Corporations, 1962.

[45] Vgl. dazu bes. *Biedenkopf* in Festschrift für Franz Böhm, S. 113 ff., und *ders.* in H. Arndt, Hrsg., Konzentration, I, S. 515 ff.; auch *H. Kronstein* in Festschrift für Franz Böhm, S. 137 ff., der dem speziell unter dem Aspekt des IPR nachgeht.

[46] In anderem Zusammenhang hat dies zur Anpassung des Privatrechts an die Prinzipien des Nationalsozialismus, und zwar weitgehend ebenfalls ohne formale Rechtsänderung, geführt, vgl. Rüthers, Die unbegrenzte Auslegung, 1968. – Allgemein dazu eingehend *Bullinger,* Öffentliches Recht und Privatrecht, pass., bes. S. 41 ff., 75 ff. Zur formell privaten Einordnung ökonomischer Machtpositionen vgl. auch *K. Lompe,* Gesellschaftspolitik und Planung, S. 73 ff.

gen. Sie werden dadurch nicht nur zu einem hervorragenden Instrument der Machtbegründung und Machtausübung – weil sie ein äußerstes Maß an Spielraum gewähren –, sie werden gleichzeitig auch zum Instrument tiefgreifender Deprivation der Machtunterworfenen. Während diese sich gegenüber der auch formal als öffentlich ausgewiesenen Herrschaft auf den Schutz durch rechtsstaatliche Prinzipien berufen können, müssen sie sich die Akte wirtschaftlicher Macht bis zu einer äußersten Grenze als „vertraglich vereinbart“ und damit als „selbstverantwortet“ zurechnen lassen[47]. Die Möglichkeit eines Zugriffs auf die Vertragsfreiheit durch die Träger wirtschaftlicher Macht eröffnet – nicht anders als im Bereich hoheitlicher Gewalt – zugleich die Möglichkeit, Verantwortung abzuschieben, indem Entscheidungen, die faktisch einseitig getroffen werden, rechtlich-formal der „verantwortungsteilenden, vertraglichen Einigung“ unterstellt werden[48]. –

Als eigentliche rechtliche Problematik wirtschaftlicher Macht erweist sich damit insgesamt eine Entwicklung, die die überkommenen Systemvorstellungen notwendig sprengen muß, weil sie einen Bereich wirtschaftlicher Herrschaft herausgebildet hat, der zwar mit dem der staatlichen Herrschaft nicht identisch, aber wie dieser ein unmittelbarer Bestandteil des politischen Herrschaftssystems der Gesellschaft ist. So sind es in besonderem Maße die wirtschaftlichen Organisationen und Verbände, die ihrer allgemeinen öffentlichen Bedeutung und ihrer engen strukturellen und funktionalen Verflechtung mit staatlichen und anderen gesellschaftlich und politisch relevanten Institutionen wegen die Kategorien der juristischen Doktrin aus den Angeln heben und ein prinzipielles Umdenken erfordern. Das gilt vor allem für die Unternehmen und hier besonders für die Großunternehmen, denen gegenüber es gleichwohl an der Bereitschaft fehlt, ihrer Lage Rechnung zu tragen – und das, obwohl ihre Tendenz zur Etablierung als „Quasi-Regierungsbehörden mit latent totalitärem Anspruch und fragwürdiger Legitimation eine nicht zu übersehende Hypothek“[49] für die Zukunftsaussichten der Demokratie wie des Rechtsstaats bildet. –

II. Die Vorherrschaft der Unternehmenskorporationen

1. Die Bedeutung der Unternehmenskorporation in der Wirtschaft

Vom bisherigen Ansatz aus haben sich wirtschaftliche Verbände und Organisationen als konstituierende Elemente der Wirtschaft erwiesen. Sie

[47] *Bullinger,* aaO. S. 75 spricht von der fehlenden Schutzwirkung des abstrakten allgemeinen Privatrechts, das leicht zu einer begrifflichen Scheinordnung werden oder aber die formalen Mittel für freiheitsgefährdende wirtschaftliche und soziale Machtpositionen liefern konnte.

[48] Vgl. *Bullinger,* aaO. S. 82.

[49] *Joachim Hirsch* in Kress/Senghaas, Politikwissenschaft, S. 202.

bilden den Bereich intermediärer Gewalten, die das dualistische Wirtschaftssystem ebenso gesprengt haben wie die individualistische Konzeption des Privatrechts. Nicht wirtschaftliche Macht als diffuse gesellschaftliche Erscheinung, sondern ihre Organisation in fest etablierten Machtzentren, die ihrerseits wesentlicher Bestandteil des sozialen Herrschaftssystems sind, bildet das eigentliche Problem der modernen Industriegesellschaft und ihrer rechtlichen Bewältigung.

a) Diese Strukturen bedürfen aber noch weiterer Differenzierung. Die Vielfalt der Verbände und Organisationen im wirtschaftlichen Bereich, die von Industrieverbänden, Arbeitgeberverbänden, Berufs- und Standesorganisationen bis zu den Gewerkschaften und bis zu Verbraucherverbänden reicht und die Familienbetriebe ebenso umfaßt wie Großunternehmen, Konzerne und Kartelle, ließe sich nur um den Preis erneuter Abstraktion auf einen einheitlichen Nenner bringen. Eine gewisse Tendenz hierzu geht allerdings von der politologischen Verbandsforschung aus, die – bedingt durch die Orientierung am parlamentarisch-politischen Prozeß – ihr Augenmerk vor allem auf diejenigen Institutionen richtet, die in diesem Prozeß unmittelbar Einfluß ausüben, also Interessenverbände, pressure groups, Lobbies etc.[50]. Anders als in den angelsächsischen Ländern, in denen eine umfangreiche Literatur unmittelbar zur corporation bzw. zum business enterprise besteht[51], tritt in der deutschen sozialwissenschaftlichen Forschung das Unternehmen im ganzen hinter den Verbänden zurück[52]. Wenn demgegen-

---

[50] Darauf weist kritisch auch *v. Beyme,* Interessengruppen in der Demokratie, 1969, S. 36 hin.

[51] Genannt seien an dieser Stelle nur die ausführlichen Bibliographien bei *John Child,* The Business Enterprise in Modern Industrial Society, 1969, und *Edwin Epstein,* The Corporation in American Politics, 1969., auch *Philip Selznick,* Law, Society, and Industrial Justice, 1969, und Edward S. Mason, Hrsg., The Corporation in Modern Society, 1967 (Atheneum). Von grundlegender Bedeutung noch immer *Adolf A. Berle, Gardiner C. Means,* The Modern Corporation and Private Property, 1932; *A. A. Berle,* Power without Property, 1959. Weiter *Richard Eells,* The Government of Corporations, 1962, sowie *Peter F. Drucker,* The Concept of the Corporation, 1946 (Mentor 1964).

[52] Untersuchungen des Unternehmens finden sich vor allem aus betriebswirtschaftlicher und wirtschaftstheoretischer Sicht; so neuerdings *Horst Steinmann,* Das Großunternehmen im Interessenkonflikt, 1969, wo auch die rechtliche Problematik aufgenommen wird; weiter *Eberhard Dülfer,* Die Aktienunternehmung, 1962; *H. Gross* und *J. Meier,* Größe und Größenstruktur der Unternehmen, 1964; *E. Kosiol,* Das Unternehmen als wirtschaftliches Aktionszentrum, 1966. Einen rechtssoziologischen Ansatz unternimmt *Thomas Raiser,* Das Unternehmen als Organisation, 1969. Eine große Zahl von Untersuchungen befaßt sich mit der Rolle des Unternehmens in der modernen Gesellschaft unter dem Aspekt der Mitbestimmung und der darauf bezüglichen Unternehmensrechtsreform, ist dadurch aber stark normativ ausgerichtet (vgl. dazu näher unten Kap. 5), und unter dem Aspekt der Unternehmenskonzentration, wobei die Diskussion besonders vom Aktien- und Wettbewerbsrecht beeinflußt ist.

über hier die weitere Untersuchung auf das Unternehmen und speziell auf die Unternehmenskorporation konzentriert werden soll, so ist das deshalb gerechtfertigt, weil das Unternehmen den übrigen Organisationen der Wirtschaft gegenüber einen deutlichen funktionalen Vorrang besitzt und eine der Basisorganisationen der Wirtschaft ist.

b) Wenn damit schon eine Differenzierung zwischen den Unternehmen nach Macht und Größe angesprochen ist, so verweist der Begriff der Unternehmenskorporation auf strukturelle Bedingungen dieser Unterschiede: auf das Auftreten von Bürokratien als strukturierte Machtzentren in der modernen Industriegesellschaft[53].

Ihre Besonderheit liegt in der durchgängigen bürokratischen Verfassung der Entscheidungsprozesse im „unternehmenspolitischen" Bereich, d. h. im Bereich der Definition der Ziele und der Aufstellung der Wirtschaftspläne und weiter im Bereich der damit zusammenhängenden Auseinandersetzung mit anderen wirtschaftlichen und mit staatlichen und gesellschaftlichen Organisationen und Institutionen, weiter in einer konsequenten Funktionsteilung in jedem, nicht nur im betrieblichen Bereich: insbesondere wird die Besetzung der Ämter von der Aufbringung des Kapitals und von der Übernahme des wirtschaftlichen Risikos getrennt. Die Unternehmenskorporation ist durch die Unpersönlichkeit ihrer Organisation anderen Unternehmenstypen nicht nur prinzipiell technisch überlegen, sondern sie ist auch besonders dauerhaft und stabil und schließlich auch fast unbegrenzt expansionsfähig. Insgesamt ist sie strukturell zur Akkumulation von Macht und Kapital geradezu prädestiniert und ermöglicht in besonderer Weise den Aufbau eines umfassenden Koordinations- und Kontrollsystems im Sinne von „private government"[54].

c) Andere Unternehmenstypen sind von der Unternehmenskorporation regelmäßig in den Bereich kleiner und allenfalls mittlerer Unternehmen zurückgedrängt worden. In diesem Mittelstand findet sich eine breite Schicht selbständiger Unternehmen wie Einzel- und Familienunternehmen und die als „Zusammenschluß von Prinzipalen" organisierten Unternehmen, kurz: Privatunternehmen im ursprünglichen Sinn[55]. Der Bereich der Größt-

[53] Vgl. *John Child,* The Business Enterprise, S. 34 ff.; *Philip Selznick,* Law, Society, and Industrial Justice, S. 259 ff., S. 274 f. – Der Begriff der Unternehmenskorporation wird in dieser Untersuchung bewußt in Anlehnung an den amerikanischen Begriff der corporation gebraucht, um in Abkehr von der in Deutschland gebräuchlichen juristischen Terminologie einen nicht durch das überkommene Rechtsdenken verengten Ansatz zu gewinnen.

[54] Dazu *Earl Latham,* The Body Politic of the Corporation in Edward Mason, Hrsg., The Corporation in Modern Society, S. 218 ff., S. 220: „A mature political conception of the corporation must view it as a rationalized system for the accumulation, control, and administration of power." – Zur Definition vgl. w. *John Child,* aaO. S. 34 ff.

[55] Vgl. *Karl Wenger,* Die Öffentliche Unternehmung, S. 97: „Neben diesen für den industriellen Reifungsprozeß typischen Unternehmungen (= Großunterneh-

und Großunternehmen ist dagegen nahezu ausschließlich das Feld der Unternehmenskorporation[56].

Die dominierende Stellung der Unternehmenskorporation läßt sich statistisch für die Bundesrepublik, für Großbritannien und die Vereinigten Staaten und selbst für Frankreich, das lange Zeit als das Land der Kleinunternehmen gegolten hat, belegen[57]. Schwierigkeiten bereitet allerdings die Auswahl der Kriterien: nach den vorliegenden Statistiken lassen sich zwar Rechtsform des Unternehmens und Größe in Bezug setzen, doch ist die Rechtsform kein eindeutiges Kriterium für das Vorliegen einer Unternehmenskorporation im genannten, strukturellen Sinn. Die Elastizität der Rechtsformen läßt praktisch unbegrenzt Typenvermischungen und atypische Ausgestaltungen zu, von ambivalenten Rechtsformen wie GmbH ganz abgesehen. So ist es möglich, daß Unternehmen in der Rechtsform der Aktiengesellschaft (bzw. der company in Großbritannien, der corporation in USA und der société anonyme in Frankreich) strukturell eher dem Typus des Familienunternehmens oder sogar des Einzelunternehmens zugehören. Entsprechendes gilt umgekehrt.

Schwierigkeiten bereitet auch die klare Abgrenzung der verschiedenen Unternehmenstypen nach strukturellen Merkmalen. Ab einer gewissen Unternehmensgröße versteht sich eine mehr oder weniger bürokratisierte Organisation von selbst. Unbeachtlich in diesem Zusammenhang ist es, wenn die kapitalmäßige Kontrolle über eine Unternehmenskorporation sich in der Hand eines einzelnen oder

---

mungen, d. V.) gibt es allerdings weithin noch den persönlichen Unternehmer früherer Prägung. Zahlenmäßig überwiegt er sogar bei weitem. Aber er ist nicht mehr typenprägend wie zu Beginn der Industrialisierung. Er wird vielmehr in der Periode des Interventionismus – ebenso wie die bäuerlichen Betriebe – zu einem Objekt staatlicher Schutz- und Förderungsmaßnahmen." Zu dem hier angesprochenen Spannungsverhältnis *Ernst Benda,* Industrielle Herrschaft und sozialer Staat, S. 305 ff., bes. S. 318 ff.

[56] Zur Terminologie vgl. Anm. 53. Die juristische Terminologie, die sich herkömmlicherweise an den Rechtsformen des geltenden Gesellschaftsrechts orientiert, vermag den hier betonten strukturellen Aspekt nicht auszudrücken. Mit dem Begriff der Unternehmenskorporation ist die Lösung von nur formal-rechtlichen Kriterien bezweckt. Zum ideologischen Hintergrund der Begriffe „Betrieb" und „Unternehmen" in der jur. Doktrin *Thomas Raiser,* aaO. S. 122 ff.

[57] Vgl. allg. *Robert Lattès,* Tausend Milliarden Dollar, 60 Mammutkonzerne beherrschen 1985 die Wirtschaft der Welt, 1970; *Hermann Marcus,* Die Macht der Mächtigen. Deutschland und seine Wirtschaftsriesen, 1970; *Dieter Schwarz,* Die Konzentration des Betriebsvermögens in der gewerblichen Wirtschaft der Bundesrepublik Deutschland, 1969; *Peter E. Hart,* Concentration in the United Kingdom, in: H. Arndt, Hrsg., Die Konzentration in der Wirtschaft, Band 2, 2. Aufl., 1971, S. 243 ff.; *André Paul Weber,* Concentration des entreprises et politique économique en France, ebd., S. 107 ff. Dort auch weitere Länderberichte. Siehe weiter *Martin Lindahl/William Carter,* Corporate Concentration and Public Policy, 1960; Investigation of Conglomerate Corporations, United States Congress, House Committee on the Judiciary, Subcommittee No. 5, 1970. *Graham Bannock,* Die unersättlichen Giganten, 1972; *Steinmann,* Das Großunternehmen im Interessenkonflikt, S. 133 ff.; *Jörg Huffschmid,* Die Politik des Kapitals, S. 38 ff. *A. Gutowski,* Konglomerate Unternehmen und wirtschaftliche Macht, 1971.

einer festen – z. B. familiär verbundenen – Gruppe befindet: dies ist eine Form persönlicher Macht, die durch die Unternehmenskorporation gerade erst ermöglicht wird und die sich zumindest in dem Sinn auch auf eine Funktionsteilung stützt, als hier in der Regel noch andere Kapitalgeber vorhanden sind, denen jeglicher Einfluß auf die Unternehmensleitung fehlt.

Man wird im übrigen für den Bereich der Groß- und Größtunternehmen eine strukturelle Angleichung von Familien- und Einzelunternehmen an Unternehmenskorporationen annehmen müssen. Gerade das Beispiel FORD oder KRUPP zeigt, daß Unternehmen in diesen Größenbereichen zwingenden Gesetzlichkeiten unterliegen, die ein Festhalten an den Prinzipien des Privatunternehmens nicht erlauben. D. h.: die Struktur der Entscheidungsprozesse unterscheidet sich nicht mehr von der der „anonymen" Unternehmenskorporation, ebenso ist eine ausreichende Kapitalversorgung ohne Rückgriff auf nichtunternehmerische Kapitalgeber nicht mehr möglich. –

Die Machtverhältnisse lassen sich durch statistische Angaben zur Unternehmensgröße nicht unmittelbar erfassen, soweit es sich um Einflußchancen gegenüber anderen Wirtschaftsbeteiligten und insbesondere gegenüber anderen Unternehmen handelt. Erheblicher Wettbewerb zwischen Großunternehmen kann für die anderen die absolute Größe jener wieder neutralisieren und den „Privatunternehmen" Spielraum lassen. Den gleichen Effekt können Gegenmachtwirkungen aus anderer Richtung zeitigen[58]. Aber der so ausgegrenzte Spielraum des Privatunternehmertums ist von einer prekären Balance abhängig und steht unter dem Vorbehalt eines Arrangements der Machtblöcke. Ihm verbleibt typischerweise im ganzen nur eine von den strategischen Plänen der Großunternehmen bestimmte Funktion: private Unternehmen erfüllen Produktionsaufgaben, die selbst zu übernehmen für die Großunternehmen mit unverhältnismäßigem Aufwand verbunden wäre, oder sie füllen Marktlücken aus, die für Großunternehmen zu klein sind. Die Kapitalmacht der Großen sichert ihnen auf allen relevanten Gebieten – Investitionen, Forschung, Werbung, Bewältigung unrentabler Anlaufzeiten etc. – die Vorherrschaft. In diesem Sinne „deuten Kapitalverflechtungen von Mittelunternehmen mit bestehenden Konzernen darauf hin, daß diese es vorziehen, sich mit den Mächtigen der Branche zu arrangieren. Diese Konzerne wiederum, weit entfernt, die Grenzunternehmen durch eine offensive Preispolitik vom Markt zu verdrängen, dürfen darauf vertrauen, daß die sich kumulierenden Wettbewerbsnachteile den Kleinen schließlich die Lust an der Selbständigkeit verleiden... Die nach außen bewahrten Insignien mittelständischen Unternehmertums können nur unvollkommen die allmähliche Aushöhlung ihrer Funktion verdecken. Die wesentlichen

[58] *John Child*, The Business Enterprise, S. 34, weist zutreffend darauf hin, daß industrielle Konzentration „at best an imperfect guide to business power in modern industrial society" sei und verweist dazu auf die Komplexität der wirtschaftlichen und politischen Faktoren, von denen Wirtschaftsmacht abhängt.

wirtschaftlichen Entscheidungen der Branchen gehen auf die Großunternehmen über"[59].

Das Ausmaß der wirtschaftlichen Vorherrschaft der Großunternehmen ergibt sich schließlich auch aus ihrem Anteil an Beschäftigungsverhältnissen.

In der *Bundesrepublik* hatten 1963 insgesamt 394 Großunternehmen der Industrie mit 100 Mio. DM Umsatz und mehr (0,8 % aller Industrieunternehmen) einen Anteil an der Gesamtzahl der industriell Beschäftigten von 37 %. In *Großbritannien* ergaben sich für 1958 folgende Verhältnisse: 30 % der in der Industrie Beschäftigten waren auf 185 Industrieunternehmen mit 5000 und mehr Arbeitskräften (0,6 % aller Industrieunternehmen) und 50 % auf 1052 Unternehmen mit 1000 und mehr Arbeitskräften (3,5 % aller Industrieunternehmen) konzentriert. *USA:* bezogen auf 1955/56 waren ca. 17 Mio. Beschäftigte bei ca. 263 000 Industrieunternehmen tätig (jeweils ohne Bergbau), davon 15 % bei 23 Unternehmen mit 50 000 oder mehr Beschäftigten, 40 % bei 361 Unternehmen mit 5000 oder mehr Beschäftigten. *Frankreich* (1956): 35 % aller industriell Beschäftigten waren bei 1265 (von 336 243 Industrieunternehmen insgesamt) Unternehmen mit 500 oder mehr Beschäftigten tätig, also bei 0,4 % aller Industrieunternehmen[60]. –

2. *Soziale Hegemonietendenzen*

Bis heute wird die Unternehmenskorporation mit Selbstverständlichkeit als wirtschaftliches Gebilde aufgefaßt und einem Funktionsbereich „Wirtschaft" zugerechnet. Sie gilt als Organisation mit wirtschaftlicher Zwecksetzung und wirtschaftlichen Zielen und es wird weithin – stillschweigend – auch unterstellt, daß sich ihr Verhalten aus Prinzipien einer ökonomischen Rationalität erklären lasse. Durch diese Betonung wirtschaftlicher Aspekte werden andere und insbesondere die politische Dimension der Unternehmenskorporation verdeckt; sie ist aber auch ein politisches Aktionszentrum[61].

a) Der politische Charakter der Unternehmenskorporation ergibt sich einmal schon aus der Notwendigkeit einer permanenten Zieldefinition. Das wird übersehen, wenn man das formale Organisationsstatut einfach für die Wirklichkeit nimmt; die Auseinandersetzungen um die Unternehmensziele – also die Unternehmenspolitik – bleiben dann unsichtbar[62]. Vor allem

---

[59] *Karl-Heinz Stanzick,* Der ökonomische Konzentrationsprozeß in Schäfer/Nedelmann, Der CDU-Staat, 1967, S. 30. Zu dieser Problematik auch *Jörg Huffschmid,* aaO. S. 38 ff. und speziell zu den Konsequenzen (für kleinere und mittlere Unternehmen) der Vermachtung durch Größenunterschiede S. 68 ff. Vgl. dazu insgesamt auch *Helmut Arndt* u. a., Konzentration ohne Kontrolle, 1969; bes. den Beitrag von *Arndt,* Macht. Konkurrenz und Demokratie, S. 23 ff. *Helge Pross,* Kapitalismus und Demokratie, 1972, S. 51 ff. gibt ein differenziertes Bild des „Unternehmers" in der Gegenwart und spricht in bezug auf mittlere und kleine Unternehmen anschaulich von den „Hintersassen der großen Unternehmen".

[60] *Steinmann,* aaO.

[61] Dazu besonders *Earl Latham,* aaO. (Anm. 54).

[62] Dazu grundsätzlich *Philip Selznick,* Foundations of the Theory of Organi-

wirkt in diese Richtung auch die Vorstellung, das Unternehmen sei prinzipiell an einer rein ökonomischen und damit unpolitischen Zielsetzung – der „Gewinnmaximierung“ – ausgerichtet und von dorther determiniert. Der politische Charakter der Unternehmenskorporation ergibt sich aber auch aus der „Präsenz in einer pluralistischen Demokratie, in der verschiedene soziale Interessen ihre wirtschaftlichen Positionen gegeneinander auszubauen suchen“[63]. Eine Abgrenzung eines „wirtschaftlichen“ gegenüber einem „politischen“ Funktionsbereich, eine Trennung der „Wirtschaft“ von anderen sozialen Institutionen und insbesondere von den Institutionen des Staates, eine damit implizierte Entgegensetzung von ökonomischer Rationalität und politischer Willkür, ist durch die Entwicklung widerlegt[64]. Zwar haben die Unternehmenskorporationen bis zu einem gewissen Grad ihre Eingliederung in den staatlich organisierten politischen Prozeß zu verhindern vermocht und sie haben sich insoweit eine erhebliche politische Selbständigkeit bewahrt, aber sie sind gleichwohl Akteure in diesem politischen Prozeß.

Das zeigt sich an einer großen Zahl politischer Aktivitäten, beginnend mit der finanziellen Unterstützung bestimmter politischer Parteien, mit der Beeinflussung von Massenmedien durch eine entsprechende „Anzeigenpolitik“ und der Beeinflussung der öffentlichen Meinung durch public-relations-Strategien. „Auf's Ganze gesehen waren Unternehmenskorporationen beim Verkauf ihrer politischen Ansichten fast so erfolgreich wie beim Vertrieb ihrer Produkte.“[65] Dazu gehören weiter Einflußnahmen auf die staatliche Bürokratie sowie auf Regierung, Parlament und Parteien, wobei der Umstand, daß in der Bundesrepublik in diesem Stadium meist Verbände auftreten, nicht ausschließt, daß diese als der verlängerte Arm bestimmter Unternehmenskorporationen fungieren. Diese politischen Aktivitäten sind zum Teil ohne weiteres festzustellen und nachzuweisen, insbesondere dort, wo sie institutionalisiert sind, wie bei der Anhörung im Referentenstadium der Gesetzgebung, bei Hearings vor Parlamentsausschüssen, bei der Mitwirkung in Beiräten und Kommissionen und schließlich bei der Vorlage von eigenen

---

zation in Amitai Etzioni, A Sociological Reader on Complex Organizations, 2. Aufl., 1969, S. 19 ff.; *Renate Mayntz* und *Rolf Ziegler*, Soziologie der Organisationen in René König, Hrsg., Handbuch der empirischen Sozialforschung, Band 2, S. 444 ff., 468 ff. – Speziell zur Unternehmenskorporation: *Hartmut Wächter*, Unternehmungs- und Unternehmerziele im sozio-ökonomischen Feld, pass. mit betriebswirtschaftl. und organisationssoziol. Nachw.

[63] *Epstein*, The Corporation in American Politics, S. 6 (Übers. von mir). Vgl. auch *Ernst Mommsen*, Großunternehmen zwischen Gesellschafts- und Unternehmenspolitik in Das Unternehmen in der Gesellschaft, 1974, S. 48: „Angesichts seines ‚Eigengewichts‘ in der modernen Gesellschaft kann ein Großunternehmen heute kaum noch unternehmenspolitische Entscheidungen treffen, die ohne gesellschaftspolitische Bedeutung wären.“

[64] Dazu näher *Ott*, Die soziale Effektivität des Rechts, aaO. S. 345 ff., bes. S. 376 ff.

[65] *Epstein*, aaO. S. 77 (Übersetzung von mir).

Gesetzesentwürfen. Zum Teil sind sie freilich weniger offenkundig: auch persönliche Kontakte, geheime Absprachen und stillschweigender Widerstand gehören dazu, selbst Fälle von Korruption und Bestechung sind bekannt geworden[66].

Die Vielfalt der möglichen Aktivitäten in einem höchst komplexen politischen Prozeß weist die Schwierigkeiten aus, den Einfluß der Unternehmenskorporationen im einzelnen nachzuzeichnen. Dieser Einfluß kann sich im übrigen auf nahezu allen denkbaren Sozialbereichen finden: nicht nur in den wirtschaftsnahen Bereichen der eigentlichen Wirtschaftspolitik und der damit zusammenhängenden Sozialpolitik, sondern auch in der Bildungs- und Forschungspolitik, in der Entwicklungspolitik, in der Verteidigungs- und Rüstungspolitik und schließlich auch in der Außenpolitik[67].

b) Über das Ausmaß des politischen Einflusses der Unternehmenskorporationen in diesen Bereichen und in der politischen Auseinandersetzung insgesamt ist damit noch nichts ausgesagt[68]. Den Schwierigkeiten, die sich hier

---

[66] Zu den Arten der Einflußnahme allgemein *v. Beyme,* Interessengruppen in der Demokratie, 1969. Zu Umfang und Intensität der politischen Aktivität der Unternehmenskorporationen *Epstein,* aaO. pass., bes. S. 67 ff.; *John Kenneth Galbraith,* Die moderne Industriegesellschaft, S. 332 ff.

[67] Siehe außer den in der vor. Anm. Genannten *Eugen Kogon,* aaO. S. 612 ff.; *Alphons Silbermann* und *Ernest Zahn,* Die Konzentration der Massenmedien und ihre Wirkungen, S. 50 ff.; *Wolfgang Friedmann,* Recht und sozialer Wandel, S. 281 ff.; *A. A. Berle,* The 20th Century Capitalist Revolution, 1954 (Harvest), S. 25 ff.; *R. J. Barber,* The American Corporation, Its Power, Its Money, Its Politics, 1970. – Zu speziellen Auswirkungen des Einflusses der Unternehmenskorporationen sei verwiesen auf *Jörg Huffschmid,* Die Politik des Kapitals, bes. S. 109 ff.; *Martin Baethge,* Ausbildung und Herrschaft, Unternehmerinteressen in der Bildungspolitik, 1970; *A. J. Heidenheimer/F. C. Langdon,* Business association and the financing of political parties in Germany, Norway and Japan, 1968. Besonders instruktiv auch *Robert Engler,* The Politics of Oil. Private Power and Democratic Directions, 1961. Auch *Erich Hoppmann,* Hrsg., Konzertierte Aktion, 1971; insbes. die Beiträge von *Werner, Watrin* und *Koppensteiner* zur Funktion der Verbände, spez. der Wirtschaftsverbände, in der Konzertierten Aktion. Zur Problematik des Verbandseinflusses allg. *Ott,* Die soziale Effektivität des Rechts, aaO. S. 350 f. mit weit. Nachw. – Zur institutionellen Seite *Brun–Otto Bryde,* Zentrale Wirtschaftspolitische Beratungsgremien in der Parlamentarischen Verfassungsordnung, 1972.

[68] Generell zum Verhältnis wirtschaftlicher und unternehmerischer Macht zu politischer Macht bzw. Einfluß *Karl Heinrich Hansmeyer,* Nicht-marktwirtschaftliche Allokationsmechanismen und die Rolle politischer und wirtschaftlicher Macht in Macht und ökonomisches Gesetz, S. 1287 ff. und *Peter Bernholz,* Die Machtkonkurrenz der Verbände im Rahmen des politischen Entscheidungssystems, ebd., S. 859 ff. – Zur Korrelation von wirtschaftlicher und politischer Macht zurückhaltend *Kantzenbach,* Das Konzept der optimalen Wettbewerbsintensität, Jahrb. für Nationalökonomie und Statistik Bd. 181 (1967), S. 193 ff., 203; wirtschaftliche Macht nur *eine* Quelle politischer Macht. S. jed. auch ders., Konzentration als Problem der Konkurrenzwirtschaft in H. Arndt, Hrsg., Die Konzentration in der Wirtschaft, S. 159 ff.

stellen, läßt sich jedenfalls nicht durch Rückgriff auf vulgärmarxistische Hypothesen ausweichen[69]. Wenngleich von einem erheblichen politischen Einfluß der Unternehmenskorporationen ausgegangen werden muß, so können diese doch nicht pauschal als die eigentlichen Machthaber in Staat und Gesellschaft ausgegeben werden. Die staatlichen und sonstigen gesellschaftlichen Institutionen sind keineswegs nur die ausführenden Organe der Unternehmenskorporationen und die Vollstrecker ihres politischen Willens. Auf institutioneller Ebene ist der politische Einfluß auf eine Reihe verschiedener Machtzentren verteilt, die sich als „oligopolistische Machtgruppen" darstellen[70]. Es ist ein wesentlicher Inhalt des politischen Prozesses, daß andere Institutionen versuchen, auf die „Unternehmenspolitik" Einfluß zu gewinnen. Das gilt besonders für den Staat und für die Gewerkschaften. So wie die Akteure des Unternehmens die Grenzen des Unternehmens zu überschreiten versuchen, um sich in die „staatliche" Politik einzumischen, so sind auch die anderen Akteure bestrebt, ihren Einfluß auf die „Unternehmenspolitik" auszudehnen, und dies um so mehr, als sich die Sphäre der Produktion und des Warenverkehrs als ein Medium erweist, „durch dessen aktive Regulation gesamtgesellschaftliche Steuerungsleistungen gesichert werden können"[71].

c) Im Kapitalverwertungsprozeß selbst bedeutet die primäre Zuständigkeit der Unternehmenskorporationen für Investitionsentscheidungen einen wesentlichen Faktor politischer Macht.

Freilich liegt die Entscheidungsgewalt über Investitionen nicht uneingeschränkt bei den Unternehmenskorporationen. Vielmehr sind auch sie außer von den Gewerkschaften von einer systemkonformen Wirtschaftspolitik des Staates abhängig; daran zeigt sich, daß der „private Kapitalverwertungsprozeß bis ins Detail politisch vermittelt ist: die Subventionierung der Forschungs- und Entwicklungskosten, die steuerliche Alimentierung unternehmerischen Investitionswillens, die handelspolitische Regulierung der Absatzchancen und die konjunkturpolitische Beeinflussung des Nachfragevolumens" zeigen, wie sehr dieser Prozeß „Aktionsfeld des Staatsapparates"[72] ist. Hinzu kommt vor allem aber auch eine direkte Abhängigkeit der unternehmerischen Investitionsentscheidungen von der staatlichen Politik: der Staat muß durch entsprechende Lenkung der Staatsausgaben Investitionsgelegenheiten schaffen, durch die das Surplus absorbiert werden kann[73]. Dies

[69] *Dahrendorf,* Gesellschaft und Freiheit, S. 152 f.; *v. Beyme,* Interessengruppen, S. 202. Besonders um eine differenzierte Analyse bemüht *Claus Offe,* aaO. pass., *J. Hirsch,* aaO. pass.; *Bergmann, Brandt* u. a., Herrschaft, Klassenverhältnis und Schichtung in Spätkapitalismus oder Industriegesellschaft, Verhandlungen des 16. Deutschen Soziologentages, 1967, S. 67 ff.

[70] *Claus Offe,* Politische Herrschaft und Klassenstrukturen in *Kress/Senghaas,* Politikwissenschaft, S. 155 ff., 164 ff.

[71] *Offe,* aaO. S. 181.

[72] *Offe,* aaO. S. 180.

[73] Dazu eingehend *Paul A. Baran* und *Paul M. Sweezy,* Monopolkapital, S. 142 ff.

ist selbst wieder ein komplizierter Prozeß, bei dem die verschiedensten Interessengruppen aufeinanderstoßen und um Einfluß kämpfen, sei es, um staatliche Investitionsentscheidungen zu ihren Gunsten zu erreichen, sei es auch, um staatliche Investitionen zu verhindern, die ihren Interessen Konkurrenz machen[74]. Diesen Prozeß hat die Unternehmenskorporation nicht per se unter Kontrolle, sie ist vielmehr wie die anderen Machtgruppen darauf angewiesen, politischen Support zu mobilisieren, Bündnisse einzugehen, Möglichkeiten zu suchen, um Druck auszuüben und vor allem: sie muß bei alledem versuchen, die von ihr verfolgten Ziele als integralen Teil des „Gemeinwohls" zu definieren[75]. Ob das gelingt, ist von einer Unzahl Faktoren abhängig, die ihren eigenen Einfluß reduzieren. Auf der anderen Seite bedeutet die Abhängigkeit von staatlichen Investitionsentscheidungen auch direkten Einfluß staatlicher Instanzen auf die Unternehmenskorporationen[76].

Eine Gewichtung der verschiedenen Machtfaktoren ist an dieser Stelle nicht möglich. Im ganzen wird aber die besondere politische Stärke der Unternehmenskorporation darin zu sehen sein, daß sie bis heute eine erhebliche Solidarität mit den Privatunternehmern im eigentlichen Sinn bis hin zum Kleingewerbetreibenden zu erhalten vermochten – die Formel ist hier die „freiheitliche Wirtschaftsordnung" in ihren diversen Variationen –, mehr noch: die Solidarität bis weit in die Kreise der Arbeitnehmer hinein auszudehnen vermochten, wobei hier die einigende Formel das Privateigentum ist. Unter Berufung auf diese Solidarität und auf die Prinzipien der Privatautonomie, des Privateigentums, der Freiheit der Privatsphäre etc. ist es den Unternehmenskorporationen noch immer möglich, sich eine erhebliche Souveränität, einen erheblichen politischen Freiraum zu sichern, von dem aus sie zwar ungehindert politisch agieren können, in den sie sich aber zurückziehen können, um sich der Kontrolle durch andere politische Gruppierun-

---

[74] Vgl. *Baran/Sweezy,* aaO. S. 163: „Bei fast jedem Hauptposten des Ziviletats treten bald mächtige angestammte Interessen in Opposition, wenn die Ausdehnung über das notwendige Mindestmaß hinausgeht." Wenn dort, S. 165, auf das Beispiel des Kampfes der Grundstücksinteressenten gegen einen verstärkten sozialen Wohnungsbau hingewiesen wird, so hat das nicht nur für die USA, sondern auch für die Bundesrepublik Aktualität.

[75] Aus diesem Ansatz heraus erklärt J. K. Galbraith die besondere Bedeutung der Rüstungsindustrie für die Unternehmenskorporation; Rüstungsausgaben könnten unter den besonderen weltpolitischen Bedingungen relativ unproblematisch als gemeinwohlbezogen ausgegeben werden („Verteidigung der Freiheit"): „Das Industriesystem identifiziert sich nicht deshalb mit dem Wettrüsten, weil es das gern tut oder weil es besonders blutdürstig veranlagt wäre. Hier eröffnete sich vielmehr ein Gebiet, wo zur Unterstützung der Planung die größten Geldsummen zur Verfügung standen und die wenigsten Fragen gestellt wurden... (Hier) ... haben hohe Ausgaben der öffentlichen Hand ... den geringsten Beigeschmack von Sozialismus", aaO. S. 381. So auch *Baran/Sweezy,* aaO. S. 204.

[76] Vgl. näher *Ott,* Die soziale Effektivität des Rechts, aaO. S. 382 ff., 391 ff.

gen, durch den Staat und vor allem auch durch die Institutionen der demokratischen Öffentlichkeit zu entziehen. –

d) In aller Kürze ist schließlich noch auf die kulturelle Bedeutung der Unternehmenskorporation hinzuweisen. Diese ist spektakulär besonders auf zwei Gebieten: Konsumverhalten und Arbeitsbedingungen. Die Unternehmenskorporation ist dank der modernen Werbungs- und public-relations-Techniken und dank der finanziellen Mittel, die sie dafür einsetzen kann, in bemerkenswertem Umfang in der Lage, das Verhalten der Verbraucher zu manipulieren und auf diese Weise Einfluß auch auf kulturelle Werte und Wertvorstellungen zu gewinnen. Die Bedeutung der conspicuous consumption als relevanter Verhaltensweise ist häufig genug untersucht worden[77]; ebenso wie die Wirtschaft im übrigen ist auch das Verbraucherverhalten aus überlieferten Bindungen und Normen herausgewachsen und in diesem Zustand einer tendenziellen Orientierungslosigkeit vermehrt steuerbar und beeinflußbar. Die Unternehmenskorporationen sind zugleich in hohem Maße daran interessiert, sich diesen Spielraum im Zuge ihrer Absatzplanung zunutze zu machen und sie sind – auch wenn man ihre Möglichkeiten hierzu im ganzen überschätzt haben mag – jedenfalls intensiv darum bemüht[78].

Die Gestaltung der Arbeitsbedingungen auf der anderen Seite ist seit langem Gegenstand betriebs- und industriesoziologischer Untersuchungen[79]. Das Stichwort ist hier vor allem Selbstentfremdung als Folge des arbeitsteiligen Produktionsprozesses mit dem Extrem der Fließbandarbeit[80]. Auch hier gilt, daß die Gefahren, die in der wirtschaftlichen Entwicklung liegen, in wirtschaftlicher Hinsicht einigermaßen erkannt zu werden beginnen, daß nun aber „die möglichen sozio-psychologischen Kosten wirtschaftlicher Operationen und das Ausmaß, in dem diese in Familien- und anderen privaten Rollen versteckt sind, Aufmerksamkeit verlangen“[81]. Zu den sozialen Problemen der Unternehmenskorporation gehört jedenfalls der Einfluß auf den sozialen Charakter der Arbeit, der nicht vom kapitalistischen Wirt-

---

[77] Vgl. *John Child*, The Business Enterprise, S. 78 ff. mit eingehenden Nachw. Den Einfluß der Unternehmenskorporationen auf das gesellschaftliche Wertsystem hat von daher auch mehrfach *J. K. Galbraith* betont; vgl. Die moderne Industriegesellschaft, S. 223 ff. auch *ders.*, The Affluent Society, 1958 (dt.: Gesellschaft im Überfluß, 1959). – Ein eindrucksvolles und kritisches Bild entwirft *Herbert Marcuse*, The One-Dimensional Man, 1964 (dt.: Der eindimensionale Mensch, 1970).

[78] Vgl. auch *Silbermann/Zahn*, Konzentration, S. 75: die großen Unternehmen der Wirtschaft bilden zentrale Stätten, an denen die Zukunft unserer Gesellschaft und Kultur vorbereitet wird.

[79] Umfassende Nachweise aus der anglo-amerikanischen Forschung mit speziellem Bezug auf die moderne Unternehmenskorporation und in kritischer Würdigung bei *John Child*, The Business Enterprise, S. 59 ff. (Quality of Experience within the Enterprise). Siehe weiter *Alain Touraine*, Industriesoziologie in *René König*, aaO. (Anm. 62), S. 408 ff.

[80] Dazu *Robert Blauner*, Alienation and Freedom, The Factory Worker and His Industry, 1964.

[81] *Child*, aaO. S. 83.

schaftssystem als solchem, sondern von der Beschäftigung in großen Organisationen und unpersönlichen Bürokratien ausgeht, die alle Industriegesellschaften durchziehen. Diese spezifischen Bedingungen des Arbeitsvollzugs wirken sich auf das soziale Verhalten und die sozialen Beziehungen der Arbeiter aus und führen – wenn sie mit persönlichen Erwartungen oder mit psychischen Grundbedürfnissen in Konflikt geraten – zu Rollenentfremdung und Unzufriedenheit. Sie bleiben insofern nicht auf den eigentlichen Arbeitsbereich beschränkt, sondern pflanzen sich auf immer weitere Beziehungskreise fort.

Ein weiterer Problembereich, der mit der Unternehmenskorporation zusammenhängt, betrifft schließlich den Einfluß, den besonders das Großunternehmen auf die Beschaffenheit der Lebensbedingungen außerhalb der Arbeitsverhältnisse hat[82]. Dies ist von umso größerer sozialer Bedeutung, als sich die zentralen Lebensinteressen und die Möglichkeiten der Erfüllung psychologischer Bedürfnisse der Arbeitnehmer aus dem Arbeitsbereich hinaus verlagern – im Maß der Entfremdung am Arbeitsplatz. Der Einfluß der Unternehmenskorporation zeigt sich hier unmittelbar in der Einkommensverteilung und in der Freizeitgewährung, er erstreckt sich direkt oder indirekt aber auch auf die Gestaltung des privaten Bereichs. Wenngleich der unmittelbare Zugriff der Unternehmenskorporation auf die Privatsphäre ihrer Mitglieder mehr ein Attribut führender Stellungen ist, so zeigen Betriebssiedlungen, Betriebssportvereine, Betriebserholungsheime und dergl. mehr doch anschaulich, wie weitgehend der einzelne in den Funktionsbereich der Unternehmenskorporation eingebunden sein kann, – wie konkret diese zur tragenden sozialen Institution werden kann[83]. –

III. Individualismus und Korporatismus: Ideologie und Wirklichkeit

Der Einbruch der Unternehmenskorporation in die Strukturen der Gesellschaft wird in seinem ganzen Ausmaß sichtbar, wenn man ihn vor dem Hintergrund einer Gesellschaftstheorie betrachtet, die sich in der Auseinandersetzung mit den korporativen Bindungen des feudalistischen Gesellschaftssystems entwickelt hat und die in scharfem Gegensatz zu allen intermediären Gewalten steht. Diese Gesellschaftstheorie bestimmt bis heute – wie gezeigt – die juristische Doktrin in maßgeblicher Weise. Für sie ist jedenfalls die liberale Konzeption des von traditional fixierten gesellschaftlichen Bindungen freigesetzten Individuums tragend, dessen Status nicht restriktiv durch Eingliederung in Kollektive, sondern expansiv durch Ausgrenzung eines Privatbereichs bestimmt ist, in dem sich alle gleich sind und

---

[82] *Child,* aaO. S. 76 ff. mit Nachw.

[83] Dazu besonders anschaulich *William H. Whyte,* The Organization Man, 1956 (dt.: Herr und Opfer der Organisation, 1958).

in dem alle die Freiheit der Selbstbestimmung haben. Zwar wendet sich die Aufmerksamkeit mehr und mehr den organisierten Machtkomplexen, den wirtschaftlichen und sozialen Machtstellungen zu, als die sich das moderne Unternehmen darstellt; zwar werden die „tiefgreifenden Veränderungen" betont, „die die Struktur unserer Gesellschaft gegenüber dem Sozialmodell der Aufklärung aufweist, an dem unser klassisches Privatrechtssystem ... orientiert ist"[84], aber am Grundansatz dieses Systems soll festgehalten werden[85]. Daran ändert auch nichts die unter dem Eindruck der wachsenden Bedeutung der Verbände – für den Staat wie für den einzelnen – angestrebte Umstellung von einem „individualistisch-liberalen" auf ein „kollektivistisch-liberales" Gesellschaftsmodell[86]. Durchweg findet sich das Bekenntnis zu einer Selbstbestimmung des einzelnen, die nicht in Kollektiven aufgehoben ist. Der offenkundige Widerspruch zur faktischen Abhängigkeit des einzelnen von Verbänden und anderen wirtschaftlichen und sozialen Machtkomplexen wird überspielt, indem diese Abhängigkeit selbst als Ausfluß der Selbstbestimmung ausgegeben wird. Die intermediären Gewalten erscheinen so einmal als Träger wirtschaftlicher, sozialer, politischer und kultureller Macht, die als solche wesentliche Funktionen in Staat und Gesellschaft erfüllen, sie erscheinen zum andern aber auch als selbstgewählte Vereinigungen gleichgesinnter Individuen, als freiwillige partikuläre Zweckverbände, als Organisationen der Selbsthilfe, denen anzugehören im wohlverstandenen eigenen Interesse liegt – mithin als die Organisationsform der freien Gesellschaft[87].

a) Die Vereinigungsfreiheit erweist sich damit auch gegenüber der Unternehmenskorporation als kritisches Element. Von daher wird dann davor gewarnt, „von einer Refeudalisierung unserer Gesellschaft zu sprechen. Denn in dieser Gesellschaft ist das Streben nach persönlicher Unabhängigkeit und deswegen nach rechtlicher Durchgestaltung und grundsätzlicher Lösbarkeit aller Beziehungen außerordentlich stark. Diese Unpersönlichkeit und Lösbarkeit der Beziehungen auch zu den großen und machtvollen Organisationen des Wirtschaftslebens geben dem einzelnen eine völlig andere Stellung, als er sie im System des Feudalismus gehabt hat"[88].

Eine Unterdrückung aller Teilverbände und die Freihaltung der Gesellschaft von allen sozialen Gruppierungen, auf die sich frühliberale Postulate unter dem Einfluß Rousseaus bezogen hatten, die aber auch heute noch

---

[84] *Coing*, Bemerkungen zum überkommenen Zivilrechtssystem in Festschrift für Hans Dölle, Band 1, S. 25 ff., S. 35.

[85] So ausdrücklich *Coing* selbst, ebd. S. 140.

[86] Vgl. *Thilo Ramm*, Die Freiheit der Willensbildung, S. 29; *ders.*, Art. Koalitionsrecht, HDSW, VI, S. 28 ff.; *ders.*, Einführung in das Privatrecht, Allg. Teil, Band 3, S. G 710 ff., 715.

[87] Zum Ursprung dieser Gleichsetzung im Denken des frühen 19. Jhd. vgl. *Friedrich Müller*, Korporation und Assoziation, S. 338.

[88] *Coing*, aaO. S. 35, Fußn. 16:

schlagwortartig auftauchen[89], kommen realiter allerdings nicht in Betracht. Um so zentraler ist die Frage, ob sich jene wirtschaftlichen und sozialen Machtkomplexe als „freie Vereinigungen" ausweisen lassen, als Manifestationen der Vereinigungsfreiheit. Während aber die Assoziationsfreiheit im Ausgangspunkt des Liberalismus mit der Erwartung verbunden war, als Hebel des Soziallebens zu wirken und den Bedürfnissen nach einer Umschichtung der Gesellschaft entsprechend die verkrusteten Strukturen und Gruppierungen des Feudalzeitalters aufzubrechen, ist sie in dieser Funktion heute stark reduziert. Die etablierten Verbände lassen wenig Raum für Neugründungen. Nichts anderes gilt für die Unternehmenskorporationen. Von der Freiheit, Vereine oder Aktiengesellschaften zu gründen, mag zwar auf dem Papier jedermann Gebrauch machen, eine erneute Umschichtung der Gesellschaft wird man davon praktisch aber nicht erwarten. So kommt es entscheidend auf die Lösbarkeit der Beziehungen zu diesen Machtgebilden, auf „the freedom to move"[90] an. Davon hängt es letztlich ab, ob diese als „besondere Untertanenverbände" neben – oder möglicherweise anstelle – des „allgemeinen Untertanenverbands" des Staates fungieren, als „many lesser commonwealths in the bowels of a greater, like worms in the entrails of a man" (Thomas Hobbes), auf dasselbe Prinzip wie der Staat gegründet, aber mit einem fragwürdigen Souveränitätsanspruch diesem gegenüber[91].

b) Damit stellt sich die Aufgabe, die Position der Unternehmenskorporation im Spannungsverhältnis von Korporation und Assoziation zu bestimmen. Diese beiden Grundtypen der Verbandsbildung bezeichnen die prinzipiell mögliche Zuordnung: zur Korporation als „dem Lebensverband, der das einzelne Mitglied umgreift und ihm innerhalb seines organisatorischen Zusammenhangs einen bestimmten Freiheitsraum gewährt"[92], oder zur Assoziation als dem „Zweckverband, der auf Grund nicht vorgeprägter Entscheidung seiner Mitglieder besteht und der von ihrer interessenbestimmten Willkür abhängt"[93], somit individuelle, nicht korporative Freiheit vermittelt.

Zweifellos ist die Unternehmenskorporation heute assoziativ konzipiert, zumindest, was das positive Recht und ihm folgend die Doktrin betrifft. Die Aktiengesellschaft gilt ausdrücklich als ein „Zusammenschluß, zu dem sich die Aktionäre freiwillig verbunden haben"[94], und diese Freiwilligkeit scheint auch für das Unternehmen im übrigen gewahrt: durch den Arbeitsvertrag, durch den Liefervertrag, durch die vertragliche Konstruktion aller

---

[89] Vgl. kritisch *Kurt Sontheimer,* Grundzüge des politischen Systems der Bundesrepublik Deutschland, S. 124 ff.

[90] Vgl. dazu bes. *Kingman Brewster,* The Corporation and Economic Federalism in E. Mason, Hrsg., The Corporation in Modern Society, S. 78 f.

[91] *Earl Latham,* The Body Politic of the Corporation, ebd., S. 218 ff., 235 f.

[92] *Friedrich Müller,* aaO. S. 17. [93] *Müller,* ebd.

[94] Begründung zum Regierungsentwurf des Aktiengesetzes 1965, Bundestagsdrucksache IV 171, S. 92.

für das Unternehmen relevanten Rechtsbeziehungen[95]. Indessen sind gerade die rechtlichen Vorkehrungen gegen eine zum Überwiegen der korporativen Elemente führende Entwicklung denkbar ineffektiv. Im Gegenteil haben die formal und funktionsblind gehandhabten Prinzipien der Vertrags- und Vereinigungsfreiheit mehr als alles andere zur Entstehung und Stabilisierung von Unternehmenskorporationen beigetragen, die nur noch als soziale Machtkörper verstanden werden können, und die – wiederum unter Einsatz der Instrumente der Privatautonomie – dem einzelnen Mitglied einen bestimmten Lebens- und Freiheitsraum zuzumessen in der Lage sind. Dabei gelten die Unternehmenskorporationen selbst auch heute noch durchweg als genuin assoziative Verbände; wegen ihrer einseitigen Fixierung hat sich jedenfalls die juristische Doktrin die Einsicht in den korporativen Charakter zumindest der großen Unternehmenskorporationen im wesentlichen bis heute verbaut[96]. Das ist im folgenden Kapitel anhand der Entwicklung aufzuzeigen, die die Theorie der Juristischen Person in Deutschland genommen hat. Das Ergebnis einer langen Auseinandersetzung ist einstweilen, daß sich in der juristischen Doktrin das assoziative, in der Realität der Großunternehmen dagegen das korporative Prinzip durchgesetzt hat. –

c) Mit dieser Feststellung wird hier nicht eine Ideologie des Neo-Korporatismus eingeleitet, sondern der Versuch, die Entwicklungslage der Gesellschaft zu analysieren. Mit dem Nachweis, daß über die Unternehmen korporative Elemente in die Gesellschaftsstruktur eingedrungen sind, ist ebenso die Kritik an den daraus resultierenden problematischen Abhängigkeiten wie an jenen liberalen, individualistischen und sonstigen Konzeptionen eröffnet, die diese Abhängigkeiten nicht zu verhindern oder nicht einmal zu erfassen vermochten und deshalb die Antwort auf die heute grundlegende Frage schuldig bleiben, wie der einzelne vor den die soziale Realität dominierenden Organisationen und besonders vor und in den Unternehmenskorporationen so geschützt werden kann, wie es dem zentralen Bekenntnis des Grundgesetzes und anderer freiheitlicher Verfassungen zur Menschenwürde entspricht[97].

---

[95] So betont *Müller-Henneberg* im Gemeinschaftskommentar zum GWB, 2. Aufl., 1963, Einführung S. 67 ff. das individualistische Prinzip im Wirtschaftsrecht und hebt besonders die „Entscheidung des Gesetzgebers ... gegen pluralistische und Korporationsideologien“ hervor, S. 70.

[96] Zur Inadäquanz des liberalen Ansatzes im Hinblick auf das Anwachsen der industriellen Großorganisation grundsätzlich auch *Wolin*, Einführung S. 8 zu *Peter Bachrach*, Die Theorie demokratischer Elitenherrschaft, 1970 (1967).

[97] Schelsky bezeichnet das „Umschlagen von personenbezogenen Rechten des Individuums in ‚organisierte‘ und damit kollektiv institutionalisierte Rechte und Interessen“ als eines der „auffälligsten Kennzeichen unserer Sozialstruktur“ und leitet daraus als soziales Grundbedürfnis die „Integrität und Autonomie der Person gegenüber der sozialen Organisation“ ab; in Die Funktion des Rechts in der modernen Gesellschaft, Jahrbuch für Rechtssoziologie und Rechtstheorie, Band 1, 1970, S. 39 ff., 80 f. – Vgl. schon *Gurvitch*, Grundzüge der Soziologie des Rechts,

Die Vorstellungen von der Unternehmenskorporation als Zweckverband müssen im übrigen spätestens seit Elton Mayos betriebssoziologischen Untersuchungen als widerlegt gelten. Sie und die weiteren betriebs- und industriesoziologischen Forschungen haben jedenfalls für die „Betriebsangehörigen" deutlich gemacht, daß sich Strukturen herausgebildet haben, die unmittelbarer Bestandteil des sozialpsychologischen Lebensraumes des einzelnen sind[98]. Vor diesem Hintergrund erweist sich das Zweckverbandskonzept eher als ein Gegenmodell zur sozialen Realität, und das gilt auch für den Versuch, die Beziehungen des Arbeiters zum Unternehmen auf ein Tauschverhältnis Arbeit gegen Geld zu reduzieren.

Wenngleich die Doktrin diese Einsichten im allgemeinen nicht aufgenommen hat, so haben sie doch Eingang in die unternehmerische Praxis gefunden. Die Erkenntnis der soziokulturellen Konditionierung der Arbeitsleistung hat unter anderem zum human-relations-approach und den damit verbundenen Versuchen geführt, das Funktionieren des Systems durch eine möglichst perfekte Adaptation des einzelnen sicherzustellen[99]. Das erklärt die Pflege der Unternehmensloyalitäten, wobei durchaus im korporativen Sinne eine quasi-elitäre Absonderung gegenüber anderen Verbänden suggeriert wird. Es erklärt aber auch die „totalitäre Behandlung von Abweichern"[100]. Die einseitige Orientierung am formalen Organisationsstatut der Unternehmenskorporationen hat zu einer ebenso einseitigen zweckrationalen Betrachtungsweise geführt und die disziplinierenden Mechanismen verdeckt, denen alle Mitglieder unterworfen sind. Sie sind nicht mit formalen Sanktionen identisch, sie wirken vielmehr weithin geräuschlos und unsichtbar: der Rückgriff auf formale Autorität und formale Sanktionen kommt

---

S. 200, wo Unternehmen als riesige Herrschaftsorganisationen bezeichnet werden, in deren Innern sich ein subordinatives Recht behaupte, das sich nicht aus der Volkssouveränität ableite und keine Beziehung zum Vertrag habe. Allgemein auch *Peter Drucker,* Die Zukunft bewältigen, S. 219 ff., 307 ff. In diesem Zusammenhang weist *Rainer Eisfeld,* Die Aufhebung des Pluralismus im Sozialismus in *F. Nuscheler/W. Steffani,* Pluralismus, S. 280 ff., 285 ff. auf den Prozeß der Verfestigung der Verbände und der Knebelung des Individuums mit dem daraus folgenden Anpassungszwang für den einzelnen hin. Auch *Richard Eells,* The Meaning of Modern Business, S. 63.

[98] Das volle Ausmaß des Konflikts zwischen Individuum und Unternehmenskorporation bzw. Organisation allgemein, insbesondere auch in psychologischer Hinsicht, kann hier nicht untersucht werden. Vgl. dazu grundlegend *C. Argyris,* Personality and Organization, The Conflict between System and Individual, 1957; *Robert Presthus,* The Organizational Society, 1962 (dt.: Individuum und Organisation, 1966); *D. McGregor,* The Human Side of Enterprise, 1960; *Daniel Katz* und *Robert Kahn,* The Social Psychology of Organizations, 1966; *Leonhard Sayles,* Hrsg., Individualism and Big Business, 1964. Weiter *John Child,* The Business Enterprise, S. 59 ff., mit weit. Nachw.; Gerald Bell, Hrsg., Organizations and Human Behavior, 1967.

[99] Vgl. zusammenfassend *A. Touraine,* Industriesoziologie, aaO. (Anm. 79).

[100] *Dahrendorf,* Die Funktionen sozialer Konflikte in Pfade aus Utopia, S. 267.

fast dem Bekenntnis eines Fehlschlags gleich[101]. Die Mitglieder treten nicht in ein funktionsspezifisches Austauschverhältnis zur Unternehmenskorporation – zumindest ist dies allenfalls ein Aspekt des komplexen Zusammenhangs, – sondern sie werden in einen sozialen Makrokosmos hineingezogen, der sie in ihrer ganzen Persönlichkeit erfaßt und sie tiefreichenden Sozialisationsprozessen unterwirft[102]. Sie geraten auch in eine psychische Abhängigkeit zur Korporation, denn diese tritt ihnen als „structured field" gegenüber. „In einem solchen Feld gehen von hochdifferenzierten Autoritäts-, Status- und Kleingruppen-Systemen unmißverständliche und zwingende Reize aus, welche die eingeübte Fügsamkeit des Individuums gegenüber der Autorität aktivieren. Sie schaffen ein psychologisches Klima, das die Nachgiebigkeit fördert. Ein solches Reagieren lohnt sich, da es die Angst vermindert und die Aufstiegschancen erhöht, indem es das Wohlwollen der das Zuteilungssystem kontrollierenden Autoritätspersonen sichert."[103]

Man mag auf diese Situation das Konzept einer zeitlich und inhaltlich begrenzten und auf Vertrag gegründeten Herrschaftsbeziehung zwischen Privatperson und Privatperson, zwischen gleichberechtigten Mitgliedern der Privatrechtsgesellschaft anwenden, sofern man es als politische Utopie, als Hebel zu einer revolutionären Umschichtung der bestehenden Verhältnisse versteht. Zur Bezeichnung der sozialen Realität sind indessen jene Selbstzeugnisse aus den Unternehmenskorporationen eher geeignet, die diese als „viable community in its own rights"[104] verstehen und ihnen die Aufgabe zuweisen, nicht nur Güter zu produzieren und Gewinne zu erwirtschaften, sondern ebenso um die Wohlfahrt ihrer Mitglieder besorgt zu sein[105]. Die metaphorische Kennzeichnung des Unternehmens als „Wohlfahrtsstaat" unterstreicht die angedeuteten Abhängigkeiten noch von einer anderen Seite her und bringt insgesamt treffend zum Ausdruck, in welchem Umfang die Freiheit des einzelnen Mitglieds von der Gewährung durch die Korporation

---

[101] *Robert Presthus,* aaO. S. 154. – Zu formalen Sanktionen vgl. *Johannes Feest,* Betriebsjustiz, Kriminologisches Journal, 1971, 239; *Scott/McPherson*, Law & Society Review, 6 (1971), S. 277.

[102] *A. A. Berle* und *G. Means,* The Modern Corporation, S. 278, ziehen, was die Subordination der Interessen von einzelnen unter die einer Gruppe betrifft, eine unmittelbare Parallele zum Kommunismus: „Das Prinzip scheint das gleiche zu sein, obwohl die kommunistische Ideologie eine andere und die kommunistische Anwendung drastischer ist... Diese korporative Entwicklung ist eine bei weitem größere Annäherung an kommunistische Bedingungen als irgend etwas sonst in unserem System." Obwohl dies speziell auf die Situation des Aktionärs bezogen ist, gilt es dem Grunde nach auch für andere Organisationsmitglieder.

[103] *Robert Presthus,* aaO. S. 170 (dt. Ausgabe).

[104] *Child,* Business Enterprise, S. 42, der dies kritisch zum human-relations-approach und insbesondere zu der Unternehmensideologie in Peter F. Druckers frühen Schriften anmerkt.

[105] *Wilbert E. Moore,* The Conduct of the Corporation, S. 137 ff., faßt diese Aktivitäten unter dem Begriff „private socialism" zusammen.

abhängt, wie weitgehend sie korporative Freiheit ist: – „Die Menschen werden zu freien Bürgern kraft ihrer Mitgliedschaft in einer Firma.“[106]

d) Die ständische Idee ist das Kernstück aller korporatistischen Strömungen und Ideologien: die Gliederung der Menschen in Teilverbände nach Kriterien besonderer Gemeinsamkeit, wobei die funktionsspezifische und besonders die berufsspezifische Gliederung im Mittelpunkt der modernen Entwicklung des ständischen Gedankens steht. Wenn die Unternehmenskorporation faktisch nicht nur die individuelle Freiheit ihrer Mitglieder begrenzt, sondern auch vermittelt, wenn die Position des einzelnen in der Unternehmenskorporation das entscheidende Segment seines sozialen Status ist, so liegt darin schon ein ständisches Element. Es verstärkt sich zu gesamtgesellschaftlicher Bedeutung in dem Maß, in dem die Unternehmenskorporation zur dominierenden und repräsentativen Institution dieser Gesellschaft wird. Im gleichen Umfang geht die Funktion der Statusbestimmung auf sie über. Zwar bleibt auch in der Unternehmenskorporation Raum für einen kraft spezifischer Leistung erworbenen Status, aber die Leistungskriterien werden von der Unternehmenskorporation bestimmt und hängen, was ihre Erfüllbarkeit betrifft, mit steigendem Status zunehmend von Bedingungen ab, die zu einer in gesellschaftlichen Verhältnissen begründeten Statuszuweisung zurückführen.

Der Übergang zum korporativen Status ist vollzogen, wenn diese Beziehung den einzelnen als Person erfaßt und für ihn als Person wichtig wird. Diesen Übergang berücksichtigt bis zu einem gewissen Grad zunehmend auch das positive Recht: aus der bloßen vertraglichen Austauschbeziehung wird eine rechtlich geschützte Position, die dem einzelnen nicht mehr willkürlich und nicht ohne weiteres entzogen werden darf und die mit einem freilich relativen Rechtsanspruch auf Statussicherheit verbunden wird. Nimmt man die Entwicklung eines korporativen Status in seiner Bedeutung für die soziale Identität des einzelnen mit der Verrechtlichung dieser Stellung zusammen, so gelangt man in der Tat zu einem „private equivalent of citizenship“[107].

Dies verweist schließlich auf das Verhältnis der Unternehmenskorporation zum Staat. Ständestaatliche Faktoren zeigen sich hier in der Tendenz, das Parlament als zentrales politisches Organ zugunsten der Unternehmenskorporationen und ihrer Verbände – sowie auch anderer sozialer Verbände – auszuschalten.

Die heftigen politischen Auseinandersetzungen zwischen den diversen Verbänden und Interessengruppen zeigen freilich, daß eine „Rekorporierung“ von Staat und Gesellschaft auf dieser Stufe nicht stattgefunden hat. Gleichwohl ist nicht zu übersehen, daß gerade die Unternehmenskorporationen mit ihrem erheblichen politischen Einfluß einen beträchtlichen Sou-

---

[106] *Herbert Groß*, Unternehmer in der Politik, 1954, S. 27.

[107] *Philip Selznick*, Law, Society, and Industrial Justice, 1969, S. 270 ff., 274.

veränitätsanspruch gegenüber dem Staat geltend machen. Die weitverbreitete Praxis, politische Zuständigkeiten unter Berufung auf die unternehmerische Autonomie zu verteidigen, bei Krisen, die mittels dieser Zuständigkeiten allein aber nicht mehr bewältigt werden können, an das Staatsinteresse zu appellieren, um eine Intervention des Staates zu erreichen, erinnert unmittelbar an das Subsidiaritätsprinzip, das den Teilverbänden solange den Vorrang sichert, als die anstehenden Probleme ohne Rückgriff auf den Gesamtverband bewältigt werden können.

Die Ideologie der Unternehmenskorporationen trägt darüber hinaus zum Teil eindeutig organizistische Züge und verweist auf harmonistische Grundeinstellungen. Auch die Praxis wird davon weithin bestimmt: das reibungslose Funktionieren des Unternehmens gilt als Normalzustand, „jeder einzelne, jede Gruppe und jede Einrichtung haben ihren Platz und ihre Aufgabe im System des Ganzen; sie haben ihre Funktion“[108]. Auf die daraus folgende Einstellung gegenüber Konflikten und die Behandlung von „Außenseitern“ ist schon hingewiesen worden. Sie berührt sich mit einer „end of ideology“-Theorie, die das Funktionieren der Unternehmenssysteme auf „sachliche“ Notwendigkeiten im Gegensatz zu „politischen“ Zielen gründet. Der „Unternehmer“ gilt als Sachwalter des korporativen Gemeinwohls, aber zugleich auch als Sachwalter des Gemeinwohls der Gesellschaft im ganzen: die „Gestalt des Unternehmers“ wird neu entdeckt „als bewegende Kraft und als geistige Energie der politischen Welt ebenso wie als Mittelpunkt des Wirtschaftslebens“[109]. Der Unternehmer als „Geist-Kapital“ kommt – wenn man den Unternehmensideologen folgt – dem objektiven Geist sehr nahe, näher jedenfalls als alle „Philosophen, Psychologen und Politologen, zumal diese sich auch subjektiv-einseitigen, emotionalen und irrationalen Gedanken (mangels entsprechendem Controlling) hingeben können, während sich alles Wirklichkeitsfremde und Falsche (!) in Technik, Industrie und Wirtschaft sogleich ad absurdum führt“[110]. So ist auch der Appell an die Unternehmer zu verstehen, „sich zu einer Führungsschicht zu machen, die sich durch niemanden vertreten lassen und die im Schatten keiner anderen Schicht mehr leben kann“[111], und eine neue industrielle, vom Unternehmer aus gestaltete Gesellschaft aufzubauen. –

[108] *Dahrendorf*, aaO. S. 265. D. stellt vor allem bei Elton Mayo eine „gelegentlich ans Unglaubliche grenzende Naivität“ fest und fügt hinzu, daß Mayos Position noch heute als charakteristisch für die überwiegende Zahl von Praktikern in der Wirtschaft gelten muß.

[109] *Hans Gerling* anläßlich der Gesamtsitzung des Gerling-Konzerns, Köln 1969, zitiert nach *Kurt Herberts*, Verantwortung in der industriellen Gesellschaft, Wien und Düsseldorf, 2. Aufl., 1971, S. 52.

[110] *Werner Mühe*, zitiert nach *Kurt Herberts*, aaO. S. 52/3.

[111] *Herbert Gross*, Unternehmer in der Politik, S. 24.

2. Kapitel

Unternehmenskorporation und Theorie der Juristischen Person

I. Die korporative Entwicklung in juristischer Sicht

1. Theorie der JP heute

Den Bezug zwischen Recht und Realität und zugleich zwischen Theorie und Praxis der Unternehmenskorporation vermittelt die Rechtsinstitution der juristischen Person (JP) als Teil des Verbandsrechts. Die These liegt nahe, daß sich von daher die Unternehmenskorporation in ihrer sozialen und politischen Implikation auf einen rechtlichen Nenner bringen läßt. Die JP faßt aus der Vielzahl der konkreten Verbandsformen diejenigen Merkmale zusammen, die auch für die Unternehmenskorporation konstitutiv sind: sie bezeichnet körperschaftlich strukturierte Organisationen, die als solche von ihren individuellen Mitgliedern unabhängig und die auch anderen sozialen Institutionen gegenüber verselbständigt sind, wobei sich diese Selbständigkeit in eigener Rechtspersönlichkeit und der damit verbundenen rechtlichen Autonomie ausdrückt. Die Theorie der JP kann dazu beitragen, die volle Breite des Problemzusammenhangs wieder ins Bewußtsein zu rufen und die weithin verlorene politische Dimension in die Auseinandersetzung zurückzubringen, nachdem man den Problemen wirtschaftlicher Macht allzu lange von isolierten Aspekten, von Positionen einer gegenüber der gesellschaftlichen Entwicklung abgekapselten Dogmatik und einer vordergründigen, ständig von der Gefahr der Orientierungslosigkeit bedrohten Pragmatik begegnet ist.

Die lange und ungewöhnliche Geschichte der Theorie der JP, mit der seit Savigny die Namen der bedeutendsten Juristen verbunden sind, das außerordentliche Gewicht, das ihr offenbar in der Rechtswissenschaft zugemessen worden ist, könnte als Bestätigung dafür genommen werden, daß in der JP eine Problemkonstellation von fundamentaler Bedeutung steckt.

Indessen wird man sich heute durch nichts so sicher einhelligem Widerstand aussetzen wie durch den Versuch, erneut den Streit um die Theorie der JP aufzunehmen. Die moderne Doktrin nimmt davon kaum noch Kenntnis; sie geht allenfalls im Rahmen kurzer Hinweise zur Dogmengeschichte darauf ein. Wenn über nichts sonst, so besteht wenigstens Übereinstimmung darüber, daß der endlose Streit schließlich doch zu einem Ende gekommen sei und daß nichts dafür spreche, ihn wieder aufleben zu lassen[1]. So gut wie unangefochten herrscht heute die Meinung vor, die Theorien zur JP seien unfruchtbar und im Grunde sinnlos gewesen oder es zumindest geworden und besäßen keinerlei praktische Bedeutung mehr[2].

Den Grund dafür sieht man in verfehlten Ansätzen: „Diese Rechtstheorien sind im 19. Jahrhundert in einer Ära entstanden, in der man aus Wesensbegriffen rechtliche Folgerungen ziehen zu können glaubte, so aus der soziologischen Wirksamkeit der Personenverbände deren Rechtsfähigkeit."[3] Auch wird darauf verwiesen, daß die diversen Theorien sowohl von gänzlich verschiedenen philosophischen und soziologischen Grundlagen ausgegangen seien als sich auch auf jeweils unterschiedliche Aspekte der JP bezogen hätten[4]. Man habe daher nur aneinander vorbeigeredet und der Streit sei „hoffnungslos" gewesen. Als letztlich entscheidend für die Beendigung des Theorienstreits gilt jedoch durchweg die gesetzliche Regelung der JP im BGB, aber auch in anderen Kodifikationen und Gesetzen für konkrete Verbandsformen, welche zeitlich zum Teil noch vor dem BGB in Kraft getreten sind. Die praktisch entscheidende Frage sei bei dem Theorienstreit im Grunde gewesen, ob auch für die menschlichen Verbände grundsätzlich die Rechtsfähigkeit gefordert werden könne[5]. Diese Frage könne aber „nicht auf Grund einer dieser Theorien entschieden werden, sondern nur durch eine die einschlägigen Interessengegensätze wertende Entscheidung des Gesetzgebers"[6]. So erscheint es nur konsequent, daß, nachdem die Entscheidung

---

[1] Siehe schon *Fritz Brecher*, Subjekt und Verband in Festschrift für Alfred Hueck, 1959, S. 233 f.: „... man hat sich arrangiert, einen modus vivendi gefunden für den Tagesgebrauch; der Ernst, mit dem einst die Banner der Theorien entrollt wurden, ist einem pragmatischen common sense gewichen..." (S. 233/4). Eine eingehende und zusammenfassende Darstellung der Entwicklung des Theorienstreits findet sich bei *Hans Julius Wolff*, Organschaft und juristische Person, insbes. Bd. I, und neuerdings bei *Fritz Rittner*, Die werdende juristische Person, S. 180 ff., auch *Christian Joerges*, Art. „Juristische Person" in A. Görlitz, Hrsg., Handlexikon zur Rechtswissenschaft, S. 222 ff.

[2] *Staudinger-Coing*, Kommentar zum BGB, 11. Aufl., 1957, Einl. 2c vor § 21; *Schultze-v. Lasaulx*, aaO. RN 16; *Heinrich Lange*, BGB, Allg. Teil, 13. Aufl., 1970, § 27 III; *Lehmann-Hübner*, BGB, Allg. Teil, 16. Aufl., 1966, § 60 I; *Larenz*, Allg. Teil, 2. Aufl. 1972, § 9 I; *Erman-Westermann*, Kommentar zum BGB, 5. Aufl., 1972, Vorbem. 2 vor § 21. Vgl. weiter *Eckard Rehbinder*, Konzernaußenrecht und allgemeines Privatrecht, S. 93; *Müller-Freienfels*, AcP 156, 522 ff., 526; Reinhardt, Art. Juristische Person (I) in HDSW V, S. 445 ff., 446. *Ernst Wolf*, AcP 173, 97 ff. bestreitet prinzipiell, daß ein Verband JP oder rechtsfähig sein kann.

[3] *Schultze-v. Lasaulx*, aaO. RN 16. Ebenso schon vor ihm *Staudinger-Coing*, Einl. 2c: die Auffassung der Rechtstheorie im 19. Jahrhundert ... entsprach dem allgemeinen wissenschaftlichen Bestreben der historischen Rechtsschule, aus Wesensbegriffen juristische Folgerungen abzuleiten.

[4] *Staudinger-Coing*, aaO. [5] *Staudinger-Coing*, aaO.

[6] *Schultze-v. Lasaulx*, aaO.

des Gesetzgebers ergangen ist, der Theorienstreit für gegenstandslos erklärt wurde[7]. Das wird mit dem Hinweis noch bekräftigt, der Gesetzgeber habe über die grundsätzliche Anerkennung der Rechtsfähigkeit bestimmter Verbände hinaus im wesentlichen auch die damit zusammenhängenden Einzelfragen geregelt, so daß jene Theorien auch für die Rechtsanwendung unbedeutend seien. Damit sind die Theorien zur JP nahezu völlig aus der Diskussion verdrängt. Allenfalls wird ihnen noch „bildhafter Erklärungswert" hinsichtlich des „Wesens" der JP – das in Gegensatz zur JP als „Rechtsbegriff" gestellt wird – zugebilligt[8]. Festgehalten zu werden verdient dabei, daß die einstmals höchst kontroversen Theorien in diesem Zusammenhang selektiv verbunden werden. So soll die von Enneccerus-Nipperdey vertretene „Theorie der Zweckpersonifikation" „die in den übrigen Theorien, insbesondere in der organischen, der Zweckvermögens- und der Fiktionstheorie enthaltenen richtigen Gedanken vereinen und ihre Fehler vermeiden"[9]. Ähnlich bezieht auch Siebert Stellung[10]: „... Die Theorie der realen Verbandspersönlichkeit bringt den soziologischen Tatbestand des körperschaftlich vereinten menschlichen Willens (O. v. Gierke) richtig zum Ausdruck... Die Fiktionstheorie bringt gut zum Ausdruck, daß es eine positivrechtliche Entscheidung des Gesetzgebers ist, ob und unter welchen Voraussetzungen einem Verband oder einer Stiftung die Rechtsfähigkeit verliehen wird... Die Theorie des Zweckvermögens paßt gut für Anstalten und Stiftungen, erklärt darüber hinaus allgemein die rechtstechnische Verselbständigung eines Sondervermögens und die Haftungsbeschränkung als Zweck der JP..." –

Eine Theorie der JP erscheint im eigentlichen Sinne als gegenstandslos, denn durchweg gilt die JP selbst als nur „rechtstechnischer Begriff", dem im Gegensatz zu anderen Rechtsbegriffen jeder Ordnungsbezug ausdrücklich und fast einhellig abgesprochen wird. Der Begriff der JP wird definiert als „Sammelbezeichnung für sehr unterschiedliche Organisationsgebilde, die nur das eine gemeinsam haben, daß sie als selbständige Rechtsträger anerkannt sind"[11], als „rechtstechnischer Begriff ... der eine Umschreibung vielfacher Rechtsbeziehungen auf einfache Weise ermöglicht, ohne über den Inhalt Endgültiges auszusagen"[12]. Auf die Inhaltslosigkeit ihres Begriffs der JP legt die herrschende Lehre großes Gewicht. Durchweg wird betont, die

---

[7] Auch *Rittner*, Werdende juristische Person, S. 225, sieht den Theorienstreit des 19. Jhd. als durch die rechtspolitische Entwicklung beendet an.

[8] *Schultze-v. Lasaulx*, aaO.; *Lehmann-Hübner*, aaO.; *Enneccerus-Nipperdey*, BGB, Allg. Teil, 15. Aufl., 1959, § 103, Fußn. 2, dort Ziff. 6.

[9] AaO.

[10] In *Soergel-Siebert*, Kommentar zum BGB, Allg. Teil, 9. Aufl., 1959, RN 7 vor § 21.

[11] *Schultze-v. Lasaulx*, aaO. RN 3.

[12] *Palandt-Danckelmann*, Kommentar zum BGB, 34. Aufl., 1975, Einf. 1 vor § 21.

JP sei ein „reiner Zweckbegriff", ein „passendes Symbol", ein „juristisches Kürzel", eine „konstruktive Abbreviatur"[13] – ein Begriff also, mit dem an sich nichts ausgesagt ist: „In der Tat handelt es sich hier nicht um die Fiktion eines Tatbestandes, z. B. eines Menschen, der offenbar nicht vorliegt ... – sondern um die Konstruktion eines bloß juristischen Gegenstandes, d. h. um eine gedankliche Zusammenfassung von Tatbeständen, Beziehungen und Normen und ihre Subsumtion unter Normen, die zunächst auf andere abgestellt werden."[14] Die „riesige Bedeutung menschlicher Verbände" schlägt sich dabei nur in technischen Vereinfachungen nieder: man geht von den Normen aus, „die die Rechtslage des Menschen eingehend bestimmen und (schließt) zur Vermeidung von Wiederholungen an sie die der juristischen Person"[15] an.

Mit dieser konsequenten Sinnentleerung scheint die Doktrin der Theorie der JP in der Tat ein Ende bereitet zu haben. Einige Fragen bleiben gleichwohl offen. Das Spezifikum der JP ist die Rechtsfähigkeit von Verbänden und Organisationen. Es ist aber von höchster sozialer und politischer Bedeutung, ob die Rechtsordnung eigenständige Verbände und Organisationen zwischen Staat und Individuum anerkennt und welche Stellung sie ihnen einräumt.

Dem so doch wieder nahe gerückten theoretischen Problem der JP entzieht sich die Doktrin, indem sie erneut die politischen und sozialen Dimensionen des Vorgangs aus ihrer Fragestellung ausklammert. Ob Verbände – und welche – eigene Rechtspersönlichkeit erlangen, wird ganz dem Ermessen des Gesetzgebers überlassen. Im übrigen wird auch die systematische Frage sogleich wieder auf einen juristisch-pragmatischen oder „technischen" Nenner reduziert, indem darauf abgestellt wird, daß Rechtsfähigkeit oder Rechtspersönlichkeit von Verbänden ebenfalls nur „technische" Bedeutung habe und ein besonderes Prinzip der Rechtsanwendung bedeute: „Rechtspersönlichkeit bedeutet für diese Organisationen, daß bei der Anwendung der Rechtsnormen auf die mit diesen Organisationen zusammenhängenden Rechtsbeziehungen ein besonderes Prinzip, nämlich das der ‚juristischen Person' verfolgt, also die Organisation in ihrer Selbständigkeit berücksichtigt werden soll. Aber dieses Prinzip hat keinen Selbstzweck, sondern kann nur insoweit angewandt werden, als eine Verselbständigung der Organisation im Rahmen der Rechtsanwendung sinnvoll und billig erscheint ..."[16] Sinnvoll und billig bedeutet in diesem Zusammenhang – folgt man dieser Lehre – Zweckmäßigkeit unter ganz pragmatischen Gesichtspunkten: „Die Verleihung der Rechtsfähigkeit ... geschieht im Hinblick auf praktische

---

[13] Vgl. *Hans J. Wolff*, Organschaft und Juristische Person, Band 1, S. 207 ff. mit weiteren Hinw.; *Müller-Freienfels*, AcP 156, 522 ff., 529; *Fabricius*, Die Relativität der Rechtsfähigkeit, S. 93.

[14] *Hans J. Wolff*, aaO. S. 208.

[15] *Heinrich Lange*, aaO. S. 174.

[16] *Schultze-v. Lasaulx*, aaO. RN 2.

Bedürfnisse des Rechtsverkehrs (Rechtsverkehrsfähigkeit).“[17] Die Zuordnung von Rechten und Pflichten kann bei bestimmten Organisationen rechtstechnisch vereinfacht werden, indem diese Organisation selbst „als Endpunkt subjektiver Zurechnung behandelt und dadurch die nähere Bestimmung der durch die Rechte und Pflichten begründeten Berechtigungen und Verpflichtungen der Organisation“[18] überlassen wird.

Aufs Ganze gesehen und jedenfalls aus der Sicht der gesellschaftlichen Ordnung erscheint die JP, die selbständige Rechtsfähigkeit, danach als ein untergeordneter Aspekt des Verbandswesens[19].

2. *Unternehmensrecht und JP*

Die bewußte und entschiedene Reduzierung der JP auf einen Nenner juristisch-technischer Pragmatik setzt sich im modernen Unternehmensrecht konsequent fort. Die JP wird hier von der inneren Ordnung des Unternehmens wie von seiner Einordnung in die Gesellschaft scharf geschieden. Auch hier hält die Doktrin mit Entschiedenheit daran fest, daß die JP allenfalls einen spezifisch juristischen Aspekt der Unternehmenskorporation bezeichne, daß sie aber in keinem Bezug zu den politischen und sozialen Problemen stehe, die die Entwicklung der Unternehmenskorporationen zu Machtzentren, zu „private governments“ in einem umfassenden Herrschaftssystem aufwirft.

Das Unternehmen wird vielmehr zunehmend selbst zum rechtlichen Nenner dieser Probleme. Dementsprechend werden spezifische Rechtsbegriffe des Unternehmens entwickelt[20], die dieses als Sozialgebilde in seiner vollen Wirkungsbreite insbesondere auch in politischer und sozialer Hinsicht erfassen sollen. Den verschiedenen Definitionen ist dabei gemein, daß sie einen Bezug vom Unternehmen zu – faktisch-konkret beteiligten Gruppen und zu konkreten sozialen Abhängigkeitsverhältnissen herstellen, – mag dieser Kreis im einzelnen auch unterschiedlich weit gezogen sein und sich teils nur auf „Kapitaleigner“ und „Arbeitnehmer“, teils außer diesen auch auf „Gläubiger“, „Lieferanten“ und „Abnehmer“ und schließlich auf die „Öffentlichkeit“ beziehen[21]. Das Unternehmen erscheint dabei als „interessenpluralistische Wertschöpfungsveranstaltung und volkswirtschaftliche Lei-

---

[17] *Soergel-Siebert* (9. Aufl.), RN 7 vor § 21.

[18] *Hans J. Wolff*, Juristische Person, I, S. 230.

[19] Vgl. *Staudinger-Coing*, Einl. 3, 4. Ebenso *Soergel-Siebert* (9. Aufl.), RN 7; *Erman-Westermann*, aaO.

[20] Zu der Entwicklung des Unternehmensbegriffs im einzelnen s. *Thomas Raiser*, Das Unternehmen als Organisation, 1969, pass. Eine eingehende Darstellung des Diskussionsstandes findet sich auch bei *F. Rittner*, Die werdende JP, S. 281 ff.

[21] Vgl. *Th. Raiser*, aaO. S. 10.

stungseinheit"[22], als umfassender Sozialverband[23] bzw. als „interessenpluralistischer Herrschaftsverband"[24] und schließlich als komplexe soziale Organisation[25]. Von daher wird es als die Aufgabe eines speziellen Unternehmensrechts bezeichnet, eine Unternehmensverfassung zu entwickeln, die dieses umfassend verstandene Sozialgebilde rechtlich ordnet, die darin ablaufenden Prozesse koordiniert und die dabei auftretenden Spannungen und Konflikte integriert. Dieses Unternehmensrecht wird zum Ansatz, um die gesamtgesellschaftliche Rolle des Unternehmens zu erfassen und zu bewältigen.

Der Unternehmensbegriff richtet sich dabei speziell gegen gesellschaftsrechtliche Ansätze und gegen die Relevanz der JP. Seine eigentliche Funktion liegt einmal darin, die Fragen der Unternehmensordnung von denen der „Rechtsform" unabhängig zu machen. Dies trägt der Tatsache Rechnung, daß in einem weiten Bereich die strukturellen Grenzen zwischen den verschiedenen Rechtsformen zunehmend verwischt worden sind[26].

Die Praxis einer nahezu schrankenlosen Typenvermischung hat die gesetzliche Typenordnung weitgehend ausgehöhlt[27] und verbietet es deshalb in der Tat, für die Unternehmensordnung unbesehen an die gesetzlich-formalen Kriterien der Rechtsfähigkeit anzuknüpfen. Zum andern ist es das eigentliche Anliegen des Unternehmensbegriffs, auch sachlich über das Gesellschaftsrecht hinauszuführen. Dem liegt die Einsicht zugrunde, daß „eine gesellschaftsrechtliche Behandlung das Unternehmen nicht in seiner Ganzheit erfaßt, weil auf diese Weise nur der Unternehmer und der Kapitaleigner als Subjekte des im Unternehmen ablaufenden Wirtschaftsgeschehens

---

[22] *Herbert Köhler,* Rechtsform und Unternehmensverfassung, ZgStW 115 (1959), 716 ff., 721; *ders.,* Unternehmensverfassung und Aktienrecht, JZ 1956, 137 ff.

[23] *v. Nell-Breuning* in Festschrift für H. Kronstein, S. 47 ff., 49 f. Vgl. schon *E. Fechner,* Treubindungen der Aktionäre, S. 62 ff., auch *Koppensteiner,* Rechtstheorie 1973, 19 ff. („Sozialbefund" i. S. wirtschaftlich selbständiger Leistungserstellung für Dritte).

[24] Unternehmensverfassung als gesellschaftspolitische Aufgabe, S. 86 ff.

[25] *Thomas Raiser,* aaO. S. 93 ff.

[26] Vgl. Motive zum Entwurf eines Gesetzes betr. die Kommanditgesellschaft auf Aktien und die Aktiengesellschaften, Drucksache des Reichstags des Norddeutschen Bundes, 1870, Nr. 158, S. 650 f.: das deutsche HGB lege allen Handelsgesellschaftsformen die wesentlichen Rechte einer juristischen Person fast in demselben Umfang bei, wie der Aktiengesellschaft und der Kommanditgesellschaft.

[27] Dazu *Harm Peter Westermann,* Vertragsfreiheit und Typengesetzlichkeit im Recht der Personengesellschaft, 1970; *Arndt Teichmann,* Gestaltungsfreiheit in Gesellschaftsverträgen, 1970. Zu einem kritischen und in der Tendenz restriktiveren Versuch vgl. auch *Ott,* Typenzwang und Typenfreiheit im Recht der Personengesellschaft, Diss. Tübingen 1966.

erscheinen"[28]. Das Gesellschaftsrecht bezieht sich aus dieser Sicht nur auf einen Teilbereich des Unternehmens, eben auf die Gruppe der „Kapitaleigner" und auf ihre Beziehungen zu den Unternehmensleitern[29]. Gesellschaft – im gesellschaftsrechtlichen Sinn – und damit auch, der allgemeinen Terminologie folgend, JP, insbesondere Aktiengesellschaft und Gesellschaft mit beschränkter Haftung, sind folglich gegenüber dem Unternehmen engere Kategorien. Sie sind zwar „Rechtsträger" des Unternehmens, sie sind dies aber wiederum nur in einem beschränkten juristischen Sinn: „Die Bedeutung des Gesellschaftsrechts für die Unternehmensverfassung tritt insbesondere darin hervor, daß es die vermögensrechtliche Einheit des Unternehmens – bei Kapitalgesellschaften in Gestalt der juristischen Person – nach außen gewährleistet."[30] In sozialer und politischer Hinsicht wird dagegen der JP die Trägerfunktion mehr und mehr abgesprochen.

Die Beschränkung der Funktion der JP auf die vermögensrechtliche Einheit des Unternehmens nach außen entspricht vom Unternehmensrecht her ihrer Reduzierung auf eine rechtstechnische Zuordnungseinheit in der allgemeinen Doktrin. Beide Ansätze verweisen übereinstimmend auf die formaljuristische Rechtsverkehrsfähigkeit eines Verbands als eigentlichen Bezug der JP. In der Diskussion um die juristische Personifikation des Unternehmens wird dies schließlich noch einmal ausdrücklich betont. Die Forderung nach Anerkennung des Unternehmens als JP de lege ferenda stützt sich vor allem darauf, daß neben den „Handelsgesellschaften" als den Zusammenfassungen der Kapitaleigner das Unternehmen selbst im positiven Recht mehr und mehr als eigentlicher Bezugspunkt der Rechtsnormen in Erscheinung tritt und insbesondere im Konzern- und im Wirtschaftsrecht unmittelbar Normadressat ist. Demzufolge – so wird gesagt – befindet sich das „geltende Recht in Deutschland auf dem Weg vom Kaufmannsrecht zum Unternehmensrecht sowie zur Anerkennung des Unternehmens als juristischer Person ... und ist auf diesem Weg schon ein gutes Stück fortgeschritten"[31].

Obwohl das Unternehmen zweifellos als Substrat der JP in Betracht kommt, hängt seine rechtliche Verselbständigung und Entwicklung, nach der bisherigen Erfahrung zu schließen, offenbar nicht von der formalen Anerkennung als JP durch den Gesetzgeber ab. Soweit diese Anerkennung gleichwohl gefordert wird, beruht dies auf der Betonung des Unternehmens

---

[28] Untersuchungen zur Reform des Unternehmensrechts, Bericht der Studienkommission des Deutschen Juristentags, Teil I, 1955, S. 19.

[29] Den hier angelegten politischen Konflikt betont mit Nachdruck *F. Rittner,* Die werdende juristische Person, S. 298 ff., bes. a. S. 309, wo gegen das „rechtspolitische Programm" des Unternehmensrechts ein Festhalten an den privatrechtlichen Grundlagen des Unternehmens gefordert wird.

[30] Bericht der Studienkommission, aaO. – Weitere Nachweise zu dieser Diskussion bei *Thomas Raiser,* Unternehmen als Organisation, S. 8 ff., sowie bei *F. Rittner,* aaO.

[31] *Thomas Raiser,* ebd. Kritisch dazu *F. Rittner,* aaO. S. 306 f.

als neuem systematischem Leitbegriff des Handels- und Wirtschaftsrechts und zielt nicht auf eine gesellschaftlich und politisch relevante Theorie der Unternehmenskorporation, sondern knüpft an das dogmatische Verständnis der JP als „konstruktiver Abbreviatur" für einen bestimmten Komplex von Rechtsbeziehungen an. Erneut wird die JP auf nicht weiter reflektierte juristische Zweckmäßigkeitsüberlegungen zurückgeführt; – Überlegungen, die die „Empfehlung an den Gesetzgeber nahe(legen), bei allen Gesetzesänderungen und neuen Gesetzen, die sich auf das Unternehmen beziehen, in der Zukunft auf dem begonnenen Weg weiterzuschreiten und auch künftig mit aller Entschiedenheit das Unternehmen als juristische Person, und das heißt, als das maßgebliche Rechtssubjekt des Handels- und Wirtschaftsrechts, seinen Vorschriften zugrunde zu legen"[32].

II. Der unbewältigte Theorienstreit

1. Juristische Konstruktion oder korporative Ordnung? – der ungeklärte Begriff der JP

Jede Kritik an der herrschenden Lehre und dem von ihr verkündeten Ende des Theorienstreits um die JP muß sich zunächst mit dem Einwand auseinandersetzen, daß es letztlich doch nur eine terminologische Frage sei, ob man das „Stück sozialer Ordnung", das in der rechtlichen Anerkennung und Ausgestaltung korporativer Verbände begründet liegt, zum Begriff der JP ziehen will oder ob man diesen Begriff auf bestimmte Aspekte dieser Verbände beschränkt, also z. B. auf den Aspekt einer technischen Rechtsverkehrsfähigkeit. Gegen die Meinung, die ausdrücklich den zweiten Weg gewählt hat, wäre dann sachlich um so weniger einzuwenden, als in dem hier interessierenden Zusammenhang die sozialen Aspekte unmittelbar durch den Begriff des Unternehmens oder der Unternehmenskorporation erfaßt werden können – ein Begriff, der zudem weniger durch Vorurteile und Mißverständnisse und durch Unklarheiten über seinen eigentlichen Bezug vorbelastet ist als der der JP. Gerade hinter dem Begriff des Unternehmens steht auch das ausdrückliche Bemühen, das Unternehmen selbst als Sozialgebilde und als sozialen Herrschaftsverband rechtlich zu erfassen und es sowohl im Hinblick auf seine internen Konflikte als auch in bezug auf seine gesamtgesellschaftliche Rolle in den Griff zu bekommen.

Bei näherem Zusehen ergibt sich, daß der Streit um die JP keineswegs zu einer eindeutigen und widerspruchsfreien Lösung gebracht worden ist. Hinter dem nur scheinbar geklärten Begriff der JP verbergen sich in Wirklichkeit prinzipielle Fragen der Rechtsordnung, die gerade durch ihren Zu-

[32] *Thomas Raiser*, aaO. S. 171.

sammenhang mit Problemen der Unternehmensordnung in der Gegenwart von neuem Relevanz gewonnen haben.

a) Festzustellen ist zunächst, daß die juristische Terminologie in bezug auf die JP voller unvereinbarer und widersprüchlicher Elemente steckt. Die unterschiedlichsten Kriterien und Systemprinzipien stehen typischerweise unverbunden nebeneinander[33].

Hinzu kommt, daß sich viele Definitionen darin erschöpfen, Fragmente einstmals gegensätzlicher Theorien nebeneinander zu reihen. Dadurch verschwimmen die Konturen vollends, und es ist kaum mehr möglich, aus der Dogmatik Anhaltspunkte für Funktion und Struktur der JP zu gewinnen.

Die Unklarheiten beginnen schon bei den Versuchen, JP und Gesamthand voneinander abzugrenzen. Schönfelds Gegenüberstellung von Personenverband und Verbandsperson[34] wird, da sie sehr einprägsam ist, bis heute immer wieder herangezogen, um die Unterschiede zu bezeichnen und um auszudrücken, daß die Gesamthand aus einer Mehrzahl miteinander verbundener Einzelpersonen, die JP dagegen aus einer besonderen Einheit bestehe. So wird gesagt, die JP sei eine „von den einzelnen Mitgliedern zu unterscheidende Einheit“, die Gesamthand eine „verbundene Vielzahl von Rechtsträgern“[35]. Als strukturbestimmendes Merkmal der Gesamthand wird demgemäß auch neuerdings wieder die zwar gemeinsame, letztlich aber individuelle Zweckverfolgung der Gesamthänder angegeben und einer „überindividuellen“ körperschaftlichen Zweckstruktur gegenübergestellt[36].

Indes führen diese Unterscheidungen in der konkreten Analyse kaum weiter. Aus einem Gegensatz zur Gesamthand heraus läßt sich die JP nicht erfassen, weil über den Begriff der Gesamthand ebensowenig Klarheit

---

[33] Vgl. z. B. *A. Hueck*, Gesellschaftsrecht, 17. Auflage, 1975, S. 4 ff., wo die Einteilung der Personenvereinigungen nacheinander unter folgenden Gesichtspunkten erfolgt: Vereinigungen mit und ohne Rechtsfähigkeit, Gesellschaft und Verein, Innen- und Außengesellschaften, Personen- und Kapitalgesellschaften, Handelsgesellschaften, Körperschaft und Gesamthand. – Bezeichnend für die unsystematische Erfassung der Verbände ist, daß derselbe Verbandstypus gleichzeitig mehreren Gruppen zugeordnet wird. In Wahrheit handelt es sich also nur um ein pragmatisches und oberflächliches Nebeneinanderreihen von mehr oder weniger willkürlich gewählten Aspekten, wobei die Einteilungskriterien sich noch dazu vielfach unmittelbar decken, z. B. Gesellschaft und Verein ./. Gesamthand und Körperschaft. Vgl. in kritischer Sicht *Fritz Brecher*, Subjekt und Verband, in Festschrift für Alfred Hueck, 1959, S. 233 ff. Zur Sichtung und Klärung der Begriffe insbesondere im Verhältnis Gesamthand/JP nunmehr *Flume* in Festschrift für Ludwig Raiser, S. 27 ff.

[34] Rechtsperson und Rechtsgut ... in Die Reichsgerichtspraxis im deutschen Rechtsleben, Bd. II, S. 191 ff.

[35] Vgl. *Soergel-Siebert* (9. Aufl.), RN 7 vor § 21; *Schultze-v. Lassaulx*, aaO. RN 4 vor § 21.

[36] *Wieacker* in Festschrift für E. R. Huber, S. 353 f. Vgl. z. B. auch *Ballerstedt*, JuS 1963, 253 ff. Auch *Rittner*, Die werdende juristische Person, S. 251 ff. geht der Sache nach von dieser Gegenüberstellung aus.

besteht wie über den der JP und weil jener angebliche Gegensatz in Wirklichkeit gar nicht besteht[37]. Auch für die JP gilt, daß sie auf dem Zusammenwirken individueller Rechtsträger beruht, und umgekehrt ist die Gesamthand „überindividuelle Wirkungseinheit" wie die JP, da in beiden Fällen etwas ins Werk gesetzt wird, das über die Wirkungsmöglichkeiten des einzelnen hinausgeht[38]. Die in der Dogmatik entwickelten Definitionen lassen sich auf JP und Gesamthand meist gleichermaßen beziehen und erschöpfen sich vielfach in wortreichen, aber inhaltsleeren Umschreibungen[39].

Auch mit der Bezeichnung der JP als überindividueller Wirkungs- oder Willenseinheit ist allein noch nicht viel gewonnen, da man hierzu im ganzen mehr auf Illustration denn auf Analyse stößt. Exemplarisch dafür ist die sog. Theorie der Zweckpersonifikation und ihre Erläuterung der „Einheit" der JP.

„Es ist also eine zwar bildliche, aber dem Wesen der Sache gerecht werdende Anschauung, daß wir die so geeinte Willensmacht als den Willen der Organisation selbst bezeichnen, z. B. vom Staatswillen, der Staatsmacht, den Staatsinteressen reden. Wir denken also die Organisation ... selbst als Willenssubjekte, wir personifizieren sie (Theorie der Zweckpersonifikation)."[40]

Diese „Zweckpersonifikation" wird zwar ausdrücklich gegenüber organizistischen Erklärungsversuchen abgesetzt, aber die höchst subtilen Differenzierungen, die dazu eingeführt werden, machen dieses Unterfangen eher zunichte. Es dürfte kaum sehr ins Gewicht fallen, ob man die JP selbst als personifiziertes Willenssubjekt *denkt* oder ob man sie als Lebewesen mit eigenem Willen *ansieht,* denn auch den Vertretern der organizistischen Theorien ist nicht entgangen, daß zwischen der JP und dem Menschen

[37] Zu diesem Ergebnis kommt auch *Flume* in Festschrift für Ludwig Raiser, S. 27 ff., der zwar Unterschiede in der organisatorischen Durchformung, aber nicht Gegensätze konstatiert.

[38] Ebenso *Flume,* aaO. bes. S. 31.

[39] So z. B. *Erman-Schulze-Wenck,* Anm. 9 zu § 705 BGB: „Das Wesen der Gesamthand besteht in einer derart engen Verbindung der Gesellschafter, daß innerhalb ihrer Gemeinschaft nicht mehr der Einzelwille, sondern nur noch der Gesamtwille maßgeblich ist." Das deckt sich fast wörtlich mit den genannten Definitionen von Körperschaft und JP; gleichwohl soll es noch *grundsätzliche* Unterschiede zur körperschaftlichen Verfassung geben, vgl. *Schulze-Wenck,* aaO. 1 b vor § 705 BGB. Siehe neuerdings auch *Flume,* ZHR 136 (1972), 177 ff., wo die Gesamthand zwar als Organisationseinheit bezeichnet, nicht aber als JP anerkannt wird. Sie sei nicht eine außer den Personen der Gruppe noch bestehende Wesenheit, die Gruppe seien vielmehr die Gesamthänder selbst; die Gruppe sei Rechtssubjekt, aber nichts anderes als die Mitglieder der Gruppe in ihrer Verbundenheit. Offenbar soll danach die JP neben der kollektiven Einheit der am Rechtsverkehr teilnehmenden Gruppe stehen und in bestimmten Fällen, aber nicht notwendig hinzukommen. Aus der Anm. 33 genannten Untersuchung Flumes geht dagegen die strukturelle Gemeinsamkeit von Gesamthand und JP sehr deutlich hervor.

[40] *Enneccerus-Nipperdey,* Allg. Teil, § 103 I.

gewisse Unterschiede bestehen. Die sog. Theorie der Zweckpersonifikation bezieht sich gleichwohl darauf. Die JP ist nach ihr nur eine Zweckgebundenheit, die aber nach Analogie der subjektiven Rechte behandelt wird. „Die analoge Behandlung wird dadurch bewirkt, daß man die zur Förderung des Zwecks geschaffene (wie alles dem Recht angehörige nur gedachte [!] –) Organisation, also bei der Korporation den zu dem gemeinsamen Zwecke vereinigten Mitgliederverband, bei der Stiftung die rechtliche Veranstaltung zu dem bestimmten Zwecke, als Rechts- und Willenssubjekt *denkt* und den Willen der verfassungsmäßigen Verwalter (Organe) als den Willen dieses Subjekts betrachtet... Von der organischen Theorie unterscheidet sich diese Ansicht ... dadurch, daß sie weder die juristische Person als Lebewesen noch den Willen der Verwalter als wirklichen Willen jenes Lebewesens *ansieht,* noch in der Stiftung einen Personenverband erblickt."[41] Der entscheidende Unterschied liegt indessen nur darin, daß auf den Versuch der organischen – und der anderen – Theorien, die JP als Teil der gesamtgesellschaftlichen Ordnung systematisch auszuweisen, verzichtet wird. Die Konsequenzen der „Personifizierung" eines Verbandes interessieren diese Lehre nicht: „Ob man darin ... eine Fiktion (oder auch eine Mehrheit von solchen) sehen will, ist völlig gleichgültig. Fiktionen sind Verweisungen, nichts weiter. Genug, wenn auf diese Weise eine leichte und zweckentsprechende Anwendung der geltenden Rechtsvorschriften ermöglicht, die sachgemäße Fortentwicklung des Rechts nicht erschwert wird und Fehlschlüsse ... vermieden werden."[42]

Ähnliche Leerformeln finden sich auch dort, wo die Anerkennung der Rechtsfähigkeit durch die Rechtsordnung als „letzte rechtliche Krönung"[43] der körperschaftlichen Verbandsform bezeichnet wird, die „um ihrer Geschlossenheit willen als ‚Verbandsperson' ... im Gegensatz zum ‚Personenverband'"[44] erscheine. Die tatsächliche Funktion der JP bleibt dabei ebenso im Dunkeln wie wenn sie etwa auf einen „Drang nach Bestätigung" zurückgeführt wird[45]. Es ist bezeichnend für die allgemeine Unklarheit über den Begriff der JP, daß selbst organisationssoziologisch ausgerichtete Untersuchungen in unbestimmten Umschreibungen stecken bleiben, sobald dieser zur Sprache kommt. So wird aus dem soziologischen Organisationsmodell die Behauptung abgeleitet, daß „eine Organisation als ein einheitliches und integriertes soziales Gebilde, das als solches mit der Umwelt in Kontakt steht, Leistungen aus ihr aufnimmt und an sie erbringt, geradezu dahin drängt (!), durch die Anerkennung als juristische Person in seiner Einheit und sozialen Wirksamkeit bestätigt zu werden. Man möchte fast sagen, die Organisation ist das ideale Substrat für eine juristische Person. Umgekehrt würde die Ver-

---

[41] *Enneccerus-Nipperdey,* aaO. Fußnote 2, Ziffer 6. (Hervorhebungen teilweise von mir).

[42] *Enneccerus-Nipperdey,* aaO.

[43] *Schultze-v. Lasaulx,* aaO. RN 4.

[44] Ebd.

[45] Vgl. *Thomas Raiser,* aaO. S. 167.

leihung der Rechtsfähigkeit, das Entstehen und die Stabilisierung einer Organisation im Prozeß der sozialen Differenzierung gewissermaßen vollenden, indem sie deren Existenz und Wirkungspotential de jure sanktioniert und ihr die Stütze des Rechts zuteil werden läßt ..."[46].

So eingängig solche Umschreibungen der JP zunächst auch klingen mögen, so büßen sie an Aussagekraft doch ein, wenn man bedenkt, daß sich die „rechtliche Krönung" und die „Vollendung" der Organisation durch Verleihung der Rechtsfähigkeit auf die rechtliche Anerkennung rechtlich längst etablierter Organisationen bzw. Verbände wie z. B. die Unternehmenskorporationen beziehen. Die „Stütze des Rechts" wird – so das Fazit dieser Definitionen – ganz offensichtlich Organisationen zuteil, die sich im Recht schon hinreichend abgestützt haben, wie z. B. das Unternehmen oder andere „rechtliche Gestaltungsformen für gemeinschaftliche Zweckverfolgung"[47].

b) Die Schwierigkeiten, den sozialen Bezug der JP zu bezeichnen, legen es nahe, auf eine Klärung ganz zu verzichten und die JP mit einer breiten Strömung in der Lehre als „rein juristische Konstruktion" zu verstehen.

Indessen ergeben sich auch hier Schwierigkeiten. Die Interpretation der JP als „Zusammenfassung von Rechtsbeziehungen" für juristische Zwecke bleibt eine Formel ohne Inhalt, solange nicht die Kriterien angegeben werden, nach denen bestimmte Rechtsbeziehungen zusammengefaßt werden sollen, und die Zwecke, auf die hin dies geschehen soll. Versuche, diese Lücke zu füllen, ohne erneut die soziale Ordnungsfunktion der JP ins Spiel zu bringen, geraten zur Tautologie: „Rechtspersönlichkeit bedeutet für diese Organisationen, daß bei der Anwendung der Rechtsnormen auf die mit diesen Organisationen zusammenhängenden Rechtsbeziehungen ein besonderes Prinzip, nämlich das der ‚juristischen Person', verfolgt, also die Organisation in ihrer Selbständigkeit berücksichtigt werden soll. Aber dieses Prinzip hat keinen Selbstzweck, sondern kann nur insoweit angewandt werden, als eine Verselbständigung der Organisation im Rahmen der Rechtsanwendung sinnvoll und billig erscheint ..."[48] Daß auf der anderen Seite nicht viel gewonnen ist, wenn man die JP schlicht als „bequemen, zusammenfassenden Ausdruck"[49] für bestimmte Rechtsbeziehungen oder als „passendes Symbol" bezeichnet, ergibt sich schon daraus, daß gleiches von

---

[46] *Thomas Raiser*, aaO. – Vgl. weitere Umschreibungen der JP bei *Lehmann-Dietz*, Gesellschaftsrecht, 3. Aufl., 1970, S. 16 ff. und *Harm-Peter Westermann*, Vertragsfreiheit und Typengesetzlichkeit, S. 11: Erlangung der Rechtsfähigkeit läßt die Eigenarten des körperschaftlichen Aufbaus erst in vollem Umfang in Erscheinung treten.

[47] *Schultze-v. Lasaulx*, aaO. *Staudinger-Coing*, Einl. 31, unterscheiden ausdrücklich zwischen Zulassung einer Vereinigung und Anerkennung als JP, doch bleibt auch hier offen, was die Anerkennung als JP für eine korporative Organisation noch bedeuten kann, nachdem sie „als solche" von der Rechtsordnung bereits zugelassen worden ist. Vgl. dazu näher unten Kap. 3.

[48] *Schultze-v. Lasaulx*, aaO. RN 2.

den meisten Rechtsbegriffen gesagt werden kann. Auch Gesellschaft (im Sinne des Handelsrechts), Familie, Ehe, Vertrag etc. sind „konstruktive Abbreviaturen", durch die jeweils Komplexe von Rechtsbeziehungen zusammenfassend bezeichnet werden. Auch hier kann man von „Einheiten" sprechen, weil und soweit diese Rechtsbeziehungen jeweils in einem Zusammenhang stehen, der sie gegenüber anderen Rechtsbeziehungen abhebt. Ebenso ließen sich Rechtsbegriffe der genannten Art als „Rechtsanwendungsprinzipien" definieren, da sie zweifellos für die Anwendung von Rechtsnormen relevant sind. Was als Beleg für die angeblich nur rechtstechnische Funktion der JP angeführt wird, betrifft danach keine Besonderheiten der JP. Auch eine bloße Verweisungsfunktion – „zur Vermeidung von Wiederholungen"[50] – ist schwerlich ein Spezifikum der JP: Fiktionen als Mittel der Verweisung sind auch sonst geläufig. –

Der Weg der Doktrin, die JP als technisches Hilfsmittel der Rechtspraxis zu interpretieren, führt zu keiner Lösung. Eine Definition der JP kann an der Antwort auf die Frage nicht vorbei, „when and from what point of view a thing is taken as a legal entity"[51]. Das aber zwingt zu einer Auseinandersetzung mit der sozialen Funktion der JP und zur Analyse des in diesem Sinne verstandenen „Wesens" der JP.

Auch die juristische Doktrin ist in Wirklichkeit gezwungen, auf das „Wesen" der JP im Sinne ihrer sozialen Funktion Bezug zu nehmen, wo es nicht um abstrakte Definitionen, sondern um konkrete Probleme der Rechtsanwendung geht, und sie tut es fortlaufend. Freilich geschieht dies fragmentarisch und ohne umfassende Konzeption und damit auch ohne mehr als vordergründige Analyse der Zusammenhänge. Aber das Wesen, die soziale Funktion der JP kann der Sache nach nirgends ausgeklammert werden. Der Verzicht auf explizite und sichtbar gemachte Konzeptionen der JP bewirkt lediglich, daß statt dessen die Positionen an stillschweigend zugrunde gelegten, wenig hinterfragten und daher umso fragwürdigeren Vorstellungen vom Wesen der JP orientiert werden. Obwohl die Doktrin heute fast durchweg den Standpunkt vertritt, die Theorien zur JP seien für die praktische Rechtsanwendung bedeutungslos, führt eine nähere Erörterung dieses Begriffs, wo sie überhaupt unternommen wird, sofort wieder zur Frage nach dem Wesen der JP: „Zwar ist kraft der in der Anerkennung als juristischer Person generell zum Ausdruck gekommenen Billigung des Prinzips (scil. JP) zunächst stets von dieser Verselbständigung auszugehen. Aber es gibt Grenzen der Verselbständigung, die dem Prinzip immanent sind... Es läßt sich also sagen, die juristische Person ist insoweit wie eine natürliche Person als Rechtssubjekt zu behandeln, als dies dem Sinngehalt der juristischen Person entspricht."[52] Anhand der sog. Durchgriffslehre läßt sich im einzelnen bele-

[49] *Müller-Freienfels,* AcP 156, 526, 529. [50] *Heinrich Lange,* aaO. S. 174.

[51] *Nekam* (zitiert nach Müller-Freienfels, aaO. S. 528).

[52] *Schultze-v. Lasaulx,* aaO. RN 2.

gen, wie jeweils vom Wesen der JP her argumentiert wird, und zwar auch dort, wo der Streit um das Wesen der JP ausdrücklich als gegenstandslos und sinnlos bezeichnet und eine Stellungnahme explizit abgelehnt wird[53]. Dies gilt insbesondere für die Mißbrauchslehre: was Mißbrauch ist, kann immer nur von Vorstellungen über den ordnungsgemäßen, sachgerechten Gebrauch her bestimmt werden, setzt also Kriterien voraus, die in ihrer Zusammenfassung eine Konzeption vom Wesen der JP ergeben. Es gilt aber auch für Durchgriffslehren, die ausdrücklich von einer nur rechtstechnischen Bedeutung der JP ausgehen: konsequent bezeichnen sie zunächst den Durchgriff – wie die JP selbst – als ein Problem der Normanwendung[54], verwahren sich dann aber „gegen eine Entwertung der juristischen Person als Institution der Rechts- und Wirtschaftsordnung, ohne freilich den Gehalt dieser Institution angeben zu wollen“[55]. Nur die institutionelle Betrachtungsweise verweist in diesem Zusammenhang ausdrücklich auf die Funktion der JP als Institution der Rechts- und Wirtschaftsordnung und auf ihren institutionellen Eigenwert und nennt damit – im Gegensatz zu anderen Durchgriffslehren – den für die Analyse der JP maßgeblichen Aspekt beim Namen[56].

c) In der Doktrin gilt es allerdings überwiegend als ausgemacht, daß die JP nicht mit einer bestimmten Verbandsstruktur identisch sei und damit noch nicht einmal in einem notwendigen Zusammenhang stehe[57]. „Der Begriff ist technisch juristischer Natur. Über die (insbesondere soziologische) Eigenart der vom Recht als Juristische Person behandelten Einheiten besagt er nichts...“[58] In diesem Sinn wird allgemein hervorgehoben, daß mit dem Begriff JP nur die Anerkennung als Rechtssubjekt ausgedrückt sei, während er sich zu den verschiedenen Typen der menschlichen Verbände neutral verhalte[59]. Mit besonderem Nachdruck wird insbesondere geleugnet, daß ein

[53] Hierauf weist nachdrücklich *Eckard Rehbinder,* Konzernaußenrecht, S. 93 ff., hin. Dort auch Nachweise zur modernen Durchgriffslehre im einzelnen.

[54] *Müller-Freienfels,* AcP 156, 522, 529 ff., 542 f; *Marschall v. Bieberstein,* JZ 1965, 403 ff.; *Beitzke,* NJW 1956, 40 ff.; *Fabricius,* Relativität der Rechtsfähigkeit, S. 25.

[55] *E. Rehbinder,* aaO. S. 96, mit weiteren Nachweisen zu den verschiedenen Durchgriffslehren. – So betont z. B. *Müller-Freienfels,* AcP 156, 526, 529, ein „Begriff“ der JP könne nicht Ausgangspunkt juristischer Urteile sein, führt dann aber selbst aus, bei der Normanwendung müsse es „immer auf die Funktion der einzelnen Rechtsform der juristischen Person in der gegebenen gesellschaftlichen Wirklichkeit ankommen“ (S. 542).

[56] *Ludwig Raiser,* Rechtsschutz und Institutionenschutz in Summum jus summa iniuria, S. 145 ff., 164; *Ottmar Kuhn,* Strohmanngründung bei Kapitalgesellschaften, S. 34 ff., 146 ff.

[57] Anders im Ansatz besonders *Fritz Brecher* in Festschrift für Alfred Hueck, 1959, S. 233 ff., 254 ff.

[58] *Staudinger-Coing,* Einl. 2 c vor § 21.

[59] *Staudinger-Coing,* Einl. 3. Der Sache nach ebenso *Schultze- v. Lasaulx,* aaO. RN 3, wo die JP „Sammelbezeichnung für sehr unterschiedliche Organisationsge-

sachlicher Zusammenhang zwischen der JP und dem „Strukturtypus" Körperschaft bestehe. Die JP betrifft danach nur die „Rechtsform", nicht die innere Ordnung des Verbands[60]. „Ob ... ein Personenverband im Rechtsverkehr im eigentlichen Sinne (!) als Träger eigener Rechte und Pflichten auftreten kann, oder ob er durch die gesetzliche Ausgestaltung als Sondervermögen der Gesellschafter der juristischen Person in mancher Hinsicht angenähert wird, ist zu sehr ein formales Kriterium der juristischen Begriffseinteilung, als daß davon der Aufbau des Verbandes entscheidend beeinflußt sein könnte."[61] Es sei vielmehr „einzusehen, daß die Beziehungen der Gesellschafter zueinander nicht wesentlich dadurch geprägt werden können, ob und inwieweit der Verband im Außenverhältnis als selbständige Einheit Anerkennung genießt"[62].

Die Trennung von Rechtsform und Verbandsstruktur mißlingt jedoch. Das deutet sich schon an, wenn entgegen der Trennungshypothese immerhin eine „Regelverbindung" zwischen JP und bestimmten Verbandstypen eingeräumt wird[63]. Es wird vollends deutlich, wenn die Bedeutung der Rechtsform für einen Verband näher zu erläutern ist. Der Widerspruch zur Behauptung einer verbandsstrukturellen Neutralität der JP wird dann offensichtlich: „Die Rechtsordnung muß für die verschiedenen Typen der ... Vereinigungen eine angemessene Ordnung bereitstellen und die Rechtsfigur der Juristischen Person ist eines der hier in Betracht kommenden Institute. Die Anerkennung als Juristische Person bedeutet für einen Verband vor allem zweierlei: Sie macht die betreffende Organisation von der Person der Mitglieder und deren Wechsel unabhängig. Sie führt zu einer scharfen Trennung des Vermögens der Organisation von dem der Mitglieder und damit (vom Standpunkt der Mitglieder aus gesehen), zu einer beschränkten Haftung mit dem Organisationsvermögen. Ob eine Organisation juristische Persönlichkeit erhalten soll, sollte daher in erster Linie davon abhängen, ob diese Wirkungen der Eigenart der betreffenden Organisation angemessen sind oder nicht."[64]

---

bilde" genannt wird. Vgl. auch *Hueck*, Gesellschaftsrecht, S. 4 ff.; *Lehmann-Dietz*, Gesellschaftsrecht, S. 16 ff.

[60] So neuerdings *Harm-Peter Westermann*, Vertragsfreiheit und Typengesetzlichkeit, S. 7 ff. Dort auch weitere Hinweise. Einen grundsätzlich anderen Ansatz, der die JP als besondere Verbandsstruktur begreift, vertreten in der neueren Literatur vor allem *Flume*, in Festschrift für Ludwig Raiser, S. 27 ff.; *Wieacker*, in Festschrift für E. R. Huber, S. 339 ff., bes. S. 347 ff.; *Rittner*, Die werdende juristische Person, bes. S. 210 ff., 223 ff.

[61] *Westermann*, aaO. S. 7/8.

[62] Ebd.

[63] So auch *Westermann*, aaO. S. 8.

[64] *Staudinger-Coing*, Einl. 32. Darauf verweisen auch *Lehmann-Dietz*, aaO. S. 6 und *Hueck*, aaO. S. 4 f.

Damit ist die Begrenzung der JP auf „rein juristische" Aspekte des Verbands und ihre Loslösung von der Verbandsstruktur aufgegeben, auch wenn – in offenem Widerspruch hierzu – gleichwohl noch an den formaljuristischen Definitionen der JP festgehalten wird. Dieser Widerspruch durchzieht fast die gesamte Doktrin, denn wenn auf der einen Seite weitgehend Einigkeit darüber besteht, daß die JP nur eine „konstruktive Abbreviatur" oder dergl. sei, ein bloß rechtstechnisches Zuordnungssubjekt, so wird sie doch auf der anderen Seite ebenso übereinstimmend als „überindividuelle organisatorische Einheit" bezeichnet und von den strukturellen Merkmalen der Korporation her definiert[65]. Die Besonderheit der JP wird durchweg darin gesehen, daß sie die dauerhafte Verfolgung überindividueller Zwecke durch geordnetes Zusammenwirken einer Mehrheit von Menschen ermöglicht, wobei dieses Zusammenwirken aus der Abhängigkeit von der Einzelpersönlichkeit der Mitglieder gelöst und dadurch stabilisiert und auf Dauer gestellt wird. Diese Funktionen der JP werden nachhaltig betont. Die JP entspricht danach dem Bedürfnis, „in den Fällen, in denen überindividuelle Ziele auf die Dauer verfolgt werden sollen, entweder durch Zusammenwirken von Menschen in Gruppen oder größeren Verbänden ... oder durch einseitige Zusammenfassung von Vermögenswerten ..., die zu solchem Zweck geschaffene Organisation als besondere Einheit zu behandeln. Hierbei wurde vor allem die Selbständigkeit der organisatorischen Einheit gegenüber den sie tragenden und in ihr tätigen Menschen erstrebt ..."[66]. Damit ist zugleich klar der entscheidende Unterschied der JP gegenüber assoziativen Verbandsformen bezeichnet: während bei jenen das einzelne Mitglied unmittelbaren Einfluß auf Bestand und Funktionieren der Vereinigung hat und diese also von ihm stark abhängig ist, wird im Falle der JP der Verband als unabhängig bleibende, selbständige Einrichtung ausgestaltet[67]. Wie insbesondere Hans Julius Wolff in seiner bis heute grundlegenden Untersuchung hervorgehoben hat[68], ist die JP danach als Komplex von Rechtsbeziehungen zu verstehen, die ihrem Inhalt nach regelmäßig diese Verselbständigung vorsehen, und zwar vor allem dadurch, daß nicht alle Mitglieder, sondern nur bestimmte, satzungsmäßig berufene Personen für die Organisation handeln, daß die Organisation und die Rechtsverhältnisse zwischen

[65] *Staudinger-Coing,* Einl. 2, 31, 32; *Enneccerus-Nipperdey,* § 103 I, II; *Larenz,* Allg. Teil, § 8 II; *Schultze-v. Lasaulx,* aaO. RN 1; *Lehmann-Hübner,* Allg. Teil, S. 435; *Heinrich Lange,* Allg. Teil, S. 172; *Lehmann-Dietz,* aaO.; *Hueck,* aaO.; *Erman-Westermann,* Vorbem. I vor § 21; *Palandt-Danckelmann,* Vorbem. I vor § 21. Während sich bei den vorgenannten Autoren dieses Kriterium meist kumulativ neben anderen, divergierenden findet, steht es bei Flume ebenso wie bei Wieacker und Rittner (Anm. 65) für einen systematisch konsequenten Neuansatz.

[66] *Schultze-v. Lasaulx,* aaO. RN 1.

[67] Siehe auch *Lehmann-Hübner,* aaO.; *Enneccerus-Nipperdey,* aaO.; *Staudinger-Coing,* Einl. 2 b, 32; *Lehmann-Dietz,* aaO.

[68] Organschaft und Juristische Person, I, S. 165 ff., zusammenfassend S. 229 f.

den Beteiligten unabhängig vom Wechsel der Mitglieder bleiben und daß gleiches beim Wechsel der Organwalter gilt, daß eine Haftungsbeschränkung auf das verselbständigte Vermögen eintritt und daß insgesamt die Verselbständigung auch Dritten gegenüber gilt.

d) Letztlich bestätigt also die Doktrin selbst trotz aller entgegenstehender Ansätze und Definitionen die konstitutive Bedeutung der JP für die soziale Ordnung der Verbände. JP und körperschaftliche Verbandsstruktur, JP und Korporation fallen zusammen. Die Ausgestaltung und rechtliche Anerkennung eines Verbands als JP bedeutet die Begründung von besonderen Aktionszentren in der Rechts- und Sozialordnung[69], wobei sich diese Aktionszentren als Organisationen erweisen, deren Verhaltensprogramme so ausgerichtet sind, daß sie von der Individualität der Mitglieder und damit auch von einem Wechsel der Mitglieder relativ unabhängig sind. Insofern sind sie „nach innen" selbständig. Sie sind auch nach „außen" selbständig, weil sie als besonderes Rechtssubjekt gegenüber anderen Institutionen und Organisationen abgegrenzt und rechtlich autonom sind[70].

2. *Der Verlust der politischen Dimension in der Lehre von der JP*

Mit der Feststellung der Identität von JP und korporativer Verbandsordnung ist die JP zunächst als Institution der Sozialordnung ausgewiesen und der Ansatz bezeichnet, von dem aus ihre sozialen Funktionen im weiteren zu analysieren sind. In der Tat beginnen die eigentlichen Probleme der JP erst mit der Erkenntnis, daß sie eine im dargelegten Sinne überindividuelle organisatorische Einheit mit körperschaftlicher Struktur ist. Gerade angesichts der Realität der modernen Unternehmenskorporation und ihrer Entwicklung kann man sich nicht ohne weiteres mit der Existenz solcher verselbständigter Zentren des „Begehrens, Planens und Wollens" abfinden und sich auf eine rechtstechnisch-juristische Perfektionierung des Status quo beschränken. Die Frage ist vielmehr unausweichlich, ob die Sanktionierung dieser Aktionszentren nach Maßgabe der JP, also unter korporativer Ausgestaltung und unter Verselbständigung nach innen und Autonomisierung nach außen, „im Zuge sinnvoller Gestaltung der sozialen Ordnung" erfolgt. Diese Frage ist umso dringender, als die Unternehmenskorporationen, die ihre prinzipielle rechtliche Anerkennung und die wesentlichen Voraussetzungen ihrer Wirksamkeit eben auf die genannten Elemente der JP stützen, nicht beliebige Organisationen oder Aktionszentren sind, sondern zu den dominierenden Machtzentren des sozialen Herrschaftssystems gehören. Nicht nur wirtschaftlich, auch politisch und sozial sind sie von größter Bedeutung, da sie Macht akkumulieren und weitreichenden Einfluß aus-

---

69 Vgl. *Reinhardt,* Art. Juristische Personen, I, HDSW, V, S. 446.

70 So grundsätzlich auch *Flume,* aaO. und eingehend *Rittner,* aaO.

üben. Vor allem geht von den Unternehmenskorporationen ein tiefgreifender Strukturwandel unserer Gesellschaft aus: die Ablösung des individualistischen Liberalismus durch eine zunehmende Kollektivierung mit deutlich korporatistischen und neofeudalen Zügen[71]. Die Unabhängigkeit der korporativen Organisation vom Individuum, als besonderer Vorzug der JP bewertet, schlägt um in Kollektivierung und in weitreichende Abhängigkeit der individuellen Mitglieder von diesen Kollektiven. Das Individuum wird in eine Organisation integriert, die sich „auf Dauer" etabliert und auf „überindividuelle Zwecke" ausrichtet, deren besondere Wirkungschance also gerade darin liegt, daß sie sich von der Rücksichtnahme auf die individuellen Belange ihrer Mitglieder prinzipiell befreit. Ebenso wird der Einfluß der Mitglieder auf Zielbestimmung und Verhaltensprogramme organisatorisch neutralisiert und statt dessen bei den „Organwaltern" oder anderen „Entscheidungsträgern" als Macht konzentriert.

Damit sind die eigentlichen Grundfragen der JP in unserer Rechts- und Gesellschaftsordnung bezeichnet. Ihr Gegenstand ist nicht, wie die Doktrin seit langem meint, die „rechtlich schwierige Konstruktion einer Einheit, trotz Vielheit der dahinter stehenden Menschen, ... sondern ... das praktische Problem, unter welchen Voraussetzungen juristische Personen überhaupt vom Recht und damit vom Staat geduldet werden"[72] können. Einer Erklärung der JP bedarf es nicht – und insoweit ist der Doktrin zuzustimmen, – was die juristische Konstruktion ihrer Einheit betrifft. In dieser Hinsicht bestehen bei nüchterner und konsequenter Anwendung des positiven Rechts keinerlei prinzipielle Schwierigkeiten. „Vorstellungshilfen" zum „Wesen" der JP sind dafür bestenfalls irrelevant und meist irreführend, nicht anders als dies für den Rückgriff auf Bilder anstelle einer Analyse der Rechtslage auch anderswo bei Fragen der Rechtsanwendung gilt. Statt komplizierter Überlegungen, wie „Einheit bei Vielheit" zu denken und juristisch zu konstruieren sei, genügt in der Tat die einfache, aus dem geltenden Recht abzuleitende Feststellung, daß das positive Recht Rechte und Pflichten einer bestimmten Organisation im ganzen zuordnet „und die nähere Bestimmung der durch die Rechte und Pflichten begründeten Berechtigungen und Verpflichtungen der Organisation überläßt"[73].

a) Gegenstand der Theorie der JP ist die politische Ordnung des Gemeinwesens, soweit sie mit körperschaftlichen Verbänden in Zusammenhang steht, und ihre Aufgabe ist es, diese Verbände im Gesamtzusammenhang

---

[71] *Thilo Ramm*, Einführung in das Privatrecht I, S. 62 (G), spricht von der Entwicklung vom individualistischen zum kollektiven Liberalismus, die er vor allem auf die Entwicklung der Kapitalgesellschaften zurückführt.

[72] *Kronstein*, Abhängige juristische Person, S. 65, der in aller Klarheit schon den im Text genannten Unterschied betont hat, dieses Problem zu Unrecht aber als durch den Erlaß des BGB erledigt ansah.

[73] *Hans J. Wolff*, Organschaft und Juristische Person, I, S. 230.

der Gesellschaft zu erfassen. In der modernen juristischen Doktrin finden sich dafür freilich kaum mehr Ansätze; sie sind im Theorienstreit untergegangen. Dabei war gerade der Streit um die Theorie der JP, so wie er sich im 19. Jahrhundert in Deutschland entwickelte, in seinem Ursprung wesentlich ein Streit um die Eingliederung der Korporationen in die gesellschaftliche Ordnung. „Politische Ziele versteckten sich in weitem Umfang hinter Rechtserwägungen, was um so weniger verwunderlich ist, als die bis vor wenigen Jahren das Feld der öffentlichen Meinung beherrschenden Theorien ihren letzten Schliff bei einer praktischen Gelegenheit, der Schaffung des deutschen bürgerlichen Rechts, erhalten haben. Man kann sie nicht nur als rechtliche, sondern muß sie zugleich als rechtspolitische Theorien ... ansehen.“[74] Ein Rückgriff auf den klassischen Theorienstreit ist infolgedessen nicht nur von rechtsgeschichtlichem Interesse. Er kann vielmehr dazu verhelfen, das Problem der JP wieder auf seinen politischen Ausgangspunkt zurückzuführen, der von prinzipieller Bedeutung nicht nur für die Gesellschaft des 19. Jahrhunderts war, sondern es auch für die Gesellschaft von heute, wie sich gezeigt hat, noch immer ist.

Die Entwicklung der verschiedenen Theorien zur JP braucht hier nicht im einzelnen nachgezeichnet zu werden; sie hat eine Reihe profunder Darstellungen erfahren[75]. Ohnehin ist die politische Dimension in der Auseinandersetzung immer mehr verloren gegangen, seit mit Erlaß des BGB der prinzipielle politische Konflikt beendet schien. In der Folge hat sich die Theorie im ganzen darauf beschränkt, Interpretationen der JP zu suchen, die es erlaubten, sie widerspruchslos in das überkommene Rechtssystem zu integrieren. Die Entscheidung des Gesetzgebers über Zulassung und Ausgestaltung von Korporationen, wie sie grundsätzlich im BGB, weiter aber auch im Handelsgesetzbuch, im GmbH-Gesetz und in Spezialgesetzen für Korporationen mit besonderen Zwecken zum Ausdruck kam, wurde ohne weiteres hingenommen, und im klassischen Theorienstreit wurde auch die Entwicklung dieser Korporationen, die sich dann faktisch vollzog, nicht zum Anlaß genommen, diese Entwicklung selbst und das positive Recht, das sie

---

[74] *Kronstein*, aaO. – Siehe auch *Bürgi*, Wandlungen im Wesen der juristischen Person, Festschrift für H. Nawiasky, 1950, S. 245 ff., bes. S. 248 ff. Auf diese Dimension des Theorienstreits verweist auch *Franz Wieacker*, Zur Theorie der Juristischen Person des Privatrechts in Festschrift für Ernst Rudolf Huber, S. 339 ff., bes. a. S. 366 ff.

[75] So vor allem *Hans J. Wolff*, aaO., I, S. 1–87. Weiter sind zu nennen *Rhode*, Juristische Person und Treuhand, S. 29–64; *Julius Binder*, Das Problem der juristischen Persönlichkeit, 1907, S. 8 ff. Eine kurze Zusammenfassung findet sich u. a. bei *Enneccerus-Nipperdey*, Allg. Teil, § 103. Ein umfassenderer Überblick über die Lehren zur JP findet sich in der neueren Literatur vor allem bei *F. Rittner*, Die werdende Juristische Person, S. 180 ff. Siehe auch zu einer kritischen Bewertung des Theorienstreits *Christian Joerges*, Art. „Jurist. Person“ in A. Görlitz, Hrsg. Handlexikon zur Rechtswissenschaft, S. 222 ff.

ermöglichte, in Frage zu stellen. Mit der Ausklammerung des kritischen Punktes der JP, nämlich des gesellschaftspolitischen Bezugs, verlor sich die Theorie in einer letztlich unfruchtbaren „Wesensdebatte", die, wie Martin Wolff zu Recht bemerkte[76], für den Juristien ohne Belang ist. Sie interessiert auch von einem sozialwissenschaftlichen Standpunkt aus mehr als Beispiel einer Ideologisierung denn als Beitrag zur Analyse der JP. Diese Theorien zum Wesen der JP zeichnen sich weitgehend ebenso durch Kompliziertheit der Sprache wie durch häufig unverständliche Konstruktionen und Ergebnisse aus. Die umfassende Verwirrung zeigt sich dabei daran, „daß die bei oberflächlicher Betrachtung so mannigfaltig erscheinenden Ansichten nur Variationen ganz weniger Grundanschauungen sind und daß manche Lehre gerade in dem gleichen Gedanken wurzelt, den sie mit leichter Geste abtun will"[77]. In dieser Situation hat sich der Theorienstreit entweder auf eine positivistische Ebene verlagert, wobei einzelne rechtliche Aspekte der JP hervorgehoben und zum „Wesen" der JP verallgemeinert wurden, bis man die JP schließlich nur noch als rechtstechnisches Hilfsmittel oder gar als bloßen, inhaltslosen Sammelbegriff verstand, – oder der Theorienstreit wurde in rechtsphilosophische Systeme verlegt. In diesem Fall entstanden immer verwickeltere Verschachtelungen[78]. Von der einen Grundposition her wurde daran festgehalten, daß die JP Fiktion sei; die Kritik daran bewirkte nur, daß die Fiktion „noch tiefer in einen Grundbegriff der Rechtswissenschaft verlegt (wurde), wo sie, vom Panzer rechtsphilosophischer Systeme geschützt, noch manchem Angriff widerstehen möchte"[79]. Die andere Grundposition – die die JP als reale Verbandsperson auswies – führte zu „Metaphysik oder Poesie"[80] und vielfach zu einem juristischen Mystizismus und artete schließlich in organizistischen Vorstellungen und Lehren aus, die dem Entstehen totalitärer Ideologien Vorschub leisteten.

b) Am Beginn der modernen Auseinandersetzung[81] um die JP steht dagegen die konkrete und in ihrer Relevanz unmittelbar einsichtige politische Frage einer grundsätzlichen Zulassung von Korporationen und den Bedingungen ihrer Zulassung. Zwei grundsätzliche und einander diametral entgegengesetzte Auffassungen trafen dabei aufeinander: nach der einen sollte eine möglichst freie Körperschaftsbildung zugelassen werden, nach der

---

[76] On the Nature of Legal Persons, 54 Law Quarterly Review (1938) S. 494 ff., 506.

[77] *Rhode*, aaO., S. 29.

[78] Vgl. *Rhode*, aaO., S. 41.

[79] *Rhode*, ebd.

[80] *Rhode*, aaO., S. 36.

[81] Auf die frühere Korporationslehre kann in diesem Zusammenhang nicht eingegangen werden. Dazu sei verwiesen auf Otto v. Gierke, Genossenschaftsrecht, 4 Bde., 1868–1913. Zur mittelalterlichen Staats- und Korporationslehre und zur Aufnahme der Korporationstheorie in Deutschland s. Band 3, zur neueren, bis zum Beginn des 19. Jhd. reichenden Korporationstheorie s. Band 4.

andern sollten Korporationen dagegen nur unter scharfer staatlicher Bindung und Kontrolle zulässig sein[82].

Dieser Gegensatz wird in seiner eigentlichen Tragweite freilich kaum verständlich, wenn man mit der modernen Doktrin in den Korporationen nichts weiter als einen Anwendungsfall der allgemeinen Vertragsfreiheit sieht.

Dann scheint der Streit um die Körperschaftsbildung im Prinzip mit der Frage zusammenzufallen, ob allgemeine Vertragsfreiheit besteht – und damit entschieden zu sein. Den ursprünglichen Theorien zur JP lag indessen ein anderes Verständnis der Korporationen zugrunde: Korporationen als Teilverband im Staat und strukturell dem Staat gleich oder zumindest ähnlich.

Danach mußten sich zunächst zwischen Korporationen und Staat zwangsläufig starke Spannungen ergeben. Je schärfer der Staat als Exklusivverband begriffen wurde, desto weniger blieb Raum für die Korporationen. Das Prinzip der staatlichen Souveränität mußte die Korporationen in ihrem Kern treffen und ihnen jeden Eigenwert absprechen: neben der umfassenden Staatsgewalt konnte es keine besonderen Kollektivgewalten mehr geben, neben dem allgemeinen Untertanenverband keine besonderen Untertanenverbände[83]. Lange vor dem Theorienstreit des 19. Jahrhunderts haben sich Staatsphilosophie und Korporationstheorie mit diesem fundamentalen Widerspruch gesellschaftlicher Ordnungsprinzipien auseinandergesetzt[84]. Dabei hat sich das staatliche Prinzip durchgesetzt und die Korporationen wurden „zunächst zu bloß positivrechtlichen und mehr oder minder willkürlichen Gebilden degradiert und endlich überhaupt zerrieben“[85]. Den endgültigen Durchbruch brachte der Absolutismus. Er überwand nicht nur die Korporationen der feudal-klerikalen Gesellschaftsstruktur der Vergangenheit, sondern suchte auch das Entstehen neuer Teilverbände zu verhindern, indem eine umfassende staatliche Kontrolle des Verbandswesens und ein allgemeiner staatlicher Genehmigungsvorbehalt durchgesetzt wurden.

Korporationen als Teilverbände und Kollektivgewalten mußten – nach Überwindung des Absolutismus – in einen ebenso tiefgreifenden Wider-

---

[82] Grundlegend zum geschichtlichen Hintergrund *Otto v. Gierke*, aaO., und *ders.*, Johannes Althusius und die Entwicklung der naturrechtlichen Staatstheorien. Zugleich ein Beitrag zur Geschichte der Rechtssystematik. 1880 (Untersuchungen zur Deutschen Staats- und Rechtsgeschichte, Heft 7). 5. Ausg. 1958. – Unter dem Aspekt der Unternehmenskorporation s. die Darstellung bei *Grossfeld*, Aktiengesellschaft, Unternehmenskonzentration und Kleinaktionär, S. 85 ff. und bes. S. 113 ff.

[83] Zur gesellschaftstheoretischen und -philosophischen Auseinandersetzung in der 1. Hälfte des 19. Jhd. *Friedrich Müller*, Korporation und Assoziation, 1965, auch *Otto v. Gierke*, Althusius, bes. S. 201 ff., 255 ff.

[84] Vgl. *Otto v. Gierke*, Althusius, sowie *ders.*, Genossenschaftsrecht, Bd. 4.

[85] *Otto v. Gierke*, Althusius, S. 234.

spruch zu einem anderen fundamentalen Prinzip der gesellschaftlichen Ordnung treten: zum Individualprinzip. Nicht nur der radikale Individualismus Rousseaus führt in seiner Konsequenz zu einer Unterdrückung aller Teilverbände innerhalb der „Republik", auch der Liberalismus gerät in einen scharfen Gegensatz zu korporativen Verbandsformen[86]. In einer konsequent auf die Freiheit des einzelnen Menschen als Individuum gegründeten Konzeption der gesellschaftlichen Ordnung ist kein Raum für pouvoirs intermédiaires und für eine Vermittlung zwischen Individuum und Staat, zwischen Individuum und Gesellschaft durch korporative Zwischenverbände. Alle Formen einer gliedhaften Einordnung des Individuums in Verbände laufen dem liberalen Verständnis entschieden zuwider. „Nicht die ‚libérté féodale' des Mittelalters, nicht die korporative, sondern die individuelle Freiheit ist das Zeichen des politischen Liberalismus."[87]

So war die Entwicklung schon vor Beginn des Theorienstreits der modernen Rechtslehre durch ein stetes Zurückdrängen der Korporationen gekennzeichnet. Diese Entwicklung war gegen spezifisch korporative Vereinigungen oder Verbände gerichtet, nicht gegen Zusammenschlüsse schlechthin. Weder die extreme Vereinsfeindlichkeit Rousseaus noch die des Absolutismus bezog sich auf individuelle Zusammenschlüsse im Sinn partnerschaftlicher Aktionsgemeinschaften. Insbesondere wurden davon auch nicht die Formen der privaten Handelsgesellschaften betroffen, deren Geschichte weit in das Mittelalter zurückreicht[88]. Sie waren nach Ursprung und Bestand individuelle und private Vertragsverhältnisse und von der Privatsphäre der Partner nicht zu trennen. Die Ablehnung der Korporationen hatte ihren Grund demgegenüber in der Ablehnung aller Untergliederungen des Staatsverbands, durch die teils der Souveränitätsanspruch des Staates, teils der Freiheitsanspruch des Individuums in Frage gestellt war. Die beides im Ergebnis verbindende Frontstellung kommt in aller Deutlichkeit in der Äußerung Le Chapeliers zum Ausdruck, der zur Begründung des nach ihm benannten Gesetzes vom 14./17. Juni 1791, das die „Vernichtung aller Arten von Vereinigungen der Bürger desselben Standes und desselben Berufes"[89] zu einem Grundprinzip der französischen Verfassung erklärte, gesagt hat: „Es gibt keine Korporationen im Staat. Es gibt nur noch das Einzelinteresse jedes Individuums und das Allgemeininteresse. Niemandem ist es erlaubt, den Bürgern ein intermediäres Interesse einzuflößen und sie durch Korporationsgeist von den Angelegenheiten der Öffentlichkeit zu entfernen."[90]

Diese Ausgangsposition spiegelt die Grundprinzipien der liberalen Gesellschaftsordnung wider. Sie sind gegen das spezifisch Korporative gerichtet

[86] Dazu näher *F. Müller*, aaO.

[87] *F. Müller*, aaO., S. 225.

[88] *Max Weber*, Zur Geschichte der Handelsgesellschaften im Mittelalter, 1889 (Nachdruck 1964).

[89] *F. Müller*, aaO. S. 75 ff.

[90] *F. Müller*, aaO. S. 76.

und nicht gegen individuelle Zusammenschlüsse. In Überwindung der extremen Vereinsfeindlichkeit jener Positionen steht die Vereinigungsfreiheit als Teil der individuellen Freiheit und insbesondere auch im wirtschaftlichen Bereich die Notwendigkeit von Zusammenschlüssen. Aber dies bezieht sich auf assoziative, nicht auf korporative Zusammenschlüsse, auf Zusammenschlüsse auf der Basis individueller und gleicher Interessen. Die Dekorporierung der überkommenen Gesellschaft sollte die Eingliederung des einzelnen in Korporationen beseitigen; ihr sollte die Möglichkeit freier Zusammenschlüsse, aber nicht die erneute Eingliederung in überindividuelle Organisationen folgen.

c) Vor dem Hintergrund dieser Entwicklung wird die Tragweite des im 19. Jahrhundert einsetzenden Streits um die JP sichtbar. Zugleich wird dadurch der Stellenwert der kontroversen Ausgangspositionen deutlich, als deren maßgebliche und die Grundlinien der weiteren Auseinandersetzungen bestimmende Repräsentanten vor allem Savigny einerseits, Otto v. Gierke andrerseits zu nennen sind. Von dem Körperschaftsbegriff der modernen Doktrin her, die sich dafür zum Teil ausdrücklich auf Gierke beruft, ebenso ausdrücklich aber die assoziative Struktur dieses Verbandstypus betont, wird man freilich bestreiten, daß der Streit um die JP damit an den Korporationsbegriff der vorliberalen Epoche anknüpft. Man wird ebenso bestreiten, daß mit Gierkes Theorie der JP politisch zugunsten der „Rekorporierung" der Gesellschaft und der erneuten Eingliederung des einzelnen in kollektive Verbände Stellung bezogen wird, daß Gierke selbst und die ihm folgenden Vertreter seiner Theorie – diese häufig unbewußt – individuelle durch korporative Freiheit ablösen wollten. Genau das war aber Gierkes politischer Ausgangspunkt und sein politisches Ziel. Franz Wieacker hat Gierkes Konzeptionen eindrucksvoll zusammengefaßt: „Dabei kämpfte er folgerecht gegen die beiden Fronten, die er sich durch den Zerfall der ursprünglichen Einheit der Gemeinschaften gegenüberstehen sah: gegen die im absoluten Staat vorbereitete, durch die Französische Revolution verwirklichte Allmacht des modernen Staates und gegen den durch die Aufklärung vorbereiteten, in der bürgerlichen Gesellschaft der Industriellen Revolution verwirklichten Individualismus. Die Zauberformel Gierkes, die den mechanischen Staat überwinden, das eigennützige Individuum wieder binden soll, ist der ‚Organismus' der menschlichen Verbände, in deren höhere ‚Verbandspersönlichkeit' sich die Person gliedschaftlich einordnet. Die Gesellschaft erscheint als Hierarchie solcher Verbände, die vom Einzelnen über die Familie, die Genossenschaften und die Selbstverwaltungskörper bis zum Staat als der körperlichen Gestalt des Gesamtvolks organisch aufsteigt, in dem der Gegensatz zwischen Staat und Bürger, Gesellschaft und Individuum, öffentlichem und privatem Recht in der Dreieinigkeit Privatrecht, Sozialrecht und öffentliches Recht aufgehoben ist."[91] Savignys prinzipieller Ausgangspunkt

[91] Privatrechtsgeschichte der Neuzeit, S. 455. – Siehe auch *Erik Wolf*, Große

war dem entgegengesetzt, auch wenn er politisch für die Erhaltung der bestehenden gesellschaftlichen Strukturen einschließlich ihrer ständischen und korporativen Ausrichtung eintrat[92]. Der fundamentale Gegensatz, der die Auseinandersetzungen um die Ordnung der Gesellschaft prägt, durchzieht sein eigenes Werk, ohne daß er letztlich aufgehoben wäre[93]. Obgleich Savigny sowohl dem Liberalismus als auch dem politischen Individualismus Rousseau'scher Prägung fern stand und deren Ideen, insbesondere aber auch das Programm der Französischen Revolution ablehnte[94], zeigen sich doch Berührungen damit, die für den hier interessierenden Zusammenhang wesentlich sind. Sie liegen im nachhaltigen Einfluß der Rechtstheorie Kants auf Savignys eigene Rechtslehre, was den zentralen Begriff der autonomen Sittlichkeit der Person und die darauf bezogene Aufgabe des Rechts betrifft. Die notwendige Folge einer konsequenten Ausrichtung des Rechts auf die Freiheit des individuellen Menschen war die Ausgrenzung eines Bereichs unvermittelter, nur aufgrund der Privatautonomie der Betroffenen koordinierter Individualbeziehungen, – also ein individualistisch verfaßtes Privatrecht. Dieses betrifft zwar nur einen Teilaspekt der Sozialordnung und setzt das öffentliche Recht als Korrelat voraus, das als Erscheinungsform der öffentlichen Gewalt die privatrechtliche Freiheit beschränken kann und unter Umständen muß[95]. Aber zwischen individueller Freiheit und staatlicher Bindung kann es einen Zwischenbereich „kollektiver" Freiheit bzw. „gliedschaftlicher" Gebundenheit nicht geben. Die Betonung der Freiheit als Freiheit des individuellen Menschen schließt ihre Vermittlung und Beschränkung durch Korporationen aus.

Dieser Ausgangspunkt mag speziell bei Savigny durch den Einfluß des Römischen Rechts noch verstärkt worden sein[96]. Demgemäß beklagte Gier-

---

Rechtsdenker, S. 678 ff. Im „politischen und sozialethischen Pathos" der germanistischen Genossenschaftstheorie, das die Realität der Verbände auf deren gewachsene, vorstaatliche Aufgaben bei der Ordnung des Gemeinwesens bezog, sieht *Franz Wieacker* ausdrücklich die Gegnerschaft zur Fiktionstheorie begründet in Festschrift für E. R. Huber, S. 339 ff., 366. Dort auch weitere Nachweise. Siehe auch *Chr. Joerges*, Art. „Juristische Person" u. A. Görlitz, Handlexikon zur Rechtswissenschaft, S. 222 ff.

92 *Wieacker*, Privatrechtsgeschichte, S. 385; *E. Wolf*, aaO. S. 480; wie Hans Kiefner im einzelnen nachweist, entwickelte *Savigny* seine Theorie der JP allerdings nicht in bezug auf Aktiengesellschaften und Unternehmenskorporationen, sondern in bezug auf vorindustrielle Korporationen in Festschrift für Harry Westermann, S. 263 ff.

93 *Wieacker*, Privatrechtsgeschichte, S. 385, *ders.*, Festschrift für E. R. Huber, S. 361 ff.

94 *Wieacker*, Privatgeschichte, S. 383 ff.

95 Vgl. *Bullinger*, Öffentl. Recht und Privatrecht, S. 42.

96 Hierzu mit eingehenden Nachweisen *Wolfgang Henkel*, Zur Theorie der JP im 19. Jahrhundert, Geschichte und Kritik der Fiktionstheorien, Diss. Göttingen 1973.

ke an dem Einfluß des römischen Rechts vor allem, vom Boden der umfassenden Staatlichkeit, auf dem es stünde, habe es nichts über die zwischen Staat und Individuum vermittelnden Gruppen zu sagen[97]. In der Unterwerfung dieser Gruppen unter die Staatsgewalt sah er die Barriere fallen, die den übermächtigen Staat von der Unterwerfung des Individuums abhalten konnte. Von Savignys Ansatz aus konnten dagegen konsequenterweise alle Beschränkungen einer individualistischen Freiheit nur Funktionen des öffentlichen Rechts und letztlich des Staates sein, so daß auch die Korporationen nur dort ihren Ursprung haben konnten.

d) Damit sind die beiden grundsätzlichen Möglichkeiten bezeichnet, die Korporationen in die gesellschaftliche Ordnung zu integrieren. Sie waren entweder in ihrem Eigenwert als intermediäre Gewalten anzuerkennen – mit allen Konsequenzen für Individuum und Staat – oder sie mußten in die staatliche Organisation einbezogen und als Teil der Staatsgewalt ausgestaltet werden. Ein Ausweg schien freilich möglich: die Eliminierung aller Korporationen, und zwar nicht nur im Sinn der Ausschaltung der historisch vorhandenen, sondern im Sinn des generellen Ausschlusses des korporativen Verbandstypus aus der Rechtsordnung auch für die Zukunft. Diesen Weg versuchte der Liberalismus zu gehen, ist damit jedoch letztlich gescheitert, wie das Beispiel der modernen Unternehmenskorporation zeigt. Speziell die industrialisierte Wirtschaft konnte nicht ohne überindividuelle, auf Dauer angelegte Organisationen auskommen. Mit der bloßen Umbenennung in Assoziationen war das Problem der neu entstehenden Korporationen nicht zu lösen, wenn auch, wie die juristische Doktrin bewiesen hat, erfolgreich zu verschleiern.

Die Auseinandersetzung mit den Korporationen war und ist danach unvermeidlich. Ebenso unvermeidlich und keineswegs müßig war infolgedessen auch der Theorienstreit um die JP, wie er sich in der Nachfolge Savignys auf der einen, Gierkes auf der andern entwickelte. Freilich geht keine der beiden Theorien in einer klaren politischen Stellungnahme zu den aufgezeigten Alternativen auf. Dazu war die Auseinandersetzung um die JP viel zu sehr in historischen Konstellationen begründet[98] und von abstraktem Modelldenken entfernt. Die Folge war aber auch, daß sich prinzipielle mit nur zeitbedingten und oft zufälligen Aspekten vermischten und sich die Widersprüchlichkeiten einer im Umbruch befindlichen Zeit in den bezogenen Positionen ebenso spiegeln wie die starken geistigen Spannungen in Persönlichkeit und Grundhaltung insbesondere Savignys und Gierkes. Vor allem aber war die Auseinandersetzung um die JP in ihrer außerordentlichen ge-

[97] Dazu *Otto v. Gierke*, Deutsches Privatrecht, 1. Band, Allg. Teil und Personenrecht, 1895 (unveränd. Nachdruck 1936), S. 459 ff., 479 ff.

[98] *Wieacker* in Festschrift für E. R. Huber, S. 369, weist besonders darauf hin, wie sehr O. v. Gierke unter dem Einfluß der Rechtstheorie seines Jahrhunderts auch und gerade Perspektiven der Fiktionstheorie übernahm.

danklichen und begrifflichen Kompliziertheit dadurch geprägt, daß sie Teil des Bemühens um die Entwicklung eines modernen Rechtssystems war. Dies erklärt das besondere Gewicht, das der Klärung des Begriffs JP beigemessen wurde. Dahinter stand die „selbstverständliche Forderung jeder Systematik, daß nur Gleiches mit Gleichem in eine Kategorie gebracht werden darf“[99]. Das muß freilich bedeutungslos erscheinen, wo es nur darum geht, eine auf jede beliebige gesellschaftliche Wirklichkeit passende juristische Nomenklatur zu liefern. Die hier gemeinte Systematik war demgegenüber durch das Bemühen gekennzeichnet, die gesellschaftliche Entwicklungslage zu erfassen und in eine rechtliche Ordnung zu bringen, welche zugleich die Maßstäbe setzt, an denen die soziale Realität zu messen ist.

Für Savigny stand außer Frage, daß der Bezugspunkt allen Rechts der einzelne Mensch ist. Der einzelne Mensch war folglich auch in seinem Rechtssystem ausdrücklich als Bezugspunkt bezeichnet. Es verdient festgehalten zu werden, daß Savigny an entscheidenden Stellen direkt vom Menschen spricht und nicht juristische Begriffe wie Rechtsperson, Rechtssubjekt etc. verwendet, weil dadurch alle Spekulationen über den Bezugspunkt zumindest seines Rechtssystems abgeschnitten sind und klargestellt ist, daß dieses auf einem rein individualistischen Grundbegriff beruht, wie er auch dem individualistisch-ethischen Persönlichkeitsbegriff in Kants Philosophie entspricht. Ebenso entsprach Savignys Freiheitsbegriff dem von Kant: Freiheit als sittliche Autonomie des Menschen[100], als Freiheit zur Erfüllung der wahren Bestimmung des Menschen. Hierauf bezieht Savigny ausdrücklich auch das Wesen des Rechts: „Alles Recht ist vorhanden um der sittlichen, jedem Menschen innewohnenden Freiheit willen.“[101] Daraus folgt unmittelbar, daß das Recht nur den Menschen als Rechtssubjekt, als Person oder Willenssubjekt anerkennen kann. In diesem Sinn ist das gesamte Rechtssystem und seine tragenden Begriffe ausgerichtet: Rechtsverhältnis, Rechtsgeschäft und die grundlegende Kategorie des Willens beziehen allesamt ihre Bedeutung aus ihrer Funktion der Selbstverwirklichung des Menschen[102]. Savigny stellt ausdrücklich die Frage, wer Träger oder Subjekt eines Rechtsverhältnisses sein könne[103], und beantwortet ganz in der Konsequenz des individualistisch-ethischen Standpunktes: „... muß der ursprüngliche Begriff der Person oder des Rechtssubjekts zusammenfallen mit dem Begriff des Menschen; und diese ursprüngliche Identität der beiden Begriffe läßt sich in folgender Formel ausdrücken: Jeder einzelne Mensch und nur der einzelne Mensch ist rechtsfähig.“[104]

---

[99] *Rhode*, Juristische Person und Treuhand, S. 43.

[100] *Erik Wolf*, Große Rechtsdenker, S. 478; *F. Wieacker*, Privatrechtsgeschichte, S. 397; *ders.* Festschrift für E. R. Huber, S. 361 ff.; *Wolfgang Henkel*, aaO. S. 72 ff. mit weit. Nachw.

[101] System des heutigen römischen Rechts, 2. Band, 1840, S. 2.

[102] System, 1. Band, S. 331 ff. [103] System, II, S. 1. [104] System, II, S. 2.

Das Auftreten von Korporationen mit dem Anspruch auf eigene Rechtsfähigkeit muß eine fundamentale Herausforderung dieses Systems im ganzen bedeuten, und ihre Anerkennung muß es sprengen. Gerade von der philosophischen Basis aus, der Savignys System verbunden ist, verbietet sich ein juristisch-rechtstechnisches Verständnis der Rechtsfähigkeit: schon bei Kant fällt die Rechtsfähigkeit mit der sittlichen Freiheit des Menschen zusammen und ist davon nicht ablösbar, und Savigny hat dieses rechtstheoretische Grundprinzip ohne Einschränkung übernommen. Wenn er gleichwohl, wo er entgegen den theoretischen Voraussetzungen seines Systems auf JP stößt, erklärt, das positive Recht könne dann eben die Rechtsfähigkeit auf „irgend etwas außer den einzelnen Menschen übertragen“[105], es könne also eine JP „künstlich gebildet“ werden, so ist der systemimmanente Widerspruch offenbar und es wird deutlich, daß die Fiktionstheorie zunächst nichts anderes ist als der Versuch, diesen Widerspruch zu überwinden. Wenn Savigny von seinem Ausgangspunkt her an der „gleichsam naturrechtlichen Beschränkung der Privatrechte auf die Einzelperson festhalten (mußte), die allein der Autonomie fähig ist, welche der sittliche Grund ihrer Ausstattung mit Rechten ist“, dann mußte er zugleich „in der Zuweisung subjektiver Rechte an andere Gebilde als Einzelmenschen eine materielle Fiktion des Gesetzgebers sehen: die Anordnung der Rechtsfolgen eines natürlichen Sachverhalts für einen andern, der in der Wahrheit der Dinge so nicht existierte“[106].

Der Kunstgriff der Fiktion vermag jedoch den sachlichen Widerspruch nicht aufzuheben, solange man der JP überhaupt einen besonderen Funktionsbereich zwischen Individuum und Staat zuerkennt. Denn dieses Rechtssystem hat nur ein Zentrum und kann nur dieses eine Zentrum haben: eben den Menschen. Die JP als weiteres Zentrum, also als weiteres eigenständiges, nicht abgeleitetes Aktionszentrum wäre zwangsläufig das Ende dieses Systems.

---

[105] AaO. – Ebd. S. 236 wird die Darstellung der juristischen Person eingeleitet mit der Feststellung, die Rechtsfähigkeit falle mit dem Begriff des einzelnen Menschen zusammen. S. fährt fort: „Wir betrachten sie jetzt als ausgedehnt auf künstliche, durch bloße Fiction angenommene Subjecte. Ein solches Subject nennen wir juristische Person, d. h. eine Person, welche blos zu juristischen Zwecken angenommen wird. In ihr finden wir einen Träger von Rechtsverhältnissen noch neben dem einzelnen Menschen.“

[106] *Wieacker*, in Festschrift für E. R. Huber, S. 362. Vgl. auch *Wolfgang Henkel*, aaO. S. 78: „Savigny hatte den Personbegriff im Sinne von Rechtsfähigkeit gedeutet und ihn mit dem philosophischen Personbegriff, der die Person als moralisch freies und verantwortliches Wesen auffaßte, so eng verknüpft, daß er jetzt in der Auslegung des Personbegriffes festgelegt war. Die von ihm vertretene Einheit von ethischer und juristischer Persönlichkeit nötigte ihn nun hinsichtlich der Rechtssubjektivität von menschlichen Verbänden zu der Hilfskonstruktion der juristischen Person.“

So deutet sich an diesem entscheidenden Punkt ein tiefer Widerspruch in der von Savigny ausgehenden Theorie der JP an. Auch Puchta und Windscheid haben in der Nachfolge dies nicht aufzulösen vermocht, denn auch sie haben darauf verwiesen, daß die JP nur ideelle Existenz habe, nur eine künstliche, durch Gedankenoperation geschaffene, vorgestellte Person sei – also nur eine fingierte Person[107]. Aber dies alles ist, wie Julius Binder scharf und treffend bemerkte, nur Ausdruck der „Resignation eines philosophischen Kopfes, der die Wirklichkeit mit seinem System nicht in Einklang zu bringen vermag"[108]. Der Kern des Widerspruchs und zugleich der Schlüssel zur Lösung liegt nicht in der JP schlechthin, sondern liegt im Problem der intermediären Gewalten, – der „dritten Kraft". Dabei ist daran zu erinnern, daß Savignys Rechtssystem nur das Privatrecht als Teilaspekt der sozialen Ordnung betraf und den Staat als den andern Aspekt zwar nicht erfaßte, aber voraussetzte[109]. Der Staat läßt sich selbst als JP begreifen und jedenfalls finden sich in seinem Bereich eine ganze Reihe von JP, die – weil sie dem öffentlichen Recht zugerechnet werden – das allgemeine Privatrecht nicht grundsätzlich in Frage stellen. Konsequent weiter gedacht verweist auch die Fiktionstheorie die JP ins öffentliche Recht: wenn die JP eine „künstliche" Schöpfung des positiven Rechts ist, so steht sie in jeder Beziehung unter dem Vorbehalt des staatlichen Gesetzgebers. Dies ist im Prinzip wieder die Situation der Korporationen unter dem Absolutismus, zumindest insofern, als sie auch dort unter einem allgemeinen Genehmigungsvorbehalt standen. Davon ist zunächst jedoch nur der einmalige Entstehungsakt betroffen, dessen gesetzgeberische Kontrolle allein nicht auszuschließen vermag, daß die JP im weiteren Verlauf doch ein „Eigenleben" zu entfalten beginnt. Soll sie – vom System des Privatrechts aus gesehen – „Fiktion", Verweisung auf den Gesetzgeber auch in ihrer Entwicklung bleiben und nicht ein eigenständiges Aktionszentrum werden, das seine Ziele selbst bestimmt und sie nicht mehr aus dem positiven Recht, aus einer gesetzlich bestimmten und kontrollierten Zweckbestimmung ableitet, so muß die JP fortlaufend und unmittelbar auf staatliche Überwachung rückgekoppelt werden. – Weder Savigny selbst noch seine Schüler und Nachfolger haben diese Konsequenz der sog. Fiktionstheorie systematisch weiterverfolgt, und sie geriet im späteren Verlauf gänzlich aus dem Blickfeld, als in ihr – ohne Verständnis für die Prämissen – nur noch eine formale Basis für die Integration der JP gesehen wurde[110].

---

107 *Puchta,* Weiskes Rechtslexikon, III, S. 65 ff.; Pandekten, S. 36 ff.; Institutionen, I, §§ 1, 2, 4. *Windscheid,* Pandekten, I, §§ 37, 49.

108 Das Problem der juristischen Persönlichkeit, S. 15.

109 Vgl. *Bullinger,* aaO. S. 42 ff.

110 Immerhin wird in modernen Interpretationen des Theorienstreits darauf hingewiesen, die Fiktionstheorie bringe besonders gut zum Ausdruck, daß die Anerkennung einer Organisation mit eigener Rechtsfähigkeit in die Kompetenz des Gesetzgebers falle, vgl. *Schultze-v. Lasaulx,* aaO. RN 11 vor § 21.

e) Wenn Savignys Konzeption im Ergebnis zumindest darauf hinauslief, daß den Korporationen kein gesellschaftlicher Eigenwert zukam und die gesellschaftliche Ordnung insgesamt auf den Dualismus Staat–Individuum festgelegt blieb, wobei der individuelle Mensch das eigentliche Zentrum des Rechtssystems bildete, so hat Gierke dieses System entschlossen um ein weiteres Zentrum – das der Korporationen als intermediäre Gewalten – ergänzt und es dadurch zugleich konsequenterweise gesprengt. Gierkes System weist neben dem Menschen ein weiteres Zentrum auf: die Korporation bzw. JP. Mehrfach ist schon darauf hingewiesen worden, daß Gierke damit einen Savigny diametral entgegengesetzten Ausgangspunkt bezogen hatte. Bei ihm war die individuelle Freiheit aufgehoben in korporativer Vermittlung. Aber die Nachwirkungen der schon Savigny bestimmenden philosophischen Strömungen waren noch immer stark genug, um die individualistisch-ethische Persönlichkeit des Vernunftrechts – wenn auch nur der Begriffsfassade nach – unantastbar zu erhalten[111]. Dem konnte sich auch Gierke nicht entziehen. Obwohl er das überkommene System zu sprengen unternahm, war er bemüht, sich ihm terminologisch anzupassen. An diesem Punkt beginnt die tiefgreifende und folgenschwere Umbildung der Begriffe. „Bis Gierke war nur der Mensch Rechtssubjekt und die ‚juristische Person' nur deshalb rechtsfähig, weil man sich in ihr einen Menschen dachte. Seit aber Gierke die Theorie der ‚realen Verbandspersönlichkeit' aufgestellt hat, verschwindet der Begriff des Menschen, der doch nun einmal nicht vollständig von dem Rechtssubjekt getrennt werden kann, aus der Lehre."[112] Statt des Menschen taucht nun der „Organismus" als neuer Zentralbegriff des Rechtssystems auf. Gierkes „Organismus"-Begriff schien sich nicht zuletzt auch unter systematischen Gesichtspunkten als „Zauberformel" (Franz Wieacker) zu erweisen, bot er doch die Möglichkeit, an dem überkommenen System festzuhalten und es gleichzeitig auf den Kopf zu stellen. „Organismus" war für Gierke der Oberbegriff, der sich in zwei Unterbegriffen konkretisierte: die natürliche Person einerseits, die juristische Person andererseits.

Gegen spätere Interpretationen ist dabei ausdrücklich zu bemerken, daß die JP nicht auf die natürliche Person zurückgeführt wurde; beide wurden vielmehr dem gemeinsamen Oberbegriff des Organismus unterstellt. Darin lag die entscheidende Wandlung des Personbegriffs. Sie bezeichnete den Übergang vom Individualismus zum Korporatismus. Die Persönlichkeit der individualistisch-ethischen Rechtstheorie bestand nur noch als irreführende Fassade: der Mensch war in einem ganz anderen Sinn zur „Rechtsperson" geworden. Es war daher keineswegs das Anliegen der Real-Theorie, die Korporation als Quasi-Mensch auszuweisen, eher ließe sich sagen, daß der

---

[111] *Binder,* aaO. S. 17 ff., 21; *Wieacker,* in Festschrift für E. R. Huber, S. 363.
[112] *Rhode,* in Juristische Person und Treuhand, S. 35.

Mensch als eine spezifische JP interpretiert werden sollte. Jedenfalls steht der Sache nach hinter biologisch inspirierten Vergleichen zwischen Mensch und Korporation das Bemühen um eine relativierende und abstrahierende Betrachtungsweise, die wieder zum Zentralbegriff des Organismus zurückführte.

3. Der Durchbruch zur freien Körperschaftsbildung

Die Vielfalt der Strömungen im Theorienstreit um die JP kann hier nicht näher aufgezeigt werden. In seiner weiteren Entwicklung entfernt er sich immer weiter von den sozialen und politischen Fragestellungen und wird zum Beispiel eines realitätsfremden und sinnentleerten juristischen Dogmatismus. Der gesellschaftliche Bezug wird schließlich ganz ausgeklammert. Damit sind aus Rechtstheorien „juristische Theorien" geworden, die eine theoretische Dimension im eigentlichen Sinn nicht mehr enthalten, sondern nur noch eine vordergründige Konsistenz innerhalb eines formalen Begriffssystems vermitteln. In einem solchen System lassen sich so gegensätzliche Institutionen wie der individualistische Rechtsstatus des Menschen und die rechtliche Anerkennung korporativer Kollektive ohne große Schwierigkeiten unterbringen. Aus dem einst für die Gesellschaft als zentral empfundenen Problem der „corps intermédiaires" werden belanglose Fragen der juristischen Konstruktion, die sich den jeweiligen Machtstrukturen bereitwillig anpaßt. Die beliebige Verfügbarkeit dieser Konstruktionen findet angemessenen Ausdruck in der Tendenz der modernen Doktrin, die ursprünglich kontroversen Theorien zur JP schlicht aneinanderzureihen und den Theorienstreit damit für beendet zu erklären.

Nicht das theoretische Problem der JP, sondern die Antwort, die die juristische Doktrin heute im ganzen darauf gibt, ist belanglos. Das Problem der Korporationen als intermediäre Gewalten besteht ungelöst fort und nimmt an Dringlichkeit und Schärfe mit der wachsenden Macht dieser Institutionen täglich zu. Die Entpolitisierung der JP ist nur in der Scheinwelt selbstgenügsamer juristischer Dogmatik gelungen. In der sozialen Realität hat gerade diese Dogmatik wirkungsvoll zur Entwicklung eines unkontrollierten und weitgehend gar nicht erkannten Neo-Korporatismus beigetragen. Das aus dem sozialen Ordnungsbezug herausgelöste Institut der Rechtsfähigkeit ermöglichte es den Korporationen, sich praktisch ohne Beschränkung mit Legalität zu versorgen und sich im folgenden nahezu ungehemmt zu entwickeln und alle von der Rechtsordnung errichteten Kontrollen erfolgreich zu unterlaufen.

Nach geltendem Recht ist die Verleihung der Rechtsfähigkeit an Verbände dem Gesetzgeber vorbehalten. Das wird allgemein als Grundsatz des Verbandsrechts betrachtet, auch wenn im einzelnen die Voraussetzungen, unter denen Verbände die Rechtsfähigkeit erlangen, unterschiedlich weit gezogen sind und die Regelung des positiven Rechts je nach Umfang dieser Voraussetzungen im Ergebnis zur intensiven staatlichen Kontrolle des Konzessionssystems oder aber zu einer kaum mehr als formalen Registration tendiert. Im hier maßgeblichen Bereich der Unternehmenskorporationen bedeutet der Gesetzesvorbehalt jedenfalls keine materielle staatliche Kontrolle der Körperschaftsbildung. Das ursprünglich strenge Konzessionssystem ist hier längst aufgegeben; davon ist nicht mehr geblieben als formale Ordnungsvorschriften und ein Normenkomplex zum Schutz beteiligter oder betroffener Kapitalinteressen[113].

Dieses sog. Normativsystem entspricht formal noch immer dem Grundsatz, daß über die Rechtsfähigkeit von Verbänden nur der Gesetzgeber zu entscheiden hat. Faktisch ist indessen längst das Stadium der freien Körperschaftsbildung erreicht. Die Doktrin hat wesentlich dazu beigetragen, indem sie die generelle Bedeutung der Rechtsfähigkeit für die Verbandswirklichkeit und damit auch die Bedeutung des Gesetzesvorbehalts hinsichtlich der Verleihung der Rechtsfähigkeit fortlaufend zu reduzieren bestrebt war. So besteht die Tendenz, die Frage der Zulassung eines Verbands von der Frage seiner Rechtsfähigkeit und seiner Anerkennung als JP zu trennen, mit der Begründung, die Frage der Zulassung entstehe, weil das Recht, sich zu Verbänden zu vereinigen, die Möglichkeit zu privater, nicht-staatlicher Machtbildung gebe, während die Frage der eigenen Rechtspersönlichkeit des Verbands einen mehr rechtstechnischen Charakter aufweise[114]. Im Ergebnis führt dies dazu, die Frage der Zulassung und Bildung von Körperschaften von der Frage nach ihrer Anerkennung als selbständiges Rechtssubjekt zu scheiden und jeweils nach anderen Grundsätzen zu behandeln. Für die Verleihung der Rechtsfähigkeit gilt nach allgemeiner Meinung der Gesetzesvorbehalt, beschränkt sich aber auch hierauf und kann konsequenterweise nicht auf die Zulassung bezogen werden. Für die Zulassung verweist diese Lehre auf die verfassungsrechtliche Gewährleistung der Vereinigungsfreiheit. Damit ist die Körperschaftsbildung als „Möglichkeit zu privater, nicht-staatlicher Machtbildung"[115] endgültig freigegeben, während der Gesetzesvorbehalt praktisch jede Bedeutung verloren hat. Wenn die Anerkennung eines Verbands als JP nach den recht unbestimmten Äußerungen der Doktrin nur die Bedeutung einer „rechtlichen Krönung", einer „letzten Vollendung" und dergl. mehr hat, dann kann auch der Gesetzesvorbehalt nicht mehr als das bedeuten. Der Sache nach folgt die Doktrin also dem Prinzip der freien Körperschaftsbildung. Die begriffliche Zerlegung dieses Vorgangs in isolierte Aspekte kann darüber nicht hinwegtäuschen, wenn sie auch einer klaren

---

[113] Dazu im einzelnen *Grossfeld*, aaO. (Anm. 82). Siehe auch *Kurt Bösselmann*, Die Entwicklung des deutschen Aktienwesens im 19. Jahrhundert, 1939.

[114] *Staudinger-Coing*, aaO. Einl. 31 vor § 21.

[115] *Staudinger-Coing*, aaO.

Erkenntnis der Zusammenhänge entgegenwirkt und den Schein einer systemkonformen Fortentwicklung des Verbandsrechts erweckt.

III. Korporationstheorie und Unternehmenskorporation in der amerikanischen Rechtsentwicklung

1. Korporationstheorie und juristische Doktrin in den USA

Wirft die amerikanische business corporation weithin schon die gleichen grundsätzlichen Probleme wirtschaftlicher, politischer und sozialer Art auf wie die deutsche Unternehmenskorporation, so führen auch die Ansätze der rechtlichen Bewältigung zu einer juristischen Doktrin, die trotz der ganz anderen Tradition des amerikanischen Rechts in ihrer Grundkonzeption und Tendenz wie auch in ihren Auswirkungen mit der deutschen übereinstimmt und die gleiche grundsätzliche Kritik herausfordert. Ein Blick auf die amerikanische corporation-Doktrin vermag daher die Ausrichtung wie die Fragwürdigkeit der deutschen Doktrin weiter zu verdeutlichen und zur Klärung des prinzipiellen Bezugsrahmens einer modernen Korporationstheorie beizutragen. Das amerikanische Beispiel bestätigt dabei die für die deutsche Entwicklung getroffene Feststellung, daß die juristische Doktrin wesentlichen Anteil daran hat, relevante gesellschaftliche Bezüge der Unternehmenskorporation systematisch zu verkürzen und zu verschleiern und daß sie dadurch einer nachhaltig wirksamen Unternehmensideologie den Boden bereitet hat.

Die amerikanische corporation bietet sich besonders zum Vergleich an. Als Instrument zur Organisation „privater" Macht war und ist sie von besonderer Wirksamkeit. Sie hat zur Bildung „privater" Machtzentren und Herrschaftssysteme beigetragen, die national wie international von überragender Bedeutung sind und deren Einfluß sich unmittelbar auch auf die industrielle Ordnung in der Bundesrepublik erstreckt. Auch besteht eine enge Verbindung zur neueren Entwicklung des deutschen Aktienrechts. Am Beispiel der amerikanischen corporation werden vor allem auch die grundlegenden Probleme und Spannungen in besonderer Weise deutlich, die sich für Gesellschaften mit individualistisch-liberaler Tradition und einem davon geprägten Rechtssystem und Rechtsverständnis aus dem Wiederentstehen und Wiedererstarken korporativer Kollektive ergeben. Gewiß ist dies nicht auf die USA beschränkt, sondern bildet letztlich eine gemeinsame Erfahrung aller „westlichen" Industriegesellschaften[116]. Aber in keinem anderen Land

[116] Für *England* vgl. *John Child,* The Business Enterprise in Modern Industrial Society, 1969; *Andrew Shonfield,* Modern Capitalism, 1965. Für *Frankreich:* Georges Ripert, Aspects juridiques du capitalisme moderne, 1951; *Bloch-Lainé,* Pour une réforme de l'entreprise, 1963. Frankreich weist allerdings gegenüber den

ist der Konflikt zwischen den Prinzipien einer liberalen Wirtschaftsordnung und der antiliberalen Tendenz der Unternehmenskorporationen so scharf und unmittelbar hervorgetreten wie in den USA. Dafür ist bestimmend, daß einmal die individualistisch-liberalen Prinzipien nicht auf eine festgefügte vorliberale Gesellschaftsordnung stießen und gegen diese durchgesetzt werden mußten, die Entwicklung also zunächst weitgehend unbelastet von feudalen und korporatistischen Strukturen ganz in liberalen Bahnen verlaufen konnte. Zum andern konnten sich aber die Unternehmenskorporationen in den USA besonders expansiv und unkontrolliert entwickeln – nicht zuletzt begünstigt durch eben jene liberalen Prinzipien, die sich einseitig nur auf die Freisetzung wirtschaftlicher Kräfte richteten, nicht aber auf deren politische Kontrolle. Wegen ihres konsequent liberalen Zuschnitts erwies sich die Rechtsordnung als besonders wenig resistent gegen Vermachtungen im privaten Bereich. Als dann Kontrollmöglichkeiten geschaffen wurden, hatten sich die Korporationen als intermediäre Kollektivgewalten bereits fest etabliert. –

Die Parallele der deutschen Unternehmenskorporation zur amerikanischen corporation erstreckt sich auch auf den Theorienstreit um die JP. Trotz ihrer vielgerühmten Pragmatik hat sich die amerikanische Doktrin diesem letztlich nicht entziehen können. Es zeigt sich vielmehr, daß gerade zu diesem Punkt die Entwicklung im wesentlichen gleich wie in Deutschland verlaufen ist, wenn man die jeweiligen Aussagen auf ihren eigentlichen Kern zurückführt und von spekulativen Überhöhungen und mystischen Verzerrungen ebenso absieht wie von spezifischen geistigen Traditionen, wie sie die Diskussion besonders in Deutschland belastet haben.

Die Übereinstimmung der amerikanischen und eng verwandt mit ihr auch der englischen mit der deutschen Doktrin scheint sich zunächst freilich auf eine abwertende Einschätzung des Theorienstreits zu beschränken. Dieser wird zwar erwähnt, aber allenfalls am Rande behandelt und regelmäßig alsbald mit dem Hinweis beiseite geschoben, der Streit um das „Wesen" der legal person oder der legal entity sei praktisch belanglos, das „endless problem of corporate personality"[117] sei zwar nicht gelöst, aber durch die Entwicklung überholt worden. Demgemäß zieht man sich vor der Frage nach der „Natur" oder dem „Wesen" der Juristischen Person, vor der Frage nach der „interpretation of the phenomenon of juristic personality" auf die

genannten Ländern und auch gegenüber der Bundesrepublik insoweit erhebliche Unterschiede auf, als dort in den zentralisierten staatlichen Kompetenzen, gerade auch im Bereich der Wirtschaftslenkung, von Anfang an ein Gegengewicht gegen Korporationen bestand. Weitere Nachweise zur Entwicklung kontinentaleuropäischer Unternehmenskorporationen bei Großfeld, Aktiengesellschaft, Unternehmenskonzentration und Kleinaktionär, 1968; Horst Steinmann, Das Großunternehmen im Interessenkonflikt, 1969.

[117] So der Titel der einflußreichen Untersuchung *Max Radins*, 32 Col. L. R. (1932), S. 643–667.

Feststellung zurück, diese sei ein „technical legal device“[118], eine „intellectual abstraction“[119]. „To speak of a corporation as being a ‚legal person‘ is a convenient figure of speech used to describe it as a legal unit, a separate concern with a capacity to hold property and make contracts like a person, to sue and be sued and to continue to exist, notwithstanding changes of its shareholders or members.“[120] Die corporate personality erscheint also als rechtstechnisches Hilfsmittel, und zwar zunächst in einem ganz vordergründigen Sinn als Nenner zur vereinfachenden Bezeichnung eines Komplexes einzelner Beziehungen. So hob Max Radin als einen der Aspekte der Rechtspersönlichkeit der corporation hervor: „One purpose is the need of a convenient symbol, a short-hand expression by which a great many factors can be designed by a single word or a single phrase.“[121] „It is a verbal symbol, a mathematical expression. It is quite unnecessary for those patient people who feel that they would rather, in any given case, enumerate the several million stockholders of the American Telephone and Telegraph Co. than say briefly and concisely, ‚Tel. and Tel.‘“[122]

Indessen zeigt sich alsbald, – ebenso wie in der deutschen Doktrin – daß eine streng nominalistische Interpretation die Besonderheiten der legal personality der corporation offensichtlich nicht zureichend zu erfassen vermag. Die zusammenfassende Bezeichnung verschiedener Faktoren ist für juristische Begriffe nichts ungewöhnliches. So werden zweck- oder strukturbezogene Aussagen unvermeidlich. In diesem Sinn hebt Max Radin als anderen Aspekt der Rechtspersönlichkeit der corporation die Haftungsbeschränkung hervor: „The corporate personality is a device to secure the limitation of liability to the property adventured.“[123] Dies entspricht einer weitverbreiteten Meinung[124]. Zum Teil werden auch noch andere Funktionen in die Definition einbezogen: die Trennung des Vermögens der corporation von dem ihrer Mitglieder auch im Hinblick auf eine organisatorisch verselbständigte Verfügungs- und Handlungsmacht und vor allem auch die Ermöglichung einer überindividuellen Organisation, die in ihrer Existenz vom Wechsel ihrer Mitglieder unabhängig und folglich auf Dauer gestellt ist[125].

Damit ist die „rechtstechnische“ Definition der corporate personality zugunsten einer strukturellen bzw. funktionalen im Prinzip wieder aufgegeben. Bestätigt wird dies, wo die konkrete Rechtsanwendung grundsätzliche Probleme der corporation aufwirft. So werden die Auseinandersetzungen

---

118 Vgl. *Wolfgang Friedmann*, Legal Theory, S. 527.

119 *Epstein*, The Corporation in American Politics, S. 14.

120 Ballantine on Corporations, § 118, S. 287.

121 AaO. S. 652.

122 Ebd. S. 658.

123 Ebd. S. 654.

124 Vgl. *Dow Votaw*, Modern Corporations, S. 30; *W. Friedmann*, Legal Theory, S. 515 ff. Siehe auch *Wiethölter*, Interessen und Organisation, S. 197.

125 Vgl. *Ballantine*, aaO. § 118; *Dow Votaw*, Modern Corporations, S. 29 ff.

um die institutionelle Stellung des board unmittelbar zu Auseinandersetzungen um die rechtliche Natur der corporation. Den Ausgangspunkt bildet die Frage nach der Verantwortlichkeit der directors und anderer agents der corporation. Sieht man in der corporation nichts weiter als einen Zusammenschluß von Kapitalgebern zu privater Gewinnerzielung und in ihrer eigenen Rechtspersönlichkeit demzufolge nur ein Instrument technisch-vereinfachender Zweckmäßigkeit, so folgt daraus, daß „directors and other agents are fiduciaries carrying on the business in the sole interest of the stockholders“[126]. In der dogmatischen Konstruktion wirkt sich dies dahin aus, daß der board als rechtsgeschäftlicher Verwalter der corporation erscheint, dessen Verwaltungsmacht auf einer Vereinbarung der Mitglieder beruht. Kraft dieser Vereinbarung delegieren die Mitglieder bestimmte Befugnisse an den board, und zwar wiederum aus Zweckmäßigkeitsgründen – da es nicht möglich ist, daß sie alle und unmittelbar diese Befugnisse wahrnehmen[127]. Allerdings ist diese Konstruktion zur Annahme einer privativen Delegation der Verwaltungsmacht genötigt, da der board unentziehbare Kompetenzen besitzt und insoweit auch keinen Weisungen der Mitglieder der corporation unterliegt. In den herkömmlichen juristischen Kategorien ist eine solche private Delegation nicht zu erfassen; dies führt zu einer erheblichen dogmatischen Unsicherheit und Unklarheit, die in diesem Zusammenhang indessen nicht weiter interessiert[128]. Festzuhalten bleibt, daß von diesem Ansatz her versucht wird, die corporation auf assoziative Strukturen zurückzuführen, also letztlich auf individuelle Vertragsbeziehungen[129]. Das Besondere daran ist, daß im Grunde das Bestehen korporativer Strukturen

---

[126] *E. M. Dodd,* For Whom are Corporate Managers Trustees?, 45 Harvard Law Review (1932), 1145–1163. (Dodd selbst lehnt diese Ansicht ab.) Zu der berühmten Auseinandersetzung um diese Frage zwischen A. A. Berle und E. M. Dodd, siehe *Berle,* Corporate Powers as Powers in Trust, 44 Harv. L. R. (1931) 1049; *ders.,* For Whom Corporate Managers are Trustees, 45 Harv. L. R. (1932), 1365; Dodd, Is Effective Enforcement of the Fiduciary Duties of Corporate Managers Practicable? 2 University of Chicago Law Review (1935), 194. Bemerkenswert ist, daß A. A. Berle schließlich im Jahre 1954 auf die Linie von E. M. Dodd einschwenkte und aufgrund der tatsächlichen Entwicklung der Corporation die Zeit für gekommen hielt, seine frühere Konzeption fallenzulassen. – Siehe dazu auch *Eugene V. Rostow,* To Whom and for What End is Corporate Management Responsible? in *Edward Mason,* The Corporation in Modern Society, S. 46 ff., S. 61 f.

[127] *Robert S. Stevens,* Handbook on the Law of Private Corporations, 1949, S. 45 ff., 74 ff., 224 ff., 536 ff., 536 ff., 646 ff. Vgl. dazu auch *Wiethölter,* Interessen, S. 179, 196 ff.

[128] Zur dogmatischen Erfassung der Stellung des board sind daher Anleihen sowohl bei der Treuhand wie bei der Stellvertretung erforderlich; keine von beiden Rechtsfiguren wird jener Stellung gerecht, auch in ihrer Kombination lassen sie eine Fülle von Unstimmigkeiten bestehen. Vgl. näher *Wiethölter,* aaO.

[129] Zutreffend bezeichnet *Wiethölter,* aaO. S. 196 f. diese Ansicht als „Assoziationstheorie“; die Corporation sei danach Gesellschaft mit bestimmten Merkmalen der JP.

geleugnet wird. Dann entfällt freilich auch die Notwendigkeit einer besonderen Korporationstheorie. Schwierigkeiten ergeben sich jedoch überall dort, wo die organisatorischen Unterschiede gegenüber der assoziativen partnership ins Spiel kommen: offensichtlich liegt die Besonderheit der corporation gerade darin, daß sie in Ablauf und Bestand überindividuell organisiert, also von individuellen Mitgliedern und damit auch von individuellen vertraglichen Beziehungen nicht abhängig ist. Letztlich zwingt dies doch wieder dazu, die corporation als separate legal unit anzuerkennen. Insofern unterstreicht die „Assoziationstheorie" selbst nachdrücklich die Notwendigkeit einer eigentlichen Korporationstheorie.

Darauf verweist unmittelbar auch die der Assoziationstheorie entgegengesetzte Ansicht, die man als „institutionelle Theorie" bezeichnen mag, da sie die corporation als soziale, in erster Linie wirtschaftliche Institution versteht. Konkret bezieht sie die Verantwortlichkeit des board nicht auf die stockholders allein und auf deren Interesse an Gewinnmaximierung, sondern bezieht sie auch auf die Interessen der Verbraucher, der Arbeitnehmer und der Öffentlichkeit schlechthin[130]. Auch darin ist eine Aussage zur „Natur" der corporation bzw. der corporate personality enthalten: die corporation ist nicht „a mere aggregate of stockholders"[131], ihre Rechtspersönlichkeit ist nicht ein zusammenfassendes Symbol für einen Komplex individueller Vertragsbeziehungen, sondern sie ist eine besondere organisatorische Einheit, „a factual unit"[132], „a body which from no fiction of law but from the very nature of things differs from the individuals of whom it is constituted"[133].

Die amerikanische Doktrin steht damit vor keiner anderen Situation als die deutsche auch: sie versucht, sich dem Streit um die Theorie der JP bzw. der corporate personality zu entziehen, indem sie eine terminologische Frage daraus zu machen bestrebt ist und dem Theorienstreit selbst damit den Boden entziehen will. Gleichwohl sieht sie sich bei zentralen „praktischen" Rechtsanwendungsproblemen vor Fragen nach der „eigentlichen" rechtlichen Natur, nach dem „Wesen" und nach der grundsätzlichen Funktion der corporation gestellt[134]. Dies läßt sich aber von der Frage nach der Be-

---

[130] *E. M. Dodd,* 45 Harv. L. R., S. 1156.

[131] Ebd., S. 1160. [132] Ebd.

[133] *Dicey,* Law and Public Opinion in England, S. 165 (zitiert nach Dodd aaO.).

[134] Auch die Durchgriffsproblematik macht letztlich – wie im deutschen Recht – eine Analyse der „Natur" der corporate personality erforderlich, wenngleich die eigentlichen Bezugspunkte durch bildhafte Sprache („piercing the corporate veil", „disregarding the legal entity") sowie durch sehr unbestimmte Generalklauseln weithin verdeckt werden. Vgl. das von District Judge Sanborn formulierte und in dieser Form noch heute maßgebliche Prinzip: „... a corporation will be looked upon as a legal entity as a general rule, and until sufficient reason to the contrary appears; but when the notion of legal entity is used to defeat public convenience, justify wrong, protect fraud, or defend crime, the law will regard the

deutung der legal personality der corporation nicht trennen. Im Gegensatz zu dem in der Doktrin durchweg vertretenen Ausgangspunkt, der Begriff „legal person" sei „merely a convenience and a manner of speaking", wird der Begriff selbst gleichzeitig und ohne Rücksicht auf den offenkundigen Widerspruch von der korporativen Verbandsstruktur – oder einzelnen ihrer Elemente – her definiert und damit gleichgesetzt[135].

Der Verzicht auf eine umfassende corporation-Theorie – die die Frage der rechtlichen Verselbständigung, der legal personality nicht ausklammern kann – bedeutet nach allem nicht, daß theoretische Ansätze für die Entwicklung der amerikanischen corporation keine Rolle spielen[136]. Dieser Verzicht der Doktrin bedeutet zunächst nur, daß die juristische Auseinandersetzung auch in den USA Gefahr läuft, die relevanten Bezugspunkte der corporation-Problematik aus den Augen zu verlieren und in einem unreflektierten Pragmatismus aufzugehen, der sich nur an der vorgefundenen Situation zu orientieren vermag und diese als notwendig und richtig hinnimmt. Zwar hat sich gerade in den USA früher und intensiver als in anderen Ländern mit vergleichbarer Wirtschafts- und Sozialstruktur die Erkenntnis durchgesetzt, daß die Unternehmenskorporation das überkommene Konzept gesprengt hat und eine zeitgemäße Korporationstheorie von vordringlicher Bedeutung ist[137]. Aber die juristische Doktrin hat diese Impulse

---

corporation as an association of persons" (U. S. v. Milwaukee Refrigerator Transit Co. 142 F. 247, 255 (C. C. Wis. 1905). Noch unbestimmter Warner Fuller: „The entity will be disregarded when it is necessary to promote justice or to obviate inequitable results" (51 Harv. L. R. [1938] 1373, 1402). Bemerkenswert ist, daß danach Durchgriff im Ergebnis bedeuten soll, daß „a corporation will be looked upon as an association of persons rather than a legal entity" (Lattin, The Law of Corporations, § 4, S. 67). Die Durchgriffsproblematik beweist so für sich allein schon, daß die legal personality der corporation nicht nur eine konstruktive Abbreviatur, „a mere verbal convenience" sein kann, sondern – Fiktion oder nicht – unmittelbar eine soziale Ordnungsfunktion erfüllt. Nur unter Bezug auf diese Ordnungsfunktion lassen sich im konkreten Fall die Umstände bestimmen, unter denen ein „piercing of the corporate veil" zulässig wird. Die systematische Klärung dieser Ordnungsfunktion führt aber wieder zur Theorie der corporate personality. Hierauf verweist auch *Wolfgang Friedmann,* Legal Theory, S. 515 ff. Näher zur Durchgriffsproblematik Lattin, Corporations, S. 66 ff.; *Ballantine,* Corporations, S. 287 ff. (§§ 118–142), jeweils mit eingehenden Nachweisen der Rspr.

[135] So ausdrücklich auch *Dow Votaw,* Modern Corporations, S. 29/30: „It should be clearly understood that the use of such terminology (d. h. legal person) is merely a convencience and a manner of speaking. It is a fiction, an intentional assumption of a thing as a fact purposes of analysis or orderly reasoning..." Einige Zeilen weiter, S. 30, heißt es: „As a matter of fact, most of the important characteristics of corporateness are related directly or indirectly to the concept of legal personality."

[136] Anders *Wiethölter,* Interessen und Organisation, S. 177, 179, 196 ff.

[137] Neuerdings *Philip Selznick,* Law, Society and Industrial Justice, S. 43 ff., der der juristischen Doktrin zutreffend vorwirft, daß sie sich auf einzelne Aspekte konzentriert und damit den Gesamtzusammenhang aus den Augen verloren habe.

nur zögernd und zurückhaltend aufgenommen. Der Theorienstreit um die JP hat dabei gerade auch im angloamerikanischen Rechtskreis eine lange und bewegte Geschichte[138]. Die Vielfältigkeit der Aspekte und ihrer Überlagerungen macht es freilich schwierig, daraus Ansätze für eine moderne Korporationstheorie unmittelbar abzuleiten. Immerhin ist der politische Bezug dieser klassischen Auseinandersetzung in England und Amerika stets ungleich sichtbarer und bewußter geblieben als in Deutschland und weniger von spekulativen Wesensdeutungen verdrängt worden[139]. Im Vordergrund stand das Verhältnis der corporation zum Staat und zum Prinzip staatlicher Souveränität, und zwar vor allem unter dem Aspekt der freien Körperschaftsbildung. Historische Konstellationen bestimmen bis heute das Verständnis: concession theory und inherence theory werden einander als die Grundpositionen des Theorienstreits gegenübergestellt[140]. Die eine geht von der staatlichen Souveränität aus, mit der organisierte Gruppen nur vereinbar sind, soweit der Staat selbst sie konzessioniert, die andere orientiert sich am Prinzip der Privatautonomie und begreift Körperschaftsbildung als Teil der allgemeinen Vertragsfreiheit, „as the inherent right of any group of individuals to come together to form organizations through which they can act collectively, independent of any act of indulgence by the state“[141]. Beide Theorien erfassen indes nur einen Teilaspekt des Korporationsproblems. Andere Aspekte führen teils zu Ansätzen, die mit diesen beiden Theorien in keinen unmittelbaren Zusammenhang zu bringen sind, teils auch zu direkten Überschneidungen[142]. Dies erklärt unter anderem die Schwierigkeiten einer Einordnung der fiction theory. Sie wird beiden Grundpositionen zugeordnet. In der Tat ist die fiction theory insofern eine Variante

---

In diesem Zusammenhang ist besonders auch zu nennen *Edwin Epstein,* The Corporation in American Politics, der besonderes Gewicht auf die Dimension politischer Macht und Mitwirkung legt. Bahnbrechend die schon 1932 erschienene Untersuchung von *Berle/Means,* The Modern Corporation and Private Property. Aus der neueren Diskussion um die Unternehmenskorporation ist u. a. auf die Untersuchungen von *J. K. Galbraith, Peter F. Drucker, Edward Mason, Eugene Rostow, Kingman Brewster und Earl Latham* hinzuweisen.

[138] Dazu die umfassenden Erörterungen von *Roscoe Pound,* Jurisprudence, IV, S. 191–406; und *Frederick Hallis,* Corporate Personality, A Study in Jurisprudence, 1930.

[139] *Wolfgang Friedmann,* Legal Theory, S. 511 ff., hebt besonders die politische Bedeutung der Theorien zur JP bzw. zur corporate personality hervor: „all these theories have primarily political significance and ... their usefulness for the solution of practical legal problems takes second place“ (S. 512/513).

[140] Vgl. *Epstein,* aaO. S. 18 mit weiteren Nachweisen; *Selznick,* aaO. S. 47.

[141] *Epstein,* ebd.

[142] Je nachdem, ob man in Haftungsbeschränkung, Sondervermögen, Organstellung etc. das Essentiale der corporation sieht. Eine solche Beschränkung des Gesichtsfeldes mag für begrenzte dogmatische Zwecke angehen, nicht aber für eine auf den umfassenden Problemzusammenhang ausgerichtete Untersuchung.

der concession theory, als die corporation, wenn sie nur eine Fiktion ist, nur diejenigen Rechte haben kann, die ihr die – staatliche – Rechtsordnung beilegt. „A corporation is an artificial being, invisible, intangible, existing only in contemplation of law. Being the mere creature of law, it possesses only those properties which the charter of its creation confers upon it either expressly or as incidental to its existence."[143] Ebenso wird die fiction theory aber auch zur Begründung der entgegengesetzten Position herangezogen: wenn die corporation keine reale, sondern nur eine fiktive Einheit ist, dann ist sie letztlich nichts weiter als „a mere aggregate of stockholders", „an association of stockholders"[144]. Diese Assoziation wird in bestimmter Hinsicht und zu bestimmten Zwecken als rechtliche Einheit behandelt; wo dies aus anderen Zweckerwägungen heraus nicht geschieht – wie in den sog. Durchgriffsfällen – wird die assoziative Grundstruktur wieder sichtbar. „Piercing the corporate veil", „disregarding the legal entity" – dies bringt bildhaft und doch sehr treffend die Vorstellung zum Ausdruck, daß die eigentliche Realität der corporation die „hinter" ihr stehenden Aktionäre seien. Von hier ist es dann nur ein kleiner Schritt bis zur Feststellung, daß die Einheit der corporation und damit ihre Rechtspersönlichkeit überhaupt nur von „juristischer" Bedeutung sei und nur „juristische Realität" besitze[145]. Sie wird dann zur „juristischen Abbreviatur" mit rein rechtstechnischer Relevanz und schließlich zu einer bloßen Formel[146]. Die corporation ist danach in Wirklichkeit Gesellschaft, durch individuelle Vertragsbeziehungen strukturiert, nicht anders als andere Gesellschaften auch, und durch die allgemeine Vertragsfreiheit legitimiert. Körperschaftsbildung und Vertrags- bzw. Assoziationsfreiheit fallen in dieser Sicht zusammen[147].

Die Ambivalenz der Fiktionstheorie, die die corporation einmal der staatlichen Souveränität, zum andern aber der individuellen Privatautonomie zuordnet, resultiert aus der Leugnung einer sozialen Realität der cor-

---

[143] So das berühmt gewordene dictum von Chief Justice Marshall im Dartmouth College-Fall; Dartmouth College v. Woodward, 4 Wheaton 518, 627 (1819).

[144] So *Dodd*, 45 Harv. L. R. (1932) 1145, 1146. Siehe auch *Brown, J.*, in Hale v. Henkel, 201 U. S. 43, 71, 26 Sup. Ct. 570, 50 L. Ed. 652: „A corporation is, after all, but an association of individuals under an assumed name and with a distinct legal entity."

[145] *Hallis*, Corporate Personality, S. 240; *Barker*, Introduction to Gierke, Natural Law and the Theory of Society, S. LXXVI.

[146] Zutreffend insoweit *Martin Wolff*, On the Nature of legal Persons, 54 Law Quarterly Review (1938), 494, 505: „The fiction theory is not a theory at all. It does not attempt to explain anything. It is . . . a formula".

[147] Es ist daher zumindest ungenau, Vertrags- bzw. Assoziationstheorie und Fiktionstheorie einander gegenüberzustellen, wie *Wiethölter*, Interessen, S. 196 ff. es tut. Schon in der grundlegenden Entscheidung Dartmouth College v. Woodward wurde sowohl die Vertrags- als auch die Fiktionstheorie zugrunde gelegt; vgl. dazu im Text unten 2).

poration. Diese Ambivalenz tritt solange nicht in Erscheinung, als staatliche Souveränität und individuelle Freiheiten faktisch das Feld beherrschen und das Entstehen intermediärer, korporativer Kollektivgewalten verhindern. Dann hat die corporation in der Tat keine Realität zwischen Individuum und Staat: sie ist dann Erscheinungsform der individuellen Vertragsfreiheit, als solche zugleich aber selbstverständlich immer nur nach Maßgabe des positiven Rechts gegeben. Ebenso ist die nähere Ausgestaltung vertraglicher Zusammenschlüsse unter diesen Voraussetzungen wesentlich eine Frage rechtstechnischer Zweckmäßigkeit. Setzen sich jedoch intermediäre Korporationen faktisch durch, so ist die Fiktionstheorie überholt. Sie vermag darauf keine Antwort zu geben. Dieser Einwand gilt im Kern auch für die anderen, heute hauptsächlich noch in der Doktrin vertretenen Theorien: für die concession und für die inherence theory. Auch sie sind einseitig am Verhältnis Individuum/Staat orientiert und versuchen, die Probleme der corporation hierauf zu reduzieren. Die inherence theory ist dabei nichts anderes als eine auf Vereinigungsfreiheit gerichtete Ausprägung liberaler Grundprinzipien, die das Problem freiheitsbedrohender privater Macht noch nicht berücksichtigt hat. Die concession theory orientiert sich zwar am Prinzip der staatlichen Souveränität auch nach innen und ist insoweit dem Machtanspruch korporativer Zwischengewalten entgegengesetzt, ist darin aber unterlegen. Sie konnte die Emanzipation der corporations, die corporate revolution nicht verhindern und gehört damit einer überholten historischen Epoche an. Auf die von den modernen korporativen Machtzentren aufgeworfenen Probleme vermag auch sie keine Antwort zu geben. –

2. Hintergründe des klassischen Theorienstreits: der Kampf um die corporation im 19. Jhd.

Die amerikanische Doktrin hat, wie die Bestandsaufnahme erweist, ebensowenig wie die deutsche relevante Ansätze zur prinzipiellen Bewältigung und Erfassung der Unternehmenskorporation zu entwickeln vermocht und sie hat frühere theoretische Ansätze nicht fortentwickelt. Das Fehlen einer fundierten und umfassenden Korporationstheorie hat dabei nichts mit dem angeblichen anglo-amerikanischen Pragmatismus und einer entsprechenden grundsätzlichen Theoriefeindlichkeit zu tun[148]. Vielmehr war der Erfolg der corporation in den politischen Auseinandersetzungen des letzten Jahrhunderts um die soziale und wirtschaftliche Ordnung der USA von einem systematischen Abbau aller spezifisch korporationstheoretischen Ansätze und der gleichzeitigen Entwicklung einer corporation-Ideologie begleitet, deren erklärtes Ziel es war, das Prinzip der freien und unkontrollierten

[148] Gegen diese Unterstellung entschieden *Robbins*, The Private Corporation: Its Constitutional Genesis. 28 Georgetown Law Journal (1939), 165, 182.

Körperschaftsbildung im Interesse privater Machtgruppen durchzusetzen. Der Pragmatismus der amerikanischen juristischen Doktrin bestand vor allem darin, daß sie diesen Prozeß maßgeblich und entschieden gefördert hat. Corporation lawyers wie Gerichte haben unter dem Einfluß konkreter Interessen wie unter dem Einfluß des liberalen laissez-faire der corporation Autonomie nach innen und nach außen verschafft und waren erfolgreich in dem Bestreben, „to hedge corporate enterprise about with impenetrable barriers against public control“[149]. Dieser Abbau öffentlicher Verantwortlichkeit und Kontrolle hat dem Entstehen privater Industrie-Imperien den Weg geebnet.

Die Daten dieser Entwicklung sind bekannt und brauchen hier nicht näher erörtert zu werden[150]. Die amerikanischen corporations wurden ursprünglich durch Sondergesetze der Einzelstaaten und in besonderen Fällen auch durch solche des Bundesgesetzgebers begründet. Aber der politische Druck auf die Gesetzgebungsorgane, den dieses System auslöste, sowie häufig damit verbundene Fälle von Begünstigung und Korruption wirkten sich in der Forderung nach Einführung des Normativsystems aus, um jedermann die besonderen Vorteile der corporation, insbesondere im wirtschaftlichen Bereich, zugänglich zu machen. Aus den vorausgegangenen Erfahrungen heraus wurden nach und nach general incorporation laws erlassen, die bei Erfüllung bestimmter einengender Voraussetzungen jedermann das Recht zur Körperschaftsbildung einräumten. In den meisten Staaten wurde außerdem ein generelles Verbot in die Verfassung aufgenommen, corporations durch Sondergesetze zu begründen, das endgültig – sofern nicht schon geschehen – den Übergang zum offenen Normativsystem erzwang. Der Staat New York machte schon im Jahr 1811 den Anfang, blieb damit allerdings zunächst lange Zeit allein. Nach 1835 setzte sich die Tendenz zum Normativsystem kräftig fort und um die Mitte des letzten Jahrhunderts hatte sie sich im wesentlichen durchgesetzt.

a) Die ersten Inkorporierungsgesetze ließen corporations nur in engen Grenzen zu. Sie waren auf bestimmte Fabrikationsgüter beschränkt, an denen besonderes Interesse in dem einzelnen Staat bestand, sie durften nur ein bestimmtes Höchstkapital haben – z. B. 100 000 Dollars im Staat New York –, ihre Handlungsmacht war beschränkt und ihre Lebensdauer auf 20, 30 oder 50 Jahre begrenzt. Die corporation durfte auch keine Anteile an

---

[149] *Robbins,* ebd.

[150] Dazu *E. Merrick Dodd,* American Business Corporations until 1860, 1954; *Ballantine,* Corporations, S. 31 ff.; *Lattin,* Corporations, S. 148 ff. Vor allem ist hinzuweisen auf Mr. Justice Brandeis, dissenting, in Louis K. Liggett & Co. v. Lee, 288 U. S. 517, 541 (53 Sup. Ct. 481, 487; 77 L. Ed. 929; 85 A. L. R. 699). Brandeis gibt hier eine eingehende Darstellung der Entwicklung des amerikanischen Corporations-Rechts mit ausführlichen Quellennachweisen.

anderen corporations besitzen[151]. Die Welle der sog. Liberalisierung setzte in vollem Umfang erst gegen Ende des Jahrhunderts ein. Die ursprünglichen Beschränkungen fielen nach und nach weg und einzelne Staaten wie New Jersey und insbesondere Delaware begannen, ihre Rechtsordnung durch den möglichsten Abbau aller Kontrollen und Beschränkungen den corporations als Fassade wirtschaftlicher Macht anzubieten und sich darin gegenseitig auszustechen. Die anderen Staaten zogen in mehr oder weniger großem Umfang nach[152].

Man mag bestreiten, daß es sich hierbei um „a race of laxity“[153] gehandelt habe und man mag diese Entwicklung des corporation law als „liberal“ und „progressiv“ bezeichnen, weil sie den unausweichlichen Trend zu immer größeren Wirtschaftseinheiten und Kapitalakkumulationen aufgenommen und der Wirtschaft flexible und ihren Bedürfnissen gerecht werdende Organisationsmöglichkeiten gebracht habe[154]. Es ist zweifellos richtig, daß nicht das Korporationsrecht, sondern der wirtschaftliche Strukturwandel die Tendenz zum Großunternehmen ausgelöst hat. Deshalb wäre diese Tendenz durch bloße Gesetze auch weder aufzuhalten noch umzukehren gewesen. Darum geht es auch nicht. Nicht die Alternative von großen und kleinen Unternehmenseinheiten steht zur Debatte, sondern das Problem der Kontrolle der wirtschaftlichen Macht von Großunternehmen und der von ihnen ausgehenden Gefährdungen der staatlichen Ordnung und der individuellen Freiheit. Die Einsicht in Entwicklungstendenzen der Wirtschaft ist noch keine Antwort hierauf. Die corporation-Gesetzgebung des 19. Jahrhunderts erbrachte eben nicht nur ein neues wirtschaftliches Instrumentarium, sondern auch ein politisches: der konsequente Abbau der öffentlichen Kontrollen machte mittels der corporation den Aufbau umfassender privater Herrschaftssysteme möglich – die privat nur insofern waren, als sich deren Machthaber der öffentlichen Verantwortung entziehen konnten.

Man mag auch dies als Teil der Aufgabe des corporation-Rechts ansehen, „to provide business with high geared motive power thought necessary in this day and age“[155]. Selbst dann steht man vor dem Dilemma: „The government must control the institutions or the institutions shall control the government.“[156] Die „crudeness and backwardness“, die die moderne

---

[151] Detaillierte Angaben zu der Rechtslage in den einzelnen Staaten bei *Brandeis,* aaO. 550 ff.

[152] Im einzelnen *Brandeis,* aaO.; *Ballantine,* aaO., S. 37 ff.

[153] *Brandeis,* aaO. (558): „Companies were early formed to provide charters for corporations in states where the cost was lowest and the laws least restrictive. The states joined in advertising their ware. The race was one not of diligence but of laxity.“

[154] So *Ballantine,* aaO. S. 46; Jennings, Federal Incorporation or Licensing of Interstate Corporate Business, 23 Minn. L. Rev. 710.

[155] *Jennings,* aaO. S. 712.

[156] Counsel for defendant in Dartmouth College v. Woodward 65 N. H. 473,

Doktrin aus dem Blickwinkel privater Machtinteressen bei den frühen amerikanischen Korporationsgesetzen feststellt, spiegelte unmittelbar diese Einsicht wider und war Ausdruck des Bestrebens, alle Macht unter der Kontrolle des – demokratischen – Staates zu halten[157]. „There was a sense of some insidious menace inherent in large aggregations of capital, particularly when held by corporations. So at first the corporate privilege was granted sparingly; and only when the grant seemed necessary in order to procure for the community some specific benefit otherwise unattainable. The later enactment of general incorporation laws does not signify that the apprehension of corporate domination had been overcome. The desire for business expansion created an irresistible demand for more charters; and it was believed that under general laws embodying safeguards of universal application the scandals and favoritism incident to special incorporation could be avoided."[158] Vor einer Herrschaft der Korporationen sollte deren Begrenzung im Hinblick auf Zweck, Dauer, Umfang und allgemeiner Handlungsmacht[159] schützen.

Der politische Widerstand kam dabei nicht zuletzt aus dem Lager des „private enterprise", das in der corporation eine Bedrohung der liberalen Wirtschaftsordnung sah. Im Unterschied zu der heutigen Auffassung, nach der die corporation eine unter mehreren privatwirtschaftlichen Organisationsformen ist, sah man sie ursprünglich in scharfem Gegensatz zur privaten wirtschaftlichen Betätigung: die Verleihung einer corporate charter galt als Verleihung öffentlicher Gewalt, als „relinquishment of sovereignty". Der öffentliche Charakter der corporation war zunächst unbestritten, die Unterscheidung von public und private corporations nicht bekannt[160]. In der Inkorporation von Wirtschaftsunternehmen erblickte man einen Einbruch in die bürgerliche Freiheit und ein Vordringen der öffentlichen Gewalt in einen grundsätzlich der privaten Initiative vorbehaltenen Bereich. Im ersten Stadium der Entwicklung der corporation wurde deshalb immer betont, daß sich der Gesetzgeber in der Gewährung von corporation charters zurückzuhalten habe und sie auf die Fälle beschränken müsse, in denen das öffentliche Interesse sie zwingend gebiete[161]. Diese Einschätzung der corpora-

---

571 (1817), unter Bezug auf eine frühere englische Entscheidung (zitiert nach Robbins, aaO., S. 176).

157 Vgl. *Robbins,* aaO. S. 176. 158 *Brandeis,* aaO. 549.

159 Hier liegt der politische Bezug der ultra-vires-Lehre; vgl. dazu *Großfeld,* Aktiengesellschaft, Unternehmenskonzentration und Kleinaktionär, S. 169 ff. mit weit. Nachw.

160 Dazu *Robbins,* aaO. S. 166 ff. mit eingehenden Nachweisen.

161 Vgl. *Carter Goodrich,* Government and the Economy, S. 364 ff. Die damalige Situation zusammenfassend: „Corporate privileges may be justified in order to accomplish works of public utility that are beyond individual means." Wo dies nicht der Fall ist, sollte die wirtschaftliche Tätigkeit „be left to the free and untrammeled exercise of individual enterprise" (364).

tions erklärt auch, daß ihnen vom Gesetzgeber enge Bindungen auferlegt wurden. Wenn die corporation eine im öffentlichen Interesse unausweichliche Beschränkung der Freiheit der Bürger bedeutete, so war sicherzustellen, daß diese Beschränkung nicht über das notwendige Maß hinausging und daß sich die corporation auch an den ihr zugewiesenen Rahmen hielt. Die Limitierung der corporation nach Umfang, Dauer, Kapital und vor allem auch ihre ursprünglich enge Bindung an scharf umrissene Zwecke wurde nicht als Beschränkung einer an sich bestehenden Handlungsfreiheit verstanden, sondern ergab sich unabdingbar daraus, daß korporative Handlungsmöglichkeiten durch staatliche Ermächtigung erst geschaffen wurden und sie fiel gerade umgekehrt mit dem Bestreben zusammen, die bestehenden und durch die Verfassung gewährleisteten individuellen Handlungsfreiheiten zu schützen[162].

Einen Einblick in die politischen Auseinandersetzungen um die Inkorporation von Wirtschaftsunternehmen eröffnet der Bericht einer Kommission[163], die der Senat des Staates Pennsylvania im Jahre 1833 zur Untersuchung der strukturellen Auswirkungen von Inkorporationen in der Kohle-Industrie eingesetzt hatte. Im Hinblick auf das Ziel – die wirtschaftliche Entwicklung des Landes – sah die Kommission das Problem in der Wahl zwischen „individual and corporate enterprise“ und betonte: „Every charter or act of incorporation is, to a greater or lesser extent, an infringement upon the natural rights and liberties of the people – and their natural tendency is to monopoly.“[164] Zwar ist das Problem im gegebenen Fall noch dadurch verschärft, daß gleichzeitig mining und trading privileges zur Debatte standen, aber es besteht unabhängig davon, und so weist die Kommission auch ausdrücklich darauf hin, daß es sich bei diesen Privilegien um „auxiliary and additional stimulants to this inherent principle of corporate bodies“ handle. Die Wahl darf daher nach Meinung der Kommission nur aus zwingenden Gründen des öffentlichen Interesses auf die corporation fallen. „It is hoped ..., that a necessity for such acts may not occur; nor should they ever be conferred as a matter of convenience or for private benefit, but as a matter of the direst necessity and for the common good of the community!“[165] Die Kommission untersuchte dann im Fall der Lehigh Coal and Navigation Company eingehend, ob diese sich im Rahmen der corporate charter gehalten hatte oder ob Verstöße dagegen zu deren Verlust führen mußten. Dabei wurden die Leistungen der corporation und ihre Erfolge bei der Verbesserung der Schiffahrt und der Transportmöglichkeiten im entsprechenden Abschnitt des Lehigh-Flusses gewertet, ebenso die dafür aufgewende-

---

[162] Darauf weist auch *Brandeis,* aaO. 548, ausdrücklich hin, der in diesem Zusammenhang auch die verfassungsmäßigen Beschränkungen der Gesetzgebungsorgane in vielen Einzelstaaten anführt. Zum Teil erforderte die Verleihung von Corporate Charters Zweidrittel-Mehrheit; die Verfassung von Illinois von 1848 sah vor, daß Gesetze, die zur Errichtung von corporations im Bankensektor führten, durch Volksabstimmung ratifiziert werden mußten.

[163] Report, Commitee of the Pennsylvania Senate, Pennsylvania Senate Journal, 1833–1834, II, S. 497 ff. Abgedruckt in und zitiert nach *Carter Goodrich,* aaO.

[164] AaO. S. 369. [165] AaO. S. 375.

ten Mittel und die Höhe der erhobenen Gebühren und schließlich festgestellt, daß die charter in jeder Hinsicht erfüllt worden sei. Dies führt zum eigentlichen Problem zurück: „The Company, having in nowise violated their chartered privileges, the issue is, in the opinion of the committee, not between them and the people, but between the people and the Legislature. We are thus led to inquire, how the people have been affected by this legislative grant, and what are the natural consequences resulting from it."[166]

b) In dieser Situation mußte ein Durchbruch zur freien Körperschaftsbildung nahezu ausgeschlossen erscheinen. Sollte er dennoch gelingen, so mußte die corporation ihres öffentlichen Charakters entkleidet werden. Hier setzt der spezielle Beitrag der juristischen Doktrin ein. Sie ging darauf aus, die corporation konsequent in das Privatrecht einzuordnen und deren öffentlich-rechtlichen Ursprung durch privatrechtliche Konstruktionen zu überspielen. Sie hatte dabei teil an dem generellen Bemühen, die Furcht vor der corporation und damit die politischen Widerstände gegen sie dadurch abzubauen, daß man eine Verbindung zu privater wirtschaftlicher Tätigkeit herstellte: die corporation als wirtschaftlich nützliches und notwendiges Instrument, das jedermann zur Verfügung stehe und zugute komme. So gab sich Daniel Webster als Fürsprecher der auf Freigabe der corporation drängenden wirtschaftlichen Interessen große Mühe, der Öffentlichkeit zu versichern, daß die corporation kein „Monster" sei, sondern nichts weiter als eine „partnership regulated by law"[167]. Darauf zielten auch die Argumente in der juristischen Auseinandersetzung ab. Am Beginn stand der Begriff der private corporation[168]. Er diente insbesondere den Gerichten dazu, legislative Eingriffe in den Bereich der corporation abzuwehren und sie den gleichen Beschränkungen zu unterwerfen wie Eingriffe in den individuellen Freiheitsraum der Bürger.

Das common law stand diesem Unterfangen freilich eindeutig entgegen. Eine Unterscheidung zwischen private und public corporations fand sich weder in den Urteilen englischer Gerichte noch in den Schriften englischer Juristen. Ganz im Gegenteil: nach dem common law konnte am öffentlichen Charakter der corporations kein Zweifel bestehen. Vor dem 19. Jahrhundert war nie in Frage gestellt worden, daß incorporated boroughs und incorporated trading companies in die gleiche rechtliche Kategorie gehörten[169]. Wenn die boroughs eine eigene, lokal beschränkte Hoheitsgewalt

[166] AaO. S. 368.

[167] Zitiert nach *Goodrich,* aaO. S. 390.

[168] *Vgl. Dodd,* American Business Corporations, S. 16 ff.; *Robbins,* aaO. S. 166 ff.

[169] Zum erstenmal taucht nach *Dodd,* aaO. S. 18, Fußn. 6, die Differenzierung zwischen business corporations und public corporations in einer Entscheidung der Kings Bench von 1819 auf, Rex v. Bank of England, 2 B & Ald. 620, 106 Eng. Rep. 492 (K. B. 1819): „a mere trading corporation differs materially from those which are entrusted with the government of cities and towns, and therefore have impor-

besaßen, kraft deren sie – in ihrem Bereich – allgemeinverbindlich Recht setzen konnten, so fanden sich entsprechende Hoheitsrechte auch bei inkorporierten Handelsgesellschaften. Viele von diesen wuchsen sich im Zusammenhang der Kolonialisierung zu Staaten im Staat aus, mit dem verbrieften Recht, eine eigene Gerichtsbarkeit einzurichten und eine eigene Armee zu halten und sie übernahmen praktisch die Regierungsfunktionen in den ihnen zu Handelszwecken zugewiesenen Kolonien. Allen Korporationen gegenüber wurde gleichermaßen am Prinzip der staatlichen Souveränität – und das hieß besonders: am Prinzip der Omnipotenz des Parlaments – festgehalten. Ohne Rücksicht auf die realen Möglichkeiten blieb es bei dem rechtlichen Grundsatz, daß alle Korporationen der direkten Kontrolle des Parlaments unterstanden[170] und daß sie keinerlei Rechte besaßen, die einem gesetzgeberischen Eingriff entzogen waren[171].

Die Doktrin stand also vor dem Dilemma, an die Tradition des common law anknüpfen und gleichzeitig mit ihr brechen zu müssen. Das Korporationsrecht des common law stand der angestrebten Befreiung der corporations vom Einfluß der Volksvertretung entgegen, ein offener Bruch mit den korporationsrechtlichen Prinzipien des common law hätte aber dem Privatunternehmen in Korporationsform die Legalität genommen. Zur Lösung führt die „art of distinguishing", verbunden mit dem Griff in den „grab bag of English precedents for suitable phraseology to clothe these private enterprises with legality"[172]. An den Prinzipien des common law wurde festgehalten, sie wurden aber auf die Unternehmenskorporationen nicht unmittelbar bezogen, weil es sich dabei um „private corporations" handle, die mit den „public corporations" in keinem direkten Zusammenhang stünden. Während – unter dem Konzessionssystem – für die Erlangung einer corporate charter großes Gewicht auf den Nachweis der öffentlichen Aufgabe der corporation gelegt worden war, wurde mit gleichem Nachdruck betont, die business corporation sei privater Natur, wenn es um den Schutz

---

tant public duties to perform." Id. at 410, 106 Eng. Rep. at 493. In gleicher Richtung Rex v. London Assurance Company, 5 B & Ald. 899, 106 Eng. Rep. 1420 (K. B. 1822). In dieser Entscheidung wird eine Unternehmenskorporation als „privat" bezeichnet; obwohl sie auf einer Königlichen Charter beruhe, sei sie eine private Gesellschaft (a mere private partnership).

170 „A corporation may be dissolved by act of Parliament, which is boundless in its operations", *Blackstone,* 1 Bl. Comm. 485. Vgl. dazu weiter *Dodd,* aaO. S. 18 f.

171 Dieser Anspruch konnte auch in anderer Hinsicht faktisch nicht durchgesetzt werden: neben den Korporationen, die nur durch besondere öffentliche Verleihung begründet werden konnten, entwickelten sich Vereinigungen, die zwar nicht formal, aber faktisch korporativen Charakter annehmen, insbesondere die joint stock companies. Vgl. *Du Bois,* The English Business Company after the Bubble Act: 1720–1800 (1938), S. 216 ff.

172 *Robbins,* aaO. S. 170.

vor gesetzgeberischen Eingriffen ging. Schon früh war das Argument aufgetaucht, bei einer corporation charter handle es sich in Wahrheit nicht um einen gewöhnlichen Gesetzgebungsakt, wenn auch dieser in die Form eines Gesetzes gekleidet sei[173]. Die Konsequenz mußte dann sein, daß der Gesetzgeber in die einmal begründeten Rechte der corporation nicht mehr eingreifen darf. Damit ist für ihre Autonomie der Grund bereitet. Schon die ersten Entscheidungen der amerikanischen Gerichte zur Frage des Ausmaßes legislativer Kontrolle über corporations zielen auf diese Autonomie ab – freilich ebenso unbestimmt in der Begründung wie nachdrücklich in der Tendenz. Das generelle Prinzip, nach dem der Gesetzgeber seine eigenen Gesetze auch wieder aufheben kann, wurde schrittweise zugunsten der corporation abgebaut[174]. Diesem Prinzip wurde in Wales vs. Stetson[175] der sehr allgemein formulierte Gedanke entgegengesetzt, daß Rechte, die einer corporation rechtmäßig verliehen wurden, durch ein nachfolgendes Gesetz nicht wieder beschränkt oder entzogen werden können – sofern sich der Gesetzgeber das nicht im Verleihungsakt vorbehalten habe. In Fletcher v. Peck[176] wurde die Bindung des Gesetzgebers aus „allgemeinen Prinzipien der Vernunft und der Natur der Sache" hergeleitet, wobei auch in recht unbestimmter Weise die Verfassung herangezogen wurde. Immerhin begann sich damit schon die weitere Entwicklung abzuzeichnen. Der Bestandsschutz als solcher schon und die dazu herangezogenen Argumente deutlich liberaler Provenienz rückten die corporation in die Nähe bürgerlicher Institutionen. Ihr als öffentliche Institution Bestandsschutz zu gewähren, wäre mit den demokratischen Prinzipien kaum zu vereinbaren gewesen. Demgemäß wird die Beziehung zur bürgerlich-privaten Sphäre herausgestellt. In Terrett v. Taylor[177] zog Justice Story diese Linie vollends durch und erklärte das Verbot einer Rücknahme einer gesetzlichen Inkorporation damit, daß „such a doctrine is utterly inconsistent with a great and fundamental principle of a republican government, the right of the citizens to the free enjoyment of their property legally acquired"[178]. Damit war der Übergang zur „private corporation" bereits vollzogen: legislative Kontrolle sollte nur noch für corporations zulässig sein, die nur öffentlichen Zwecken dienen, nicht für private corporations. Daß zu gleicher Zeit Konzessionen nur er-

---

[173] Vgl. zu dieser Entwicklung *Robbins,* aaO.; *Dodd,* aaO. S. 16 ff.

[174] *Dodd,* aaO. S. 19, verweist in diesem Zusammenhang auf Trustees of the University v. Foy, 5 N. C. (1 Murph) 58 (1805) als erste einschlägige amerikanische Entscheidung. Dabei ging es nicht nur um die Unternehmenskorporation, im Vordergrund standen zunächst vielmehr Korporationen mit Ausbildungs- und Erziehungsfunktionen. So insbes. auch im leading case Dartmouth College v. Woodward. Aber die darauf bezogenen Entscheidungen bewirkten auch den Durchbruch der Unternehmenskorporation und hatten und haben dort auch ihre hauptsächliche praktische Bedeutung.

[175] 2 Mass. 143 (1806).

[176] 6 Cranch 87 (U. S. 1810).

[177] 9 Cranch 43 (U. S. 1815).

[178] AaO. 50–51.

teilt werden sollten, wo öffentliche Zwecke zu erfüllen waren, setzte offensichtlich die Überzeugungskraft der neu gefundenen Unterscheidung nicht herab. Die endgültige Bestätigung brachte Dartmouth College v. Woodward, wo die „private corporation" apodiktisch und ohne weitere Angaben und Belege aus dem common law den herkömmlichen Kategorien hinzugefügt wurde[179].

c) Der Bezug auf den Schutz des Privateigentums der Bürger, der die Absonderung der private corporations einleitete, konnte indes allein den weiteren Ausbau der korporativen Autonomie nicht tragen. Beides ist nicht identisch, denn der Schutz des Privateigentums natürlicher Personen besagt noch nichts dafür, ob diese auch das Recht haben sollen, sich zu einer corporation zusammenzuschließen. Folglich mußte es darauf ankommen, den verfassungsrechtlichen Bestandsschutz auf die corporation als eigenständige Institution auszudehnen. Dies umso mehr, als die corporations in ihrer Position seit der Dartmouth College-Entscheidung beträchtlich durch gesetzliche Vorbehalte bei der Verleihung des korporativen Status geschwächt worden waren[180] – eine Möglichkeit, die die genannten Entscheidungen zum Teil ausdrücklich offen gehalten hatten. Außerdem war durch das in Charles River Bridge v. Warren Bridge[181] ausgesprochene Prinzip einer strikten Auslegung der Verleihungsstatuten eine gegenläufige Tendenz gegen einen allzu weitreichenden Schutz der corporations sichtbar geworden[182]. Beides zusammen konnte die corporation gegenüber dem Gesetzgeber ins Hintertreffen bringen. Ohnedies begannen die anti-demokratischen Aspekte einer Beschränkung des Gesetzgebers gegenüber den corporations hervorzutreten. Alledem wurde durch die unmittelbare verfassungsrechtliche Anerkennung der corporation als solcher ein Ende bereitet. In Santa Clara County v. South Pacific Railroad Co.[183] sprach der U. S. Supreme Court der corporation institutionellen und zugleich verfassungsrechtlich geschützten Eigenwert zu, indem er corporations mit „persons" gleichstellte und auf die einen wie auf die andern das 14. Amendment ohne Unterschied für anwendbar erklärte.

---

[179] 4 Wheat. 518 (U. S. 1819). Näher zu dieser Entscheidung und ihrer Vorgeschichte *Robbins*, aaO. S. 173 ff. und *Dodd*, aaO. S. 26 ff. In der Vorinstanz hatte der New Hampshire Court of Appeals das Dartmouth College als public corporation behandelt. Chief Justice Richardson führte dazu aus, es könne nicht im öffentlichen Interesse liegen, größere öffentliche Institutionen unter die absolute Kontrolle einiger weniger zu stellen und sie der Kontrolle der souveränen Staatsgewalt zu entziehen – dies sei „not consistent with sound policy, because it is a matter of too great moment, too intimately connected with the public welfare and prosperity, to be thus entrusted in the hands of a few." Der U. S. Supreme Court hatte dem im wesentlichen nur die Unterscheidung von „public" und „private" corporations entgegenzusetzen („The Chief Justice's opinion, though persuasive, cited no case whatever", *Robbins*, aaO. S. 177).

[180] *Dodd*, aaO. S. 156 f.

[181] 11 Pet. 420 (U. S. 1837).

[182] *Dodd*, aaO.

[183] 118 U. S. 394 (1886).

Die corporate personality wurde damit zum Nenner, auf den der Status der corporation gebracht wurde. Das war kein müßiger Streit um Worte, sondern ein Vorgang von höchster politischer Relevanz. Die rechtliche Gleichstellung der corporation mit natürlichen Personen vollendete ihre Umsiedlung aus dem Bereich der öffentlichen Gewalt, wohin sie strukturell, funktional und ihrer geschichtlichen Entwicklung nach gehörte, in den Bereich „privater", d. h. nicht öffentlich kontrollierter Freiheit. Freilich war die Transaktion nicht ganz ohne Widerspruch möglich, da man daran festhielt, daß die corporation nur durch hoheitlichen Akt begründet werden bzw. eigene Rechtspersönlichkeit erlangen kann, sei es auch nur im Rahmen eines liberalisierten Normativsystems. Dieser Widerspruch zwischen privater Rechtsnatur und hoheitlicher Abkunft besteht bis heute, hat aber nur noch dogmatische Bedeutung. Der Sache nach ist die Körperschaftsbildung längst der Vertragsfreiheit überlassen worden, mögen auch bestimmte Form- und Registervorschriften bestehen.

d) Politisch hat sich die Doktrin der corporate personality als höchst erfolgreich erwiesen. Sie hat der corporation das gesamte zivilrechtliche Instrumentarium eröffnet[184] und ihr damit einen nahezu unbegrenzten und unkontrollierten Bewegungsspielraum gesichert. Sie hat aber auch geholfen, die politischen Widerstände gegen die corporation aus dem Lager des Bürgertums abzubauen, und dies so gründlich, daß sich eine bemerkenswerte Solidarität zwischen Privatunternehmer und corporation entwickeln konnte. Der ursprünglich so klar gesehene und nachdrücklich betonte Konflikt zwischen „individual" und „corporate enterprise" ist aus dem allgemeinen Bewußtsein so stark verdrängt worden, daß, wie Justice Brandeis gesagt hat, das Vorherrschen der corporation in Amerika bei der heutigen Generation zu einem Verhalten führt, als ob das Privileg korporativen Wirtschaftens dem Bürger angeboten sei und die Gefahren eines freien und unkontrollierten Einsatzes des korporativen Mechanismus der unvermeidliche Preis der Zivilisation seien, den man mit Resignation zu tragen habe[185].

---

[184] Vgl. dazu auch *Dow Votaw,* Modern Corporations, S. 99.
[185] In Liggett v. Lee, 288 U. S. 517, 548.

3. Kapitel

Soziale Funktionen der Juristischen Person

I. Verbandsbildung und Rechtsordnung

1. Die Rechtsfähigkeit von Verbänden

Wirtschaftliche Macht ist in der heutigen Gesellschaftsordnung nicht anders zu begreifen denn als Bestandteil eines nichtstaatlichen Herrschaftssystems – als „private government". Sie ist nicht diffuses, nur als Ausnahme, nur als Versagen des Marktes in Erscheinung tretendes partielles Ungleichgewicht, sondern sie ist in feste und umfassende Organisationen gefügt und gerade dadurch ein zentrales Strukturelement des „organisierten Kapitalismus"[1]. Die Unternehmenskorporation ist der Prototyp dieser Organisationen wirtschaftlicher Macht, und es ist vor allem dieser Aspekt, an dem auch die juristische Fragestellung ansetzen muß. Dies gilt insbesondere für den Komplex der Rechtsfähigkeit. Wenn die Lehre überwiegend den entgegengesetzten Weg eingeschlagen hat, indem sie die Rechtswissenschaft dafür für inkompetent erklärt und die JP auf einen „bloß rechtstechnischen Begriff" reduziert hat, so verschleiert sie das Problem, anstatt es zu lösen. Zutreffend bemerkt Fritz Rittner, daß, wenn die JP so weit reduziert und damit sachlich geleugnet wird, „die Mächte und Kräfte unerfaßt (bleiben), die die Freiheit der Rechtsperson bedrohen, was nur zum Nachteil der Rechtsperson ausgehen kann. Denn hinter dem angeblichen ‚Schleier' (scil.: als den man in der Dogmatik die JP versteht) stehen nicht nur einzelne Rechtssubjekte, sondern vor allem soziale Mächte und soziale Aufgaben von zum Teil gewaltiger Größe; man denke nur an die Aktiengesellschaften, die große Unternehmen tragen"[2].

Im Sinne einer erneuten Einbeziehung dieser Dimensionen in die Theorie der JP stellt sich zunächst die Frage, was die Rechtsfähigkeit eines Verbandes in der sozialen Realität bedeutet und bewirkt. Das ist in erster Linie die

---

[1] Vgl. *H. U. Wehler,* Der Aufstieg des Organisierten Kapitalismus und Interventionsstaates in Deutschland in H. A. Winkler, Hrsg., Organisierter Kapitalismus, S. 36 ff.

[2] *F. Rittner,* Die werdende juristische Person, S. 216.

Zulassung und Anerkennung durch das Recht, die Legalisierung. Die sozialen, politischen und ökonomischen Konsequenzen der Legalisierung qua Rechtsfähigkeit sind relativ, aber sie sind nicht zu übersehen. Ein Verband kann auch ohne rechtliche Anerkennung bestehen, ohne jede Effektivität einzubüßen und ohne auf korporative Strukturen verzichten zu müssen. Widerstandsorganisationen, Untergrundorganisationen und illegale Organisationen aller Art belegen dies – in allen Ländern und zu allen Zeiten – zur Genüge. Andrerseits deuten diese Beispiele auch darauf hin, daß die Bedeutung der Rechtsfähigkeit von Verbänden doch nicht allein in rechtstechnischen Vereinfachungen und in bloßen Erleichterungen des juristischen Sprachgebrauchs liegt. Ob ein Verband rechtsfähig ist oder nicht entscheidet – nicht anders als die Rechtsfähigkeit des Menschen – über seine Zulassung zur Rechtsordnung und über seine rechtliche Anerkennung als Aktionszentrum. Dies hängt wiederum eng mit der Legitimationsstruktur des Verbands zusammen. Rechtsfähigkeit bewirkt, daß der Verband für die Regelung seiner Beziehungen zu seinen Mitgliedern wie zu anderen Verbänden die Institutionen des Rechts in Anspruch nehmen und an deren Legitimationskraft teilhaben kann. Die Einrichtungen der Rechtsordnung stehen zum Aufbau des Verbands, zur Verfolgung und Absicherung seiner Ziele zur Verfügung.

Der illegale Verband ist davon ausgeschlossen: hier bedarf es anderer Mittel, um die Mitglieder an die Organisation und die Kontrahenten an bestimmte Verhaltensnormen zu binden. Rechtsfähigkeit bedeutet folglich – wie ein Blick auf die Geschichte der Korporationen zeigt, – daß der Verband in seiner Existenz von den Organen der Rechtsordnung anerkannt und nicht unterdrückt wird. Auch hier geht es um konkrete Auswirkungen in der sozialen Realität: es ist ein Unterschied, ob der Verband von den Organen des Rechtsstaats bekämpft und seine Organisation zerschlagen wird und die Zugehörigkeit zu diesem Verband Sanktionen und Repressalien gegen die einzelnen Mitglieder auslöst, – kurz, ob der Verband illegal ist, oder ob er legal ist. Auf diesem Boden vollzog sich der Kampf um die rechtliche Anerkennung der modernen Korporationen, die Unternehmenskorporationen nicht ausgenommen. Mit der Durchsetzung der freien Körperschaftsbildung im wirtschaftlichen Bereich ist offenbar die Einsicht in die primäre soziale Funktion der Verbandsrechtsfähigkeit geschwunden. In der Auseinandersetzung um die Anerkennung politischer Parteien durch die Rechtsordnung – SRP, KPD und NPD in der Bundesrepublik, – in der es prinzipiell um den gleichen Vorgang geht, ist dieser Bezug und sind vor allem die Konsequenzen einer Verweigerung der rechtlichen Anerkennung und damit der Rechtsfähigkeit noch unmittelbar einsichtig[3].

---

[3] Vgl. hierzu die Urteile des BVerfG, BVerfGE 2,1 (SRP) BVerfGE 5,85 ff. (KPD). Näheres bei *Maunz-Dürig-Herzog*, Kommentar zum GG, bes. RN 99 ff. zu Art. 21. Die Auseinandersetzung um die Rechtsfähigkeit gewinnt neuerdings

Die Anerkennung erfolgt nicht notwendig durch Gesetz oder durch einen anderen förmlichen Rechtsakt. Sie kann auch darin bestehen, daß die Organe des Rechtsstaats gegen einen zunächst nicht zugelassenen Verband keine Sanktionen verhängen. Vermag er sich faktisch durchzusetzen und wird er in seiner konkreten Struktur als regulärer Teil der sozialen Realität hingenommen, so hat er damit Rechtsfähigkeit erlangt, mag ihm diese förmlich zugesprochen werden oder nicht. Dies ist der Vorgang, der hinter der „gewohnheitsrechtlichen" Anerkennung steht[4]. Das Beispiel der Gewerkschaften bestätigt es[5]. Nach den Intentionen des Gesetzgebers des BGB sollten körperschaftlich verfaßte private Organisationen nur zugelassen werden, wenn sie sich der Registrierung unterwarfen, die im Falle der Gewerkschaften – ihrer sozialpolitischen Zielsetzung wegen – zudem von einer Genehmigung der Verwaltungsbehörde abhing. Damit sollten die Gewerkschaften unter staatliche Kontrolle gebracht werden. Den realen Machtverhältnissen entsprechend vermied es aber schon der Gesetzgeber selbst, die Verweigerung der Rechtsfähigkeit mit einem direkten Verbot dieser Verbände zu verknüpfen. § 54 BGB sieht nur vor, daß auf Korporationen, die keine Rechtsfähigkeit erlangen, Gesellschaftsrecht anzuwenden ist. Die Unvereinbarkeit von körperschaftlicher Struktur und assoziativer Rechtsform war dem Gesetzgeber durchaus bewußt: sie war als indirekter Zwang zur Registrierung gedacht. Die Gewerkschaften dem Gesellschaftsrecht zu unterwerfen konnte an sich nur bedeuten, daß diese ihre korporative Organisation aufzulösen hatten und ihre Mitglieder versuchen mußten, sich als individuelle Zweck- und Aktionsgemeinschaften gem. §§ 705 BGB neu zu formieren. Indessen wollte man es auf eine Machtprobe hierüber offenbar nicht ankommen lassen, wie das Ausweichen vor direkten Verbotssanktionen beweist. Konnten die Gewerkschaften faktisch aber weder unterdrückt noch in Personenge-

---

auch wieder Bedeutung für politische studentische Organisationen, vgl. OLG München NJW 1969, 617 (Versagung der aktiven Parteifähigkeit des VDS, da diesem weder ein ähnlicher geschichtlicher Entwicklungsgang noch eine auch nur vergleichbare rechtlich geordnete Rechtsstellung wie den Gewerkschaften zur Seite stehe). S. auch Motive zum Entwurf des BGB, Amtl. Ausg. 1899, Band I, § 42: dort wurde die Furcht vor der Macht von Vereinen bei freier Körperschaftsbildung laut. Man hielt dies bei wirtschaftlichen Vereinigungen für unbedenklich, da man von den Sachzwängen des Geschäftsverkehrs eine hinreichende Kontrolle erwartete. Die andern Vereine ermöglichten jedoch die Lösung öffentlicher Aufgaben und bewegten sich daher in einer das Gemeinwohl unmittelbar berührenden Sphäre. Eine gesicherte Grundlage erhielten sie erst, so wurde weiter argumentiert, durch Rechts- und Vermögensfähigkeit, da erst dies ihnen festen Halt, Stetigkeit der Organisation und dauernden Bestand gewährleiste.

[4] Vgl. dazu *Fabricius*, Relativität der Rechtsfähigkeit, S. 10 ff.; *Larenz*, Methodenlehre, 2. Aufl., S. 389 ff.; *Schultze-v. Lasaulx* in *Soergel-Siebert*, RN 6 ff., 54 ff. zu § 54 BGB.

[5] Dazu *F. Kübler*, Rechtsfähigkeit und Verbandsverfassung, S. 10 ff.

sellschaften umstrukturiert werden, so blieb nur übrig, das Gesellschaftsrecht selbst umzustrukturieren und es den Gewerkschaften anzupassen[6]. –

2. *Korporationsstruktur und Rechtspersönlichkeit*

Körperschaftlich verfaßte Verbände sind Organisationen, die individuelles Handeln koordinieren und in diesem Sinn in einheitliches Handeln umsetzen. Rechtsfähigkeit und Rechtspersönlichkeit bezeichnen diese organisatorische Einheit in ihrer rechtlichen Dimension und sie ergeben sich ohne weiteres daraus, daß die Organisation selbst legalisiert wird. Umgekehrt ist das Bestehen einer solchen Organisation Voraussetzung für die Rechtsfähigkeit von Verbänden[7]. Nur diese Organisation ermöglicht es, Rechtsnormen, die dem Kollektiv zugeordnet werden, in individuelle Verhaltensanweisungen zu transformieren[8]. Ein amorpher, unstrukturierter Zusammenschluß von Menschen ohne angebbaren Mitgliederkreis und ohne koordinierende Verhaltensprogramme kann infolgedessen keine Rechtspersönlichkeit erlangen. Eine Menschenmenge, eine Kundgebung oder Demonstration kann deshalb nicht als JP in Betracht kommen. Hier ist keine zuverlässige und berechenbare Steuerung sozialen Verhaltens durch Zuordnung von Rechtsnormen an das Kollektiv möglich, weil alle Voraussetzungen der Transformation fehlen. Ein solches „Kollektiv" ist infolgedessen seiner Struktur nach nicht rechtsfähig. Rechtsfähig ist in dieser Situation nur der einzelne Teilnehmer: nur ihm können Verhaltensnormen zugeordnet werden.

a) Hier wird die andere Seite der sozialen Funktion der JP sichtbar: die Verselbständigung des Verbands als „Wirkungseinheit" gegenüber seinen Mitgliedern[9]. Das bedeutet freilich nicht, daß der Verband zu einer „höheren" Einheit und zu einem über dem Menschen stehenden, irgendwie ganzheitlichen „Wesen" würde, wie organizistische Spekulationen annehmen. Es bedeutet lediglich, daß die Verfolgung bestimmter Ziele mittels einer arbeitsteiligen Organisation von individuellen Verbandsmitgliedern weitgehend unabhängig gemacht wird. Einzelne Mitglieder können ausscheiden oder durch andere ersetzt werden, ohne daß die weitere Verfolgung jener

---

[6] Vgl. *Kübler,* aaO. S. 12 und pass. mit w. Nachw. zum Verlauf dieser Anpassung im einzelnen.

[7] Ähnlich auch *Thomas Raiser,* Unternehmen als Organisation, S. 167: die Organisation sei das „ideale Substrat" für eine JP.

[8] Vgl. dazu insbes. *Hans Julius Wolff,* Organschaft und juristische Person, Bd. I, S. 230.

[9] *F. Rittner,* aaO. S. 210 ff., 223 ff., stellt diese „Wirkungseinheit" in den Mittelpunkt seiner funktionalen Bestimmung der JP; im Spannungsverhältnis zwischen der Objektivität dieses „Wirkungszentrums" und der Subjektivität der darin eingebundenen Einzelnen, von denen es seine Wirkungskraft bezieht, sieht R. Kern und Kernproblem der JP. Dieser Ansatz stimmt mit der oben unternommenen Funktionsanalyse überein.

Ziele dadurch in Frage gestellt würde. Einzelne Mitglieder können sich von den festgelegten Zielen lossagen, ohne daß diese deshalb geändert werden müßten, oder sie können ihren Beitrag verweigern, ohne dadurch den Verband zum Erliegen zu bringen. Die Verselbständigung des Verbands in diesem Sinn wird erreicht durch Institutionalisierung der Arbeitsteilung und durch Mediatisierung der Zielbestimmung. Der vom einzelnen Mitglied zu erbringende Beitrag bestimmt sich nicht nach dem Konsens der jeweiligen Mitglieder, sondern nach einem Organisationsstatut, das für alle Mitglieder verbindlich ist, das ihnen einen festen Status zuweist und ihre Funktionen danach im einzelnen definiert. Dies erlaubt den Austausch von Personen ohne Rückwirkungen auf den Verband im übrigen und erleichtert gleichzeitig auch die Eingliederung neuer Mitglieder. Ebenso sind dem einzelnen Mitglied die Verbandsziele durch das Organisationsstatut prinzipiell schon vorgegeben und sein Einfluß auf die weitere Zielbestimmung oder -änderung ist beschränkt durch Kompetenzverteilungen und durch die Bindung der Kompetenzausübung an Organe[10].

Im ganzen vollzieht sich die Koordination durch Anpassung des individuellen Verhaltens an den Organisationszusammenhang, nicht – wie es dem assoziativen Typus entspricht – durch den von Fall zu Fall herzustellenden Konsens der jeweiligen Mitglieder. Institutionell besteht hierbei eine beträchtliche Variationsbreite, die es erklärt, daß sich die Erscheinungsformen der JP nicht vollkommen decken. Durchweg zeigt sich eine Verselbständigung des Verbandsvermögens gegenüber dem Vermögen der einzelnen Mitglieder, durch die die organisatorische Bindung der wirtschaftlichen Grundlage des Verbands bewirkt wird. Die Mitglieder verlieren die unmittelbare Verfügung über ihre Beiträge an die Verbandsorgane. Ebenso wird das Verbandsvermögen einem direkten Zugriff der Gläubiger einzelner Mitglieder entzogen. Hinzu kommt, daß der Verband im rechtlichen Verkehr als besondere Einheit und nicht nur als die Summe seiner Mitglieder in Erscheinung tritt. Er wird als solcher bezeichnet: bei Rechtsakten, insbesondere bei förmlichen, braucht der Verband nicht durch die Namen seiner sämtlichen Mitglieder bezeichnet zu werden, er führt einen eigenen Namen.

b) Was die rechtliche Gestaltung betrifft, so ist dies auf verschiedenen Wegen erreichbar[11]. Körperschaftliche Struktur ist insofern auch keineswegs an die Rechtsformen der Kapitalgesellschaften gebunden. Die Gesamthand als vermögensrechtliche Form der Personengesellschaften ist in diesem

---

[10] Vgl. *Renate Mayntz* und *Rolf Ziegler*, Soziologie der Organisation in: René König, Hrsg., Handbuch der empirischen Sozialforschung, II, S. 444 ff., 475 ff., 486 ff.; *Renate Mayntz*, Soziologie der Organisation, S. 81 ff., 112 ff. Auf diesen Zusammenhang bezieht auch *F. Rittner*, aaO. S. 211 die Notwendigkeit einer Verfassung, die die Substanz der JP sowohl begrenzt als auch sichert. Vgl. auch S. 220: JP als Gliederung von Rechtspersonen.

[11] Zum „Inhaltsreichtum" insbes. der JP im einzelnen auch *Rittner*, aaO. S. 232 ff.

Sinne ebenso körperschaftliche Institution, wie das Sondervermögen der Kapitalgesellschaften[12]. Hier einen Unterschied begründen zu wollen läuft letztlich auf ein Spiel mit Worten hinaus. Die organisatorische Verselbständigung und Bindung des Gesamthandvermögens ist jedenfalls insofern durchgeführt, als jedes Mitglied die Verfügung über seinen Beitrag verliert (§ 718 BGB) und ebenso die isolierte Verfügung eines Mitglieds über das gebundene Vermögen ausgeschlossen ist (§ 719 BGB). Auch können sich Privatgläubiger nicht ohne weiteres an das Verbandsvermögen halten. Im ganzen ist die Verselbständigung des Vermögens jedenfalls in den gesetzestypischen Gesamthandsformen allerdings weniger konsequent durchgeführt als bei den gesetzestypischen Körperschaften, doch betrifft dies nur graduelle, nicht prinzipielle Unterschiede[13].

Unterschiede ergeben sich weiter im Hinblick auf das einheitliche Auftreten. Nicht jede Gesamthand führt einen zusammenfassenden Namen; die BGB-Gesellschaft kann letztlich nicht anders denn durch Angabe ihrer Mitglieder individualisiert werden. Ganz anders ist die Situation der Personenhandelsgesellschaften: sie führen eine einheitliche Firma, unter der sie Rechte erwerben, klagen und verklagt werden können (§ 124 HGB). Wenn sie gleichwohl nicht ohne weiteres JP sind, so beruht dies auf der – in der gesetzestypischen Ausgestaltung – fehlenden Institutionalisierung von Funktionstrennung und Mitgliederwechsel. Im gesetzlichen Normalstatut überwiegen die assoziativen Elemente, das tragende Prinzip ist hier das „persönliche Vertrauen“ zwischen den jeweiligen Gesellschaftern[14]. Da persönliches Vertrauen aber nicht organisiert werden kann, liegt das Schwergewicht der gesetzlichen Regelung konsequenterweise weniger auf der Koordination der Gesellschafter als vielmehr darauf, sie bei fehlgeschlagener Koordination aus der Verbandsbindung zu befreien[15]. Wenn

---

[12] Die umfangreiche Literatur zur Rechtsnatur der Gesamthand und zu ihrem Verhältnis zur JP kann hier nicht ausgebreitet werden. Dazu sei verwiesen auf *Ulrich Huber*, Vermögensanteil, Kapitalanteil und Gesellschaftsanteil an Personengesellschaften des Handelsrechts, S. 89 ff. mit weit. Nachw. Siehe auch *Flume*, ZHR 136, 177 und neuerdings in Festschrift für Ludwig Raiser, S. 27 ff, wo betont wird, daß auch die Gesamthand „überindividuelle Wirkungseinheit“ ist und insofern sich von der JP nicht unterscheidet. Statt in einer prinzipiellen Abgrenzung gegenüber der JP sucht F. die Besonderheiten der Gesamthand zutreffend in der jeweils konkreten gesetzlichen Regelung.

[13] *F. Wieacker* in Festschrift für E. R. Huber, S. 339 ff., bes. S. 347 ff. bezeichnet die Bildung eines Sondervermögens als gemeinsames Merkmal von Gesamthand und Körperschaft und sieht den Unterschied nur im Umfang der Verselbständigung. Nicht einzusehen ist dagegen der angebliche Unterschied in der Interessenstruktur (einzelpersönlich-gleichläufig ./. überindividuell), krit. hierzu *Flume*, in Festschrift für L. Raiser, S. 29.

[14] Vgl. dazu näher *Ott*, Typenzwang und Typenfreiheit im Recht der Personengesellschaft, S. 163 ff., 203 ff.

[15] Wie bei allen individualvertraglich begründeten Dauerbindungen eine Lösung

das Gesetz als letztes Mittel der Konfliktlösung die Auflösung der Gesellschaft vorsieht, so liegt das in der Konsequenz des assoziativen Prinzips. Es bestätigt sich darin, daß die gesetzestypische Personengesellschaft Assoziation im Sinne einer individuellen Aktionsgemeinschaft ist – partnerschaftlicher Zusammenschluß von Kaufleuten, Handwerkern, Gewerbetreibenden etc. Ihre Koordination vollzieht sich nach Maßgabe des jeweils zu erzielenden persönlichen Konsenses, nicht durch Zuweisung formaler Kompetenzen und Funktionen in einem bindenden Organisationsstatut. Folglich bleibt auch die Konfliktlösung den Gesellschaftern überlassen. Sie wird nicht organisatorisch vermittelt. Erweist sie sich endgültig als unmöglich, so bleibt nur übrig, die Beziehungen zwischen den dissentierenden Gesellschaftern zu lösen. Das führt praktisch zu einer Auflösung oder zumindest Teilauflösung der Gesellschaft selbst, denn der Weg über eine die Gesellschaft nicht direkt berührende Auswechslung von Mitgliedern[16] ist durch die assoziative Struktur versperrt: die dem einzelnen Mitglied zufallenden Funktionen sind hier einerseits umfassend, sie sind andrerseits aber nur unbestimmt definiert. Unter diesen Umständen ist ein Mitgliederwechsel im Sinne einer lediglich personellen Umbesetzung kaum möglich. Die Gesellschafterstellung ist nur schwer übertragbar und jedenfalls macht es der Eintritt eines neuen Mitglieds erforderlich, daß der gesamte Verband neu ausgerichtet wird[17]. Er ist insoweit nicht verselbständigt.

Die assoziativen Elemente der Personengesellschaft können aber im Gesellschaftsvertrag praktisch weitgehend durch korporative ersetzt werden[18].

---

aus wichtigem Grund möglich ist, also dann, wenn das Festhalten an dieser Bindung für den einzelnen unzumutbar würde. Die Bestimmungen über die Lösbarkeit der gesellschaftsrechtlichen Beziehungen gehören daher zu den wenigen, die im Verhältnis der Gesellschafter untereinander zwingend sind; außer der Auflösung der Gesellschaft selbst (§ 133 Abs. 3 HGB) gehört dazu auch die entsprechende Ausschließung eines Gesellschafters aus wichtigem Grund (§ 140 HGB). Gem. §§ 117, 127 HGB können – ebenfalls aus wichtigem Grund – Geschäftsführungsbefugnis und Vertretungsmacht durch gerichtliche Entscheidung entzogen werden; dabei ist allerdings unklar, inwieweit der Gesellschaftsvertrag dies ausschließen kann. Vgl. *H. Westermann,* Handbuch der Personengesellschaften, Teil I, RN 226 ff.

[16] Daß es nur diese Alternative einer endgültigen Lösung gibt, zeigt auch das Beispiel der GmbH: das Gesetz sieht eine Auflösung des Verbands entsprechend § 133 HGB dort nicht vor, weil die Geschäftsanteile bei der GmbH abtretbar sind. Wird die Abtretbarkeit ausgeschlossen (§ 15 Abs. 5 GmbHG), so muß entgegen dem Gesetz eine Möglichkeit des Austritts aus wichtigem Grund eingeräumt werden. Vgl. *Baumbach-Hueck,* Kommentar zum GmbH-Gesetz, 13. Aufl., 1970, Einf. I B vor § 34, m. w. Nachw.

[17] Damit stimmt überein, daß ein Mitgliederwechsel rechtlich nur durch eine doppelte Änderung des Gesellschaftsvertrags erreicht werden kann: einmal beim Ausscheiden des alten Mitglieds, dann beim Eintritt des neuen. Daß diese Änderungen in bestimmten Grenzen schon vorweg festgelegt werden können, ändert nichts an der vertragsändernden Grundkonstruktion.

[18] Hierzu im einzelnen *Arndt Teichmann,* Gestaltungsfreiheit in Gesellschafts-

Bezeichnenderweise geschieht dies vor allem – unter dem Schlagwort: Vom Gesellschaftsrecht zum Unternehmensrecht –, um den organisatorischen Erfordernissen des modernen Industrieunternehmens Rechnung zu tragen[19]. Die korporative Struktur des Unternehmens erzwingt sich hier rechtliche Anerkennung durch Umstrukturierung des Gesellschaftsrechts – nicht anders als es bei den Gewerkschaften der Fall war. Hier wie dort ist das Ergebnis ein Verband mit eigener Rechtsfähigkeit und Rechtspersönlichkeit. Die OHG und KG mit institutionalisiertem Mitgliederwechsel und institutionalisierter Funktionstrennung ist JP – mag sie formal auch nicht als solche bezeichnet werden. Die Doktrin, die überwiegend bestreitet, daß es sich hier um eine JP handle[20], betont jedenfalls den Wandel von assoziativer zu korporativer Struktur, indem sie von der „körperschaftlich strukturierten Personengesellschaft" spricht.

c) Wesentliche Bedeutung für die Begründung von Verbänden mit eigener Rechtspersönlichkeit kommt schließlich auch der Frage der vermögensrechtlichen Haftungsregelung zu, insbesondere im Hinblick auf die Haftung der Verbandsmitglieder für die Schulden des Verbands. Immer wieder ist die eigentliche Funktion der JP im Ausschluß oder in der Beschränkung dieser Haftung gesehen worden. Unter dem Gesichtspunkt der Kapitalbeteiligung und Risikoverteilung bei Wirtschaftsunternehmen hat das zur ausdrücklichen Identifizierung von JP und Haftungsbeschränkung geführt. Die JP ist dann nichts weiter als ein Mittel, um beschränkte Haftung zu erreichen[21]. Die Realität der JP ist damit jedoch nicht zu erfassen. Trotz ihrer unbestreitbaren wirtschaftlichen Bedeutung ist die Beschränkung der Mitgliederhaftung nicht die einzige und nicht einmal eine notwendige Funktion der JP.

---

verträgen, 1970; *Harm-Peter Westermann*, Vertragsfreiheit und Typengesetzlichkeit im Recht der Personengesellschaft, 1970; *Nitschke*, Die körperschaftlich strukturierte Personengesellschaft, 1970. Vgl. weiter *Ott*, aaO. (Anm. 14).

[19] Vgl. *Maria Plum*, Der fortschreitende Strukturwandel der Personalgesellschaft durch Vertragsgestaltung in Festschrift zum Hundertjährigen Bestehen des Deutschen Juristentages, Bd. 1960, II, S. 137 ff; *Wiethölter* in Aktuelle Probleme der GmbH & Co., S. 11 ff. Kritisch zu diesem Vorgang und seiner Legalisierung durch Rechtsprechung und Dogmatik *H. Schulte* in Festschrift für Harry Westermann, S. 525 ff.

[20] Vgl. dazu *Fabricius*, Relativität der Rechtsfähigkeit, S. 163 ff. *H. Westermann*, aaO. (Anm. 15), RN 16; *Hueck*, Gesellschaftsrecht, 17. Aufl., 1975, S. 59, bezeichnet es als heute durchaus herrschende Lehre, daß die OHG (und dementsprechend auch die KG, vgl. S. 94 f.) Gemeinschaft zur gesamten Hand und nicht JP sei.

[21] Vgl. z. B. *Wiethölter* in Aktuelle Probleme, S. 14 f., 49 f. Schon früher fanden sich Versuche, die „Natur" der JP allein aus dem Aspekt der Haftungsbeschränkung zu erklären, vgl. dazu kritisch *Grossfeld*, Aktiengesellschaft, Unternehmenskonzentration und Kleinaktionär, S. 102 ff.

Bei der Kommanditgesellschaft auf Aktien haftet mindestens einer der Gesellschafter persönlich und unbeschränkt für die Verbindlichkeiten der Gesellschaft, bei der Genossenschaft und bei der Gesellschaft mit beschränkter Haftung ist die Möglichkeit beschränkter oder unbeschränkter Nachschußpflicht vorgesehen. Eigene Verbandsrechtsfähigkeit ist danach offensichtlich nicht an eine bestimmte Haftungsform gebunden. In Wirklichkeit besteht zwischen JP und Beschränkung der Mitgliederhaftung nur ein indirekter Zusammenhang. Er ergibt sich aus den faktischen Bedingungen der körperschaftlichen Verbandsorganisation. Je größer die Zahl der Mitglieder ist, je stärker damit die Funktionstrennung sein muß, desto eher wird sich persönliche Mitgliederhaftung als dysfunktional erweisen. Die einzelnen Mitglieder müßten unmittelbar und ohne Ausweichmöglichkeit mit ihrer wirtschaftlichen Existenz für Entscheidungen einstehen, die andere treffen und auf die sie keinen direkten Einfluß haben. Unter solchen Umständen wäre die Existenz des Verbands von vorneherein in Frage gestellt. Die Diskrepanz zwischen Herrschaft und Haftung macht, wenn sie eine bestimmte Grenze überschreitet, die Mitgliedschaft für den einzelnen untragbar und entzieht damit dem Verband faktisch die Grundlage. Haftungsbeschränkung ist also zunächst das Mittel, um eine Funktionstrennung praktikabel und durchführbar zu machen. Sie ist die Voraussetzung für eine Beteiligung am Verband, bei der der einzelne in Kauf nehmen muß, daß über seinen Beitrag entgegen seinen eigenen Interessen und Vorstellungen disponiert wird. Sie ist weiter die Voraussetzung für eine Mobilität der Beteiligung und für einen institutionalisierten Mitgliederwechsel. Die praktischen Erfahrungen im Recht der Personalgesellschaften bestätigt dies. Das Beispiel der körperschaftlich strukturierten OHG bzw. KG zeigt, daß die persönliche Haftung eines oder mehrerer Gesellschafter eine organisatorische Verselbständigung des Verbands nicht schlechthin ausschließt. Es zeigt aber auch die Grenzen. Persönliche Haftung kommt regelmäßig nur bei Gesellschaftern in Betracht, die zugleich Leitungsfunktionen innehaben[22]. Hieraus ergeben sich praktische Schwierigkeiten: durchweg erweist sich die notwendige persönliche Haftung wenigstens eines Gesellschafters als das eigentliche Problem des Mitgliederwechsels und vor allem der Nachfolge bei Personalgesellschaften[23].

d) Der Verband als ein Beziehungsgefüge zwischen Personen, die in der dargelegten Weise miteinander verbunden sind, ist die soziale Realität der JP. Diese Definition der JP scheint freilich mit der von der juristischen

---

[22] Vgl. dazu *Plum*, Strukturwandel, S. 152 ff.

[23] *Plum*, aaO. Entsprechende Konstruktionen stehen unter dem Vorbehalt der Zumutbarkeit für den Haftenden, aber vom direkten Einfluß auf die Unternehmensleitung ausgeschlossenen Gesellschafter; vgl. BGHZ 44, 158; 51, 198; vgl. w. *Harm Peter Westermann*, Vertragsfreiheit, S. 349 ff. Sie sind dadurch für Verschiebungen im persönlichen Bereich besonders anfällig. Ausführlich zu diesen Fragen

Doktrin vertretenen unvereinbar zu sein. Danach bezieht sich die JP auf zwei Gruppen von sozialen Gebilden, die in einem fundamentalen strukturellen Gegensatz zueinander stehen sollen: Körperschaften einerseits, Anstalten und Stiftungen andererseits. Im Mittelpunkt der Unterscheidung steht dabei die Frage der Mitgliedschaft. Die Doktrin definiert Körperschaften durch ihre „verbandsmäßige Struktur", sie versteht sie als „Personenverbände" und sieht in der Tatsache, daß sie Mitglieder haben, ein wesentliches strukturelles Merkmal und den eigentlichen Unterschied gegenüber den anderen Erscheinungsformen der JP[24]. Dementsprechend wird auch der Begriff des Verbands ausdrücklich für Körperschaften reserviert; Körperschaften werden als „mitgliedschaftlich organisierte Verbände"[25] bezeichnet. Demgegenüber sollen Anstalten und Stiftungen eine nicht-verbandsmäßige Struktur aufweisen[26], ihre Besonderheit wird insoweit im Fehlen von Mitgliedern gesehen[27]. Sie werden definiert als „zur Rechtsperson erhobener Bestand von sächlichen und persönlichen Mitteln, welcher in der Hand eines Trägers einem bestimmten Zweck dauernd zu dienen bestimmt ist"[28] oder als „Widmung einer Vermögensmasse für einen bestimmten Zweck durch den Willensakt eines Stifters"[29]. Die Funktion der Stiftung als dem privatrechtlichen Korrelat der Anstalt wird insbesondere darin gesehen, „eine Möglichkeit für die dauernde Widmung eines Vermögens zu einer vom Stifter bestimmten Verwendung in einer nach seinem Willen fortdauernd lebenden Organisation zu schaffen"[30]. Gemeinsam ist allen diesen Definitionen, daß sie auf die Verselbständigung eines Vermögensbestands bzw. allgemeiner eines Mittelbestands als solchem abstellen, der über keine Mitglieder verfügt. Anstalten und Stiftungen werden dabei als eigentliche Gegenbegriffe zu den Körperschaften verstanden.

Indessen rechtfertigen es die Unterschiede zwischen diesen Erscheinungsformen der JP nicht, darin unvereinbare soziale Realitäten zu sehen. Anstal-

---

U. Huber, Vermögensanteil, Kapitalanteil . . ., S. 289 ff.

[24] *Erman-Westermann*, Vorbem. 1, 2 vor § 21 BGB, Vorbem. 1 vor § 80 BGB; *Schultze-v. Lasaulx* in Soergel-Siebert, RN 15 vor § 80 BGB; *Enneccerus-Nipperdey*, Allgem. Teil, I, §§ 104 II 2, 117. *Rittner*, aaO. S. 233 f., relativiert diesen Unterschied in seiner Kritik an der h. L., indem er die „Herrschaft eines Willens" auch für Stiftungen und Anstalten betont und sich für die Entwicklung zu einem „personalen" Stiftungsrecht ausspricht.

[25] *Forsthoff*, Verwaltungsrecht, 10. Aufl., 1973, § 25 II, 2. S. 491.

[26] Insoweit entsprechen sich öffentlich-rechtliche und privatrechtliche Terminologie; vgl. *Forsthoff*, aaO. S. 495; *Werner Weber*, Körperschaften, Anstalten und Stiftungen des öffentlichen Rechts, 2. Aufl., 1943, S. 90 f.

[27] So ausdrücklich *Erman-Westermann*, aaO.

[28] So die klassische Definition von Otto Mayer unter Lösung von ihrem speziell öffentlich-rechtlichen Bezug; vgl. O. *Mayer*, Deutsches Verwaltungsrecht, II. S. 331. Vgl. weiter *Forsthoff*, aaO. S. 494 f.

[29] *Forsthoff*, aaO. S. 507.

[30] *Erman-Westermann*, Vorbem. 1 vor § 80 BGB.

ten und Stiftungen sind vielmehr ebenso wie Körperschaften Organisationen, da Zwecke sich nicht selbsttätig vollziehen. Eine Vermögensmasse als solche ist kein Aktionssystem und kann nichts bewirken; sie kann folglich auch nicht Rechtsperson sein[31]. Dementsprechend werden auch in der Lehre Stiftungen und Anstalten ausdrücklich als Organisationen bezeichnet[32]. Organisationen haben jedoch stets auch Mitglieder, die für sie handeln. Dieses Wirkungselement ist auch für Stiftungen und Anstalten unverzichtbar[33]. Der entscheidende Unterschied gegenüber anderen JP liegt darin, daß die Mitglieder von Stiftungen und Anstalten nur beschränkte rechtliche Kompetenzen haben: sie sind gebunden durch Stifterwille und Anstaltszweck; was dadurch festgelegt wurde, ist ihrer Disposition entzogen. Die Organe sind prinzipiell nur die Vollstrecker eines ihnen vorgegebenen Willens bzw. Zwecks; der Willensbildungsprozeß in der Organisation ist dementsprechend eingeschränkt[34]. Dieser eingeschränkten Kompetenzen wegen mag es angehen, im juristischen Sprachgebrauch hier nicht von „Mitgliedern" im vollen Sinne zu sprechen, doch dürfen die strukturellen Gemeinsamkeiten mit anderen Typen der JP darüber nicht übersehen werden[35].

3. Pluralistische und zentralistische JP

Die Funktion der JP ist bislang nur auf die Struktur der Organisation selbst und auf ihre rechtliche Zulassung und Anerkennung bezogen worden. Für jede Sozialordnung ist es aber von fundamentaler gesamtgesellschaftlicher Bedeutung, wenn neben dem einzelnen Menschen und dem Staat noch weitere „Zentren des Planens, Wollens und Begehrens" (Reinhardt) bestehen und anerkannt werden[36]. „Daß auf diese Weise Substanzen ‚zwischen den Einzelnen und dem Staat' verselbständigt und verfaßt werden können, eröffnet wesentliche Möglichkeiten dezentraler Rechts- und Sozialgestal-

---

[31] *Schultze-v. Lasaulx* in: *Soergel-Siebert*, RN 16 vor § 80 BGB, wendet sich dabei auch gegen die von der Zweckvermögenstheorie entwickelte Vorstellung, eine bestimmte Vermögensmasse sei als solche Substrat der JP.

[32] Vgl. *Schultze-v. Lasaulx*, aaO. RN 1 ff. vor § 80 BGB; *Enneccerus-Nipperdey*, aaO. § 117 I; *Larenz*, Allg. Teil, S. 146.

[33] Auf die Unterschiede zwischen (privatrechtlicher) Stiftung und (öffentlichrechtlichen) Stiftungen und Anstalten kann hier nicht im einzelnen eingegangen werden; in dem hier maßgeblichen Zusammenhang besteht jedenfalls insgesamt eine enge strukturelle Verwandtschaft; so auch *F. Rittner*, aaO. S. 235.

[34] Vgl. §§ 80, 85, 87 BGB; *Rittner*, aaO. S. 233 weist auf die Gefahr hin, daß die überindividuelle Substanz der Organisation übermächtig zu werden drohe, weil sie die natürliche Person nur noch als dienendes Organ zulasse. – Als wichtigstes Prinzip des gesamten Stiftungsrechts gilt die „Achtung vor dem Stifterwillen, vgl. *Schultze-v. Lasaulx*, aaO. RN 4 vor § 80 GBG.

[35] So auch *Rittner*, aaO. der zutreffend bemerkt, innerhalb des Gesamtbildes der JP stünden Stiftungen und Anstalten am Rande, S. 237.

[36] *F. Rittner*, aaO. S. 212.

tung"[37] und, wie von Rittner selbst hinzugefügt: auch besondere Gefahren für die soziale Ordnung.

a) Die soziale Funktion der JP im Doppelverhältnis zu Staat und Individuum läßt sich freilich nicht generell bestimmen. Zentrifugale und zentripetale Kräfte überkreuzen sich; Organisationen, die im Kraftfeld des Staates wirken, existieren neben anderen, die unabhängige Wirkungszentren sind. Die sozialen Wirkungen der JP lassen sich infolgedessen nicht auf einen einheitlichen Nenner bringen. So ist es mit der gesellschaftlichen Realität nicht vereinbar, in der JP schlechthin etwa das Instrument der Entfaltung individueller Kräfte oder der Bildung antagonistischer Machtzentren zu sehen. Nicht nur dient die JP in anderen Gesellschaftsordnungen anderen Zwekken, auch in der gleichen Gesellschaftsordnung findet sich ihre Verwendung zu dem Ziel, „bestimmte Sozialbereiche vom Staate aus zu disziplinieren und funktionell an den Staat heranzuziehen"[38] oder schließlich auch der Gebrauch zur bloßen „Ausgliederung der Verwaltung und Differenzierung ihrer Vollzüge nach Maßgabe der örtlichen Verhältnisse"[39].

Dies ist zu berücksichtigen, wenn verschiedene Grundtypen der JP einander gegenüber gestellt werden. „Pluralistische" und „zentralistische" JP bezeichnen folglich nicht Realtypen, die sich bestimmten gesellschaftlichen Strukturen der Gegenwart eindeutig und ausschließlich zuordnen ließen. Sie sind Idealtypen und können nur als analytische Kategorien zur Erfassung eines bestimmten sozialen Sachverhalts dienen. Allerdings vermischen sich gerade im Hinblick auf die JP vielfach normative mit explikativen Aussagen. Das gilt – ihrer Fragestellung entsprechend – besonders für die juristische Doktrin: Untersuchungen zur Verwendung und zur Funktion der JP richten sich hier in der Regel primär an der positiv-rechtlichen Zweckbestimmung und nicht unmittelbar an den realiter erreichten und erfüllten Zwecken aus. Eine Typologie der JP ist im übrigen in besonderer Weise ideologieträchtig. Ihrer Bedeutung als tragendes Element hochdifferenzierter Industriegesellschaften gemäß ist die JP Gegenstand liberalistischer wie sozialistischer, totalitärer wie kollektivistischer Ideologien[40]. Eine unvoreingenommene Untersuchung der sozialen Wirklichkeit der JP im genannten doppelten Spannungsverhältnis zum Staat und zum Individuum wird deshalb weithin durch einen verengten Blickwinkel behindert. So geht die Doktrin für die Bundesrepublik fast mit Selbstverständlichkeit davon aus, daß zumindest die privatrechtlich konstituierte JP ihrem normativem Zweck

---

[37] Ebd., S. 214 ff.

[38] *Forsthoff*, Verwaltungsrecht, 10. Aufl., S. 486/7.

[39] *Forsthoff*, ebd.

[40] Zur Bedeutung der JP in sozialistischen Gesellschaftsordnungen Slapnicka, Die sozialistische Kollektivperson, 1969; *Bilinsky*, Die sozialistische juristische Person in der Rechtsordnung der UdSSR und Polens, Jahrbuch für Ostrecht 1969, S. 125–165.

wie auch ihrer sozialen Wirkung nach der Leitidee der Verfassung vom Menschen als einem freien, sich in der sozialen Gemeinschaft entfaltenden Individuum[41] diene. Wenn die JP als „unschätzbares Hilfsmittel für den Menschen" bezeichnet wird, das „ihm besonders auf wirtschaftlichem Gebiet eine Betätigung gestattet, zu der er in der heutigen Welt sonst nicht fähig wäre"[42], so ist damit zunächst nur ein normativer Zweck, nicht ihre effektive Funktion angesprochen. Die JP soll aus dieser Sicht die Unabhängigkeit des Individuums von kollektiven Gewalten und die Betätigung individueller Initiative in umfassendem Rahmen bewirken. Die Frage ist, ob sie das tatsächlich auch bewirkt – und nicht etwa das Gegenteil: Zurückdrängen und Beschneiden individueller Freiheit durch intermediäre Gewalten, Vermachtung der Gesellschaft auch in Bereichen, in denen die staatliche Macht nicht einwirkt, schließlich auch der Aufbau eines „privaten" Herrschaftssystems, das die zum Schutz vor staatlicher Macht errichteten Kontrollen unterläuft[43].

b) JP des pluralistischen Typus bewirken zunächst schon im eigentlich staatlichen Bereich mehr als bloße Dezentralisation und funktionelle Gliederung der Staatsverwaltung. Entscheidend ist hier das Element der Selbstverwaltung und der Gruppen- und Verbandsautonomie, das sie in diesen Bereich unmittelbar einfügen[44]. Zwar werden öffentliche Aufgaben wahrgenommen, aber nicht von Staatsbehörden, sondern von selbständigen Trägern – selbständig in dem formalen Sinn, daß sie selbst als Einheiten auftreten, selbständig aber auch in dem Sinn, daß sie Sondergemeinschaften sind, die ein Eigenleben führen, partikuläre Interessen verfolgen und begrenzten Zwecken dienen. „Hier wird Verwaltung besorgt im Sinne einer Aufgabe der politischen Gemeinschaft und unter kontrollierter öffentlicher Verantwortung; aber sie wird innerviert und getragen von Kräften, die aus freier staatsbürgerlicher, beruflicher, unternehmerischer, regelmäßig also gesellschaftlicher Initiative mobilisiert werden."[45] Die typische Funktion der JP besteht in diesem Zusammenhang infolgedessen nicht in der Disziplinierung und Heranführung bestimmter Sozialbereiche an den Staat, sondern

[41] Vgl. *Rupp-v. Brunneck,* Zur Grundrechtsfähigkeit juristischer Personen in Festschrift für Adolf Arndt, S. 349 ff. mit Nachw.

[42] *Rupp-v. Brunneck,* aaO. S. 359. – Siehe auch *Walter Wieland Schmidt,* Grundrechtsfähigkeit und Nationalität juristischer Personen, 1966, S. 23 ff. m. w. Nachw.

[43] Vgl. *Rupp-v. Brunneck,* S. 357, wo auf die Gefahren einer undifferenzierten Gleichstellung von natürlichen Personen und JP hinsichtlich des Grundrechtsschutzes hingewiesen wird: die Grundrechte könnten dann zur wirksamen Waffe für Interessenverbände und Großunternehmen werden, um ihre Machtpositionen gegen das öffentliche Interesse zu verteidigen und den Einzelnen mehr und mehr zurückzudrängen. *F. Rittner,* aaO. S. 214 ff. bezeichnet es in diesem Sinn als eine Aufgabe der Rechtsgestaltung, einer Entwicklung der JP zum „Feind der Rechtsperson" entgegenzuwirken.

[44] Hierzu auch *Rittner,* aaO. S. 212 ff.

[45] *Werner Weber,* Staats- und Selbstverwaltung in der Gegenwart, S. 145.

umgekehrt in der Distanzierung zum Staat, soweit dies angesichts der letztlich staatlichen Natur der in Frage stehenden Aufgaben möglich ist.

Schärfer noch tritt die Funktion der pluralistischen JP im nicht-staatlichen Bereich hervor. Hier werden gesellschaftliche Kräfte und Interessen zusammengefaßt und unmittelbar in den sozialen Prozeß eingeführt, ohne daß sie an staatliche Aufgaben und Zwecke gebunden und der Kontrolle durch staatliche Behörden unterworfen sind. Es entstehen Verbände, die sich Zweck und Aufgabe selbst setzen, Sondergemeinschaften, die sich selbst konstituieren und organisieren. Diese Autonomie macht die JP geradezu zum Katalysator divergierender Tendenzen in der Gesellschaft und zum Instrument, mittels dessen sich partikuläre und antagonistische Interessen artikulieren und aktualisieren. Sie institutionalisiert den organisierten Konflikt.

Im Gegensatz hierzu wirkt die zentralistische JP – im idealtypischen Sinn – als unmittelbare Fortsetzung und Verstärkung des staatlichen Herrschaftssystems. Obgleich verselbständigte Organisation ist die JP dieses Typus funktional Bestandteil des Staatsapparates: sie konkretisiert und realisiert den „Willen des Staates". Ohne die Elemente der Selbstverwaltung und der Autonomie, die die pluralistische JP auszeichnen, ist die zentralistische JP nur eine Untergliederung des staatlichen Aufbaus. Sie dient der „Absonderung und Verselbständigung von Teilbereichen der staatlichen Aufgaben (und) der Ausgliederung kleiner Einheiten und ihrer Betrauung mit einzelnen Staatsfunktionen"[46] nach Maßgabe verwaltungstechnischer Zweckmäßigkeit. Ihre soziale Funktion ist es, daß sie den „Riesenorganismus" des Staates und der Staatsverwaltung auf eine Vielzahl von Tätigkeitseinheiten aufteilt und dadurch einer Erstarrung entgegenwirkt[47]. Dies bedeutet Dezentralisierung nur im Bereich des Staatsapparates; auf die gesamtgesellschaftlichen Strukturen bezogen liegt darin jedoch eine zentralistische Ausrichtung auf den Staat[48].

Gleiches gilt, wo die zentralistische JP Sonderverbände und Sondergemeinschaften umfaßt. Formal nähert sie sich dabei zwar den selbständigen Organisationen pluralistischer Prägung an, im Unterschied zu diesen bewirkt sie aber nicht Distanzierung und Ausgrenzung bestimmter Sozialbereiche gegenüber dem Staat, sondern Integration in den Staat. Sie ist Ausführungsinstrument, um die Organisationsmitglieder „dem administrativen staatlichen Befehlszugriff zugänglich"[49] zu machen, sie ist Leitungsverband und Mittel politischer Führung[50].

---

[46] Slapnicka, Kollektivperson, S. 277. [47] Slapnicka, ebd.

[48] Vgl. in gleichem Sinn *Forsthoff*, Verwaltungsrecht, 10. Aufl., S. 487, wo Dezentralisation der Verwaltung als Differenzierung des Verwaltungsvollzugs nach Maßgabe der örtlichen Verhältnisse definiert wird.

[49] *Werner Weber*, Staats- und Selbstverwaltung, S. 149.

[50] *Forsthoff*, aaO. S. 487; *Slapnicka*, aaO. S. 278.

c) In beiden Fällen ihrer im einzelnen unterschiedlichen organisatorischen Verselbständigung bleiben die JP hier „Trabanten im Kraftfeld der staatlichen Gesamtverwaltungsbefugnisse“, Organe der „mittelbaren Staatsverwaltung“[51], und damit zentralistischen Tendenzen verhaftet. Der darin liegende prinzipielle Unterschied zu den pluralistischen JP betrifft also das Verhältnis der Organisationen zum Staat. Im Verhältnis zum Individuum setzen sich diese Unterschiede nicht notwendig fort. Insbesondere bewirkt die Ausgrenzung bestimmter Sozialbereiche aus dem staatlichen Herrschaftssystem nicht ohne weiteres herrschaftsfreie Zonen der individuellen Selbstbestimmung. Soweit diese Ausgrenzung sich über JP vollzieht, finden sich vielmehr von vorneherein starke kollektivistische Tendenzen im Spiel. Die JP ist Kollektivperson, ihrem pluralistischen Idealtypus nach nicht weniger als nach ihrem zentralistischen. Pluralistische Machtverteilung zwischen staatlichen und nicht-staatlichen Organisationen und Verbänden ist nicht identisch mit individueller Freiheit; sie kann ebenso dazu führen, daß der einzelne statt der kontrollierten staatlichen einer unkontrollierten nichtstaatlichen Herrschaft unterworfen ist. Typischerweise vermittelt die JP jedenfalls nicht individuelle, sondern – wenn überhaupt – korporative Freiheit, soweit sie sich als Träger sozialer Macht etabliert hat: sie erweist sich dann als „Lebensverband, der das einzelne Mitglied umgreift und ihm innerhalb seines organisatorischen Zusammenhangs einen bestimmten Freiheitsraum gewährt“[52].

II. Funktionen und Funktionswandel der JP im Unternehmensbereich

1. Die Entwicklung der Aktiengesellschaft von der quasi-öffentlichen Anstalt zum Privatunternehmen

In einem sehr abstrakten Sinn lassen sich die festgestellten sozialen Funktionen der JP unmittelbar auf das Wirtschaftsunternehmen beziehen. Als Funktion der JP[53] erscheint dann ganz allgemein die rechtliche Anerken-

[51] *Werner Weber,* Die Körperschaften, Stiftungen und Anstalten des öffentlichen Rechts, S. 13.

[52] *Friedrich Müller,* Korporation und Assoziation, S. 17. M. rechnet allerdings Korporationen in diesem Sinn als vorherrschende Verbandsform vornehmlich nicht der neuesten Zeit, sondern den feudalen Epochen des Hoch- und Spätmittelalters zu, ohne, durch seine spezielle Fragestellung bedingt, Funktion und Strukturen der JP in der Gegenwart im einzelnen zu untersuchen.

[53] Eine umfassende Auseinandersetzung mit der Problematik des vielschichtigen Funktionsbegriffs kann an dieser Stelle nicht geleistet werden; festzuhalten ist lediglich, daß der soziologische, nicht ein rechtlich-normativer Funktionsbegriff gemeint ist. Im übrigen darf auch der soziologische Funktionsbegriff in diesem Zusammenhang nicht in der Weise verengt werden, daß er nur auf die Erhaltung der strukturellen Kontinuität bezogen wird. Gerade die JP hat, wie im einzelnen noch

nung und Ausgestaltung des Unternehmens als verselbständigter organisatorischer Wirtschaftseinheit. Freilich ist damit für den spezifischen Wirkungszusammenhang und für die spezifischen Probleme von JP und Unternehmen kein Ansatz gewonnen. Wesentliche strukturelle Merkmale und Unterschiede verschließen sich dieser Perspektive, die Besonderheiten von JP und Unternehmen in pluralistischen Wirtschafts- und Gesellschaftsstrukturen einerseits, in zentralistischen andrerseits werden so nicht sichtbar. Unternehmen als JP finden sich in beiden, und in beiden bewirkt die JP die rechtliche Institutionalisierung der organisatorischen Einheit und der Selbständigkeit des Unternehmens, die sein Auftreten als besondere Einheit im sozialen Prozeß und vor allem im Rechtsverkehr ermöglichen[54]. Umfang und Auswirkungen dieser Selbständigkeit reichen aber unterschiedlich weit.

Wo – wie im allgemeinen in den „sozialistischen" Ländern – der Wirtschaftsprozeß unmittelbar staatlich organisiert und kontrolliert ist, kann die rechtliche Verselbständigung von Wirtschaftsorganisationen nur eine operative Selbständigkeit im Sinne einer Selbständigkeit zu bestmöglicher Planerfüllung bewirken[55]. Die Unternehmen haben hier zwar – teilweise erheblichen – Spielraum für eigene Entscheidungen und Zielsetzungen, sind aber im ganzen an den staatlichen Wirtschaftsplan gebunden und haben Spielraum nur in bezug auf dessen Ausführung und Konkretisierung[56]. Die „Abstimmung in den Feinproportionen"[57] obliegt den Unternehmen, auf die Aufstellung des zentralen wirtschaftspolitischen Plans und auf die Festlegung der entsprechenden Plandaten haben sie jedoch keinen unmittelbaren Einfluß. Demgemäß reicht die rechtliche Anerkennung der Unternehmen als selbständiger Wirtschaftsorganisationen auch nur so weit wie ihre operativen Funktionen: ihre Rechtsfähigkeit ist durch den gesetzlich oder statutarisch fixierten Zweck begrenzt und an ihre Aufgaben in der konkreten Wirtschaftsordnung gebunden, wie sie sich aus Gesetz, Satzung, sonstigen Rechtsvorschriften, dem Wirtschaftsplan, Anweisungen vorgesetzter Organe und dergleichen ergeben[58]. Die JP integriert hier das Unternehmen in das System der staatlichen Steuerung der Wirtschaft.

---

zu zeigen ist, strukturellen Wandel des Unternehmens bewirkt, zumindest in der Weise, daß sie seinen aus anderen Faktoren folgenden Wandel rechtlich normiert und legitimiert hat.

[54] Vgl. *Slapnicka,* Sozialistische Kollektivperson. S. 85 ff., S. 98 ff., S. 194 ff. zur Anerkennung von Wirtschaftsunternehmen als JP im sowjetischen Recht und im Recht der europäischen Volksdemokratien.

[55] *Slapnicka,* aaO. S. 194 ff.; *K. Pleyer,* Zentralplanwirtschaft und Zivilrecht, 1965, S. 43 ff. (Vertrag und Wirtschaftsordnung = JZ 1963, 233 ff.), S. 180 ff. (Die juristische Person in der Planwirtschaft = Die Aktiengesellschaft 1964, 4 ff.).

[56] Prinzip der „vollständigen wirtschaftlichen Rechnungsführung" (Chosrastschot). Vgl. *Slapnicka, aaO. mit weit. Nachw.*

[57] *K. Pleyer,* aaO. S. 183.

[58] *Slapnicka,* aaO. S. 207 ff.

Wo dagegen, wie in „kapitalistischen“ Ländern, pluralistische Strukturen vorherrschen, den staatlichen Institutionen also gerade auch in der Lenkung des Wirtschaftsprozesses „private“ Institutionen aus eigener Macht entgegentreten, bewirkt die Rechtsfähigkeit der Unternehmen statt bloß „operativer“ Selbständigkeit umfassende Autonomie, die Planung und Zielsetzung einschließt und die vor allem einer direkten Steuerung der Unternehmen durch staatliche Wirtschaftspläne entgegenwirkt. Insoweit ist es durchaus zutreffend, wenn aus „sozialistischer“ Sicht hervorgehoben wird, daß die Begrenzung der Rechtssubjektivität für „sozialistische“ Organisationen typisch sei und sich aus dem Wesen der „sozialistischen Planwirtschaft“ ergebe, während die unbeschränkte Rechtsfähigkeit Ausdruck des Kräftespiels antagonistischer pressure groups und Sondergemeinschaften in der „bürgerlich-kapitalistischen“ oder auch speziell in der „spätkapitalistischen“ Gesellschaft sei[59].

a) Die pluralistische Funktion der JP in der Wirtschaft der Bundesrepublik spiegelt im übrigen einen mehrfachen Funktionswandel wider, der seinerseits eng mit der Entwicklung des modernen Unternehmens verbunden ist. War das „Privatunternehmen“ bis in die erste Hälfte des 19. Jahrhunderts hinein typischerweise seinem Gegenstand nach Handelsgewerbe und seiner Struktur nach partnerschaftliche Assoziation, so setzt mit der industriellen Revolution eine zunehmende Korporierung ein. Schon zuvor fand sich freilich die JP als Instrument der wirtschaftlichen Organisation. Die Handelskompanien des 17. und 18. Jahrhunderts erscheinen als Vorläufer der modernen Aktiengesellschaft[60]. Banken und Versicherungen gehörten zum Teil ebenfalls dazu. Ihnen allen waren körperschaftliche Strukturen gemeinsam: sie waren vom individuellen Mitgliederbestand unabhängige, auf Funktionstrennung aufbauende und in ihrem Vermögen verselbständigte Organisationen. Aber die Unternehmenskorporationen waren im ganzen Ausnahmen und sie waren nicht eigentlich Privatunternehmen. Sie waren abhängig vom staatlichen octroi und wurden dieser Abhängigkeit entsprechend als Instrumente der allgemeinen staatlichen Finanz- und Wirtschaftspolitik eingesetzt[61]. Ihre Funktion als merkantilistischer Systembestandteil

---

[59] Vgl. *Slapnicka,* aaO. S. 278; auch *Pleyer,* aaO. S. 185 ff. Ebenso wie die „sozialistische“ JP heute befand sich die „kapitalistische“ JP ursprünglich in einem Stadium enger Zweckbindung, wodurch korporative Machtstrukturen unter direkter staatlicher Kontrolle gehalten und der Souveränitätsanspruch des Staates gesichert werden sollte. Teil dieser Strategie war die ultra-vires-Doktrin. Vgl. dazu näher *Grossfeld,* Aktiengesellschaft, Unternehmenskonzentration und Kleinaktionär, S. 113 ff., 128 ff., 169 ff.

[60] Vgl. *Wiethölter,* Interessen und Organisation, S. 56 ff.; *Bösselmann,* Die Entwicklung des deutschen Aktienwesens, S. 76 ff.; *Karl Lehmann,* Die geschichtliche Entwicklung des Aktienrechts, 1895 (Nachdruck 1968); auch *Rudolf Gmür* in Festschrift für Harry Westermann, S. 167 ff.

[61] Vgl. *Grossfeld,* aaO. S. 115 ff.

entzog sie einer vom Staat unabhängigen wirtschaftlichen Initiative. Obgleich sie nicht Staatsanstalten und reine Staatsangelegenheiten waren, sondern private Initiative und privates Kapital einbezogen, waren sie doch quasi-öffentliche Institutionen insofern, als nicht nur ihre Gründung, sondern auch ihr weiterer Betrieb unter staatlichem Vorbehalt und unter fortlaufender mehr oder weniger effektiven staatlicher Kontrolle standen[62]. Der „Wille des Souveräns" war das Korrelat privater Initiative und überlagerte diese zugleich nach dem Leitbild der hoheitlich geleiteten Anstalt[63], nicht nur bei den großen Kompanien, die – etwa bei der Erschließung von Kolonien – unmittelbar staatliche Funktionen ausübten, freilich vielfach auch den staatlichen Souveränitätsanspruch in Frage stellten und sich zum Staat im Staat entwickelten, sondern ebenso und stärker bei den weniger mächtigen Korporationen. „Die Existenz der einzelnen AG beruht nicht auf Gesetz, sondern auf den Wünschen von Kaufleuten und auf dem Willen des Souveräns. Staatskontrolle ersetzt das Aktienrecht."[64]

Das partnerschaftlich betriebene Handelsgewerbe war demgegenüber Privatunternehmen im eigentlichen Sinn. Unternehmen und partnerschaftliches Zusammenwirken der Gesellschafter waren hier typischerweise identisch. Das Unternehmen bestand im wesentlichen in der Tätigkeit der allein oder zusammen mit anderen wirtschaftenden Kaufleute – allenfalls noch ergänzt um die „kaufmännischen Hilfspersonen"[65]. Das Vermögen der Gesellschafter bildete die Kapitalgrundlage dieses Unternehmens. Eine über die assoziative Kooperation hinausreichende Organisation bestand für die Handelsgewerbe des klassischen Handelsgesellschaftsrechts typischerweise nicht. Für die Entwicklung körperschaftlicher Strukturen war infolgedessen weder Raum noch Bedürfnis.

b) Mit dem Einsetzen der Industrialisierung ändert sich die Funktion der JP. Sie entwickelt sich zum „kapitalistischen Organisationsprinzip"[66]. Zunächst zeigt sich dies an der Aktiengesellschaft. Ab etwa 1840 wird sie mehr und mehr zur regulären Unternehmensform in all den Fällen, in denen individuelle Kräfte überfordert sind. Als Kapitalsammelbecken war die AG schon früher verwendet worden, die Veränderungen der Wirtschaftsweise und der aufgrund des technischen Fortschritts fortlaufend steigende Kapitalbedarf in immer mehr Gewerbezweigen machte jedoch ihren Einsatz auf breiterer Basis als je zuvor erforderlich[67]. Im Zusammenhang damit wan-

---

[62] Vgl. *Großfeld*, aaO.

[63] Vgl. *Wiethölter*, aaO. S. 60.

[64] *Wiethölter*, aaO. S. 64.

[65] So die in der handelsrechtlichen Dogmatik gängige Bezeichnung, die vom Prokuristen bis zum Handlungslehrling reicht und den Handelsvertreter ebenso wie den Handlungsmakler erfaßt. Vgl. z. B. *Capelle*, Handelsrecht, 15. Aufl., 1972, S. 45 ff.

[66] *Wiethölter*, Interessen, S. 70.

[67] Vgl. *Bösselmann*, Die Entwicklung des deutschen Aktienwesens im 19. Jahrhundert, S. 76 ff.

delte sich die AG auch als Instrument der Risikofixierung von einer „volkswirtschaftlichen Versuchsform“[68] zu einer regulären Institution: die Haftungsbeschränkung, die zunächst noch als Privileg und als Korrelat besonders hoher Risiken bei neuartigen Unternehmungen betrachtet worden war, nahm mit größer und unübersichtlicher werdenden Risiken in allen Unternehmenssparten an Bedeutung zu. Die Aktiengesellschaften wandten sich nicht mehr ausschließlich besonders riskanten Unternehmungen zu, sondern begannen sich auch in Bereichen „normalen“ Risikos zu etablieren[69]. Parallel zur Entwicklung des Industrieunternehmens gewann schließlich auch die Notwendigkeit an Gewicht, den Industriebetrieb rechtlich abzusichern und zu stabilisieren. Der moderne Betrieb entzieht sich den vorindustriellen, mehr persönlich und traditionell bestimmten Strukturen[70] und den ihnen entsprechenden Rechtsinstitutionen. Je deutlicher er sich zur Organisation hin entwickelte, desto weniger konnte er auf ein System individueller Vertragsbeziehungen gegründet und auf dieser Grundlage in seinem Bestand und in seiner Funktionsfähigkeit gesichert werden[71]. Mit zunehmender Arbeitsteiligkeit und Betriebsgröße mußten Improvisation und Disposition – im betriebswirtschaftlichen Sinn – als Steuerungsmittel notwendig zurücktreten und einer formalisierten Organisation mit Dauerregelungen Platz machen, die die einzelnen Mitglieder auf bestimmte Positionen, Aufgaben und Kompetenzen festlegen[72]. Auch in diesem Zusammenhang bot sich als organisatorischer Überbau die Aktiengesellschaft an. Mit ihrer Funktionstrennung entsprach sie den organisatorischen Erfordernissen formal festgelegter Kompetenzen, ebenso fügte sich ihre „Unsterblichkeit“ den wirtschaftlichen Notwendigkeiten einer langfristigen Kapitalbindung ein und sicherte den Bestand des Unternehmens gegen die „Zentrifugalkraft, der das Vermögen eines Menschen in unserer Rechtsordnung unterworfen ist: (das) Erbrecht“[73].

In dem Maße, in dem der durch die Industrialisierung eingeleitete Wandel der Wirtschaftsweise sich ausbreitet und alle Sparten erfaßt, wird die

[68] *Schäffle*, Nationalökonomie, 1861, S. 209.

[69] *Großfeld*, Aktiengesellschaft, Unternehmenskonzentration und Kleinaktionär, S. 109.

[70] Vgl. dazu *Renate Mayntz*, Soziologie der Organisation, S. 9.

[71] Der liberale und insbes. auch neoliberale Versuch, das Unternehmen insgesamt auf die individuelle Vertrags- und Assoziationsfreiheit zurückzuführen, so etwa *Franz Böhm* in Festgabe für Kronstein, S. 11 ff., geht folglich am sozialen Befund vorbei.

[72] Vgl. *R. Mayntz*, aaO. S. 86 f. – Zur betriebswirtschaftlichen Organisationslehre *Kosiol*, Grundlagen und Methoden der Organisationsforschung, 1959; *ders.*, Das Unternehmen als wirtschaftliches Aktionszentrum, 1966; *E. Gutenberg*, Unternehmensführung, Organisation und Entscheidung, 1962; *Erich Schäfer*, Die Unternehmung, 8. Aufl. 1974.

[73] *Großfeld*, Aktiengesellschaft, S. 99. Zu dieser Problematik aus der Sicht des Unternehmens bes. *Plum*, aaO. (Anm. 19).

Aktiengesellschaft zum Bauelement der Wirtschaftsordnung, zur „machine juridique du capitalisme"[74]. Hier liegt der Beginn der modernen Affinität zwischen Korporation und Unternehmen. Freilich bezog – und bezieht – sich die Aktiengesellschaft nicht auf die umfassende Regelung der Betriebs- bzw. Unternehmensorganisation. Sie erstreckt sich direkt nur auf das Verhältnis der Kapitalgeber untereinander und zu den Unternehmensleitern und grenzt deren Kompetenzen gegeneinander ab. Aber das Unternehmen war schon seiner geschichtlichen Entwicklung nach als Veranstaltung der Kapitalgeber konzipiert und im Zuge der Liberalisierung der Wirtschaft mußte das Kapitaleigentum vollends zur beherrschenden Institution im Unternehmen werden – so wie das Privateigentum zur beherrschenden sozialen Institution in einer Gesellschaft geworden war, die sich als Gesellschaft von Privateigentümern verstand und die ihre Institutionen darauf ausgerichtet hatte[75]. In dieser Situation mußte die Unternehmensverfassung mit der Verfassung der Kapitalgeber zusammenfallen und die Basis für Aufbau und Beherrschung auch der betrieblichen Organisation bilden. –

c) Dieser grundsätzliche Funktionswandel hat sich in einer langen, vielfach gebrochenen, im ganzen aber doch konsequent verlaufenen Entwicklung vollzogen[76]. Sie spiegelt sich wider in der Ablösung des octroi-Systems durch das Konzessionssystem, in dessen Ersetzung durch das Normativsystem und in der anschließenden Auflösung des Normativsystems durch Formalisierung und inhaltliche Entleerung, die zur Angleichung von Körperschaftsbildung und allgemeiner Vertragsfreiheit geführt hat. Die Etappen brauchen im einzelnen hier nicht dargestellt zu werden. Entscheidend ist, daß dieser Prozeß durch die Strukturen im Bereich der Wirtschaft bedingt und insofern zwangsläufig war. Das octroi-System war ganz im Ausnahmecharakter der AG begründet[77]. Der Staat war in die konkrete Veranstaltung einbezogen, demgemäß vollzog sich auch die Gründung durch eine konkrete, nur auf das anstehende Vorhaben bezogene Spezialregelung. Aktienrecht in diesem Sinn war Maßnahmerecht: das octroi, das das Statut jeder Gesellschaft unmittelbar regelte, ihre Befugnisse und Pflichten fest-

[74] *Ripert,* Capitalisme moderne, S. 109.

[75] *Habermas,* Strukturwandel der Öffentlichkeit, S. 86 ff., S. 98 ff.

[76] Im einzelnen ist zu verweisen auf die Untersuchungen zur Geschichte des Aktienrechts im 19. Jahrhundert; inbes. *Bösselmann,* Die Entwicklung des deutschen Aktienwesens im 19. Jahrhundert, 1939; *Karl Lehmann,* Die geschichtliche Entwicklung des Aktienrechts bis zum Code de Commerce, 1895 (Nachdruck 1968); *Rudolf Fischer,* Die Aktiengesellschaft in Ehrenbergs Handbuch des gesamten Handelsrechts, Bd. 3, 1. Abt., 1916, S. 12 ff. Eine zusammenfassende Darstellung gibt *Großfeld,* Aktiengesellschaft, Unternehmenskonzentration und Kleinaktionär, 1968, S. 113 ff.

[77] *E. Walb,* Geschichtliche Anmerkungen zur Aktienrechtsreform, Z. f. H. 1934, 672 ff.

legte und ihr zugleich in aller Regel auch bestimmte Privilegien verlieh[78], war Ausdruck der aktiven, nicht nur kontrollierenden und sanktionierenden, sondern initiierenden Mitwirkung des Staates bei der Gründung der Aktiengesellschaft. Regierungskommissare oder von der Regierung entsandte Gouverneure hatten das Recht, auch in laufenden Angelegenheiten Einfluß auszuüben. Der Staat kontrollierte vielfach die Besetzung der Direktorenstellen, behielt sich die Entscheidung bei Änderung der Statuten und anderen wichtigen Maßnahmen vor und überwachte den Geschäftsgang[79]. Das Maß an Autonomie war im ganzen mehr von den Machtverhältnissen und Umständen im Einzelfall als von einer prinzipiellen Bestimmung des Verhältnisses zwischen Staat und Aktiengesellschaft geprägt und jedenfalls bewirkte die Rechtsinstitution der JP hier keine generelle Autonomisierung korporativer Wirtschaftsorganisationen[80]. Es überwogen vielmehr aufs Ganze gesehen deutlich die zentralistischen gegenüber den pluralistischen Funktionen der JP. Mit dem Übergang zum Konzessionssystem begann der Rückzug des Staates aus dem Bereich der Wirtschaftskorporationen. Zwar hielt auch das Konzessionssystem noch an der Notwendigkeit einer speziellen staatlichen Genehmigung für Aktiengesellschaften fest, aber die Kriterien für ihre Prüfung und Erteilung wurden generalisiert und normiert und die Gründung solcher Gesellschaften dadurch routinisiert. Die Aktiengesellschaft war dadurch noch nicht zu einer frei verfügbaren Rechtsinstitution geworden, sie war ihres Ausnahmecharakters jedoch endgültig entkleidet. Vor allem steckt hinter diesem Vorgang der Rückzug des Staates aus der unmittelbaren Mitveranstaltung und Mitverantwortung auf die Linie einer allgemeinen polizeilichen Aufsicht und Gefahrenabwehr[81]. Mit dem Übergang zum Konzessionssystem war der öffentlich-rechtliche Charakter der Aktiengesellschaft abgestreift[82]. Bis zu ihrer vollen Selbständigkeit war es dann nur noch ein relativ kurzer Weg: das Konzessionssystem, das schon im französischen Code de commerce von 1807 gesetzlich verankert worden war, wurde in Deutschland erstmalig im Preußischen Gesetz über die Eisenbahnunternehmungen vom 3. 11. 1838[83] normiert. Es wurde wenig später in das Preußische Gesetz über Aktiengesellschaften vom 9. 11. 1843[84] als dem ersten allgemeinen deutschen Aktiengesetz übernommen. Bereits bei den Nürnberger Beratungen für das ADHGB im Jahre 1857 wurden die Weichen für den Übergang zum Normativsystem, das auf eine staatliche Genehmigung ganz verzichtet, gestellt und damit die weitere Liberalisierung

[78] *Bösselmann,* aaO. S. 61; *F. Klein,* Die wirtschaftlichen und sozialen Grundlagen des Rechts der Erwerbsgesellschaften, 1914, S. 88.
[79] *K. Lehmann,* aaO. S. 87; *Bösselmann,* aaO. S. 60 f.; *Grossfeld,* aaO. S. 115 ff.
[80] *Bösselmann,* aaO. S. 60.
[81] *Großfeld,* Aktiengesellschaft, S. 122.
[82] *K. Lehmann,* Das Recht der Aktiengesellschaften, Bd. 1, 1898, S. 241.
[83] Vgl. *Bösselmann,* aaO. S. 71.
[84] Gesetzessammlung 1843, S. 341–46. Dazu *Bösselmann,* aaO. S. 70 ff.

der Aktiengesellschaft eingeleitet[85]. Das ADHGB von 1861 brachte für eine Reihe deutscher Staaten die endgültige Abkehr vom Konzessionssystem; andere, die vorerst noch daran festhielten – wie z. B. Preußen – fanden über die Aktienrechtsnovelle von 1870 Anschluß an den allgemeinen Trend[86].

d) Die Einstellung der staatlichen Organe zu den Aktiengesellschaften begann sich zu wandeln, je mehr diese allgemeine Verwendung fanden: „Die Regierung begann allmählich zu befürchten, daß sich gerade in den ‚Assoziationen des Kapitals' die Macht des Bürgertums zu einer Art Nebenregiment im Staat auswirken könne."[87] Ebenso löste der mit dem Erstarken der Aktiengesellschaften verbundene wirtschaftliche Umbruch heftigen Widerstand bei den Betroffenen selbst aus und führte um die Mitte des 19. Jahrhunderts in den Kreisen des kleinbürgerlichen Mittelstandes zu Forderungen nach einem Verbot der Aktiengesellschaften und nach einer Wiederherstellung des Zunftwesens zur Beschränkung der wirtschaftlichen Entwicklung[88]. Deren Eigendynamik war indessen stärker und die wirtschaftlichen Umwälzungen bewirkten immer mehr, daß die Aktiengesellschaft zu einer unverzichtbaren Institution für Unternehmungen aller Art wurde. Dem entspricht es, daß auch die der Aktiengesellschaft zunächst entgegengesetzten Beschränkungen nicht aufrechterhalten werden konnten. Nach und nach entfiel die ursprüngliche Begrenzung der Aktiengesellschaften auf eine regelmäßig vom octroi kurz bemessene Zeitdauer; sie wurde immer weiter ausgedehnt und schließlich ganz beseitigt. Ebenso fiel die Beschränkung auf bestimmte Zwecke und Unternehmensgegenstände. In mehreren Stufen vollzog sich hier die Liberalisierung: der ursprünglich auf öffentliche Aufgaben begrenzte Zweckbezug wurde fortlaufend verallgemeinert, die Aktiengesellschaft wurde privatem Erwerbsstreben überlassen und begann sich schon unter dem Konzessionssystem aus der ausschließlichen Bindung an gemeinwirtschaftliche Funktionen zu lösen. Seit der Mitte des 19. Jahrhunderts begann sich auch die Autonomie der Aktiengesellschaften in bezug auf ihre eigene Zweckbestimmung durchzusetzen: war zuvor im ganzen das Prinzip durchgehalten worden, daß Aktiengesellschaften nur für einen genau bestimmten und ihnen selbst gegenüber verbindlichen Unternehmensgegenstand zugelassen werden konnten, so wurden nun die Aktiengesellschaften ohne bindenden Zweckbezug immer zahlreicher und schließlich – mit dem Übergang zum Normativsystem – zur Regel[89].

---

[85] *K. Lehmann,* Aktiengesellschaften, Bd. 1, S. 278.

[86] Gesetz betr. die Kommanditgesellschaften auf Aktien und die Aktiengesellschaften v. 11. 6. 1870, Bundesgesetzblatt des Norddeutschen Bundes 1870, S. 375.

[87] *Bösselmann,* aaO. S. 7, weiter *Großfeld,* aaO. S. 122 ff. m. w. Nachw.

[88] *Bösselmann,* aaO. S. 10; *Großfeld,* aaO.

[89] *Großfeld,* aaO. S. 121 ff. mit weit. Nachw.

e) Das Zusammentreffen der durch den wirtschaftlichen Strukturwandel bedingten Routinisierung der Aktiengesellschaften mit den Prinzipien einer liberalen Wirtschafts- und Gesellschaftsordnung, insbesondere mit Privatautonomie und Gewerbefreiheit, bewirkte, daß die Körperschaftsbildung in diesem Bereich vom Staat unabhängig wurde. Die JP löste sich von ihrer eigenen Herkunft und wurde zur JP des Privatrechts; ihre Legitimität bezog sie nicht länger aus staatlicher Privilegierung und Sanktion, sondern aus privater Vertragsfreiheit[90]. Freilich hielt auch das Normativsystem formal am Erfordernis der staatlichen Mitwirkung bei der Begründung rechtsfähiger Organisationen fest, doch war eine grundsätzliche Beschränkung der Körperschaftsbildung damit nicht mehr verbunden. Als Institution des privaten Interesses und der Privatautonomie wurde die JP in die Entgegensetzung von Staat und Wirtschaft einbezogen und als JP des Privatrechts wirkte sie in Richtung der Ausgrenzung der Unternehmenskorporationen und der Wirtschaftsorganisationen ganz generell aus dem staatlichen Lenkungsbereich. –

2. Die Organisation des Industrieunternehmens: vom Gesellschaftsrecht zum Unternehmensrecht

Die JP als kapitalistisches Organisationsprinzip blieb in der weiteren Entwicklung nicht auf den Bereich größerer Unternehmen beschränkt. Vielmehr gewann die körperschaftliche Organisationsform gerade auch für Unternehmen an Bedeutung, die sich in der Hand von Familiengesellschaften befanden oder einem anderweitig persönlich verbundenen und verhältnismäßig kleinen Kreis von Gesellschaftern gehörten, und die sich der JP nicht als „Kapitalpumpe" zu bedienen brauchten. Für sie kam es entscheidend auf die Möglichkeit an, eine der strukturellen Eigenart des Industrieunternehmens entsprechende, nämlich langfristige Stabilität gewährende Rechtsinstitution zu verwenden.

a) Dies führte zunächst zur Schaffung der Gesellschaft mit beschränkter Haftung durch Gesetz vom 20. 4. 1892.

Die Auseinandersetzungen um die Einführung der GmbH standen allerdings weitgehend im Bann der Haftungsbeschränkung. Die Befürworter bezeichneten zumeist als ihr Anliegen, die „Wohltat der beschränkten Haftbarkeit" auch auf jene Gesellschaftsformen zu übertragen, „worin die Persönlichkeiten, welche das Kapital hergeben, auch mit dem Kapital unmittel-

[90] Vgl. dazu *Großfeld,* aaO. S. 135 mit weiteren Nachw. Levin Goldschmidt vertrat mit Erfolg den Standpunkt, bei den Aktiengesellschaften handle es sich um Institutionen, die um des Privatinteresses willen zustande kommen und daher nicht an die staatliche Genehmigung gebunden sein könnten, Verhandlungen des 9. DJT 1870, II, S. 52 f.

bar in Verbindung treten und es fruchtbar machen können"[91]. Für die Kritiker war die GmbH eine durch den Abbau der aktienrechtlichen Schutzbestimmungen zum Mißbrauch und zur Schädigung der Gläubiger führende Form der Haftungsbeschränkung[92]. Auch nach Inkrafttreten des Gesetzes dominierte dieser Aspekt in der öffentlichen Diskussion: man sah in der Beschränkung der Haftung ohne weiteres die Absicht, den Gläubiger zu schädigen[93] und begegnete deshalb der GmbH in weiten Kreisen der Wirtschaft mit größtem Mißtrauen. Indes war auch die beschränkte Haftung von Anfang an in Beziehung zur Gesamtstruktur der Gesellschaft gesetzt worden. In der Stellungnahme verschiedener preußischer Handelskammern zur Frage einer neuen Gesellschaftsform wurde in einer auf den Erlaß des preußischen Handelsministers vom 3. und 20. April 1888 ergangenen Denkschrift darauf hingewiesen, daß für die Fortführung größerer gewerblicher Unternehmungen innerhalb einer Familie oder innerhalb der Familien ihrer Gründer eine passende Unternehmungsform eigentlich nicht gegeben sei, namentlich auch für den Fall des Übergangs auf mehrere Erben des Besitzers[94]. Kommanditgesellschaft und stille Gesellschaft könnten kaum dauernden gesellschaftlichen Verbindungen zur Grundlage dienen: wenn die Geschäfte gut gehen, kündigt der persönlich haftende Teilhaber, gehen sie schlecht, so erzwingt der Kommanditist die Auflösung der Gesellschaft[95]. Die OHG wurde ihrer rein „individualistischen", d. h. auf Selbstorganschaft eines kleinen, persönlich verbundenen Kreises von Beteiligten beruhenden Struktur[96] wegen als nur beschränkt geeignet betrachtet[97]. Die Aktiengesell-

---

[91] *Oechelhäuser,* Reichst. V. Leg. Per. Sess. 1884, Sten. B. 220 f., 1149 und VII. LP. 2. Sess. 1888 Sten. B. 1155 f. Vgl. dazu *Feine,* Die Gesellschaft mit beschränkter Haftung, 1929, S 6 ff.

[92] Vgl. z. B. *Otto Bähr,* Gesellschaften m. b. H., S. 10, 16 („Aufschwung von Geschäften, bei denen in Aussicht genommen wäre, je nachdem die Gläubiger zu prellen"); *Goldschmidt,* Alte und neue Formen der Handelsgesellschaft, Vermischte Schriften 2, 335 (1892): „Gefahr der Verdrängung der prinzipiell solideren Gesellschaftsformen" OHG und KG. So auch der „Deutsche Oekonomist" 1892, 290 f.: „Soviel ist sicher, daß durch dieses Gesetz den unreellen Bestrebungen, dem Schwindel, auf allen Gebieten das weiteste Feld erschlossen worden ist..." Zitiert nach *Fränkel,* Die Gesellschaft mit beschränkter Haftung, 1915, S. 199 ff.

[93] Fränkel, aaO. S. 203; *Feine,* aaO. S. 8 f.

[94] *Fränkel,* aaO. S. 17.

[95] *Fränkel,* aaO. S. 16.

[96] So die Definition von *Oechelhäuser,* Reichstag, V. Leg. Per. Sess. 1884 Sten. B. 1149. Individualistisch sind danach nur die Gesellschaften, bei denen „die Beteiligten nur in geringer Zahl zusammentreten, um nicht durch Bevollmächtigte, sondern persönlich ihr Kapital fruchtbar zu machen". Die anderen gebräuchlichen Definitionen betonten teils mehr den kleinen Kreis von Mitgliedern, teils mehr den Ausschluß des Mitgliederwechsels, vgl. *Fränkel,* aaO. S. 6. Das Prinzip der Selbstorganschaft war jedoch allen diesen Definitionen immanent, vgl. *Wieland,* Handelsrecht I. S. 486.

[97] *Fränkel,* aaO. S. 15.

schaft auf der andern Seite erschien zu schwerfällig, wo „die Assoziation sich in engeren Kreisen bewegt“[98]. Diese Analyse begründete dann unmittelbar das Postulat nach einer neuen Rechtsform für Unternehmungen, die zwischen „rein individualistischen und kollektivistischen Gesellschaften stehen, bei denen sich die Gesellschafter teils aktiv, teils passiv, teils mit Arbeit, teils nur mit Kapital beteiligen, bei denen die Unternehmensleitung nicht mehr in den Händen aller Unternehmer ruht“[99]. Das Ergebnis ist dann eine Gesellschaftsform, „welche entschieden individualistischer als die AG gestaltet, aber doch auch zur Aufnahme einer größeren Zahl von Mitgliedern geeignet und deshalb korporativ konstruiert sein soll; dabei bleibt für den Bedürfnisfall eine stärkere Entwicklung nach der individualistischen Seite dem Gesellschaftsvertrag vorbehalten“[100].

b) Die Entwicklung der Personengesellschaften selbst bestätigt den Durchbruch der JP als kapitalistisches Organisationsprinzip. Auch hier sind die partnerschaftlichen Strukturen der klassischen Assoziation von Kaufleuten durch die körperschaftlichen der modernen Unternehmensorganisation weitgehend abgelöst worden. Der fortschreitende Strukturwandel der Personengesellschaften in Richtung auf die Körperschaften ist eine allgemein konstatierte Tatsache[101]. Soweit die Wahl von OHG oder vor allem KG auf dem gezielten Ausweichen vor den Belastungen der GmbH beruht, soll und kann dies regelmäßig nicht um den Preis eines Verzichts auf die korporative Organisation erkauft werden: die strukturellen Erfordernisse des Industrieunternehmens setzen sich gegen die überkommenen Rechtsformen durch. Sie erzwingen die Institutionalisierung von Mitgliederwechsel und Funktionstrennung zumindest als grundsätzliche Möglichkeit, da das Unternehmen andernfalls nicht über den Generationswechsel hinweg zusammengehalten werden kann. Dies bezeichnet das Ende der intuitu personae verfaßten Gesellschaft. Mit dem Wegfall der Identität von Kapitalgebern und Unternehmensleitern bilden sich unvermeidlich verschiedene Interessengruppen, die je nach ihrer Nähe zum Unternehmen früher oder später in Konflikt zueinander treten. Eine Integration der Gesellschafter auf der Basis nicht-organisierter persönlicher Beziehungen und ad-hoc zu entwickelnden Konsenses erscheint hier tendenziell unmöglich. Die „Persönlichkeit der Gesellschafter“ – tragendes Element der klassischen Personengesellschaft[102]

---

98 *Fränkel,* aaO. S. 16.

99 *Fränkel,* aaO. S. 15 in Zusammenfassung der Gutachten der 49 Handelskammern, vgl. Deutscher Handelstag, Mitteilungen an die Mitglieder, Jg. 28, 1888, Nr. 6.

100 Gutachten der Handelskammer von Saarbrücken, (zit. nach *Feine,* Gesellschaft mit beschränkter Haftung, S. 8). Vgl. auch Entwurf der Reichsregierung von 1891, E. I 141.

101 Dazu statt aller *Plum,* aaO. S. 137 ff. Vgl. w. oben Anm. 18 u. 19.

102 Vgl. dazu *Ott,* Typenzwang, S. 50 ff., 163 ff.

– reicht zur Bewältigung der Konflikte nicht mehr aus. Das „persönliche Zusammenwirken der Gesellschafter" stellt die Funktionsfähigkeit der Gesellschaft nicht mehr sicher, wo ihre Zahl überhand genommen hat. Die Einsetzung gesellschaftsfremder Unternehmensleiter macht vollends eine formale Definition des Beziehungsgefüges erforderlich. Die Verantwortlichkeiten und Kompetenzen ergeben sich hier durchweg nicht mehr aus einer vorgegebenen Einheit einer „Vertrauens-, Arbeits-, Kredit- und Kapitalgemeinschaft"[103], sondern bedürfen der förmlichen Fixierung und Normierung durch ein Organisationsstatut und machen einen „komplizierten Lenkungsapparat ... zur organisatorischen Regelung des Zusammenwirkens ... verschiedener Personengruppen mit durchweg verschieden gelagerten Interessen zu gemeinsamem wirtschaftlichen Zweck"[104] erforderlich. Die Entwicklung der Vertragspraxis, die hier nicht in den Einzelheiten dargestellt werden kann, bestätigt die strukturelle Affinität zwischen dem modernen Unternehmen und der JP. Unter dem Druck der wirtschaftlichen Verhältnisse, adäquate Rechtsformen für das Unternehmen zu entwickeln, sind die Personengesellschaften weithin zu Korporationen geworden: auf vertraglicher Grundlage sind so neue Formen der JP entstanden. Überkommene Klassifikationen erweisen sich damit als überholt – auch die „körperschaftlich strukturierte Personengesellschaft" ist Körperschaft.

c) Der Einbau eines formalen Organisationsstatuts in die Personengesellschaft wie dessen Beibehaltung in wesentlichen Punkten der „personalistischen" GmbH sind direkte Folgen des Umstands, daß partnerschaftliche, vorwiegend persönlich und traditionell geprägte Beziehungsgefüge keine Grundlage mehr für das moderne Industrieunternehmen abzugeben vermögen. Die Entwicklung der Vertragspraxis, die in diesem Bereich weitgehend sich selbst überlassen war und die deshalb relativ unbehindert die für das Unternehmen zweckmäßigsten Rechtsformen hervorbringen konnte, spiegelt den Umschwung vom Gesellschaftsrecht zum Unternehmensrecht wider. Gerade auch das Privatunternehmen im eigentlichen Sinn, das Unternehmen also, das sein Kapital wie sein Führungspotential nicht direkt aus der Öffentlichkeit rekrutiert, weist eindeutige Tendenzen der Verselbständigung, der Objektivierung und der Lösung aus der persönlichen Sphäre der Gesellschafter auf. Die ursprüngliche Identität von Person und Unternehmen, Handelsgewerbe und kaufmännische Partnerschaft als Lebensform, ist durch die Entwicklung des Unternehmens zur Organisation gesprengt worden. Das Unternehmen als Organisation sprengt auch die aus dieser Tradition stammenden Gesellschaftsrechtsformen und -institutionen. Das Unternehmen, obgleich noch immer unter der maßgeblichen Kontrolle der Gesellschafter,

---

[103] *Klauss,* Gesellschaftsvertrag, S. 19; *Römer,* Nachfolge- und Bestandssicherung, S. 222. Ähnlich spricht auch BGHZ 38, 306, 312 von einer „volkswirtschaftlich besonders erwünschten Unternehmensform".

[104] *Steiner,* OHG und KG, S. 53.

beginnt sich ihrer totalen Verfügung zu entziehen: das Unternehmensinteresse tritt dem Gesellschafterinteresse entgegen und setzt sich als Beschränkung der Gesellschafter-Rechte im Gesellschaftsstatut selbst fest. Der Strukturwandel im Recht der Personengesellschaften und das Beharren der körperschaftlichen Elemente in der GmbH auch bei einer personalistischen Ausgangsbasis ist Teil der „Verlagerungen von der Rechtsform der Personengesellschaft, die ein Unternehmen betreibt, zur Rechtsform für die betriebenen Unternehmen selbst. Diese Objektivation des Kapitalismus, die Versachlichung der Vermögensanlage, die Perpetuierung und Erhaltung vorhandener Unternehmen über die Klippen des Generationenwechsels hinweg, die Entpersönlichung höchstpersönlicher Unternehmen, braucht schlicht ein Recht, das Formen bietet für den Umschlag von der Person zur Sache, von Unternehmer zu Unternehmen“[105].

3. Oligarchien in der Unternehmenskorporation: die gesellschaftsinterne Machtkonzentration

Die Trennung von Besitz und Herrschaft, von „ownership“ und „control“ – eine für die moderne Unternehmenskorporation geläufige und vielfach belegte Erscheinung – ist eine unmittelbare Folge körperschaftlicher Strukturen. Ins allgemeine Bewußtsein getreten ist sie im Zusammenhang mit der neueren Entwicklung des Aktienwesens, als die großen Aktiengesellschaften zu öffentlichen und politischen Institutionen wurden und als sich ein emanzipiertes Management als Gegenmacht zu den „tycoons“ der industriellen Pionierzeit zu institutionalisieren begann[106]. Schon Rudolf v. Jhering hat die Trennung von „Interesse“ und „Verfügung“ entgegen der „natürlichen Gestalt“ des Rechts als Grundprobleme des Aktienrechts bezeichnet[107]: der Aktionär habe das Interesse ohne die Verfügung, die Verwaltung die Verfügung ohne das Interesse. Vor ihm hatte sich Karl Marx mit der Erscheinung der „industriellen managers“ auseinandergesetzt und in ihr den Beweis für die in der Entwicklung der Aktiengesellschaften liegende Ablösung der eigentlichen unternehmerischen Leitungsfunktionen vom Kapitaleigentum gefunden[108]. Es ist ein Prozeß, der mit der Aktiengesellschaft selbst beginnt und der die Auseinandersetzungen um die Aktiengesellschaft durchzieht, seit sie zur „machine juridique du capitalisme“ geworden ist.

---

[105] *Wiethölter*, Aktuelle Probleme, S. 32.

[106] Dazu grundlegend *A. A. Berle* und *G. C. Means*, The Modern Corporation and Private Property, 1932, und speziell für die deutschen Verhältnisse *Helge Pross*, Manager und Aktionäre in Deutschland, 1965. Siehe weiter *Wiethölter*, Interessen, S. 60; *Schmoller*, Die geschichtliche Entwicklung der Unternehmen, Schm.Jahrb. 1893, S. 996; *Steinmann*, Großunternehmen, S. 11 ff.

[107] Der Zweck im Recht, I, 1877, S. 225.

[108] Das Kapital, Bd. III, 1935, S. 477 ff.

Die Emanzipation der Manager ist dabei freilich nicht die einzige Form der gesellschaftsinternen Machtkonzentration. Dazu gehört ebenso die Konzentration der Macht bei den Großaktionären heute, bei den „Hauptpartizipanten" früher – der Sache nach also damals wie heute: bei einigen wenigen aus dem Kreis der Gesellschafter[109].

Oligarchische Entwicklungen und innergesellschaftliche Machtkonzentrationen sind im übrigen kein Spezifikum der Aktiengesellschaft, sondern hängen eng mit der körperschaftlichen Struktur zusammen. In der prinzipiellen Funktionstrennung von Kapital und Unternehmensleitung ist die Trennung von Besitz und Herrschaft im Sinne der Entmachtung vieler und der Verlagerung der Macht auf wenige schon angelegt. Dieser Funktionstrennung entspricht in der Anlage die Ausdifferenzierung und Spezialisierung der einzelnen Organisationsfunktionen, wie sie mit wachsender Größe und Komplexität der Organisationen ganz allgemein verbunden ist. Darin liegt aber auch schon der Ansatz zu einer bei komplexen Organisationen durchweg festzustellenden Oligarchiebildung[110]. Die Übertragung der Führungsaufgaben auf „professionals" führt zu einer etablierten Führungsspitze, die ihre Macht auf bürokratische Strukturen zu gründen vermag und die „ein fast vollständiges Monopol politischen Führungsvermögens (erhält), das, weil diese Fähigkeiten dem durchschnittlichen Mitglied weitgehend fehlen, einen wichtigen Faktor zur Erhaltung der Machtposition darstellt"[111]. Ebenso sind die anderen Faktoren innerorganisatorischer Oligarchisierung von daher schon vorgeprägt: die Apathie der Mitglieder, die auf mangelnden Anreizen zu aktiver Mitwirkung im Vergleich zu anderen Aktivitäten beruht, und das Problem der Kontrolle der „professionals" durch die Mitglieder bei fehlender Fachkompetenz der letzteren. Diese oligarchische Grundtendenz wird in mehrfacher Hinsicht durch die besondere Struktur der Unternehmenskorporationen noch verschärft. Als Angelpunkt der ineffektiven Kontrolle der Verwaltung durch die Gesellschafter ist immer wieder die „Passivität des ‚Kleinaktionärs' herausgestellt worden"[112]. Über diesen Tatbestand herrscht weitgehend Einigkeit, ebenso darüber, daß als unmittelbare Folge informelle Kompetenzverschiebungen eintreten oder zumindest begünstigt werden. Da die einzelnen Gesellschafter von ihren Rechten im Regelfall keinen Gebrauch machen, entsteht zwangsläufig ein Machtvakuum, das durch den expandierenden Einfluß der Verwaltung oder anderer Machtinteressen – insbesondere von „Großaktionären" oder, bei der

---

[109] Dazu eingehend *Wiethölter*, Interessen und Organisation, S. 56 ff.

[110] Vgl. *Frieder Naschold*, Organisation und Demokratie, 1969, S. 12 ff.; *Peter Bachrach*, Die Theorie politischer Elitenherrschaft, 1970, pass.; *Fritz Scharpf*, Demokratietheorie zwischen Utopie und Anpassung, 1970, bes. S. 54 ff., 66 ff.

[111] *Naschold*, aaO. S. 14.

[112] Vgl. dazu *Wiethölter*, Interessen, S. 316 ff.; *Helge Pross*, Manager und Aktionäre, S. 121 ff.; *Grossfeld*, Aktiengesellschaft, S. 17 ff.

AG, von Banken – ausgefüllt wird. Die Gesellschafterversammlung, formal die letztlich maßgebende Kontrollinstanz, erweist sich faktisch als Institution von allenfalls beschränktem Wert. Mag sie auch als Forum der Kritik „nicht ganz überflüssig"[113] sein und dazu verhelfen, daß „Kleinaktionäre auch unter dem gegenwärtig geltenden Gesetz der Willkür von Managern und Großaktionären in bescheidendem Maß Einhalt zu gebieten vermögen"[114], so fallen diese jedenfalls als effektive Kontrollinstanz aus[115].

Die Kleinaktionäre sind in der Regel sowohl dem Unternehmen gegenüber als auch untereinander isoliert. Außerhalb der Hauptversammlungen ergeben sich für sie praktisch keine Kommunikationsmöglichkeiten; eine „occupational community" fehlt ebenso wie informelle Kontakte außerhalb des Unternehmensbereichs. Gemeinschaftlichen Aktionen und gemeinsamen Strategien ist so von vorneherein jegliche Grundlage entzogen; Machtbasen für interne Oppositionsgruppen können nicht entstehen. Schutzvereinigungen von Aktionären ändern im ganzen nichts an dieser Situation[116]. Nur ein kleiner Teil der Aktionäre gehört ihnen an, und im übrigen besteht ihre Funktion mehr in der Delegierung sachlich kompetenter Fachleute als „Interessenvertreter" und nicht in der Aktivierung der Aktionäre selbst. Vor allem hat die Apathie und Passivität der Mitglieder ihren Grund regelmäßig in deren eigner Interessenlage. Darauf ist aber das korporative Organisationsstatut gerade zugeschnitten: es soll Kapital an das Unternehmen binden, auch wenn die Kapitalgeber nicht in der Lage sind, „die Führung der Geschäfte selbst in die Hand zu nehmen, oder wo doch dem Einzelnen der Einfluß auf die Handlungen der Mitgesellschafter und die Kontrolle über deren Tätigkeit nicht in vollem Umfange möglich ist"[117]. Insbesondere hat man von jeher als eine der wesentlichen Funktionen der AG die leichte Beteiligung durch jedermann gesehen. Darin liegt in der Tat ihre besondere Eignung als „Kapitalsammelbecken": sie eröffnet – vor allem unter den heutigen wirtschaftlichen Verhältnissen – Anlagemöglichkeiten für jedermann, und zwar nicht zuletzt deshalb, weil der Aktionär außer der Einzahlung keine weiteren Pflichten übernimmt und weil er keiner besonderen Fähigkeiten und Kenntnisse auf wirtschaftlichem Gebiet bedarf. Dem trägt die körperschaftliche Funktionstrennung unmittelbar Rechnung. Die Mobilität der Beteiligung fördert noch ihre Unverbindlichkeit. Wer mit der Geschäftsführung nicht einverstanden ist, kann seine Anteile veräußern. Dieser Aus-

---

[113] *Helge Pross,* aaO. S. 79.

[114] *Helge Pross,* aaO. S. 147.

[115] Zu diesem Ergebnis *Helge Pross,* aaO.

[116] Skeptisch zur Wirksamkeit der Aktionärsvereine schon *Wiethölter,* Interessen, S. 322. Von nur bescheidenen Erfolgen spricht auch *v. Nell-Breuning,* Konzentrationsprobleme im gesellschaftlichen Raum in Helmut Arndt, Hrsg., Die Konzentration in der Wirtschaft, 2. Band, 2. Aufl., 1971, S. 689 ff., 698.

[117] So ausdrücklich die Begründung zum Entwurf des GmbH-Gesetzes (1891); E I S. 27 f.; zit. nach *Feine,* aaO. S. 8.

weg macht jede Auseinandersetzung mit den „Machthabern" im Unternehmen vermeidbar – solange er noch ohne Schaden beschritten werden kann. Je nach dem Grad der Mobilität der Beteiligung ist daher die innergesellschaftliche Opposition und Kritik entschärft[118].

Die Ausgestaltung der Mitgliedschaft entspricht insoweit durchaus der typischen Interessenlage des Kleinaktionärs. Er ist „Obligationär", nicht Unternehmer. Das Unternehmen ist für ihn nicht mehr als eine Möglichkeit der Kapitalanlage. Sein Interesse reicht folglich über diesen Aspekt auch nicht hinaus. Dies wird durch das Verhalten der Kleinaktionäre in Hauptversammlungen voll bestätigt: „Diejenigen Aktionäre, die sich zu Wort melden, verkörpern fast alle den Typus des fremde Interessen weitgehend ignorierenden, vornehmlich auf seinen Profit bedachten, kleinbürgerlichen Geldkapitalisten, der wenig anderes gelten läßt als seinen Anspruch auf ungeschmälerten Anteil am Unternehmensgewinn. Das nur selten durch Rücksichtnahme auf berechtigte Wünsche andrer Gruppen getrübte Verlangen nach hohem Profit drückt sich in der Kritik an der von der Administration vorgeschlagenen Dividende aus. Stets steht sie im Mittelpunkt der Darlegungen. Die Dividende mag fünf oder fünfzehn Prozent betragen, regelmäßig wird sie, weil angeblich zu niedrig, attackiert."[119] Diese Haltung der wenigen aktiven Aktionäre entspricht im ganzen zweifellos der Einstellung der überwiegenden Mehrzahl der passiven.

Ihre Passivität ist durch eine einfache Kosten-Nutzen-Analyse zu erklären. Die Beteiligung am Willensbildungsprozeß im Unternehmen enthält die Chance, die individuellen Interessen des einzelnen Aktionärs besser durchzusetzen, insbesondere das Interesse an einer Dividendenerhöhung. Die individuellen Kosten sind jedoch erheblich. Das gilt schon für den unmittelbar mit dem Besuch einer Hauptversammlung verbundenen Aufwand. Der Aufwand erhöht sich noch beträchtlich, wenn Zeit, Energie und Sachmittel eingerechnet werden, die für eine sachliche Vorbereitung erforderlich sind – ohne die die Beteiligung in der Regel doch nur ein leeres Zeremoniell wäre. Zum materiellen Nutzen steht dies meist außer Verhältnis. Selbst eine Dividendenerhöhung vermöchte typischerweise in den hier in Frage stehenden Fällen diesen Aufwand nicht zu decken. Zudem ist zu berücksichtigen, daß die Chancen einer Durchsetzung der individuellen Interessen gering sind.

Als Zweck in sich selbst kommt die Teilnahme an Hauptversammlungen angesichts der dominierenden rein kapitalmäßig ausgerichteten Interessenlage dagegen für den Kleinaktionär kaum in Betracht[120]. Nur wenige

---

[118] *Helge Pross*, aaO. S. 65. [119] *Helge Pross*, aaO. S. 127.

[120] Zur Bedeutung dieses Faktors bei der Kosten/Nutzen-Analyse politischer Beteiligung aus der Sicht der Demokratietheorie *Naschold*, Organisation und Demokratie, S. 50 f. – *Barz*, DB 1962, 1498, bezeichnet das Auftreten von Privatpersonen in Hauptversammlungen als „liberalen Restbestand".

haben bisher hier die Möglichkeit zur Teilnahme am politischen Leben gesehen und gefunden, die „die Enge der rein privaten Lebensweise übersteigt und damit die Sinnhaftigkeit des Lebens steigert“[121]. Die Kapitalanlage in Unternehmensbeteiligungen ist für den durchschnittlichen Kleinaktionär nicht Beruf, und seine sozialen Beziehungen kristallisieren sich an anderen Faktoren. Kapitalbeteiligung und „Lebensform“ decken sich nicht und berühren sich kaum, die Kapitalbeteiligung kann infolgedessen auch nicht als Basis einer Selbstverwirklichung individueller Entwicklungsprozesse in Betracht kommen[122].

Die überwiegende „Passivität“ der Kleinaktionäre und ihre mangelnde Bereitschaft und Möglichkeit, über ihre individuellen Interessen hinaus auch die Interessen anderer Gruppen oder die Interessen des Unternehmens wahrzunehmen und unternehmerische Kontrollfunktionen auszuüben, ist sonach die unmittelbare Konsequenz des „ewigen Gegensatzes“[123] zwischen „Unternehmeraktionär“ und Unternehmensleitung auf der einen, „Anlage“- oder „Gelegenheitsaktionär“[124] auf der andern Seite. Dieser Gegensatz ist in der korporativen Unternehmensform selbst enthalten und kommt bei der Aktiengesellschaft voll zum Durchbruch. Ihr Organisationsstatut baut in wesentlichen Punkten darauf auf.

4. Machtstrukturen und normativer Mitgliedschaftsbegriff

Die ambivalente Stellung der Kleinaktionäre im Schnittpunkt inkongruenter Verhaltensnormen des aktienrechtlichen Organisationsstatuts fördert nachhaltig die in der körperschaftlichen Unternehmensform an sich schon angelegten Oligarchisierungstendenzen. Dem Kleinaktionär werden Kompetenzen zugewiesen, die zur Struktur seiner Mitgliedschaft im Widerspruch stehen und die er deshalb typischerweise nicht ausüben wird. In die Lücke treten Großaktionäre und tritt das Management. Das volle Ausmaß der Machtkonzentration im Unternehmen wird indessen erst sichtbar, wenn man über den Kreis der Kapitalgesellschafter hinaus auch die Arbeitnehmer,

---

[121] *Naschold,* aaO. S. 51.

[122] Vgl. *Wiethölter,* Interessen, S. 316. Dies wird bestätigt durch das Soziogramm der aktiven Aktionäre: viele von ihnen erfüllen den Tatbestand des „professionellen“ Aktionärs, so die Sprecher der Aktionärsvereinigungen, aber auch „private“ Aktionäre. Neuerdings treten auch Aktionäre auf, die die Hauptversammlung unmittelbar als politisches Forum benutzen (z. B. im Zusammenhang mit Cabora-Bassa-Projekt). Sie können indes nicht dem empirischen Normaltypus des Kleinaktionärs zugerechnet werden und fallen aus dem hier untersuchten Bezugsrahmen.

[123] *Franz Klein,* Die neueren Entwicklungen in Verfassung und Recht der Aktiengesellschaft, 1904, S. 54 ff.

[124] *Fritz Haussmann,* Vom Aktienwesen und vom Aktienrecht, 1928, S. 53 f.; Vgl. *W. Mestmäcker,* Verwaltung, Konzerngewalt, S. 3 ff.

Lieferanten, Abnehmer, Kreditgeber etc. des Unternehmens in die Betrachtung einbezieht. Sie alle tragen durch spezifische Leistungen zur Unternehmenswirklichkeit unmittelbar bei und sind insoweit ein Teil davon. Rechtlich gelten sie jedoch nicht als Mitglieder der Unternehmenskorporation. In rechtlicher Sicht ist die Mitgliedschaft auf den unmittelbar vom Statut der JP umfaßten Personenkreis beschränkt. Das sind die Kapitaleigner und die verfassungsmäßig berufenen Vertreter der Leitungsorgane. In dieser Eingrenzung liegt eine wesentliche Funktion der JP des geltenden Rechts. Sie bewirkt eine Verengung der rechtlichen Mitgliedschaft gegenüber soziologischen Definitionen und Abgrenzungen. So wird auch in der Lehre betont, daß „von Mitgliedschaft ... natürlich nicht schon dann die Rede sein (kann), wenn ein fester Personenkreis innerhalb eines Sozialgebildes dauernd für dessen Zwecke tätig ist“[125]. Indes würde gerade eine „natürliche“, d. h. unbefangen von der sozialen Realität ausgehende Betrachtung zum umgekehrten Ergebnis führen: dann wäre die Zugehörigkeit zu jenem „festen Personenkreis“ als entscheidendes Kriterium der Mitgliedschaft unbestreitbar.

Dies hat besondere Aktualität für den Status der Arbeitnehmer. Hier zeigt sich, wie bestimmte Gruppen durch Verweigerung der rechtlichen Mitgliedschaft effektiv und über lange Zeit hinweg von der faktischen Mitwirkung und Mitbestimmung im Unternehmen ausgeschaltet worden sind. In soziologischer Sicht konnte spätestens seit Entstehen des Industrieunternehmens nicht mehr zweifelhaft sein, daß die Arbeitnehmer Mitglieder sind. Das Unternehmen umfaßt alle Personen, denen nach Maßgabe bestimmter Positionen arbeitsteilig differenzierte Tätigkeiten als Aufgabe zugewiesen sind und die durch entsprechende Beiträge dem Unternehmensziel dienen. Mag auch die Abgrenzung zwischen Mitgliedern und Nichtmitgliedern einer Organisation nur schwer eindeutig erfolgen können und gerade auch beim Industrieunternehmen eine Fülle von Problemen aufwerfen, so kann doch nicht in Frage gestellt werden, daß die Arbeitnehmer unter allen in Betracht kommenden Aspekten Organisationsmitglieder sind[126]. Sie sind es viel un-

---

[125] *Forsthoff,* Verwaltungsrecht, 10. Aufl., S. 488. Anders dagegen schon *Fechner,* Die Treubindungen des Aktionärs, 1942, S. 62 ff., der das Unternehmen dem hier vertretenen Ansatz entsprechend als sozialen Personenverband begreift. Rechtlich kompetent für das Unternehmen soll nur der (engere) Verband des Unternehmensträgers sein.

[126] Dazu im einzelnen *William R. Dill,* Business Organizations in James G. March, Hrsg., Handbook of Business Organizations, 1965, S. 1071 ff., bes. S. 1077 ff. mit eingeh. Nachw. Zum Mitgliedschaftsbegriff speziell unter dem Aspekt der normativen Verengung besonders auch *Philip Selznick,* Law, Society, and Industrial Justice, S. 43 ff., 49 ff.; weiter *Abram Chayes,* The Modern Corporation and the Rule of Law in E. Mason, Hrsg., The Corporation in Modern Society, S. 40 ff.

mittelbarer und eindeutiger als die Kapitalgesellschafter, die – sofern sie nicht „Unternehmerfunktionen" ausüben – organisationssoziologisch nicht als Mitglieder, sondern nur als „Kapitalgeber" im eigentlichen Sinne des Wortes erscheinen, mit anderen Lieferanten zusammen also als „suppliers" fungieren und dem Kreis der „external participants" des Unternehmens zugerechnet werden[127]. Die Arbeitnehmer gehören dagegen zusammen mit den Unternehmeraktionären und den aktiv in die Unternehmensführung eingeschalteten Gesellschaftsorganen zu den „internal participants" und damit zum Kreis der eigentlichen Organisationsmitglieder: sie erbringen nicht nur einen einmaligen, abgegrenzten Beitrag, sondern stehen tatsächlich in fortlaufender Interaktion mit den anderen Mitgliedern.

Frühe juristische Ansätze zur Übernahme des soziologischen Tatbestands der Mitgliedschaft zur Einbeziehung der Arbeitnehmer in den Rechtsverband des Unternehmens sind gescheitert. So beklagte schon Otto von Gierke, in der überkommenen Konzeption der Aktiengesellschaft sei der Personenverband nur ein Anhängsel des Kapitalorganismus[128]. Die leitende Intelligenz und die schaffende Arbeit seien nur besoldete Dienerinnen, maßgeblich sei nur das Kapital, das den Arbeiter im Unternehmen rechtlos stelle und ihm das ökonomische Bürgerrecht vorenthalte. Das Unternehmen wurde dabei mit der „Gesellschaft" bzw. mit dem „Verein" der Kapitalanleger identifiziert: diese galten als die eigentlichen „Träger" des Unternehmens, die Gesellschafter als seine Eigentümer im „wirtschaftlichen Sinn" und die Gesellschaftsorgane waren ohne weiteres identisch mit den Unternehmensorganen.

Diese Identifizierung wirkt bis heute nach. Sie wurde allerdings zunehmend in Frage gestellt. Das System des individualvertraglichen Arbeitsrechts, das die Arbeitnehmer vom Unternehmen soweit als möglich fernhalten sollte und sie in der Position von „external participants" rechtlich auf eine Stufe mit Lieferanten etc. stellte, konnte weder der Einsicht in die Struktur des modernen Industrieunternehmens noch der politischen Formierung der Arbeitnehmer selbst standhalten. Das bedeutete zwangsläufig die Durchbrechung der überkommenen gesellschaftsrechtlichen Unternehmenskonzeption. Das Entstehen der neuen Rechtsbegriffe „Betrieb" und „Unternehmen" bezeichnet die Stufen dieses Durchbruchs, zugleich freilich auch den Versuch, die überkommenen Positionen gegenüber neuen Ansprüchen auf Teilhabe an der Macht zu behaupten. Im Rechtsbegriff „Betrieb" ist das

---

[127] So ausdrücklich bezüglich der „inactive shareholders" *William Dill,* aaO. S. 1079. Diese Differenzierung hat schon Fechner in die juristische Auseinandersetzung eingeführt, indem er zwischen Betriebsgemeinschaft, Personen, die zum Unternehmen, aber nicht zur Betriebsgemeinschaft (Aktionäre, Geldgeber) und anderen mit dem Unternehmen in dauerhafter Beziehung stehenden Personen unterscheidet, vgl. Treubindungen, S. 64 ff.

[128] Genossenschaftsrecht, Band 1, S. 1029 ff.

Anerkenntnis enthalten, daß sich das Unternehmen nicht in der Organisation der Kapitalgeber erschöpft, sondern auch den Produktionsapparat und damit die „Belegschaft" umfaßt. Dieser Begriff hat gleichzeitig aber auch die Funktion, dem Einfluß der Arbeitnehmer auf das Unternehmen rechtlich enge Schranken zu ziehen[129]. Der „Betrieb" wird in Gegensatz zum „Unternehmen" gestellt und auf einen als rein „technisch" deklarierten Organisationsbereich bezogen. Als Betrieb erscheint das Unternehmen in dieser Terminologie unter dem Gesichtspunkt der technischen Durchführung der „den Produktiveinheiten gestellten Aufgaben, ... (der) Beschaffung und Verwendung der dazu erforderlichen konkreten Mittel – wie sachliche und menschliche Kräfte, Arbeitseinrichtungen, Roh- und Hilfsstoffe – und ... (des) Prozess(es) des Leistungsvorgangs, kurzum, ... (des) inneren Aufbau(s) und Ablauf(s)"[130]. Die Zweck- und Zielbestimmung und damit der Bereich der Unternehmenspolitik und der unternehmenspolitischen Entscheidungen ist aus dieser Definition ausgeklammert und wird dem Begriff des „Unternehmens" zugewiesen[131]. Die Grenze verläuft dabei genau auf der Linie des Privateigentums und der Privatautonomie: Betriebe – so die Doktrin – gibt es in jeder Wirtschaftsordnung, Unternehmen dagegen nur in einer auf dem Privateigentum beruhenden[132]. Konsequenterweise steht der Betrieb in der Doktrin für die arbeitsrechtliche Ordnung im Unternehmen. Die Arbeitnehmer werden als Organisationsmitglieder anerkannt, soweit sich daraus die Notwendigkeit einer „betrieblichen Sozialordnung" ergibt. Insoweit – also in Fragen der Arbeitsbedingungen – sind auch die Folgerungen in Form von Mitsprache- und Mitwirkungsrechten gezogen worden[133].

Die Entwicklung einer besonderen Betriebsverfassung bezeichnete den vorläufigen Erfolg dieser containment-Strategie. Eine „unternehmerische" Mitbestimmung der Arbeitnehmer konnte auf dieser Basis als nicht legitim ausgewiesen werden; die Identität von Unternehmen und Gesellschaft – im gesellschaftsrechtlichen Sinn – blieb zunächst gewahrt. Sie mußte jedoch zu einem wesentlichen Teil aufgegeben werden, seit sich die unternehmerische Mitbestimmung der Arbeitnehmer durchzusetzen begann. Mit ihr wird das tradierte, gesellschaftsrechtliche Ordnungskonzept gesprengt[134]. Die Ar-

[129] *Thomas Raiser*, aaO. S. 128 f.

[130] So die betriebswirtschaftliche Definition bei *Erich Schäfer*, Die Unternehmung, 8. Aufl., 1974, S. 81. Sie deckt sich zumindest in der Tendenz mit den gebräuchlichen juristischen Definitionen, vgl. z. B. *Hueck-Nipperdey*, Grundriß des Arbeitsrechts, 5. Aufl., 1970, S. 39 ff.; *Halberstadt-Zander*, Handbuch des Betriebsverfassungsrechts, 2. Aufl., 1972, RN 13 ff., 84. Siehe zum ganzen *Thomas Raiser*, aaO. S. 123 ff. mit weit. Nachw.; dazu auch *ders.*, Marktwirtschaft und paritätische Mitbestimmung, 1973, S. 58 ff.

[131] Schäfer, aaO. S. 102 f.

[132] *Schäfer*, aaO. S. 104.

[133] Vgl. dazu im einzelnen das Betriebsverfassungsgesetz 1972 vom 15. 1. 1972 (BGBl. I, S. 13).

[134] Vgl. *H. W. Köhler*, Unternehmensverfassung und Aktienrechtsreform, JZ 1956, S. 137 ff.; *Wiethölter*, Unternehmensverfassungsrecht, Juristenjahrbuch 1966/

beitnehmer treten – dem Umfang ihrer legalisierten Mitwirkungskompetenzen entsprechend – nunmehr zunehmend auch rechtlich-formal als Mitglieder des Unternehmens in Erscheinung. Infolgedessen kann auch die „Gesellschaft" – als Zusammenschluß der Kapitalgesellschafter – nicht mehr ohne weiteres und ausschließlich Rechtsträger und Rechtsform des Unternehmens sein. Vielmehr verbreitert sich die Rechtsform zwangsläufig um die neu legalisierten Organisationsmitglieder. Demgemäß wuchs in der bisherigen Entwicklung das Organisationsstatut des Unternehmens über das Gesellschaftsstatut hinaus in Richtung auf eine förmliche „Unternehmensverfassung"[135]. Die erweiterte Mitbestimmung wird die Überwindung des Gesellschaftsstatus durch eine umfassende Unternehmensverfassung beschleunigen, die paritätische kann zur Ablösung führen. Im Endzustand könnten dann die bisherigen Handelsgesellschaften zu Teilkorporationen des Unternehmens werden, zu reinen „Kapitalgeberverbänden" mit sehr begrenzten Funktionen in bezug auf das Unternehmen selbst[136].

Die Begriffe Betrieb und Unternehmen sind in der Doktrin alles andere als geklärt. Die Schwierigkeiten, sie untereinander und gegenüber handelsrechtlicher Gesellschaft und JP abzugrenzen, und die daraus resultierende terminologische Verwirrung – die im einzelnen hier nicht von Belang ist – beruhen in erster Linie auf divergierenden Vorstellungen zur politischen Ordnung des Unternehmens, und das heißt konkret: zur Frage, welchen Einfluß Kapitalgesellschafter, Arbeitnehmer, Management und unter Umständen noch weitere Gruppen und Interessen haben sollen. Die normative Verengung des Mitgliedschaftsbegriffs, wie sie der traditionellen gesellschaftsrechtlichen Unternehmenskonzeption entsprach, zeigt sich schon darin, daß die rechtliche Anerkennung der sozialen Realität des Unternehmens auf halbem Weg steckengeblieben ist. Es wird zwar auf vielfältige Weise umschrieben, wobei unter den verschiedensten Aspekten zum Ausdruck gebracht werden soll, daß es irgendwie umfassender als der gesellschaftsrechtliche Verband ist[137]. Die förmliche rechtliche Anerkennung als ein

67, S. 162 ff. mit eingehenden Nachweisen; *Erik Boettcher* u. a., Unternehmensverfassung als gesellschaftspolitische Forderung, 1968, weiter *Thomas Raiser*, Unternehmen als Organisation, S. 157 ff.

[135] Vgl. zur grundsätzlichen Auseinandersetzung um die Unternehmensverfassung auch *Mestmäcker*, Verwaltung, Konzerngewalt und Rechte der Aktionäre, S. 34 ff. und dazu wiederum *Wiethölter*, Interessen, aaO., S. 28 ff. Vgl. weiter *Thomas Raiser*, aaO. S. 157 ff., *Rittner*, Werdende JP, S. 289 ff. mit weit. Nachw.

[136] So die von v. Nell-Breuning de lege ferenda entwickelte Konzeption, siehe Unternehmensverfassung in Festgabe für H. Kronstein, S. 47 ff., 64 ff.

[137] Vgl. dazu *Ballerstedt*, Gesellschafts- und unternehmensrechtliche Probleme der Unternehmenskorporation in Helmut Arndt, Hrsg., Die Konzentration in der Wirtschaft, Band 1, 2. Aufl., 1971, S. 603 ff., der betont, daß die Problematik der Unternehmenskonzentration über den Rahmen des Gesellschaftsrechts hinausgehe und der das Unternehmensrecht ausdrücklich auf das Unternehmen als sozialen Verband aller in ihm tätiger Personen bezieht. Konkret wird daraus aber nur abge-

gegenüber der Gesellschaft erweiterter Verband bleibt ihm aber weitgehend versagt[138]. Damit verbindet sich die Tendenz, wenn schon nicht die Identität von Gesellschaft und Unternehmen, so doch die Priorität der Gesellschaft im Unternehmen zu behaupten und die Kapital-Gesellschafter als Mitglieder im engeren und eigentlichen Sinn von den Mitgliedern im weiteren Sinn – den Arbeitnehmern also – zu unterscheiden, d. h.: ihre Mehrheit im Unternehmen zu sichern. Letztlich steht hinter der Auseinandersetzung um das Verhältnis von Gesellschaftsrecht und Unternehmensrecht die Frage nach der Verteilung von Einfluß im Unternehmen. Die subtilen begrifflichen Differenzierungen können nicht verbergen, daß damit die überlieferten Einflußstrukturen des Gesellschaftsrechts – und das heißt: des Rechts der Anteilseigner und der Leitungsorgane – festgeschrieben und gegen das Partizipationsverlangen anderer Mitgliedergruppen abgeschirmt werden sollen. Entscheidend ist nicht die Frage nach dem Verhältnis von Unternehmen zu Unternehmensträger, sondern die ganz andere Frage, wer dem Kreis der „Unternehmensträger" rechtlich zugeordnet wird[139].

leitet, daß es für bestimmte wirtschaftspolitische Ordnungsbereiche nicht auf die gesellschaftsrechtliche Rechtsform der Unternehmen ankomme. B. hält im übrigen ausdrücklich an der Verschiedenartigkeit der Wertungsgesichtspunkte von Gesellschaftsrecht und Unternehmensrecht fest und bezieht sich dafür auf die gegenwärtige Wirtschaftsverfassung. Siehe in diesem Zusammenhang weiter *Fritz Rittner,* Die handelsrechtliche Publizität außerhalb der Aktiengesellschaft, Gutachten für den 45. DJT, Band 1, 4, 1964, S. 128 ff. *Rittner* will entgegen den Konzeptionen eines Unternehmensrechts an den Gesellschaften des Handelsrechts als den Unternehmensträgern festhalten, für die er allerdings die Möglichkeit einer Umgestaltung in Richtung auf Mitbestimmung und Beteiligung von Repräsentanten des öffentlichen Interesses andeutet. Im Prinzip will *Rittner* aber – ähnlich wie offenbar Ballerstedt – an den Wertungsgrundlagen der letzten hundert Jahre festhalten. – Entgegen R. geht es aber nicht um die „Entthronung der Rechtsperson"(?), sondern darum, die für die rechtliche Ordnung des Unternehmensverbands maßgeblichen Werte neu zu bestimmen. –

[138] Anders aber neuerdings *Thomas Raiser,* Unternehmen als Organisation, pass., der die Zersplitterung des Unternehmens in Einzelaspekte durch die juristische Doktrin zu überwinden und ihm direkte rechtliche Anerkennung entsprechend seiner sozialen Realität zu verschaffen sucht. Trotz der nicht ganz klaren Terminologie Thomas Raisers bezieht sich das der Sache nach auf die Anerkennung eines sozialen Verbands durch die Rechtsordnung, also auf seine Rechtsfähigkeit, unter Überwindung der positivrechtlichen und ideologischen Schranken der Mitgliedschaft. Dabei handelt es sich – entgegen *F. Rittner* in Festschrift für E. Geßler, S. 151, – keineswegs um „seltsame Theorien", sondern um den auch sonst geläufigen Vorgang der Verleihung der Rechtsfähigkeit oder Rechtspersönlichkeit. Das meint eindeutig auch Th. Raiser, wenn er von der Personifikation des Unternehmens spricht. Die Polemik Rittners ist im übrigen ganz unangebracht, läßt er doch selbst – eine Seite weiter – die JP grüßen, danken, Jubiläen feiern und gratulieren ... – Interessante Aspekte zum Bemühen um eine direkte juristische Erfassung des Unternehmens: *Alfred Solal,* Revue Trimestrielle de Droit Commercial 1971, 617 f., der das Unternehmen ganz in vorstehendem Sinn „une cellule indépendante, un ensemble sociologique" nennt, vgl. S. 623.

[139] Dies wird implizit bestätigt von Rittner, der von einer „Herabsetzung des

III. Ausbau und Sicherung wirtschaftlicher Herrschaftssysteme durch die JP

War die JP bisher als Verbandsordnung, als Rechtsform des körperschaftlich strukturierten Verbands aufgefaßt worden, so stößt dies auf den Einwand, daß in einem weiten Bereich der modernen Unternehmensarchitektur die JP offenbar andere Funktionen hat und engeren und spezielleren Zwecken dient. Die Beispiele dafür sind weitgespannt. In einer Reihe von Fällen setzt die JP nur beschränkte steuer- und haftungsrechtliche Tatbestände, die mit der Organisation des Unternehmens im ganzen nicht zusammenfallen. So führt die Doppelgesellschaft formalrechtlich zu einer Aufspaltung der Unternehmensordnung in eine Besitz- und eine Betriebsgesellschaft, ändert aber nichts an der tatsächlichen Einheit des Verbands bzw. der Organisation des Unternehmens[140]. Die GmbH & Co. KG bezieht sich auf ein einheitliches soziales Gebilde, das lediglich im Hinblick auf bestimmte Normen des Haftungs- und des Steuerrechts vor allem wie eine Mehrheit von Verbänden behandelt wird[141]. Umgekehrt ist die Einmann-GmbH formal JP, realiter aber vielfach nicht Verband, sondern Haftungsbeschränkung des Einzelunternehmers. Hier mag man davon sprechen, „daß wir es schlicht mit Buchungsvorgängen zu tun haben“[142]. In anderen Fällen dient

---

Gesellschaftsrechts zugunsten des Unternehmensrechts“ spricht und dies zutreffend, wenn auch in der Sache ablehnend als Ausdruck eines „rechtspolitischen Programms“ versteht; Werdende JP, S. 308, 309.

[140] Dazu näher *Joachim Treeck*, Das Ausscheiden aus der Doppelgesellschaft, 1968, mit weit. Nachw.

[141] Dazu *Wiethölter*, Aktuelle Probleme, S. 11 ff.

[142] *Wiethölter*, aaO. S. 15. – Zur Verwendung der JP in diesen Zusammenhängen grundlegend *Ottmar Kuhn*, Strohmanngründung bei Kapitalgesellschaften, 1964. Die Erscheinung der „Einmann-Gesellschaft“ bereitet der Doktrin in der Erfassung der JP erhebliche Schwierigkeiten; vgl. z. B. *Lehmann-Hübner*, Allg. Teil, S. 438: die Theorie der realen Verbandspersönlichkeit könne die Einmann-Gesellschaft und den Mantelkauf nicht „erklären“; *Fabricius*, Relativität der Rechtsfähigkeit, S. 63: im Hinblick auf die Einmann-Gesellschaft sei das Erfordernis einer körperschaftlichen Verfassung als Voraussetzung der Rechtsfähigkeit fragwürdig. Vgl. *Kuhn*, aaO. S. 59 ff. – In der Tat handelt es sich hier um inkongruente Vorgänge. Die JP ist durch eine sich immer freier entwickelnde Vertragspraxis aus ihrem ursprünglichen Funktionszusammenhang gelöst und teilweise „umfunktioniert“ worden. Sie ist insoweit zu einem Instrument der Manipulation von Rechtsnormen durch Unternehmen geworden; dazu bekennt sich nachdrücklich – aus der Sicht der Unternehmen – *Wiethölter*, Aktuelle Probleme, S. 11 ff. Dieser Vorgang wird verschleiert, wenn sich die Doktrin um eine einheitliche „Erklärung“ der Erscheinungsformen der JP bemüht. Im übrigen sind die Kapitalbesitzverhältnisse nicht mit der Unternehmensstruktur zu verwechseln, vgl. oben Kap. 1, II 1 c., auch *Ramm*, Einführung in das Privatrecht, III, S. G 737. *Rittner*, Werdende JP, S. 237 ff. sieht auch in der Einmanngesellschaft eine Bestätigung der JP als „selbständige Wirkungseinheit“, übergeht aber stillschweigend den entscheidenden Unterschied zur „Mehrmann“-Gesellschaft.

die JP der rechtlichen Verselbständigung von Teilbetrieben und Betriebsteilen, durch die zwar organisatorische Zäsuren nachgezeichnet werden, die aber keine vollunabhängige, in sich abgeschlossene Organisation schafft[143].

Dies alles rechtfertigt die Bezeichnung der JP als „uneinheitliche Zweckhülle"[144], als „verselbständigtes Zweckgebilde"[145] etc. Durchweg wird in der gesellschafts- und unternehmensrechtlichen Doktrin die rein instrumentale Bedeutung der JP hervorgehoben. Ihr vielfältiger Einsatz läßt sie dabei als „besonders geeignete(s) Hilfsmittel im Dienste der nach immer neuen Wegen suchenden modernen Wirtschaft"[146] erscheinen, als Instrument der „Perfektion der Industrialisierung"[147]. Vor diesem Hintergrund gewinnt die Verwendung der JP über die Besonderheiten des konkreten Falles hinaus einen allgemeinen Bezug und gesamtgesellschaftliche Bedeutung. Dies ist der Ausbau und die Sicherung von Herrschaftssystemen der Wirtschaft. Die prinzipielle Wichtigkeit der rechtlichen Anerkennung und Institutionalisierung korporativer Verbände für den Aufbau wirtschaftlicher Machtzentren ist schon festgestellt worden. Hier liegt die klassische Funktion der JP: der „ursprüngliche Zweck der Geschäftsausweitung infolge Kapitalkonzentration"[148] und die auf dieser Basis nachfolgende Machtkonzentration. Im Ausbau dieser Positionen liegen die neu hinzu gekommenen Funktionen der JP. Dabei ist sie von der Rechtsform des Verbands im Sinne seiner Kontrolle durch die Rechtsordnung zum Instrument des Verbands selbst geworden, mit dem er seinen rechtlichen Status bestimmt.

Zunächst war es der in der Korporation akkumulierten Wirtschaftsmacht gelungen, die Grundform der JP zu sprengen, als sie sich aus der engen Zweckbindung, die ihr die Rechtsordnung auferlegt hatte, löste und die Autonomie der Zwecksetzung erkämpfte[149]. Damit waren bereits wesentliche Schranken gegen unkontrolliertes Machtstreben der einzelnen Unternehmen gefallen. Der nächste Durchbruch in diesem Prozeß war erreicht, als Aktiengesellschaften Aktienbesitz zu erwerben begannen. In der ursprünglichen Konzeption der JP war dafür kein Raum. Als streng zweckgebundene Organisation zur Durchführung quasi-öffentlicher Aufgaben schien sie ihrem Wesen und ihrer ganzen Ausrichtung nach mit der Abhängigkeit von anderen Korporationen unvereinbar. In der Möglichkeit, daß sie unter den beherrschenden Einfluß anderer Organisationen, des „organisierten Kapitals" insbesondere, geriet, sah man die Gefahr eines Staates im Staate begrün-

---

[143] Vgl. *Kronstein,* Die abhängige juristische Person, 1931.

[144] *Wiethölter,* Interessen, S. 76.

[145] *Wolfhart Bürgi,* Wandlungen im Wesen der juristischen Person in Staat und Wirtschaft, Festgabe Hans Nawiasky, 1950, S. 259.

[146] *Bürgi,* aaO. S. 251.

[147] *Wiethölter,* aaO. S. 76. Siehe auch *ders.,* Aktuelle Probleme, S. 11 ff.

[148] *Bürgi,* aaO. S. 251.

[149] Vgl. dazu *Großfeld,* Aktiengesellschaft, S. 127 ff.

det[150]. Von daher vor allem erschien es als „Anomalie, daß eine Korporation die Geschäfte der andern leitet“[151]. Die Erstreckung dieser korporativen Macht auf andere Korporationen und die rechtliche Absicherung dieses Vorgangs bedeutete den ersten und wichtigsten Schritt auf dem Weg des Ausbaus dieser zunächst noch isolierten Machtzentren zu einem die ganze Gesellschaft umfassenden nicht-staatlichen Herrschaftssystem. Die Sprengung der Grundform der JP durch die Öffnung der Mitgliedschaft für andere JP und damit die Preisgabe des Prinzips der Selbständigkeit gegenüber anderen Organisationen hatte die Bedeutung einer Revolution. Sie leitete unmittelbar die Kartell- und Konzernbildung ein und bewirkte, daß die Wirtschaft innerhalb weniger Jahrzehnte in ein straff durchorganisiertes Herrschaftssystem umgewandelt wurde[152]. In anderen Ländern, insbesondere in den USA, vollzog sich eine ähnliche Entwicklung[153]. Auch hier hatten die corporations Schritt um Schritt die staatliche Kontrolle zurückgedrängt und die ursprünglichen Vorkehrungen, die ihre Macht in Schranken halten sollten, abgebaut. Zuletzt fiel mit der Zulassung des Aktienerwerbs durch corporations und der Bildung von Holding-Gesellschaften auch hier das entscheidende Hindernis auf dem Weg zum Aufbau von Wirtschafts-Imperien. Nicht anders als in Deutschland „bedeutete die allgemeine Zulassung der Holding-Gesellschaften *die* Revolution im amerikanischen Aktienrecht“[154].

Für die JP ist damit ein teilweiser Übergang zur „rein instrumentalen Bedeutung“ im Sinn der modernen Doktrin bezeichnet. Dieser Vorgang ist freilich nicht mit einer „Entinstitutionalisierung“ der JP und des Gesellschaftsrechts schlechthin gleichzusetzen, wie sie die Doktrin vertritt[155]. Insbesondere bedeutet er nicht, daß die JP aus der sozialen Realität in eine

---

[150] Vgl. *Franz Klein,* Die wirtschaftlichen Grundlagen, S. 87: die Einzelaktionäre werden durch das organisierte Kapital verdrängt, das nur das Recht des Stärkeren kennt; *Liefmann,* Die Unternehmensformen, 1912, S. 112 ff.

[151] *Kempin,* Die amerikanischen Trusts, Arch BürgR 7 (1893), S. 334 ff., 341.

[152] Vgl. zu dieser Entwicklung im einzelnen *Grossfeld,* Aktiengesellschaft, S. 149 ff. mit eingeh. Nachw. Zur grundsätzlichen Problematik im Hinblick auf die JP *Kronstein,* aaO. Demgegenüber sieht *Rittner,* Werdende JP, S. 310 ff. die Abhängigkeit als „Möglichkeit“ in der JP selbst begründet, ohne auf die „Umfunktionierung“ der JP einzugehen.

[153] *Grossfeld,* aaO. S. 160 ff. – Zum Gebot der rechtlichen Unabhängigkeit und Selbständigkeit von Gesellschaften nach französischem Recht vgl. *Brachvogel,* Aktiengesellschaft und Gesellschaftsgruppe im französischen Recht, Zeitschr. f. Untern.- und Gesellschaftsrecht, 1972, 93 ff.

[154] *Grossfeld,* aaO. S. 164 – Zur Rückwirkung dieses Vorgangs auf die Dogmatik der JP vgl. *Eckard Rehbinder,* Konzernaußenrecht und allgemeines Privatrecht, S. 72 ff.

[155] So mit besonderem Nachdruck *Mertens,* Die Einmann-GmbH & Co. KG und das Problem der gesellschaftsrechtlichen Grundtypenvermischung, NJW 1966, 1049 ff. Auf gleicher Linie *Wiethölter,* Aktuelle Probleme, S. 11 ff., 15 ff.

„rein juristische“ Realität verlagert wäre. Solche Umschreibungen verdekken lediglich die tatsächlichen sozialen Funktionen der JP. Ihre Definition als „formale Rechtskonstruktion“ u. ä. m. und die Betonung der „instrumentalen“ Aspekte weisen im Grunde selbst auf die soziale Realität zurück, indem sie die JP als „Sozialtechnik im Dienst wirtschaftlicher Interessen“[156] ausweisen. Damit wird der eigentliche Vorgang sichtbar: die JP ist „umfunktioniert“ worden. Sie ist nach wie vor eine zentrale soziale Institution und gewinnt an Bedeutung laufend noch hinzu. Aus ihren ursprünglichen rechtlichen Bindungen gelöst, erweist sie sich als besonders geeignetes Instrument des wirtschaftlichen Machtstrebens und ist dafür noch immer und immer mehr unverzichtbar. Diese soziale Realität der JP ist von der Ideologie des Liberalismus lange Zeit verdeckt worden, und sie ist von einer juristischen Doktrin nachhaltig gefördert worden, die sich durch ihre eigene Begrifflichkeit von den politisch relevanten Fragestellungen abgeschnitten hatte und die deshalb auch nicht einzusehen vermochte, warum einer juristischen Person Rechte vorenthalten werden sollten, die einer natürlichen zustanden[157].

Die in dieser Weise umfunktionierte JP ist ein tragendes Bauelement moderner Wirtschaftsimperien. Sie erlaubt die Potenzierung von Wirtschaftsmacht, weil mit relativ geringem Kapitalbesitz die Kontrolle über andere Unternehmen und über ganze Unternehmenszweige ausgeübt werden kann. Der Schlüssel zur industriellen Herrschaft ist dabei die Mobilität der Aktie: sie macht Machtchancen käuflich und akkumulierbar. Wirtschaftliche Überschüsse können auf diese Weise in Kontrolle umgewandelt werden. Zugleich führen wachsende Überschüsse und wachsende Kapitalansammlung fast zwangsläufig zum Erwerb von Beteiligungen bei anderen Unternehmen und damit zum weiteren Ausbau des Herrschaftssystems.

Dieser Prozeß der Verschachtelung ist nicht auf die Aktiengesellschaft beschränkt, sondern bedient sich der JP auch in anderen Erscheinungsformen, vor allem der GmbH. Durchweg weist die moderne Wirtschaft „Personen höherer und niederer Ordnung“ auf, – „bis hinunter zu den kleinsten Wirtschaftskörpern sehen wir auf der einen Seite herrschende, auf der andern von diesen abhängige Personen... Die Form der juristischen Person, die sich weitgehend nach Belieben gestalten läßt, bietet die Möglichkeit solchen Aufbaus“[158].

---

[156] So *Mertens,* aaO. S. 1052, für das Gesellschaftsrecht im ganzen.

[157] Vgl. dazu *Großfeld,* Aktiengesellschaft, S. 150, der treffend bemerkt, es handle sich hierbei um „die klassische Fehlleistung einer Begriffsjurisprudenz, die kein Verständnis mehr für die in einem einheitlichen Begriff konkretisierten unterschiedlichen sozialen Sachverhalte hatte“, ebd. FN 258. Dort auch weitere Nachweise.

[158] *Kronstein,* Die abhängige juristische Person, 1931, S. 1.

Auch außerhalb der Kartell- und Konzernbildung ist die JP zu einem Instrument des Ausbaus und der rechtlichen Absicherung wirtschaftlicher Macht umfunktioniert worden. Doktrin und Vertragspraxis haben sich ganz der Suche nach der „freiheitlichsten Gesellschaftsrechtsform" (Wiethölter) gewidmet – ein Unterfangen, das zu einem guten Teil mit der weiteren Konzentration wirtschaftlicher Macht zusammenfällt. Der Umbau des Gesellschaftsrechts mittels des Gesellschaftsvertrags hat nicht nur die – bereits geschilderte – Anpassung an die strukturellen Bedingungen des modernen Industrieunternehmens bewirkt. Er war gleichzeitig auch Teil des Aufbaus einer eigenen Rechtsordnung der Wirtschaft. Daran hat die JP wesentlichen Anteil. Ihre formal-rechtliche Selbständigkeit auch bei gleichzeitiger wirtschaftlicher Abhängigkeit macht sie zu einem überaus praktikablen Instrument, mit dem das staatliche Recht von Fall zu Fall umgangen oder faktisch außer Wirkung gesetzt werden kann. Zusammenhängende Tatbestände können formal selbständigen Rechtssubjekten zugeordnet werden, um auf diese Weise bestimmte Normen des staatlichen Rechts zu vermeiden, die auf den Sachverhalt seinem wirtschaftlichen Zusammenhang nach an sich anwendbar wären, oder um andere Normen anwendbar zu machen[159]. Seit langem ist die zur Rechtsform mit nahezu beliebigem Inhalt weiterentwickelte JP unentbehrliches Requisit in der Praxis der Gesetzesumgehung und wird ebenso erfolgreich zur Normvermeidung wie zur Normerschleichung eingesetzt, oder – neutraler ausgedrückt – zur Entwicklung des selbstgeschaffenen Rechts der Wirtschaft. Illustrativ ist dafür das Beispiel der GmbH & Co. KG. Die Rechtsform der JP wird hier erklärtermaßen dazu verwendet und mit anderen Rechtsinstituten kombiniert, um das Unternehmen von allen möglichen Normen des staatlichen Rechts freizustellen und es statt dessen einer Rechtsordnung eigener Wahl und eigenen Zuschnitts anzuschließen[160]. Die Normen des zwingenden Rechts – werden durch die beliebige Verschiebbarkeit und Gestaltbarkeit der JP praktisch teils ausgeschaltet, teils modifiziert, ohne daß dies mit einem Verlust an grundsätzlichen organisatorischen Möglichkeiten verbunden wäre. In jeder Hinsicht wird so ein Maximum an Spielraum erreicht, das Recht wird der Wirtschaft ein- und untergeordnet[161].

---

[159] Dazu näher *Ottmar Kuhn,* Strohmanngründung bei Kapitalgesellschaften, 1964, S. 139 ff., S. 156 ff., S. 179 ff.

[160] *Wiethölter,* Aktuelle Probleme, S. 14 ff., 28, 32.

[161] *Wiethölter,* aaO. – Siehe auch S. 16: Funktion der Rechtsordnung im Wirtschaftsbereich als Funktion von wirtschaftlichen und als Funktion für wirtschaftliche Daten. Ein ähnliches Grundverständnis des Verhältnisses von Recht und Wirtschaft kommt auch bei *Barz,* NJW 1972, 465 ff., 467 zum Ausdruck: „Man kann auf die Dauer die Unternehmen nicht in Rechtsformen pressen, die zwar den gesetzgeberischen Wünschen, nicht aber den wirtschaftlichen Bedürfnissen entsprechen. Der Gesetzgeber hat vielmehr seinerseits der Wirtschaft die Rechtsformen zur Verfügung zu stellen, die ihren legitimen Bedürfnissen entsprechen

Der Machtkampf zwischen Staat und Wirtschaft, der am Anfang der modernen JP stand, bestimmt und prägt somit auch ihre weitere Entwicklung und ihre heutige Wirklichkeit[162]. War die Aktiengesellschaft im frühen neunzehnten Jahrhundert eine Waffe des Bürgertums im Kampf um die Emanzipation der Wirtschaft vor staatlicher Bevormundung[163], so dient sie nunmehr – zusammen mit den anderen Erscheinungsformen der JP – der Konzentration wirtschaftlicher Macht und der Institutionalisierung der Kontrolle über andere Unternehmen, über ganze Unternehmenszweige und über ganze Wirtschaftsbereiche. Die JP ist in einem umfassenderen Sinn „kapitalistisches Organisationsprinzip" geworden: nicht mehr Kapitalsammelbecken und Unternehmensorganisation allein, sondern ebenso sehr Institution nicht-staatlicher Herrschaft. In einer zum sozialen Herrschaftssystem entwickelten Wirtschaft existieren Wirtschaftsorganisationen nicht ausschließlich oder auch nur vorrangig zu dem Zweck, Güter und Dienstleistungen zu produzieren und zu verteilen, sondern ebenso und in gleichem Maß haben sie die Funktion, Macht verfügbar zu machen und eine geplante und zielvolle Steuerung der Wirtschaftsprozesse zu ermöglichen. An der Ablösung des Marktes durch ein straff durchorganisiertes Lenkungs- und Steuerungssystem hat die JP in der Tat besonderen Anteil. Sie ist das gegebene Marktordnungsinstrument, mit dem sich die Planlosigkeit und Unvorhersehbarkeit des selbstregulierenden Marktes in berechenbare, dauerhafte und überpersönliche Abhängigkeiten verwandeln läßt. Die Stabilität, die sie dem einzelnen Unternehmen verleiht, überträgt sie auch auf die Organisation des Marktes. Es geht dabei um Konzerne und Kartelle, es geht aber auch – wie die vielfältige Verwendung der GmbH, insbesondere auch im Zusammenhang der GmbH & Co. KG zeigt – „um bequeme Kooperationstechnik außerhalb der Konzerne und Kartelle, um Ersatzformen"[164].

Andernfalls schafft sich ... die Praxis eben selbst durch Mischung oder Abänderung der vom Gesetzgeber geschaffenen Typen die ihren Bedürfnissen konformen Gebilde, auch wenn sie ... in ihren Auswirkungen in mancher Hinsicht bedenklich sein mögen."

[162] Vgl. in diesem Zusammenhang auch *Ott*, Die soziale Effektivität des Rechts, aaO. S. 364 ff., zu den strukturellen und ideologischen Gründen der Ineffektivität des Rechts gegenüber wirtschaftlicher Macht.

[163] *Helge Pross*, Manager und Aktionäre, S. 45.

[164] *Wiethölter*, Aktuelle Probleme, S. 28.

2. Teil

DIE LEGITIMATIONSKRISE DER UNTERNEHMENS-KORPORATION

4. Kapitel

Die Verschleierung unkontrollierter Macht im Gesellschaftsrecht

I. Die formale Gesetzmäßigkeit der Unternehmenskorporation und das Problem der Legitimität

1. Legitimationsfunktion der JP

Die JP ist in einem allgemeinen und entscheidenden Sinn Instrument und Element wirtschaftlicher Macht: sie verschafft dieser Legitimität und Legalität. Sie trägt wesentlich dazu bei, daß die wirtschaftliche Macht der Unternehmenskorporation als gerechtfertigt, als konform mit der Rechtsordnung erscheinen kann. Wichtiger als die Verfügbarkeit von Rechtsformen zur Entfaltung der Unternehmen ist dabei der Bezug auf materielle Grundprinzipien der Rechtsordnung, der durch die JP vermittelt wird. Über sie vollzog sich, wie gezeigt, der Durchbruch zum „privaten“ Unternehmen, indem Unternehmenskorporationen über den juristischen Begriff der „Person“ mit dem „Bürger“ der liberalen Wirtschafts- und Gesellschaftsordnung gleichgestellt wurden[1]. Die juristische Personifikation der Unternehmen bot für die Privatisierung der einst quasi-staatlichen Anstalten eine „suitable phraseology“[2], die die strukturellen und funktionalen Unterschiede verdeckte und dadurch bewirkte, daß alle Vorkehrungen zum Schutz vor dem Machtstreben nicht-staatlicher Korporationen umgangen werden konnten. Die Idee der JP ist zur Ideologie geworden. Die Diskrepanz zwischen natürlichen Personen und Unternehmenskorporationen hat solche Ausmaße angenommen, daß sie das überkommene Rechtssystem notwendig sprengen muß; wenn sie erst klar erkannt wird. „The fiction of the corporate personality is all that keeps most of our present-day law of property from being

[1] Zu diesem Aspekt *Rupp- v. Brünneck,* in: Festschrift für Adolf Arndt, S. 358 ff.

[2] *Robbins,* 28 Georgetown Law Journal (1939), S. 166 ff., 170.

completely inapplicable to corporations, and there are areas where, even with the fiction, the fabric of existing law has had to be stretched out of shape. There are many other implications of this changing concept of property, including loss of legitimacy for the corporate power hierarchy ..."[3]

2. Gesetzmäßigkeit, Legalität und Legitimität

Die Unternehmenskorporationen sind nicht illegal. In allen ihren Erscheinungsformen, einschließlich der Groß- und Größtunternehmen, sind sie fest auf das positive Recht gegründet.

a) Das Gesellschaftsrecht verschafft ihnen durch seine verschiedenen Gesetze einen grundsätzlich gesicherten rechtlichen Status und legalisiert ihre Organisation in wesentlichen Teilen unmittelbar und ausdrücklich. In besonderem Maße zeigt sich dies im Aktienrecht. Das Aktiengesetz von 1965 ist im ganzen an der Aufgabe ausgerichtet, für das moderne korporative Unternehmen eine gut funktionierende und zweckmäßige Ordnung bereitzustellen. Ein neues Aktiengesetz wurde dabei weithin gerade deshalb als notwendig angesehen, weil die Vorstellung bestand, viele Unternehmen seien über das frühere Recht hinausgewachsen und ihre soziale und wirtschaftliche Realität würde davon nicht mehr zureichend erfaßt. Dieser Entwicklung sollte das neue Recht Rechnung tragen. Andere positive Rechtsnormen beziehen sich auf das Unternehmen als solches und meinen damit die umfassende Realität der Unternehmenskorporation, die ihre herkömmlich unterschiedenen Teilbereiche – Gesellschaft, Unternehmen, Betrieb, Belegschaft – einschließt. Wenn dies bislang auch nur Ansätze sind, die zu einem voll durchgebildeten Organisationsrecht des Unternehmens noch nicht geführt haben, so zeigt sich daran doch deutlich, daß die Gesetzmäßigkeit des Unternehmens eine beträchtlich über das Gesellschaftsrecht hinausreichende Basis hat. Seine Gesetzmäßigkeit als öffentliche Institution von wirtschaftlicher, sozialer und politischer Relevanz findet mittelbaren Ausdruck in Rechtsnormen, die diese Realität in Rechnung stellen oder sie voraussetzen: im Wirtschaftsrecht im weitesten Sinne. Beginnend vor allem mit der „wirtschaftlichen Mobilmachung" (Rathenau) zur Zeit des 1. Weltkriegs und seither mit wechselnder politischer Ausrichtung, aber im ganzen stetig zunehmender Intensität fortgesetzt, sind die Unternehmen zum Adressaten wirtschaftslenkender und -steuernder Gesetze und Verordnungen geworden, die ihre Bedeutung als „öffentliche" Institutionen widerspiegeln[4]. Das positive Recht trägt auch der aktiven politischen Rolle der Unternehmen insofern explizit Rechnung, als es ihnen bzw. den von ihnen gebildeten Vereinigungen im Rahmen der sog. Selbstverwaltung der Wirtschaft[5] und neuer

[3] *Dow Votaw,* Modern Corporations, S. 99.

[4] Dazu *Thomas Raiser,* Unternehmen als Organisation, S. 19 ff.

[5] Vgl. *Wilhelm Reuß,* Die Organisation der Wirtschaft, Bettermann-Nipperdey-Scheuner, Die Grundrechte, 3. Bd., 1. Halbbd. S. 91 ff., bes. S. 101 ff., 128 ff.

dings vor allem auch im Rahmen der Globalsteuerung und der Konzertierten Aktion förmlich gesamtgesellschaftliche Verantwortung attestiert.

Legal in diesem Sinne ist auch der Macht- und Entscheidungsbereich der Unternehmensfunktionäre und insbesondere der des Management. Wenn der Vorstand einer Aktiengesellschaft Entscheidungen von politischer Tragweite trifft und politischen Einfluß auch über den engeren Bereich des Unternehmens hinaus ausübt, so findet dies in § 76 Abs. 1 AktG eine direkte gesetzliche Grundlage. Obgleich ihm im Gegensatz zu § 70 Abs. 1 AktG 1937 nicht mehr ausdrücklich aufgegeben ist, die Gesellschaft so zu leiten, „wie das Wohl des Betriebes und seiner Gefolgschaft und der gemeine Nutzen von Volk und Reich es fordern", das Gesetz vielmehr nur noch von Leitung unter eigener Verantwortung spricht, besteht doch Einigkeit darüber, daß dazu die gleiche umfassende, auch die politischen Interessen und Bezüge des Unternehmens einschließende Kompetenz wie bisher gehören soll.

b) Gesetzliche Regelungen in bezug auf soziale Gebilde bewirken jedoch allein noch nicht deren Integration in die Rechtsordnung.

Damit ist der Unterschied zwischen Legalität im Sinne einer formalen Gesetzlichkeit, einer formalverbindlichen Rechtmäßigkeit, und Legitimität im Sinne innerer Konsistenz der Rechtsordnung und materieller Rechtfertigung der in Frage stehenden Ordnung angesprochen. Legalität bedeutet „eine Eigenschaft von Anordnungen, Maßnahmen, Regeln, Normen, die ... als allgemein verbindlich angesehen werden, ... (wenn) die Rechtsnorm von den hierfür vorgesehenen Instanzen in dem hierfür bestimmten Verfahren entsprechend den geltenden Bestimmungen hervorgebracht und statuiert, d. h. für alle, die es angeht, verbindlich ‚gesetzt' worden ist"[6]. Legalität vermag indessen für sich allein noch nicht zu bewirken, daß Normen als verbindlich angesehen und als bindend abgenommen werden. Legitimität, die die gesetzten Normen ihrem Inhalt nach als richtig ausweist, muß noch hinzukommen. Die Legalität selbst beruht auf der generellen Voraussetzung, „daß die Betroffenen die Organisation, als deren Erzeugnis die gesetzte Norm erscheint, d. h. die soziale Ordnung und ihren Mechanismus, für legitim halten. Auch die Legalität ihrerseits bedarf also einer Rechtfertigung, einer Legitimierung"[7]. Der Legitimitätsbezug darf dabei nicht schematisch nur auf die normsetzenden Instanzen und Organisationen hin gesehen werden. Vielmehr hängt auch gerade deren Legitimität wiederum von der Legitimität der von ihnen gesetzten Normen ab, also davon, daß diese Normen selbst von den Betroffenen für richtig gehalten werden – zumindest innerhalb eines bestimmten Toleranzbereichs[8].

---

[6] *Ernst E. Hirsch,* Macht und Recht in Das Recht im sozialen Ordnungsgefüge, S. 251.

[7] *Ernst E. Hirsch,* aaO. S. 252.

[8] Auf Tolerenzgrenzen in diesem Zusammenhang weist auch *Luhmann,* Legitimation durch Verfahren, S. 28, hin.

Legitimität ist danach mit der formalen Rechtmäßigkeit von Normen und Entscheidungen nicht identisch. Sie führt vielmehr zu der Frage nach den Voraussetzungen, unter denen Regelungen des positiven Rechts als richtig und als verbindlich akzeptiert werden[9]. Das wiederum verweist einmal auf soziale Mechanismen, die bewirken, daß Normen auch von denen abgenommen werden, die sie nicht selbst gesetzt haben. Dazu gehört die Verfügbarkeit physischen Zwangs ebenso wie die subtilerer Instrumente, um Widerstand gegen Rechtsnormen abzubauen oder jedenfalls soziale Auswirkungen zu verhindern[10]. Indessen erschöpft sich das Legitimitätsproblem darin noch nicht. Die Neutralisierung von Widerstand reicht zur Begründung von Legitimität allein nicht aus. Die „verbreitete faktische Überzeugung von der Gültigkeit des Rechts oder der Prinzipien und Werte, auf denen bindende Entscheidungen beruhen"[11], muß hinzukommen. Gerade Rechtsinstitutionen sind nur dann stabil zu halten, wenn sie sich auf eine durch Werte und Prinzipien vermittelte Legitimität stützen.

Zwang als wesentliche Stütze der Rechtsordnung würde auf ein „höchst unstabiles Terrorregime"[12] hinauslaufen. Aber auch diffizileren Substituten gegenüber gilt, daß Stabilität letztlich „willing obedience" (Philip Selznick) und damit einen beträchtlichen substantiellen Konsens der Rechtsunterworfenen voraussetzt.

Wie für jede soziale Macht gilt danach auch für die Macht der Unternehmenskorporation, daß sie, um Bestand zu haben, sich auf Prinzipien beziehen muß, die sie als legitim, als Teil einer „richtigen" gesellschaftlichen Ordnung ausweisen. Legitimation der Unternehmenskorporation heißt in diesem Sinn, zwischen solchen Prinzipien der richtigen gesellschaftlichen Ordnung und der Realität der Unternehmenskorporation zu vermitteln, also „einsehbare Wenn/Dann-Zusammenhänge"[13] herzustellen. Die Frage ist also, inwiefern und unter welchen Voraussetzungen die Unternehmenskorporationen als soziale Macht- und Herrschaftssysteme nicht nur faktisch akzeptiert, sondern auch als sozial richtig und gerechtfertigt angesehen werden.

---

[9] Vgl. zur Ausgangs-Fragestellung *Luhmann*, Legitimation, S. 27; *ders.*, Rechtssoziologie, II, S. 259 ff.; *Rottleuthner*, Zur Soziologie richterlichen Handelns, Kritische Justiz 1971, 60 ff., 73. Grundlegend *Max Weber*, Wirtschaft und Gesellschaft, 1964, S. 22 ff., 157 ff. Dazu *Johannes Winckelmann*, Legitimität und Legalität in Max Webers Herrschaftssoziologie, Tübingen 1952. Diesem Legitimitätsbegriff grundsätzlich folgend in der Auseinandersetzung insbes. mit Luhmann neuerdings vor allem *Jürgen Habermas*, Legitimationsprobleme im Spätkapitalismus, 1973, S. 133 ff.

[10] Vgl. *Luhmann*, Rechtssoziologie, II, S. 259 ff.; Legitimation durch Verfahren, aaO.

[11] *Luhmann*, Rechtssoziologie, II, S. 259. [12] *Luhmann*, aaO. S. 262.

[13] *Luhmann*, Legitimation durch Verfahren, S. 36. Wesentlich distanzierter gegenüber dem klassischen Legitimitätsbegriff und dem Bezug auf Normen und Werte und auf die faktische Verarbeitung der Geltungsüberzeugung dagegen *ders.*, Rechtssoziologie, II, S. 266.

In der Vermittlung des faktischen Legitimitätsglaubens liegt eine wichtige Funktion der juristischen Doktrin. Allgemein gesehen kann sie sowohl dazu beitragen, einen Legitimitätsglauben, eine faktische Richtigkeitsüberzeugung zu verbreiten und zu stabilisieren als auch eine perpetuierte Legitimität von einer Reflexion der maßgeblichen Prinzipien und Werte und von der Analyse der Realität her kritisch in Frage zu stellen. In der Praxis ist zumeist keine scharfe Trennung dieser gegensätzlichen Funktionen anzutreffen; vielmehr verbinden sich in der Regel Elemente des Festschreibens mit solchen des Fortschreibens. Gleichwohl muß sich die Doktrin von Fall zu Fall befragen lassen, wo sie den Schwerpunkt setzt. Im Fall der Unternehmenskorporationen ist dies sehr deutlich die Konservierung eines faktisch zwar noch verbreiteten, aber inkonsistent und inkongruent gewordenen Legitimitätsglaubens.

3. Legitimität und Ideologie der Unternehmenskorporation

Legitimität ist zu einem kritischen Punkt der Unternehmenskorporation geworden, seitdem offenkundig geworden ist, daß diese das Bild der modernen Industriegesellschaft in entscheidender Weise prägt, daß sie „zu einem schwerwiegenden und zentralen Ordnungsproblem hochentwickelter Industriegesellschaften geworden ist“[14].

Es ist bezeichnend, wenn heute die Tendenz feststellbar ist, auf Legitimation ganz zu verzichten und statt dessen auf das „Funktionieren“ dieser Korporationen und des Systems, zu dem sie gehören, zu verweisen. Leistungsfähigkeit und Effizienz der Unternehmenskorporationen lassen sich in nahezu allen gesellschaftlich relevanten Bereichen überzeugend belegen. Aber wenn auch „das Fehlen eines merklich abträglichen Einflusses der ‚korporativen Revolution‘ auf die Leistung der Wirtschaft im ganzen erklären hilft, warum es an einer generell akzeptierten Anklage gegen die Unternehmenskorporation fehlt, so beweist dies noch nicht, daß alles zum besten steht“[15]. Der Einwand bezieht sich dabei nicht auf die Funktionsfähigkeit,

[14] *Steinmann,* Das Großunternehmen im Interessenkonflikt, S. 198; näher dazu S. 133 ff., 155 ff. Vgl. auch *Benda,* Industrielle Herrschaft und sozialer Staat, S. 13, 131 ff. – Dazu grundsätzlich auch *Berle,* Power without Property, 1959, S. 98 ff. (S. 84 ff in der dt. Übersetzung).

Zutreffend versteht *Rittner,* Werdende JP, S. 302, das Legitimationsproblem in diesem Zusammenhang als „Frage nach den Sachgründen der Unternehmensleitung ... in einem rechtskritischen oder rechtspolitischen Sinn“. Die naheliegende „Analogie zu dem Problem der staatlichen Herrschaftsbegründung“ will R. jedoch nicht gelten lassen mit der einzigen Begründung, daß sonst „Sachfragen durch einen unkontrollierbaren Dogmatismus verdunkelt“ würden. Kritisch zur Legitimationsfrage in dem im Text verstandenen Sinn auch Schwerdtfeger, Unternehmerische Mitbestimmung der Arbeitnehmer und Grundgesetz, S. 73 ff.

[15] *Mason,* Introduction in Mason, Hrsg., The Corporation in Modern Society, S. 3 (wörtlich: that all is well in Eden). (Übers. von mir).

sondern auf die Legitimität dieser Korporationen – auf die Frage also, aus welchen Werten und Prinzipien sich ihre Macht rechtfertigt und mithin auch kontrollieren läßt. Das ist die Frage der gesellschaftlichen Integration dieser Machtkomplexe. Hinter der kritisch gestellten Legitimitätsfrage steht die Befürchtung, „daß diese mächtige korporative Maschine, die so erfolgreich die Güter ausstößt, die wir wünschen, ohne wahrnehmbare Kontrolle zu laufen scheint“[16].

Die Legitimitätsfrage bleibt offen. „Tatsache scheint zu sein, daß der Aufstieg der großen Unternehmenskorporation mitsamt ihren Begleitumständen uns mit einer langen Reihe von Fragen konfrontiert hat, die Rechte und Pflichten, Privilegien und Immunitäten, Verantwortung und Autorität betreffen, die aber von der politischen wie von der rechtlichen Philosophie noch nicht geklärt worden sind“, so bezeichnet Mason[17] das Problem und faßt die Legitimitätsfrage dann zusammen: „Inzwischen ist uns allen klar geworden, daß wir nicht nur in einer korporativen Gesellschaft, sondern in einer Gesellschaft großer Unternehmenskorporationen leben. Das Management – d. h. die Kontrolle – dieser Unternehmenskorporationen ist in den Händen von – höchstens – einigen tausend Männern. Wer hat diese Männer dazu auserwählt, über uns zu herrschen oder zumindest große Autorität auszuüben, und wem sind sie verantwortlich? Die Antwort auf die erste Frage ist ziemlich klar: sie haben sich selbst erwählt. Die Antwort auf die zweite Frage ist im besten Fall verschwommen. Dies macht, auf einen kurzen Nenner gebracht, das Problem der Legitimität aus.“[18]

Auf diese Weise wird soziale Macht nicht legitimiert, sondern verschleiert. Das ist nachfolgend im einzelnen noch näher zu belegen. Zuvor muß klargestellt werden, daß sich diese Kritik zunächst nur auf die normative Ebene des Legitimationsproblems bezieht.

Die empirische Legitimität der in Frage stehenden Institutionen im Sinne der faktisch verbreiteten Überzeugung von und dem faktisch verbreiteten Glauben an ihre Richtigkeit, Angemessenheit und Gerechtigkeit wird davon nicht ohne weiteres erfaßt. Man wird ganz im Gegenteil darauf hinweisen, daß die Unternehmenskorporationen – wie ihre relativ störungsfreie Praxis zeigt – gerade faktisch von einer weitverbreiteten Richtigkeitsüberzeugung getragen werden, daß sie gerade faktisch doch weithin akzeptiert werden[19].

---

[16] *Mason,* ebd. (Übersetzung von mir).

[17] In Mason, Hrsg., The Corporation in Modern Society, Introduction, S. 19. Als wesentliche Gefahr, die von Großunternehmen ausgehen kann, nennt E. Günther den Prozeß der Umbildung, bei dem aus den Unternehmen als Bestandteilen der vom Staat garantierten Gesellschaftsordnung Herren dieser Ordnung werden, die diese nach ihrem eigenen Belieben gestalten; Wege zur Europäischen Wettbewerbsordnung 1968, S. 209.

[18] *Mason,* aaO. S. 5.

[19] So ausdrücklich *Berle,* Power Without Property, S. 110 ff.; ebenso *Epstein,* Corporation in American Politics, S. 268, 279 ff. Kritisch hierzu *Peter Bachrach,*

Wenn aber die auf die Unternehmenskorporation bezogenen Normkomplexe trotz innerer Inkonsistenz faktisch akzeptiert werden, so läßt dies nur den Schluß zu, daß dem eine Umdefinierung der Unternehmenskorporation und ihrer Funktionen zugrunde liegt, die realitätswidrig ist. Die Faktoren, die dafür maßgebend sind, können in diesem Rahmen nicht im einzelnen untersucht werden. Immerhin liegt die Hypothese nahe, daß die Propagandamaßnahmen der Unternehmenskorporationen selbst, ihrer Verbände, ihrer Einrichtungen für „Öffentlichkeitsarbeit" ebenso wie die politische Propaganda für die „freie Marktwirtschaft", die bei den Parteien weithin zum zentralen Programm gehört, zu diesen Faktoren zu rechnen sind und ganz entschieden Einfluß haben. Der Legitimationsbeitrag der juristischen Doktrin muß unter ähnlichen Aspekten betrachtet werden. Wenn sie überkommene Legitimationsmuster ohne Rücksicht auf den zwischenzeitlich erfolgten Struktur- und Funktionswandel der Unternehmenskorporationen tradiert, so trägt sie dadurch zur Aufrechterhaltung des auf unzutreffenden Prämissen beruhenden und insoweit falschen allgemeinen Rechtsbewußtseins bei. Der Vorwurf der Ideologisierung, dem sie sich dadurch aussetzt, verstärkt sich noch: sie erweckt, indem sie an den überkommenen Legitimationsmustern festhält, den Eindruck einer in Wirklichkeit nicht oder nicht mehr bestehenden geschlossenen rechtlichen Kontrolle der Unternehmenskorporation.

II. Dogma und Realitätsbezug des Aktienrechts

1. Aktiengesellschaft und Privateigentum

Trotz tiefgreifender Wandlungen in allen Bereichen der Wirtschafts- und Unternehmensordnung hat sich das Privateigentum in der Sicht der juristischen Doktrin weithin als tragendes Legitimitätsprinzip der Unternehmenskorporationen behauptet. Das Gesellschaftsrecht als Organisationsrecht der zum Betreiben eines Unternehmens zusammengeschlossenen Privateigentümer gilt noch immer ganz überwiegend als der eigentliche rechtliche Kernbereich der Unternehmenskorporation.

a) Die sozialen Wandlungen und ihr rechtlicher Niederschlag wurden und werden demgegenüber in mehr peripheren Bereichen des Unternehmens gesehen. So wird jener Teil des positiven Rechts, der die öffentliche Bedeutung der Unternehmenskorporation aktualisiert und sie in „öffentliche

---

Die Theorie demokratischer Elitenherrschaft, S. 76 ff.: dieser öffentliche Konsens könne die Macht der Korporationen bestenfalls in nebensächlichen Fragen beschränken. „Eine solche Macht in den Händen weniger aus dem Grunde rechtfertigen, daß diese eine ‚prächtige Produktionsmaschinerie' aufgebaut haben, heißt der Frage auszuweichen: für wen und für was diese Maschine bestehe." (S. 78).

Pflicht" nimmt, besonderen Bereichen wie dem „Wirtschaftsrecht", dem „Wirtschaftsverwaltungsrecht" etc. zugeordnet und dem Gesellschaftsrecht als dem Bereich wirtschaftlicher Freiheit und unternehmerischer Autonomie gegenübergestellt. Die Unternehmenskorporation scheint damit in einer Linie mit den allgemeinen Entwicklungstendenzen von Privateigentum und Privatautonomie zu bleiben: ganz allgemein ist die private Handlungsfreiheit, die individuelle Autonomie durch staatliche Regulationen überlagert und eingeschränkt worden, ohne daß sie als soziales Grundprinzip hätte aufgegeben werden müssen. Folglich scheint sich auch für die Unternehmenskorporation nur das fundamentale Spannungsverhältnis zwischen individuellen Freiheitsrechten und den Anforderungen der Gemeinschaft zu wiederholen. Die Normen des Wirtschaftsrechts, des Wirtschaftsverwaltungsrechts, des Steuerrechts, des Arbeits- und Sozialrechts, der staatlichen Wirtschaftsplanung etc. lassen sich demzufolge als Aktualisierung der mit der Freiheit zur wirtschaftlichen Initiative zugleich notwendig gegebenen Sozialbindung eben dieser Freiheit verstehen. Die unternehmerische Freiheit als Grundprinzip der Wirtschaftsordnung und als Legitimationsbasis der Unternehmenskorporation scheint dann bestätigt. Das Bundesverfassungsgericht hat im Investitionshilfe-Urteil diesen Ansatz klar bezeichnet: „Der einzelne muß sich diejenigen Schranken seiner Handlungsfreiheit gefallen lassen, die der Gesetzgeber zur Pflege und Förderung des sozialen Zusammenlebens in den Grenzen des bei dem gegebenen Sachverhalt allgemein Zumutbaren zieht, vorausgesetzt, daß dabei die Eigenständigkeit der Person gewahrt bleibt. ... Trotz dieser Beschränkung bleibt noch den Betroffenen weiter Spielraum, um sich als verantwortliche Unternehmer wirtschaftlich frei zu entfalten."[20]

Die Doktrin überträgt diesen Ansatz unmittelbar auch auf die Unternehmenskorporation. Wenn von der Sicherung und Erhaltung wirtschaftlicher Handlungs- und Entscheidungsfreiheit die Rede ist, so werden individuelle und korporative Autonomie fast durchweg gleichgesetzt[21]. Ebenso wird das Prinzip des Privateigentums gleichermaßen auf Individuen und Assoziationen wie auf Korporationen bezogen[22]. Der Widerspruch tritt offen zutage, wenn etwa Benda auf der einen Seite aufgrund des Strukturwandels der Unternehmenskorporation mit seinen Folgen für den Anteilseigner zur Erkenntnis kommt, daß „sich für die Großunternehmen mit dem hergebrach-

---

[20] BVerfGE 4, 7 ff., 16.

[21] So ist auch in den maßgeblichen Entscheidungen des BVerfG durchweg vom „einzelnen", von „Unternehmen" und vom „Unternehmer" die Rede, ohne daß zwischen Individuen und Korporationen differenziert wird; vgl. BVerfGE 4, 7 ff.; 14, 263 ff.

[22] Vgl. dazu *Maunz-Dürig-Herzog*. RN 11 ff. zu Art. 14 GG; Ballerstedt, Wirtschaftsverfassungsrecht in *Bettermann-Nipperdey-Scheuner,* Grundrechte, III, 1. Halbband, S. 78 ff.

ten Eigentumsbegriff wenig anfangen läßt"[23], auf der anderen Seite aber daran festhält, daß das „Eigentum jeder Art und Größe in prinzipiell gleicher Weise geschützt"[24] werden soll und gerade die grundgesetzliche Gewährleistung des Privateigentums heranzieht, um die Autonomie der Unternehmen zu begründen[25]. Dadurch erweist sich der Eigentumsbegriff auch für Großunternehmen doch wieder als relevant: das „private Produktiveigentum" umgrenzt in dieser Sicht den Kernbereich wirtschaftlich-unternehmerischer Autonomie. Zu diesem Ausgangspunkt kehrt die Doktrin letztlich immer wieder zurück. Das bestätigen jene Ansätze, die den öffentlichen Charakter der Unternehmenskorporation betonen und dabei – wie vor allem Ballerstedt[26] – auf die Veränderung des Privateigentums durch einen Akt unternehmensbezogener Widmung abstellen. Mit dieser Widmung scheint eine funktionale Änderung des Eigentums und eine definitive Abkehr von der in der liberalen Tradition begründeten Gleichstellung von Privateigentum und wirtschaftlicher Handlungsfreiheit vollzogen zu sein und der Übergang zu einer prinzipiell neuen Legitimitätsbasis erreicht: „Mit dem unternehmerischen Einsatz vollzieht der Eigentümer einen Akt der Veränderung seines Eigentums, indem er es aus der bisherigen Privat- in die öffentliche Sphäre überführt ..."[27] Indessen sagt Ballerstedt selbst im Anschluß: „Die dem Eigentum innewohnende Rechtsmacht bleibt auch jetzt noch eine Herrschaftsbefugnis aus eigenem Recht, ist aber in Recht und Pflicht wirtschaftsverfassungsrechtlich gebunden und büßt damit die Ausschließlichkeit ein, die ihr nur als reines Privatrecht an der Sachsubstanz zustehen konnte."[28] Und an anderer Stelle hebt Ballerstedt ausdrücklich hervor, daß die Sozialbindung des Eigentums im Grundgesetz „nur als allgemeines Rechtsprinzip zum Ausdruck kommen (konnte); seine nähere inhaltliche Bestimmung erhält dieses Prinzip durch die Widmung der Wirtschaftsgüter an den Unternehmenszweck seitens ihres Eigners. Da die unternehmerische Nutzung von Eigentum nur in der bestehenden Ordnung des

---

[23] Industrielle Herrschaft und sozialer Staat, S. 329.

[24] Ebd., S. 342. B. führt dies verdeutlichend aus: „Die Grenze dessen, was einem Produktiveigentum an sozialbestimmten Leistungen zugemutet werden darf, kann ... anders und weiter gesetzt werden als bei anderen Eigentumsformen, weil sich aus der erhöhten Leistungsfähigkeit eine größere Belastbarkeit ergibt, nicht aber deswegen, weil etwa in diesem Bereich die Eigentumsgarantie weniger ernst zu nehmen wäre." (S. 342/3).

[25] AaO. S. 332 ff. In diesem Zusammenhang wird Eigentum auch ausdrücklich auf den „privaten Nutzen des Berechtigten" bezogen, S. 349.

So ausdrücklich auch *Rasch*, Betriebsberater 1974, 532 ff., wo aus dem individuellen Eigentum der Anteilseigner die „verfassungsrechtlich geschützte Funktion der Großunternehmen" abgeleitet wird. In gleichem Sinn *Werner Weber* in Festschrift für K. Michaelis, S. 328 ff.

[26] JZ 1951, 486 ff., 490 f.; Wirtschaftsverfassungsrecht in *Bettermann, Nipperdey, Scheuner*, Grundrechte, III, 1. Halbband, S. 79.

[27] *Ballerstedt*, JZ 1951, 490/491. [28] Ebd.

Wirtschaftslebens möglich ist und nur im Vertrauen auf diese Ordnung gewagt wird, ist die Bindung an das Gemeinwohl gemäß Art. 14 II die Brükke zwischen Unternehmen und Wirtschaftsverfassung"[29].

Erneut sind damit die problematischen und vom Strukturwandel der Wirtschaft erfaßten Dimensionen der Unternehmenskorporation einem von dieser selbst unterschiedenen Bereich des Wirtschaftsrechts bzw. des Wirtschaftsverfassungsrechts zugewiesen, während die Unternehmenskorporation „als solche" in der tradierten Weise durch das Prinzip des Privateigentums definiert und legitimiert wird. Dafür ist noch einmal auf Ballerstedt zu verweisen, dessen differenzierter Ansatz über die Doktrin hinauszuführen schien, sie in Wirklichkeit aber bestätigt. „Es ist zwar richtig, daß die Rechtsstellung des Unternehmens mit der des Produktionsmitteleigentümers weder begrifflich zusammenfällt noch inhaltlich in ihr aufgeht. Gleichwohl ist das *Einzeleigentum* die rechtssystematisch wichtigste Grundlage des Unternehmensrechts ... (D)ie Einheit des Unternehmens als eines in sich geschlossenen Wirtschaftskörpers (steht und fällt) mit dem Eigentum an den Produktionsmitteln. Auf dem Fruchtziehungsrecht des Eigentümers beruht wesentlich die rechtliche Möglichkeit einer Kapitalvermehrung aus Unternehmensleistungen. Ebenso ist das Eigentum aus Produktionsmitteln die rechtliche Voraussetzung dafür, daß der Arbeitsvertrag zwischen Arbeitgeber und Arbeitnehmer ein echtes Austauschverhältnis von Lohn gegen Leistung begründet. ..."[30] Konsequent und in voller Übereinstimmung mit den traditionellen Grundprinzipien des liberalen Wirtschaftssystems[31] wird sodann die institutionelle Garantie des Eigentums als „eine der wichtigsten verfassungsrechtlichen Bürgschaften selbstverantwortlichen Wirtschaftshandelns"[32] bezeichnet. Dies wird ausdrücklich auch auf die Unternehmenskorporation bezogen und gegen die These gesetzt, das Privateigentum sei gerade durch die Unternehmenskorporation umstrukturiert und umfunktionalisiert worden: „Dank der modernen Entwicklung, insbesondere der Kapitalgesellschaften, hat das Eigentum allerdings einen Differenzierungsprozeß durchlaufen, der seine institutionelle Bedeutung für die Unternehmensordnung zu verdunkeln droht. Bei aller Würdigung der tiefgreifenden Wandlungen indessen, die sich mit der Trennung zwischen Kapitalbesitz und Unternehmensführung infolge der Tendenz zu einer Verselbständigung des Unternehmens gegenüber seinen Anteilseignern vollzogen hat, darf doch nicht

---

[29] Wirtschaftsverfassungsrecht, S. 79.

[30] *Ballerstedt,* Wirtschaftsverfassungsrecht, S.78/79. Hervorhebung im Original.

[31] Bemerkenswert vor allem die Übereinstimmung im Ansatz mit dem von *Franz Böhm* neuerdings nachgezeichneten neo-liberalen Modell in Festgabe für Kronstein, S. 11 ff.

[32] Ebd., S. 79. Ebenso *H. H. Rupp,* Fusionskontrolle als Verfassungsauftrag in E. Tuchtfeldt, Hrsg., Soziale Marktwirtschaft, S. 91 ff., der von der „Einbettung" des Unternehmenseigentums in die Unternehmensverfassung spricht, auch dieses Unternehmenseigentum aber im Sinne des Art. 14 GG versteht.

vergessen werden, daß diese strukturellen Veränderungen nur die Rolle des Eigentümers, nicht aber die Bedeutung des Eigentums*instituts* als Grundlage der Unternehmenseinheit berühren."[33]

Der Erhaltung der überlieferten gesellschaftsrechtlichen Konzeption und der damit verbundenen Legitimationsprinzipien für den Kernbereich der modernen Unternehmenskorporation dient schließlich auch die schon erwähnte begriffliche Differenzierung der „Gesellschaft" gegenüber „Betrieb" und Unternehmen. Ihrer Intention nach war sie zunächst darauf gerichtet – und ist es im wesentlichen heute noch, die Partizipationsbestrebungen der Arbeitnehmer im Vorfeld des zentralen unternehmenspolitischen Entscheidungsbereichs abzufangen und sie dort zu neutralisieren.

Freilich sind die Grenzen zwischen Gesellschaft, Betrieb und Unternehmen gerade im Bereich der Unternehmenskorporationen in den politischen Auseinandersetzungen der letzten Jahre und Jahrzehnte zunehmend in Frage gestellt worden. Unter dem Druck dieser Entwicklung sind auch hier beträchtliche Einbrüche in die gesellschaftsrechtliche Konzeption offenbar geworden und die zu ihrer Absicherung dienende scharfe begriffliche Differenzierung hat ganz offensichtlich an Relevanz verloren. Immerhin bleibt die Unterscheidung zwischen betrieblicher und unternehmerischer Mitbestimmung im positiven Recht verankert. Das neue Betriebsverfassungsgesetz von 1972 hält an dem Grundsatz fest, daß der unternehmerisch-wirtschaftliche Entscheidungsbereich mitbestimmungsfrei ist, während Mitbestimmung als betriebsbezogen sich primär auf soziale Angelegenheiten erstreckt[34]. Dieser Grundsatz ist in der gesetzlichen Regelung zwar im einzelnen vielfach durchbrochen und modifiziert[35]; im ganzen ist aber die Trennung der Entscheidungsbereiche nach wie vor deutlich bezeichnet.

b) Dies hängt eng mit der Vorstellung eines „interessenmonistischen" Gesellschaftsrechts im Unterschied zu einem „interessenpluralistischen" Unternehmensrecht zusammen[36].

---

[33] Ebd., S. 79. Hervorhebung im Original.

[34] Vgl. insbes. §§ 87–105 BetrVerfG 72 zu den Mitbestimmungsrechten des Betriebsrats, denen gegenüber in „wirtschaftlichen Angelegenheiten" gem. §§ 106 ff. regelmäßig nur ein Anspruch auf Unterrichtung besteht.

[35] Insbes. gilt dies für die Mitbestimmung bei personellen Einzelmaßnahmen gem. §§ 99 ff. BetrVerfG 72. Auch im übrigen kann die Mitbestimmung in sozialen Angelegenheiten von unmittelbarer unternehmenspolitischer Relevanz werden. Auf die Unternehmensmitbestimmung gem. BetrVerfG 52 ist noch einzugehen, dazu im Text, unten d.

[36] Diese Formulierung geht auf *H. W. Köhler*, Unternehmensverfassung und Aktienrechtsreform, JZ 1956, 136 ff., 139 zurück; weiter ausgeführt in Rechtsform und Unternehmensverfassung, ZgStW 115 (1959). 716 ff. Dazu neuerdings *Rittner*, Werdende JP, S. 294 ff. und grundsätzlich zur Legitimationsstruktur des Unternehmens *Harm Peter Westermann*, Unternehmensverfassung und Gesellschaftsrecht in Festschrift für Harry Westermann, S. 563 ff.

Die Lehre von der interessenmonistischen Gesellschaftsstruktur ist in der Sache mit dem klassisch-liberalen Modell der Aktiengesellschaft identisch. Unter all den Interessen, die vom Unternehmen berührt werden und denen es Rechnung zu tragen hat, stellt sie als konstitutiv allein auf die Interessen der Kapitaleigner ab. Diese Interessen werden als bestimmend für Rahmen und Richtung der Unternehmensaktivität herangezogen und als rechtlicher Bezugspunkt der Unternehmensordnung angesehen[37].

Das ist nur ein anderer Ausdruck für die liberalistische Prämisse, nach der die Kapitalanteil-Inhaber die – wirtschaftlichen – Eigentümer des Unternehmens und damit die letztlich bestimmende Instanz in allen Angelegenheiten sind. Die „Gesellschaft", d. h. ein auf Privateigentum und Vertragsfreiheit beruhender Zusammenschluß erscheint als konsequente Fortsetzung und Ergänzung der individuellen unternehmerischen Initiative. So besehen decken sich Unternehmensordnung und Gesellschaftsrecht, und damit stimmt auch überein, wenn das Unternehmen selbst positiv-rechtlich nur mittelbar als Gesellschaftszweck in Erscheinung tritt und der Gesellschaft zu- und untergeordnet ist[38].

Diese Konzeption ist bis heute für das positive Recht und die Doktrin von zentraler Bedeutung geblieben. Allerdings haben sich außer den schon angedeuteten interessenpluralistischen Einbrüchen Modifikationen auch im gesellschaftsrechtlichen Bereich ergeben. Als kritischer Punkt hat sich dabei vor allem die Funktionstrennung zwischen Kapitaleigentum und Unternehmensleitung erwiesen, die gerade für die AG typisch und in der Regel unumgänglich ist. Zunächst erschien sie ohne weiteres mit dem Eigentümer-Konzept vereinbar: die Gesellschafter nehmen bestimmte Eigentumsrechte nicht selbst wahr, sondern delegieren diese an Beauftragte, die die laufenden Geschäfte führen, behalten sich aber die Kontrolle in allen Angelegenheiten

---

[37] H. W. Köhler selbst sieht allerdings das interessenmonistische Gesellschaftsrecht durch das interessenpluralistische Unternehmensrecht (die Unternehmensverfassung) relativiert; die Unternehmensverfassung soll die Unternehmensleitung und deren Kontrolle unter Wahrung der verschiedenen Gruppeninteressen regeln. Zugleich soll damit aber auch das autonome Privatinteresse der zusammengeschlossenen Eigentümer als „einheitlicher Zurechnungsgrund des Gesellschaftsrechts" erhalten bleiben, vgl. JZ 1956, 139 f. Kritisch zu diesem über die tradierte gesellschaftsrechtliche Konzeption hinausführenden Ansatz einer rechtlichen Integration des Unternehmens *Mestmäcker,* Verwaltung, Konzerngewalt, S. 35 f.; hierzu wiederum *Wiethölter,* Interessen und Organisation, S. 29 ff., sowie *ders.,* Unternehmensverfassungsrecht, Juristenjahrbuch 1966/67, S. 162 ff.

[38] Zu den sich für die Doktrin daraus ergebenden dogmatischen Schwierigkeiten vgl. *Fritz Rittner,* Zur Verantwortung des Vorstands in Festschrift für E. Gessler, S. 139 ff., 150 ff. mit weit. Nachw. zu der Frage, ob sich die Leitungsbefugnis des Vorstands auf die Gesellschaft oder auf das Unternehmen beziehe, und neuerdings grundsätzlich Werdende JP, S. 307 ff — S. dazu auch *Wolfgang Zöllner,* Die Schranken mitgliedschaftlicher Stimmrechtsmacht bei den privatrechtlichen Personenverbänden, S. 20 f., 73 ff.; *Harm Peter Westermann,* aaO.

vor, die sie zum Teil wiederum durch einen besonderen Aufsichtsrat ausüben lassen. Das ist der naheliegende Weg, um Privateigentum und korporative Organisation in Einklang zu bringen. Unter dem Einfluß eines ungebrochenen Bekenntnisses zum Privateigentum als treibender Kraft der Wirtschaft sind ihn die maßgeblichen Aktiengesetze des 19. Jahrhunderts auch gegangen[39]. Die Gesellschafterversammlung wurde durchweg als „oberstes Organ" ausgestaltet – wennschon nicht ihrer faktischen Macht, so doch ihrer symbolischen Stellung und ihren formal-rechtlichen Kompetenzen nach. Der Autonomie des individuellen Eigentümers entsprach im gesellschaftsrechtlichen Verbund die „Souveränität der Generalversammlung"[40]. So hatte das positive Recht die Leitungsmacht des Vorstands auf das Eigentum der Aktionäre rückgekoppelt: die Aktionäre führten die Geschäfte zwar nicht in eigener Person, bestimmten aber direkt und indirekt den Handlungsrahmen des Vorstands, setzten die Maßstäbe und kontrollieren über den Aufsichtsrat die personelle Besetzung[41]. Das liberale Grundprinzip der vom Eigentum her konzipierten Unternehmenseinheit, der Einheit von Herrschaft und Haftung, von Risiko, Kontrolle und Gewinn wurde so vom positiven Recht unmittelbar übernommen und damit zugleich bestätigt und bekräftigt.

---

[39] *Frankreich:* Gesetz vom 24. 7. 1867; vgl. dazu kritisch Georges Ripert, Aspects juridiques du capitalisme moderne, 1951, S. 93 ff. *England:* Companies Act von 1862; *Deutschland:* Aktiennovellen von 1870 und von 1884, Handelsgesetzbuch von 1897. Vgl. dazu *Wiethölter,* Interessen und Organisation, S. 82 ff. Im *US-Recht* verlief die Entwicklung anders; die Aktiengesetze der Einzelstaaten verfolgen von Anfang an die Tendenz, die Verwaltung als unabhängiges Organ auszugestalten und ihr die reguläre korporative Macht zuzuweisen, vgl. *Mestmäcker,* Verwaltung, Konzerngewalt, S. 41 ff.; *Wiethölter,* Interessen und Organisation, S. 183 ff.

[40] Ein moderner Ausdruck für dasselbe Prinzip ist der Begriff der Aktien- oder Aktionärsdemokratie: seinen Ausgangspunkt hat er im Prinzip der Selbstverwaltung der AG, für die sich nach Ablösung der staatlichen Mitverwaltung und der Staatsbeauftragten der Rückgriff auf die Aktionäre als konsequent anbot. Begriffe wie Souveränität und Demokratie sind dafür nicht mehr als kleidsame Modeworte. Vgl. *C. E. Fischer,* Rechtsschein und Wirklichkeit im Aktienrecht, AcP 154 (1955) 85 ff., 87 f. – Zum Hintergrund auch Steinitzer, Ökonomische Theorie der Aktiengesellschaft, 1908, S. 59: Die Zeit der ersten Aktiengesetze ist ... die Zeit des laissez-faire und des souveränen Individuums, die Zeit, deren Axiom es war, daß der einzelne ... völlige Freiheit haben müsse, seine Angelegenheiten selbst – ohne staatliche oder sonstige Bevormundung – zu leiten ...

[41] Gegenüber dem französischen Aktiengesetz von 1867, das der Generalversammlung jederzeitige Abberufung der Administratoren und jederzeitigen Eingriff in die Geschäftsführung erlaubte, war das deutsche Aktienrecht freilich von Anfang an zurückhaltender insofern, als derartige Eingriffe regelmäßig nur durch den Aufsichtsrat erfolgen konnten – der Aufsichtsrat jedoch war als „Vertretungsorgan der Eigentümer" konzipiert. Zur Konstruktionsidee des Aufsichtsrats *Wiethölter,* Interessen und Organisation, S. 299 ff.

Obwohl der Realitätsbezug dieses Modells schon früh in Zweifel gezogen wurde und Steinitzer schon 1908 mit Blick auf die Generalversammlung bemerkte, die Diskrepanz zwischen Recht und Wirklichkeit sei außer den Juristen auch aller Welt bekannt[42], wirkt es auf Gesetzgebung und Doktrin noch immer ein. Trotz teilweise tiefgreifender Modifikationen im einzelnen wird noch immer versucht, für den Kernbereich des Unternehmens an der Ordnung vom Privateigentum der Gesellschafter her und an der von daher verstandenen Funktionseinheit des Unternehmens festzuhalten[43].

Allerdings läßt sich die liberale Konstruktion der Unternehmenseinheit nicht unbesehen auf die heutige Situation übertragen, da die Stellung der Verwaltung gegenüber der Hauptversammlung nicht nur faktisch noch erheblich stärker, sondern auch rechtlich – durch AktG 1937 und AktG 1965 – der faktischen Entwicklung angenähert worden ist. Dies stellt die Eigentumskonzeption vom Gesellschaftsrecht selbst her in Frage. Schon das positive Recht schließt nunmehr aus, der Hauptversammlung den Rang eines „obersten“ Organs zuzusprechen. Folglich kann das korporative Organisationsstatut nicht mehr unproblematisch als „sinnvolle Aufgliederung der Eigentümerbefugnisse“[44] interpretiert werden. Dies hat zu vielfältigen Versuchen geführt, die „verlorene Klammer zwischen Handeln und Verantwortung“[45] auf dem Weg über neue Rückkoppelungen wieder herzustellen – so durch verstärkte Auskunfts- und Kontrollrechte, durch vermehrte Publizität und durch verschärfte Regreßansprüche der Aktionäre gegenüber der Verwaltung[46].

---

[42] Ökonomische Theorie der Aktiengesellschaft, S. 163.

[43] *Reinhardt,* Aktienrecht und Eigentumsordnung in, Festschrift für W. Schmidt, S. 23 ff., 35: bewundernswert geschlossene Konzeption der Aufteilung und des Zusammenfügens von Dispositionsbefugnissen, die aber schließlich doch irgendwie auf den Aktionär als den Träger des Unternehmens zurückführen; vgl. *ders.,* Marburger Aussprache, zur Aktienrechtsreform, 159, S. 9 ff. Vgl. *C. E. Fischer* AcP 154, 85 ff., bes. S. 109 ff. sowie AcP 154, 181 ff., bes. S. 222 ff.; *Fritz Rittner,* Die Funktion des Eigentums im modernen Gesellschaftsrecht in Marburger Gespräch, 1967, S. 50 ff., 60 ff.; *v. Caemmerer,* Frankfurter Publizitätsgespräch, S. 141 ff., 149 f. *Ulrich Scheuner,* Die staatliche Einwirkung auf die Wirtschaft, 1971. Einführung S. 53: Funktionalisierung des Eigentums und arbeitsteiliges Eigentumsgefüge durch Delegation und Zusammenfassung im Großbetrieb; *E. R. Huber,* Wirtschaftliche Mitbestimmung und Grundgesetz, S. 95: gesellschaftsrechtlich vermitteltes Eigentum der Anteilseigner (unter Berufung auf BVerfGE 25, 371 ff. und BVerfGE 14, 263 ff. – Feldmühle –), auch *Jagenburg,* Die Aktiengesellschaft 1965, 156 ff., der das AktG als reines „Organisationsrecht“ ohne wirtschaftspolitischen Bezug verstehen möchte, in Wirklichkeit aber der Erhaltung des status quo das Wort redet. Dazu insgesamt weiter im Text. – Kritisch zu den in diesen Ansätzen steckenden holistischen Modellvorstellungen vom Unternehmen *Klaus Fässler,* Betriebliche Mitbestimmung, S. 38 ff.: die Unternehmenskorporation werde hier gedanklich in die Form einer Einmann-Unternehmung projiziert.

[44] *Reinhardt,* Marburger Aussprache, S. 11.

[45] *Mestmäcker,* Verwaltung, Konzerngewalt, S. 25.

[46] Dazu unten im Text.

c) Eindeutiger als die juristische Konstruktion der Unternehmenseinheit ist das Bekenntnis zum Privateigentum als Grundprinzip der Unternehmensordnung. Die Überlagerungen der Eigentümer-Initiative, die sich entgegen dem liberalen Ausgangsmodell durch staatliche Wirtschaftslenkung, durch Mitbestimmung der Arbeitnehmer und durch die faktische Abtrennung der Leitungsmacht des Management ergeben haben, werden als Sozialbindung, jedoch nicht als prinzipielle Ablösung und Ersetzung des Eigentums durch ein neues Grundprinzip der Unternehmensordnung gesehen. Ganz in der liberalen Tradition bleibt vielmehr das Eigentum der Gesellschafter für die herrschende Lehre entscheidendes und zentrales Legitimitätsprinzip und trotz aller Umbrüche werden die Aktionäre kraft ihres gesellschaftsrechtlich vermittelten „Eigentums" als letztlich treibende wirtschaftliche Kraft in Bezug genommen. Trotz aller wirtschaftsrechtlicher Wandlungen gilt dieses Eigentum als letztlich maßgebender materieller Richtigkeitsbezug der Unternehmensordnung im ganzen[47]. Dazu wird explizit auf wirtschaftstheoretische wie auf verfassungsrechtliche Ableitungen verwiesen. So wird aus der Gewährleistung des Eigentums durch Art. 14 GG der Schluß gezogen, es müsse von Verfassungs wegen den Aktionären eine ihrem „Eigentum" entsprechende Rechtsstellung im Unternehmen eingeräumt und erhalten werden[48]. Schon in den Auseinandersetzungen, die der Aktienrechtsreform von 1965 vorausgingen, hat diese Einstellung eine wesentliche Rolle gespielt, wenn damit im einzelnen auch unterschiedliche Ordnungsvorstellungen verbunden worden waren. Im Jahre 1958 bezeichnete es der damalige Bundesjustizminister Schaeffer als zentrale Aufgabe der Reform, das Aktienrecht mit der auf dem Eigentum beruhenden Wirtschaftsverfassung in Einklang zu bringen[49]. Ebenso betonte der zuständige Staatssekretär Walter Strauß[50], das neue Aktienrecht müsse als Konsequenz einer auf der Verbindung von Privateigentum und privater Initiative beruhenden Wirtschaftsordnung vom Eigentum der Aktionäre am Unternehmen ausgehen. Wenngleich der Begriff des wirtschaftlichen Eigentums der Aktionäre ebenso wie daraus abgeleitete Vorstellungen von einer „Aktiendemokratie" teilweise auf heftigen Widerstand stieß[51], so blieb der prinzipielle Ansatz davon doch weitgehend unberührt. Die Kritik richtete sich in erster Linie gegen Bestrebungen, die Hauptversammlung wieder als „oberstes Organ" der AG auszugestalten und den Entscheidungsspielraum der Verwal-

[47] Vgl. oben Anm. 43. S. weiter unten d. Z. B. auch *Rasch*, BB 74, 532.

[48] Vgl. dazu neuerdings vor allem *E. R. Huber*, Grundgesetz und wirtschaftliche Mitbestimmung, 1970, pass., bes. S. 86 ff. – Weitere Nachw. bei *Gunther Schwerdtfeger*, Unternehmerische Mitbestimmung der Arbeitnehmer und Grundgesetz, 1972, S. 133 ff.

[49] BB 1958, 1253 ff.

[50] Marburger Aussprache, S. 15 ff.

[51] So vor allem bei *Flume*, Grundfragen der Aktienrechtsreform, 1960, S. 10. – Weiter *Wiethölter*, Frankfurter Publizitätsgespräch, S. 33 ff., 38 ff.; *Rittner*, Marburger Gespräch, S. 61/2; *Jagenburg*, Die Aktiengesellschaft 1965, 156 ff.

tung dadurch zu beschränken[52]. Im Prinzip jedenfalls bestand weithin Einigkeit, daß das „Aktienrecht vom Richtigkeitsgedanken der Eigentumsordnung getragen“[53] sei und die gesellschaftsrechtliche Ordnung „schließlich doch irgendwie auf den Aktionär als den Träger des Unternehmens zurückführen“[54] müsse. Das kommt auch in der Begründung des Regierungsentwurfs zum Aktiengesetz 1965 zum Ausdruck, wenn es dort als ein „Anliegen von hervorragender volkswirtschaftlicher und gesellschaftspolitischer Wichtigkeit“ bezeichnet wird, „das Aktiengesetz ... so zu gestalten, daß es mit den Grundsätzen unserer Wirtschaftsverfassung in Einklang steht“. Unsere Rechts- und Wirtschaftsverfassung, so wird weiter gesagt, „beruht auf der Anerkennung und dem Schutz des privaten Eigentums und der freien Verfügung über das Eigentum ... Richtlinie aller aktienrechtlicher Regelungen muß daher die Fragestellung sein, ob die einzelne Regelung der Stellung der Aktionäre als der wirtschaftlichen Eigentümer des Unternehmens entspricht“[55].

In engem Zusammenhang damit und vielfach kaum unterschieden steht die wirtschaftstheoretische Begründung des Eigentumsprinzips für die Unternehmensordnung. Ihr liegt das marktwirtschaftliche Modell zugrunde, nach dem die Wirtschaftsprozesse durch Einschalten des privaten Gewinnstrebens in Gang gebracht und vorangetrieben und zugleich gesamtwirtschaftlich richtig gesteuert werden, da sich – so das Modell – Fehlentscheidungen eines Unternehmers in eignen privaten Verlusten niederschlagen. Dieser Steuerungsmechanismus macht es erforderlich, daß auch Gesellschaften und Unternehmenskorporationen nach dem Prinzip der Marktwirtschaft als Einheit von Herrschaft, Haftung und Gewinn konstruiert werden. Die natürliche Einheit des individuellen Unternehmers muß hier durch das Organisationsstatut hergestellt werden. Marktgerechtes Verhalten dieser Unternehmen ist dabei nur gesichert, wenn die Leitungsfunktionen auf Gewinnstreben und auf Verlustgefahr rückgekoppelt werden. Damit erscheint das Kapitalinteresse, das „wirtschaftliche“ Eigentum der Aktionäre, als unverzichtbares Korrelat des Marktes und als unausweichliche Konsequenz einer marktwirtschaftlichen Ordnung. Die juristische Doktrin hat diesen Ansatz zur Bestätigung und Untermauerung der Legitimation durch Privateigentum aufgegriffen und hält bis heute überwiegend daran fest, daß das Eigentum auch in Gesellschaftsunternehmen als Garant der richtigen

---

[52] Vgl. *Jagenburg,* aaO.

[53] *Rittner,* Marburger Gespräch, S. 62.

[54] *Reinhardt* in Festschrift für W. Schmidt, S. 35.

[55] Abgedruckt bei *Kropff,* Aktiengesetz, Textausgabe, mit Begründung des Regierungsentwurfs etc., 1965, S. 14. Die liberale Tradition klingt durch, wenn es dort u. a. weiter heißt, die Mitsprache- und Kontrollrechte der Aktionäre dürften nur so weit eingeschränkt werden, wie dies erforderlich ist, um die Funktionsfähigkeit und die Erreichung des Zweckes des Zusammenschlusses zu sichern, zu dem sich die Aktionäre freiwillig verbunden haben, sowie um die Wahrung übergeordneter, wirtschafts- und gesellschaftspolitischer Ziele zu gewährleisten.

unternehmerischen Disposition fungiere: nur durch die Rückbeziehung auf das Eigentum und durch die Kontrolle vom Eigentum her werde gewährleistet, daß das Unternehmen den Gesetzen des Marktes und des Wettbewerbs unterworfen und damit auch einer volkswirtschaftlichen Richtigkeitskontrolle ausgesetzt bleibe[56].

d) Die praktische Relevanz dieser Doktrin zeigt sich heute vor allem in der Auseinandersetzung um die erweiterte wirtschaftliche Mitbestimmung. Diesbezüglichen Forderungen wird nicht nur der grundgesetzliche Schutz des Privateigentums, sondern auch die marktwirtschaftliche Sachgesetzlichkeit entgegengehalten, die es aus Gründen der gesamtwirtschaftlichen Funktionsfähigkeit zwingend gebiete, an der Vorherrschaft der Kapitalinteressen in der Unternehmenskorporation festzuhalten. Während die Stimmen, die jeder Form der Mitbestimmung als einer Denaturierung der sachlich gebotenen Unternehmensordnung und damit als einer Gefährdung der Gesamtwirtschaft widersprachen, inzwischen gegenüber der fest in der Rechtswirklichkeit verankerten sog. einfachen Mitbestimmung weitgehend verstummt sind[57], erheben sich andere, die einer erweiterten, paritätischen Mitbestimmung umso entschiedeneren Widerstand ansagen[58]. Sie stellen darauf ab, daß

---

[56] Vgl. *Franz Böhm* in Festgabe für Kronstein, S. 11 ff., 44: das marktwirtschaftliche Lenkungs- und Kontrollsystem, in das die Unternehmer allein vermittels ihres Vermögensinteresses hineingespannt sind, insbes. mittels des Zwangs, ihre Schulden zu bezahlen, zwingt sie mit beachtenswerter Brutalität, sich volkswirtschaftlich richtig zu verhalten. – Weitere Nachweise zu dieser Modellvorstellung bei *Schwerdtfeger,* aaO. S. 112 ff. Vgl. oben Anm. 43, sowie nachf. im Text. Kritisch hierzu *Thomas Raiser,* Marktwirtschaft und paritätische Mitbestimmung, S. 24 ff., bes. S. 33 ff., der aufzeigt, daß diese Argumentation von allzu verengten Prämissen ausgeht.

[57] Siehe aber *Franz Böhm,* aaO. S. 11 ff., 44, wo – freilich ohne Stellungnahme zu konkreten Mitbestimmungsmodellen konsequent am marktwirtschaftlichen Unternehmensmodell festgehalten wird: solange das marktwirtschaftliche Kontroll- und Lenkungssystem funktioniere, besteht kein Grund, andere Personen, die, weil sie kein Vermögen und kein Vermögensinteresse haben, von diesem Kontroll- und Lenkungssystem nicht erfaßt werden, an den Entscheidungen zu beteiligen. Mitbestimmung sei systemfremd und systemstörend. Wenn die Marktwirtschaft nicht funktioniere, müsse deren Aufgabe auf die Regierung übertragen werden.

[58] So vor allem *E. R. Huber,* Grundgesetz und wirtschaftliche Mitbestimmung, 1970; *ders.,* Wirtschaftsverwaltungsrecht, II, S. 572. Grundsätzlich auf dieser Linie auch der Mitbestimmungsvorschlag der Biedenkopf-Kommision: Mitbestimmung im Unternehmen. Bericht der Sachverständigen-Kommission zur Auswertung der bisherigen Erfahrungen bei der Mitbestimmung (Mitbestimmmungskommission). Deutscher Bundestag, 6. Wahlperiode. Drucksache VI/334. (Im folgenden kurz: Biedenkopf-Bericht). Weiter Chr.-Fr. v. Plessen, Qualifizierte Mitbestimmung und Eigentumsgarantie, 1969; *Berenberg-Gossler,* Die AG 1968, S. 37 ff.; *Janberg,* BB 1968, 1433 ff.; *Fr. Rittner,* Marburger Gespräch, S. 50 ff., 74 f.; *Reinhardt,* Verhandlungen des 39. DJT, S. B 5 ff., 25 f. *L. Raiser,* Rechtsfragen der Mitbestimmung, 1953, S. 16 ff. In grundlegender Kritik hierzu neuerdings Schwerdtfeger, Unternehmerische Mitbestimmung der Arbeitnehmer und Grundgesetz, 1972, mit ausf. Nachw.

die unternehmerische Planungs- und Leitungskompetenz eine wirtschaftsrechtliche Funktion sei, deren Grundlage folglich im Eigentums- und im Gesellschaftsrecht zu suchen sei[59]. Dabei hebt vor allem E. R. Huber[60] nachdrücklich hervor, daß die erweiterte Mitbestimmung notwendig das Marktverhalten des Unternehmens beeinflusse. Durch die Bestimmungsmacht von Gruppen, die ihr „Mandat nicht von den Anteilseignern der das Unternehmen tragenden Gesellschaft ableite(n)“[61], werde nicht nur in deren Grundrechte – insbesondere Handlungsfreiheit, Vereinigungsfreiheit und Eigentum – eingegriffen, es werde dadurch auch die Verhaltenssteuerung des Unternehmens „als eine in die Ganzheit marktwirtschaftlicher Beziehungen eingeordnete, am Marktprozeß teilnehmende Einheit“[62] in Frage gestellt und damit „die Gesamtheit der am Wirtschaftsprozeß beteiligten Unternehmen und ... die ganze Wirtschaftsverfassung betroffen“[63]. Konsequent wird die Problematik der erweiterten Mitbestimmung auf die Formel gebracht, ob das Unternehmen nach gesellschaftspolitischen Forderungen oder nach den Grundsätzen der Marktwirtschaft und nach dem wirtschaftlichen Prinzip zu führen sei[64]. Dies ist die vielfach anzutreffende polemische Entgegensetzung von „wirtschaftlicher Rationalität“ und „politischer Willkür“. Nur in der Rückkoppelung auf das Kapitaleigentum bzw. auf die Kapitalinteressen der Anteilseigner wird eine sichere Gewähr für einen Vorrang der wirtschaftlichen Rationalität gesehen. Im Bericht der Biedenkopf-Kommission klingen ähnliche Erwägungen an, wenn dort bei der verfassungsrechtlichen Prüfung der erweiterten Mitbestimmung vom „Sinn- und Funktionszusammenhang der bestehenden Wirtschaftsordnung“[65] ausgegangen und von daher auf die Erwartungen der Anteilseigner abgestellt wird, daß die Gesellschaftsorgane mit dem eingesetzten Kapital „in einer Weise wirtschaften werden, wie dies nach der bestehenden marktwirtschaftlichen, von Wettbewerbsprinzipien beherrschten Ordnung möglich und geboten ist“[66]. Ebenso wird dort auch der Zusammenhang zwischen marktwirtschaftlichen Steuerungsmechanismen und privatem Gewinnstreben bzw. privatem Verlust-

---

Zum neuesten Stand der Diskussion vgl. *Thomas Raiser*, Marktwirtschaft und paritätische Mitbestimmung, 1973; *ders.*, Grundgesetz und paritätische Mitbestimmung 1975.

59 *E. R. Huber*, aaO. S. 39/40; *Rittner*, aaO. S. 54 f.; *Köhler*, JZ 1953, 715 hält zwar die unternehmerische Planungs- und Entscheidungsgewalt für eine grundsätzlich selbständige und vom Eigentum unabhängige Institution, kommt aber für die konkrete Wirtschaftsverfassung der BRD gleichwohl zum Ergebnis, daß das Eigentum die Inhaberschaft der Planungs- und Entscheidungsgewalt legitimiere. Weitere Nachw. bei *Schwerdtfeger*, aaO. S. 133 ff.

60 Grundgesetz und wirtschaftliche Mitbestimmung, S. 42 ff.

61 S. 43.

62 Ebd. — Vgl. dazu auch *Reinhardt*, Verhandlungen 39. DJT, S. B 5 ff., 25 ff.

63 S. 44.

64 *Huber*, aaO. S. 42 ff., S. 113 f.

65 Bundestags-Drucksache VI 334, S. 102 f.

66 AaO.

risiko als Argument gegen eine bis zur Parität von „Kapital" und „Arbeit" oder noch darüber hinaus erweiterte Mitbestimmung ins Feld geführt[67]. –

2. *Die Reaktivierung der Aktionäre*

In der aktienrechtlichen Ideologie sind die Aktionäre selbst der schwächste Punkt. Von allen Einwänden gegen die grundsätzlichen Prämissen abgesehen, muß sich eine Legitimation der Unternehmenskorporation von Eigentum und Privatautonomie der Anteilseigner und von den marktwirtschaftlichen Prinzipien her dann von vorneherein als unhaltbar erweisen, wenn die Aktionäre die ihnen zugedachten Kontrollfunktionen nicht oder jedenfalls nicht in relevantem Umfang ausüben. Wie eine lange Entwicklung in Deutschland gezeigt und wie die Erfahrungen anderer vergleichbarer Rechtsordnungen bestätigt haben, fallen die Aktionäre aber nahezu vollständig als aktiver Faktor aus.

Schon das Aktiengesetz von 1937 hat aufgrund der Einsicht, daß die ursprünglichen Vorstellungen über den Aktionär eine „grande illusion" (Georges Ripert) geblieben waren, die Abkehr von der Fiktion vollzogen, die Generalversammlung fungiere als oberste Unternehmensführung. Statt dessen wurde dem Vorstand die Geschäftsführung in eigener Verantwortung zugewiesen. Das Aktiengesetz von 1965 hat diese Tendenz fortgesetzt, die Unternehmensleitung weiter verselbständigt und den Einfluß der Aktionäre formal beschnitten. Die „eigene Verantwortung" des Vorstandes gem. § 76 AktG bedeutet danach, daß er keiner Interessengruppe allein verpflichtet ist, vielmehr jeder Gruppe gegenüber auch die Interessen der andern zu vertreten und insgesamt die „Belange des Unternehmens" wahrzunehmen hat[68].

---

[67] AaO. Kritisch hiergegen *Thomas Raiser,* Marktwirtschaft und paritätische Mitbestimmung, bes. S. 19 ff., 38 ff. Eine ambivalente Position nimmt Rasch BB 74, 532 ff. ein, der einerseits im „entscheidenden Einfluß" auch des „Besitzers einer einzigen Aktie" ein verfassungsrechtliches Postulat sieht, andererseits aber befürchtet, daß die deutschen Unternehmen weltweit zum Gespött werden, wenn über die Bestellung eines Vorstandsmitglieds Hunderte von Personen in einer Hauptversammlung abstimmen.

[68] Vgl. *v. Godin-Wilhelmi.* Kommentar zum Aktiengesetz, 4. Aufl. 1971, Anm 5 ff. zu § 76; *Meyer-Landrut* in Großkommentar zum Aktiengesetz, 3. Aufl., 1971, Anm. 9 ff. zu § 76; *Mertens* in Kölner Kommentar zum Aktiengesetz, 1970, Anm. 5 zu § 76. Das schließt nicht aus, daß für einen als abgegrenzt angenommenen gesellschaftsrechtlichen Bereich Interessenmonismus konstatiert wird, so *H. W. Köhler,* Unternehmensverfassung und Aktienrechtsreform, JZ 1956, 137 ff. Kritisch zur Vorstellung eines Interessenmonismus *Wiethölter,* Interessen, S. 32. *Schilling* in Festschrift für Ernst Gessler, S. 159 ff., geht zwar vom „Prinzip der Interesseneinheit" aus (S. 163), das er offenbar aber als eine – vom Vorstand zu realisierende – Forderung nach Vorrang des „Unternehmensinteresses" verstanden wissen will (vgl. S. 165: die Gleichberechtigung von Kapital und Arbeit sei in Übereinstimmung zu bringen mit der das Lebensgesetz der AG bildenden Interesseneinheit).

Dabei wird der Vorstand als Sachwalter des Unternehmens gegenüber den „reinen Kapitalinteressen" der Aktionäre gesehen[69].

a) Obwohl der Ausfall der Aktionäre und ihre Passivität hinsichtlich aller unternehmerischer Funktionen seit langem eingehend belegt und auch von der Doktrin fast durchweg als Faktum akzeptiert ist, hält sie doch weithin an den tradierten gesellschaftsrechtlichen Legitimitätsprinzipien und Rechtfertigungsmustern fest. Die innere Schwäche dieser Konzeption bleibt aber der durch das offensichtliche Desinteresse der meisten Anteilseigner an der ihnen zugewiesenen Rolle als „Unternehmensträger" entstandene Bruch in der postulierten Unternehmenseinheit.

Demgemäß wird seit langem besonderes Gewicht auf Überlegungen gelegt, wie die Aktionäre aktiviert und an die Gesellschaft wieder herangeführt werden können. Von allgemeinen Appellen an das „Pflichtbewußtsein" der Aktionäre abgesehen, die die Inkongruenzen des juristischen Modells in persönliches Versagen der Aktionäre umzudeuten versuchen und die dem zentralen Problem der Unternehmenskorporation durch „Reklame oder eine Art staatsbürgerliche Erziehung zum aktiven Aktionär"[70] beikommen wollen, hat sich dies im Zuge der Aktienrechtsreform in Maßnahmen zur Belebung der Hauptversammlung und zur interesse- und funktionsgerechten Ausgestaltung der Aktionärsrechte ausgewirkt. So geht schon der Referentenentwurf zum Aktiengesetz von der Notwendigkeit aus, die Hauptversammlung stärker als nach früherem Recht an der Feststellung des Jahresabschlusses und an der Beschlußfassung zur Gewinnverwendung zu beteiligen[71]. Zwar soll die Zuständigkeitsverteilung zwischen Vorstand, Aufsichtsrat und Hauptversammlung, wie sie sich aus dem Aktiengesetz 1937 ergab, im Prinzip beibehalten werden. Ausdrücklich wird darauf Bezug genommen, daß die rechtliche Verselbständigung der Verwaltung nur der tatsächlichen Entwicklung Rechnung getragen habe. Die Hauptversammlung sei schon lange nicht mehr das oberste Verwaltungsorgan gewesen und könne es ihrer Struktur und Zusammensetzung nach auch gar nicht sein; den bei der Leitung des Unternehmens auftretenden Problemen stehe sie zu fern,

---

[69] Die ganz h. M. nimmt an, mit der Streichung der „Richtlinien-Bestimmung" des § 70 Abs. 1 AktG 1967 sei keine Änderung des bisherigen Rechtszustands verbunden; vgl. Anm. 136. Ausdrücklich betonen *v. Godin-Wilhelmi,* aaO., Anm. 6, der Vorstand habe alle Interessen – die der Gesellschaft, der Aktionäre, der Arbeitnehmer und der Allgemeinheit – in gleicher Weise zu berücksichtigen. – Gegen die herrschende Interpretation des § 76 Abs. 1 AktG 1965 *Fritz Rittner* in Festschrift für Ernst Gessler, S. 139 ff. Der Unterschied von R.'s Konzeption zur h. M. liegt vor allem darin, daß er den Bezugspunkt der Verantwortung des Vorstands undifferenziert weitgehend im dunkeln läßt („das Gedeihen des Unternehmens", S. 151).

[71] Vgl. dazu *Eckardt,* Die Hauptversammlung der Aktiengesellschaft im Referentenentwurf eines Aktiengesetzes, NJW 1959, 9 ff.

um alle für die Entscheidung maßgebenden Gesichtspunkte richtig würdigen zu können[72]. In speziellen Entscheidungsbereichen wird aber gleichwohl eine Verstärkung ihres Einflusses nicht nur als notwendig, sondern auch als praktikabel angesehen. Für die erweiterte Mitwirkung der Hauptversammlung beim Jahresabschluß und bei der Gewinnverwendung wird dabei vor allem auf das unmittelbare Gewinninteresse der einzelnen Aktionäre abgestellt: es sei zu berücksichtigen, daß „die Aktionäre durch Hingabe von Kapital die Grundlage des Unternehmens geschaffen haben und das wirtschaftliche Risiko für ihre Beteiligung tragen. Private Kapitalgeber werden auf die Dauer gesehen nur dann bereit sein, dieses Risiko zu übernehmen, wenn sie am Gewinn der Gesellschaft angemessen beteiligt werden. Das ist bisher nicht immer der Fall. Die Verwaltungen setzen häufig den Reingewinn nicht nach dem im Geschäftsjahr erzielten Gewinn fest, sondern stellen zur Ausschüttung nur das zur Verfügung, was sie im Interesse des Ansehens der Gesellschaft für erforderlich halten und was andere gleichartige Gesellschaften ausschütten“[73]. Regierungsentwurf und AktG 1965 belassen es demgegenüber bei der primären Kompetenz von Vorstand und Aufsichtsrat für die Feststellung des Jahresabschlusses, bestätigen jedoch die Tendenz zur funktionsgerechten Stärkung der Mitwirkung der Hauptversammlung durch die Regelung der Gewinnverwendung und der Bildung von offenen und stillen Rücklagen[74].

Neben verfahrensrechtlichen Vorkehrungen, durch die die Aktionäre stärker in Vorbereitung und Ablauf der Hauptversammlung einbezogen werden sollen, macht vor allem die Regelung des Depotstimmrechts der Banken das Anliegen deutlich, die Aktionäre zur Wahrnehmung ihrer formalen Einflußmöglichkeiten zu veranlassen und vermutete Hindernisse bei-

---

[72] *Eckardt*, aaO. So auch die Begründung zum Regierungsentwurf, BT Drucks. IV, 171 Allgemeines, II, S. 93; abgedruckt auch bei *Kropff*, aaO. (Anm. 55), S. 14.

[73] *Eckardt*, aaO.

[74] Vgl. §§ 148 ff., 170 ff.; 172 AktG (Jahresabschluß), sowie § 174 AktG (Gewinnverwendung). Zur Abschaffung der Bildung stiller Reserven zugunsten eines Systems fester Wertansätze (§§ 153–156 AktG) wurde unter anderem ausdrücklich auf die Notwendigkeit einer funktionsgerechten Ausgestaltung der Aktionärsrechte verwiesen: „Viele Bevölkerungskreise dürften für den Erwerb von Aktien nicht zu gewinnen sein, solange der Eindruck besteht, daß der veröffentlichte Jahresabschluß nicht die wirkliche Vermögens- und Ertragsentwicklung zeigt. Aktienkäufer und -verkäufer verlieren durch nicht erkennbare Bildung und Auflösung stiller Rücklagen wesentliche Anhaltspunkte für die Ermittlung des Werts der Aktien. Sie müssen befürchten, daß besser unterrichtete ‚Insider‘ ihre besonderen Kenntnisse zu Lasten der Kleinaktionäre ausnutzen.“ (Ausschußbericht, abgedruckt bei *Kropff*, aaO., S. 239). Die Möglichkeit stiller Reserven „erschwert die Beurteilung und damit die Kontrolle der Verwaltung. Eine angemessene Kontrolle der Verwaltungen ist aber Voraussetzung für das gute Funktionieren des Aktienrechts“ (ebd., S. 239).

seite zu räumen. Der Regierungsentwurf verfolgte ausdrücklich das Ziel, „die Verwaltung der Gesellschaft mehr als bisher unter die Kontrolle der Aktionäre zu stellen und die Banken von dem Verdacht zu befreien, daß sie das Stimmrecht im eigenen Interesse ausübten“[75]. Die vorgesehene Bindung des Depotstimmrechts an Sondervollmachten ist allerdings nicht Gesetz geworden, jedoch zielt auch die gesetzliche Regelung darauf ab, den Aktionären die Information ebenso zu erleichtern wie die Erteilung von Weisungen an die das Stimmrecht ausübende Bank[76]. Die Vorsorge für den Aktionär geht dabei so weit, daß durch Rechtsverordnung ein Formblatt für die Erteilung von Weisungen durch den Aktionär vorgeschrieben werden kann[77] – einschließlich einer „Anweisung für die Ausübung des Stimmrechts ... (d)urch Ankreuzen der dort vorgesehenen Kästchen“[78]. So ist hier in der Tat alles getan, um den Aktionär „der Gesellschaft näherzubringen“ und ihn „auf die Möglichkeit der Weisungserteilung deutlich hinzuweisen und ihm Gelegenheit zu geben, ohne große Mühe der Bank Weisungen für die Ausübung des Stimmrechts zu geben“[79].

b) In gesetzlichen Maßnahmen dieser Art wird der Hebel gesehen, mit dem die soziale Realität der Aktiengesellschaft verändert und den juristischen Strukturprinzipien angepaßt werden kann oder zum Teil schon angepaßt worden ist. Das ist freilich eine recht vordergründige Antwort auf das zentrale Strukturproblem der Unternehmenskorporation. Das Aktienrecht gab der Hauptversammlung schon immer mehr Kompetenzen, als sie effektiv auszufüllen vermochte. Vermehrt man die Kompetenzen noch, so wird diese Kluft kaum geringer. Die in der Interessen- und Motivationsstruktur der typischen Aktionäre liegenden Gründe ihrer „Passivität“ werden dadurch nicht erreicht. Auch die ohnehin eher bescheidenen institutionellen „Erleichterungen“ können die Voraussetzungen der Rechtsausübung nicht ersetzen: „das „Ankreuzen der Kästchen“ bleibt leeres Ritual, wenn es dabei am Sachverstand fehlt. Die Aktivierung der Aktionäre – Kernstück der am tradierten Legitimitätsmodell festhaltenden Doktrin – auf diesem Weg zu erreichen, bleibt juristisches Wunschdenken. So steht am Ende der Aktivierungsstrategie doch wieder der Appell an den Aktionär, die Erwartungen des Gesetzgebers und der Doktrin zu erfüllen. „Die Aktionäre mö-

---

[75] RegE. aaO. Begründung, S. 157/158. Ebenso S. 94: Zu den Maßnahmen des Entwurfs, die die Teilnahme der einzelnen Aktionäre am Leben der Gesellschaft aktivieren und die Ausübung ihrer Rechte, insbesondere des Stimmrechts, wirksamer gestalten sollen, ist auch die Umgestaltung des sog. Depotstimmrechts der Banken zu rechnen.

[76] §§ 128, 135 AktG.

[77] § 128 Abs. 6 AktG. Eine solche Verordnung ist bisher nicht ergangen, da die von den Kreditinstituten entwickelten Formulare den Intentionen des Gesetzes genügen dürften.

[78] RegE, aaO. Begründung zu § 129, S. 158.

[79] RegE, ebd.

gen und müssen aus ihrer Indifferenz heraustreten"[80], so hieß es schon in der Begründung der Aktienrechtsnovelle von 1884, und so faßt auch 1965 der Vorsitzende des Aktienrechtsausschusses die Bemühungen um eine Stärkung der Stellung der Aktionäre zusammen: „Solange die Zahl der uninteressierten Aktionäre größer ist als die der interessierten, wird also den Stimmen der interessierten Aktionäre ein einheitlicher Stimmblock der Kreditinstitute gegenüberstehen... Dagegen kann letzten Endes nur Eines helfen; der einzelne Aktionär muß sich mehr um seine Gesellschaft kümmern, wenn er seine eigene Stellung stärken will. Alles was dazu dient, sollte unterstützt werden"[81].

c) Demgegenüber hat vor allem Großfeld[82] ein Reformkonzept entwikkelt, das konsequent von der sozialen Realität statt von wirklichkeitsfremden Postulaten ausgeht. Sein Konzept unterstreicht zugleich nachdrücklich die soziale Bedeutung der aktiengesellschaftlichen Struktur und hebt den unmittelbaren Zusammenhang zwischen dem Ausfall der Aktionäre und der Legitimitätskrise der Unternehmenskorporation in das Zentrum der Diskussion.

Großfeld setzt an der Tatsache der „Trennung von Besitz und Herrschaft" und der „Passivität der meisten Aktionäre" an[83]. Er hält es für unerläßlich, daß die derzeitige Situation überwunden und den Aktionären faktischer Einfluß auf das Unternehmen verschafft wird. Sein Reformkonzept läuft demzufolge auch auf den Versuch hinaus, „die Aktionäre wieder so nahe wie möglich an die Gesellschaft heranzuführen und sie als gesellschaftsinterne Machtfaktoren zur Geltung zu bringen"[84] und sie legt das Schwergewicht ausdrücklich auf die Bemühungen, den Kleinaktionär „in der Aktiengesellschaft zu halten und ihn zu reaktivieren"[85]. Die Passivität der Aktionäre könne das Aktienrecht nicht widerstandslos akzeptieren, so sagt Großfeld, selbst wenn die meisten Aktionäre damit zufrieden seien[86]. Es gehe hier nicht in erster Linie um den Schutz ihrer individuellen Interessen und auch nicht um eine „gelegentlich sentimental propagierte Fürsorge

---

[80] Sten. Ber. über die Verh. des Reichstags, 5. Leg. Per., IV. Sess. 1884. 3. Bd. S. 293.

[81] *Wilhelmi,* Die AG 1965, 153 ff., 155.

[82] Aktiengesellschaft, Unternehmenskonzentration und Kleinaktionär, 1968. Neuerdings auch *Marcus Lutter,* Der Aktionär in der Marktwirtschaft, 1974. L. sieht die Lösung u. a. darin, den Arbeitnehmer, der am stärksten an Stabilität und Entwicklung des Unternehmens interessiert sei, für die Stellung des Aktionärs zu gewinnen.

[83] S. 14 ff., S. 190.

[84] S. 191.

[85] Ebd.

[86] S. 193. In diesem Zusammenhang hat schon *Georges Ripert,* Aspects juridiques du capitalisme moderne, S. 108 bemerkt, da die Aktionäre weder die Herren des Unternehmens seien noch auch nur darauf Wert legten, möge man darauf verzichten, sie zu aktivieren; ihnen sei ein aufgeklärter Despot lieber, der ihnen durch gekonnte Leitung des Unternehmens nütze.

für den Kleinen Mann" (Dülfer), sondern um gesamtgesellschaftliche und gesamtwirtschaftliche Aspekte. Großfeld stellt dazu auf den engen Zusammenhang ab, den er zwischen der faktischen Einflußlosigkeit der Aktionäre und der fortschreitenden Konzentration in der Wirtschaft sieht[87]. Die gesamtgesellschaftliche Relevanz ergibt sich für ihn aus der damit verbundenen Bedrohung des Wettbewerbs als eines unverzichtbaren Mittels, um im Bereich der Wirtschaft individuelle Freiheit gegen private Macht zu schützen und um private Wirtschaftsmacht unter effektiver Kontrolle zu halten[88].

Vor diesem Hintergrund wird die Legitimationsaufgabe der Aktionäre deutlich. Die aktive Partizipation der Aktionäre wird für die Ordnung des Unternehmens, für die „Ordnungsaufgabe des Aktienrechts" gebraucht; die Rechte der Aktionäre dienen nicht nur ihren individuellen Interessen, sondern sie sind auch „Ordnungsfaktor im Interesse der Allgemeinheit"[89]. Darin liegt das eigentliche Problem der Einflußlosigkeit, denn „käme es lediglich auf den Schutz der Anlageinteressen der Aktionäre an, so wäre die Zurückdrängung des Kleinaktionärs vom korporativen Leben und der weitere Abbau seiner gesellschaftlichen Stellung nur die logische Konsequenz der bisherigen soziologischen Entwicklung"[90]. Es kommt aber – folgt man Großfeld – nicht nur auf das Privatinteresse der Aktionäre an, sondern darauf, die privatrechtliche Struktur des Aktienunternehmens zu erhalten. Großfeld gibt sich keiner Täuschung über die Chancen hin, die bisherige Entwicklung rückgängig zu machen, will aber wenigstens der weiteren Entwicklung entgegentreten, ohne dafür ein umfassendes System öffentlichrechtlicher Kontrolle in Anspruch nehmen zu müssen:

„Wenn es schon nicht möglich ist, die Macht aufzusplittern, so ist eine wirksame Aufsicht durch die Aktionäre umso notwendiger. Nur durch eine scharfe Kontrolle kann die für die Erhaltung der Selbständigkeit erforderliche Bindung an das Interesse aller Aktionäre, die zugleich der zentrale Bezugspunkt der privatrechtlichen Struktur der Aktiengesellschaft ist, gesichert werden. Hier liegt die eigentliche Aufgabe des Aktionärs. Der Ausbau seiner Kontrollrechte ist das systemgerechte Mittel, der innergesellschaftlichen Konzentration und ihrem Umschlag in die Unternehmenskonzentration entgegenzutreten...

Es kann dahingestellt bleiben, ob schon heute ... das Gewaltverhältnis zwischen Staat... und privater Wirtschaft zu sehr zugunsten des Staates verschoben ist. In jedem Fall wird es sich weiter zu Lasten der privaten Wirtschaft verändern, wenn die im Privatrecht liegenden Möglichkeiten der Machtkontrolle nicht entschlossen genützt werden. Wenn es nicht gelingt, die Aktionäre zu aktivieren, wird die Aktiengesellschaft früher oder später zu einer öffentlichen Anstalt, die weitgehender staatlicher Aufsicht anheimfällt. Das wäre nicht einmal Folge eines übertriebenen

---

[87] S. 21 ff., zusammenfassend S. 31 ff.
[88] S. 50 ff., S. 73 ff.
[89] So z. B. S. 195 und S. 194 ff. durchgeh.
[90] S. 191.

Machtstrebens, sondern Konsequenz der Tatsache, daß der Staat zum umfassenden Freiheitsschutz verpflichtet ist."[91]

Im Gegensatz zu starken Tendenzen in der Doktrin beurteilt Großfeld die Chancen freilich realistisch, daß die Aktionäre effektiv Mitverwaltungsrechte ausüben: die Geschichte des Aktienrechts zeige, daß ein solcher Versuch zum Scheitern verurteilt sei. Das Hauptgewicht sei folglich auf Kontrollfunktionen zu legen. Auf die Hauptversammlung will Großfeld dabei ebenfalls keine Hoffnungen setzen, – sie scheide für die Ausübung einer Kontrolle heute weitgehend aus, daher bleibe nur übrig, auf die Initiative einzelner Aktionäre zu bauen und ihr so gut wie möglich den Weg zu ebnen: „Eine realistische Einschätzung der gegenwärtigen Lage führt zu dem Ergebnis, daß trotz aller Bemühungen ein sinnvolles Aktivwerden immer nur von verhältnismäßig sehr wenigen Aktionären erhofft werden kann. Umso wichtiger ist es, diesen Einzelkräften die Möglichkeit zu geben, sich durchzusetzen und namens aller Aktionäre als Kontrollorgan tätig zu werden."[92]

Nach Großfelds Konzept ist die Partizipationsschwelle so weit zu senken, daß möglichst jede Aktion einzelner Aktionäre zum Tragen gebracht und in effektive Kontrolle umgesetzt werden kann. Das Hauptgewicht liegt auf den Individualrechten. Man mag auch dann noch davon sprechen, daß der einzelne Aktionär solche Rechte als „Funktionär" der Gesamtordnung und im Interesse des Unternehmens und der anderen Aktionäre ausübe. Tatsache ist jedenfalls, daß die Rechte von allen Bindungen an andere Aktionäre – wie z. B. Minderheitsquoren – und an die korporative Organisation möglichst freigehalten werden sollen. Die Auseinandersetzung wird aus den korporativen Kommunikationsstrukturen herausgenommen, der Ausfall der Hauptversammlung ist endgültig. Das ist das Ende des tradierten Prinzips der Unternehmenseinheit, die Einsicht in den Verlust des „Paradies(es) der Einheit von Verwaltern und Verwalteten" (Wiethölter). Ersatzinstitutionen werden gesucht, um auf irgendeine Weise ein „dünnes Band zwischen Unternehmensführung und Eigentümern"[93] herzustellen.

d) Großfelds Vorstellungen reduzieren trotz ihrer Nähe zur Rechtsstellung der Aktionäre die Kontrollfunktionen des einzelnen Aktionärs einschneidend. Seine Initiative löst das Kontrollverfahren zwar aus und hält es in Gang, aber die eigentliche Kontrolle wirtschaftlicher Macht setzt voraus, daß Gesetzgeber und Gerichte Maßstäbe dafür normieren und daß der Rechtsstab sie durchzusetzen bereit und in der Lage ist. Bei Publizität und Pflichtprüfung – „Ersatzinstitutionen" von besonderem Gewicht – zeigt sich noch deutlicher, wie die eigentliche Kontrolle des Unternehmens von den Aktionären auf öffentliche Institutionen im weitesten Sinn übergegangen ist. Das Prinzip der „gläsernen, aber verschlossenen Taschen" löst sich

[91] S. 200/201. [92] S. 207.

[93] *Steinmann*, Das Großunternehmen im Interessenkonflikt, S. 27.

schließlich vollends vom liberalen Unternehmensmodell und ersetzt die Fiktion der Mitverwaltungsrechte der Aktionäre durch eine umfassende und zugleich allgemeine Publizität[94]. – Soweit dagegen an der Vorstellung festgehalten wird, die Aktionäre seien die Träger des Unternehmens und übten auch faktisch einen maßgeblichen Einfluß aus, führt der Versuch des Realitätsnachweises zu höchst vagen und zwar nachdrücklich behaupteten, aber wenig belegten Einflußquellen. Die Möglichkeit einer „Flucht aus der Aktie" nimmt darunter eine bevorzugte Stellung ein. E. R. Huber[95] sieht das Mitgliedschaftsrecht des Aktionärs „gerade auch beim Kleinbesitz" durch die Möglichkeit mit Inhalt erfüllt, sich durch Veräußerung der Aktie von einer Gesellschaft zu trennen. „Da sein Beispiel unter Umständen leicht Nachahmung findet, ist der einzelne Aktionär durch die Möglichkeit zur ‚Flucht aus der Aktie' sogar mit einem besonders wirksamen Druckmittel ausgestattet."[96] Subtiler noch gestaltet sich die Kontrolle wirtschaftlicher Macht, wenn man Fritz Rittner folgt: nach seiner Vorstellung tragen die Rechte der Aktionäre – „Stimmrecht, das Auskunftsrecht, die Anfechtungsrechte, die Ersatzansprüche usw. ... – weitgehend auch nur durch ihr bloßes Vorhandensein, ohne daß es der Geltendmachung bedarf – zur richtigen Ordnung der Gesellschaft"[97] bei. Die richtige Ordnung der Gesellschaft, vom Aktionär gewährleistet, besteht danach offenbar darin, daß die Unternehmensleitung „in ihrer Geschäftspolitik auf seine Interessen Rücksicht nehmen (muß), will sie der Aktie einen ansehnlichen Kurs sichern und der AG selbst den Weg zu neuem Kapital offen halten"[98]. Das führt zu der naheliegenden Konsequenz, auf die Dimension der Rechtswirklichkeit ganz zu verzichten und mit Berenberg-Gossler[99] schlicht zu dekretieren, daß in der „Mitgliedschaft des Aktionärs ... auch in der großen Publikumsgesellschaft ein wesentlicher Ordnungsfaktor zu erblicken" ist. Sicher wird man sich der Einsicht nicht verschließen, daß Unternehmensleitungen auf Aktio-

---

[94] Zutreffend bemerkt *Wiethölter*, Frankfurter Publizitätsgespräch, S. 46 ff., daß der Adressat der Publizität nicht der Aktionär sei, sondern daß diese auf die Berücksichtigung der Allgemeinheit ziele.

[95] Grundgesetz und wirtschaftliche Mitbestimmung, S. 58 f.

[96] Ebd. S. 58. – So z. B. auch *Reinhardt* in Festschrift für Walter Schmidt, S. 36.

[97] In Marburger Gespräch, S. 63. R. betont allerdings selbst, diese auf den Aktionär bezogenen Mechanismen reichten allein nicht aus, sie würden vielmehr ergänzt durch Publizität und die durch sie vermittelte „öffentliche Kontrolle" durch die Testate der Wirtschaftsprüfer und durch zwingende gesetzliche Bestimmungen.

[98] *Rittner*, ebd.

[99] Die Aktiengesellschaft 1968, 37 ff., 39. – Ebenso bestreitet E. R. Huber entschieden, aber ohne näheren Nachweis, daß die „soziologische Enthüllung der Ohnmacht der Aktionäre" der Wirklichkeit entspreche. Er behauptet, ähnlich wie Rittner: „Selbst wo die Aktionäre nicht sichtbar, etwa auf den Hauptversammlungen (!), in Erscheinung treten, sind sie durch ihr einfaches Dasein (!), als eine Art fleet in being', ein aktives (!) Moment der gesellschaftlichen Realität" (S. 57).

näre gewisse Rücksichten nehmen und mitunter anders handeln würden, wenn es keine Aktionäre gäbe. Das ist aber auch in bezug auf andere Gruppen – wie Arbeitnehmer, Lieferanten und Abnehmer – kaum zu widerlegen, so daß nicht einzusehen wäre, warum nicht auch in diesen wesentliche Ordnungsfaktoren zu erblicken sein sollten, warum also die Unternehmensordnung gerade vom „Richtigkeitsgedanken der Eigentumsordnung" (Rittner) getragen sein soll. Festzuhalten bleibt jedenfalls, daß letztlich auch aus dieser Sicht der Einfluß der Aktionäre offenbar nicht darauf beruht, daß sie ihre Rechte und Kompetenzen aufgrund des Organisationsstatus effektiv wahrnehmen. –

3. Mehrheitsmacht und Minderheitenschutz

Großaktionäre und Mehrheitsaktionäre bedürfen keiner Aktivierung und müssen nicht durch gesetzliche Maßnahmen an das Unternehmen „herangeführt" werden. Sie üben einen maßgeblichen faktischen Einfluß aus und kontrollieren die Unternehmensleitung effektiv. Hier bleibt der faktische Einfluß nicht hinter der formalen Rechtsstellung zurück, sondern reicht in aller Regel noch weit darüber hinaus. Die Trennung von Besitz und Herrschaft findet typischerweise nicht statt.

Es liegt deshalb nahe, auf die faktische Macht dieser Aktionäre als Gegenbeispiel zur Ohnmacht der Kleinaktionäre zu verweisen und darin die Bestätigung dafür zu suchen, daß der Richtigkeitsgedanke des Privateigentums eben doch die Wirklichkeit der Aktiengesellschaften bestimme[100]. So scheint die privatrechtliche Struktur des Unternehmens grundsätzlich gesichert und zugleich scheint sich die Legitimitätsfrage wie bisher aus den Prinzipien des Privateigentums, der Vertragsautonomie und der Vereinigungsfreiheit zu beantworten.

a) Dieser Legitimationsversuch stößt freilich auf eine Reihe von Einwänden. Er kann zunächst schon alle die Unternehmenskorporationen nicht betreffen, die unter Managerkontrolle in dem Sinn stehen, daß kein großes Aktienpaket vorhanden ist, dessen Besitzer „a close working relationship"[101] zum Management unterhält. Damit bleibt für einen erheblichen Teil der Unternehmen einschließlich von Groß- und Größtunternehmen die Legitimitätskrise akut. Im übrigen ist eine Legitimation durch Großaktionäre nicht unproblematisch, denn dies läuft darauf hinaus, private Macht wiederum durch private Macht zu legitimieren: die Macht des Unternehmens

---

[100] So bes. *E. R. Huber,* Wirtschaftliche Mitbestimmung und Grundgesetz, S. 56 ff.

[101] So die Definition von *Berle,* Power without Property – A New Development in American Political Economy, 1959. S. 73 (S. 63 der dt. Übersetzung). Diese Definition legt auch *Helge Pross,* Manager und Aktionär in Deutschland, 1965, ihren Untersuchungen zugrunde.

und der Unternehmensleitung soll gerechtfertigt sein, weil sie durch die Macht eines – privaten – Großaktionärs unter Kontrolle gehalten wird. Daß „der einflußreiche Aktionär seinerseits zu denen gehört, die gerade zu kontrollieren wären“[102], wird dabei ebenso übersehen wie die Diskrepanz zur liberalen Konzeption der Aktiengesellschaft als eines Zusammenschlusses prinzipiell freier und gleichberechtigter Privateigentümer. Die innerkorporative Vermachtung sprengt den Rahmen einer an liberalen Prinzipien orientierten Unternehmensordnung, die Trennung von jedem Einfluß auf die Unternehmensführung bleibt typisches Attribut des „Eigentums“, – nur: die Spannung verlagert sich auf das Verhältnis zum Großaktionär; der Ohnmacht des einzelnen Aktionärs tritt die Macht des Großaktionärs entgegen, neben der Macht der Verwaltung oder an ihrer Stelle. Der Einzelaktionär hat an der „Eigentümerkontrolle“ keinen Anteil und hat gegenüber dem Aktionär in der reinen Publikumsgesellschaft unter Managerkontrolle keinen Machtzuwachs zu verzeichnen; im Gegenteil: er wird noch weiter abgedrängt in die förmliche Rolle des „außenstehenden Aktionärs“. Zweifellos wird auch der Großaktionär auf seine Belange Rücksicht nehmen, soweit es tunlich und ohne Gefährdung anderer Belange möglich erscheint, aber im Konfliktsfall ist dem einzelnen Aktionär seine Rolle als „lästiger und im Grunde überflüssiger Störfaktor“[103] sicher.

b) Die Macht der Unternehmenskorporation kann nur solange von der aktienrechtlichen Konzeption her gerechtfertigt erscheinen, als sie auch innerhalb der Aktiengesellschaft einer effektiven Kontrolle unterworfen ist. Infolgedessen ist es nur konsequent, wenn die Doktrin schon frühzeitig den Minderheitenschutz mit der notwendigen Kontrolle der Mehrheitsmacht zu verbinden versucht und dabei den „Minderheitsaktionären“ die gleichen Kontrollfunktionen gegenüber dem Großaktionär zugewiesen hat, wie sie den „Einzelaktionären“ gegenüber der Verwaltung zugeordnet worden sind. Auch der Mehrheitsmacht gegenüber gelten die einzelnen Aktionäre als Funktionäre der Gesamtordnung und als Kontrollorgane, die eine richtige Ordnung des Unternehmens gewährleisten: „Das Ziel der Minderheitsrechte ist der Schutz der Korporation durch die Minderheit.“[104]

Den Kontrollmaßstab entnimmt die Doktrin dem „Verbandsinteresse“, das mit dem „Gesellschaftszweck“ gleichgesetzt wird[105]. Der Gesellschaftszweck ist danach der entscheidende Faktor in der Kontrolle der Mehrheitsmacht. Diese Kontrolle soll bewirken, daß sich die Mehrheit im Einklang mit dem Gesellschaftszweck hält. Das ist – folgt man der Doktrin – in der Regel ohnehin der Fall; die Mehrheit handelt, so wird gesagt, regelmä-

[102] *Wiethölter,* Frankfurter Publizitätsgespräch, S. 45.

[103] *Großfeld,* Aktiengesellschaft, S. 191.

[104] *Rudolf Fischer* in Ehrenbergs Handwörterbuch, Bd. III, I, S. 200.

[105] Dazu besonders *Zöllner,* Die Schranken mitgliedschaftlicher Stimmrechtsmacht bei den privatrechtlichen Personenverbänden, 1962.

ßig im Interesse des Verbands und mit Bezug auf den Gesellschaftszweck. Entscheidet sich die Mehrheit aber gegen den Gesellschaftszweck, so hat die Minderheit die Aufgabe, den Gesellschaftszweck gegen die Mehrheit – notfalls mit Hilfe der Gerichte – durchzusetzen. Mißbraucht also die Mehrheit ihre Macht zu „gesellschaftsfremden Zwecken", so geht die Wahrnehmung des Verbandsinteresses auf die Minderheit über, in diesem Fall handelt die Minderheit im Verbandsinteresse[106].

Dieses Kontrollsystem ist von bestechender begrifflicher Geschlossenheit. Seine Bedeutung für die Legitimitätsprobleme des Unternehmens liegt auf der Hand, und zwar nicht nur im Hinblick auf konkrete mehrheitliche Herrschaftsbefugnisse, sondern generell für das Bestehen von festen Machtkomplexen als Folge der innergesellschaftlichen Machtkonzentration. Mit dem Gesellschaftszweck ist der begriffliche Nenner gefunden, der es erlaubt, trotz des Übergangs der Macht auf wenige Anteilseigner und der Entmachtung der übrigen an der Vorstellung einer alle Aktionäre umfassenden Gemeinsamkeit festzuhalten.

Auf die Chance der Minderheit, Mehrheit zu werden, kann, wo sich feste Mehrheits- und Machtblöcke gebildet haben, diese Gemeinsamkeit nicht gegründet werden, denn eine solche Chance besteht hier nicht, – zumindest nicht für den Kleinaktionär[107]. Auch hier zeigt sich, daß es an allen Voraussetzungen einer „Aktiendemokratie" fehlt. Ob die Kleinaktionäre den Entscheidungen der Groß- und Mehrheitsaktionäre zustimmen oder nicht, ist ohne Belang; sie haben darauf keinen Einfluß. Dies schließt eine „demokratische" Legitimation der Mehrheitsmacht durch Berufung auf einen permanenten Prozeß der Konsensbildung von vornherein aus. Statt dessen greift die Doktrin auf die Vorstellung eines Grundkonsenses aller Aktionäre zurück, den sie in den Begriff des Gesellschaftszwecks faßt. Die Legitimation wird in den „Gesellschaftsvertrag" zurückverlegt. Damit ist der Anschluß an das klassische Vertragskonzept des Gesellschaftsrechts erreicht: einige Privateigentümer schließen sich vertraglich zur Verfolgung bestimmter gemeinsamer Zwecke zusammen. Demgemäß definiert die Doktrin Verbandsinteresse bzw. Gesellschaftszweck ausdrücklich als Zusammenfassung derjenigen Einzelinteressen der Mitglieder, „zu deren Verfolgung die Personenvereinigung gegründet wurde"[108]. Daraus folgt, daß die Kontrolle der Mehrheitsmacht letztlich in der Bindung an den Gesellschaftsvertrag besteht[109] und weiter,

[106] *Zöllner,* aaO. S. 18 ff. mit weiteren Nachweisen.

[107] Dazu *Großfeld,* aaO. S. 66 ff., S. 207 f.

[108] *Zöllner,* aaO. S. 20.

[109] So zu § 197 Abs. 2 AktG 1937 *Zöllner,* aaO. S. 293 ff., 294: gesellschaftsfremd grundsätzlich diejenigen Interessen, die nicht mit dem Verbandsinteresse kongruent sind. Die Auseinandersetzung um den Begriff „gesellschaftsfremde Sondervorteile" kann hier nicht im einzelnen dargestellt werden. Die Formulierungen in der Doktrin gehen auseinander; teilweise ist auch versucht worden, das maßgebliche Kriterium insbesondere im Gleichbehandlungsprinzip zu finden. Vgl. *Götz*

daß die Macht der Groß- und Mehrheitsaktionäre im Rahmen des Gesellschaftszwecks vertraglich durch Konsens der anderen Aktionäre oder ihrer Rechtsvorgänger mit Wirkung für sie legitimiert erscheint.

Legitimität der Mehrheitsmacht und Schutz der Minderheit hängen in dieser Sicht unmittelbar und eng zusammen. Beides verweist auf die behauptete Solidarität der Aktionäre in der Zweckgemeinschaft der AG, auf eine angebliche Übereinstimmung wenn nicht über die konkreten Maßnahmen und Entscheidungen, so doch über die prinzipielle Zielrichtung und über den Rahmen. Macht und Herrschaft der Groß- und Mehrheitsaktionäre erscheint danach insoweit legitimiert, „als die durch das Mehrheitsprinzip gebundene Minderheit sich der gleichen Gemeinschaft zurechnet, so daß im Hinblick auf das Endergebnis eine Übereinstimmung latent vorhanden ist. Deshalb kann eine der Verwirklichung von Freiheit und Gleichheit dienende Rechtsordnung eine unbeschränkte Mehrheitsherrschaft nur dort zulassen, wo eine Interessengemeinschaft besteht. Die Mehrheitsherrschaft ist nur im Hinblick auf ein Gemeinschaftsinteresse gerechtfertigt und muß in der Interessengemeinschaft aller wurzeln“[110].

Solche Ansätze machen indes nur deutlich, daß das klassische Eigentumsmodell der Unternehmenskorporation auch dort nicht mehr zu beleben ist, wo Aktionäre nicht einflußlose „Obligationäre“ sind, sondern als Großaktionäre die Macht im Unternehmen in den Händen halten. Die Legitimationskrise der Unternehmenskorporation ist dadurch nicht behoben, sondern in einem bestimmten Bereich auf andere Dimensionen verschoben: Der Konsens der Aktionäre ist eine Fiktion.

Das alles mag für die „closely held corporation“, für Familienunternehmen mit überschaubaren Verhältnissen und festen Bindungen auch außerhalb der eigentlichen Beteiligung anders sein. Die Wirklichkeit wird aber vorwiegend von jenen anderen Korporationen geprägt, in denen die Beteiligungsinteressen unvermittelt aufeinanderstoßen. Hier erweist sich, daß die abstrakte Mitgliedschaft keinen Gleichlauf der Interessen und keinen Konsens zu bewirken vermag. Mehrheit und Minderheit stehen sich hier in verschiedenen Lagern gegenüber und faktisch braucht die Mehrheit die Zustimmung der Minderheit nicht. Die Mehrheit – genauer: Mehrheits- und Großaktionäre – ist faktisch auch nicht an ein „Gemeinschaftsinteresse“

Hueck, Der Grundsatz der gleichmäßigen Behandlung im Privatrecht, 1958. Kritisch dazu *Wiethölter*, Interessen und Organisation, S. 103 ff., der für das Aktienrecht nachweist, daß dieser Grundsatz zur Lösung konkreter Probleme nur wenig austrägt und von der Rechtsprechung dazu tatsächlich auch nicht benützt worden ist.

[110] *Großfeld*, aaO. S. 207, unter Berufung auf staatsrechtliche Begründungen der Mehrheitsherrschaft sowie – speziell gesellschaftsrechtlich – auf *Müller-Erzbach*, Das private Rechtsdenken, 1948; sowie *ders.*, Das Erfassen des Rechts aus den Elementen des Zusammenlebens, AcP 154 (1955) S. 299 ff.

gebunden – mögen partiell Interessenkongruenzen vorhanden sein, so stehen sie doch zur Disposition der Mehrheitsmacht.

c) Bei der Konzerneingliederung und bei anderen Formen der Unternehmensverbindungen – der praktisch wichtigste Bereich, in dem sich das Problem von Mehrheitsmacht und Minderheitenschutz stellt – tritt offen zutage, daß jene Interessen- und Zweckgemeinschaft, von der die Doktrin ausgeht, faktisch nicht besteht und rechtlich nicht durchgesetzt werden kann. Zwischen Konzerninteresse und Interesse der außenstehenden Aktionäre besteht ein unüberbrückbarer Gegensatz und nicht latente Übereinstimmung. Der vom Aktiengesetz 1965 angestrebte Kompromiß eines „labilen Gleichgewichts" geht konsequenterweise auch nicht mehr von einem für alle Aktionäre verbindlichen Verbandsinteresse aus und zielt nicht auf die Unterbindung einer konzernorientierten Unternehmenspolitik der Mehrheit, sondern stellt auf die individuellen Vermögensinteressen der „freien" Aktionäre und auf ihre Entschädigung ab. Damit hat der Gesetzgeber die Prämisse einer Interessen- oder Zweckgemeinschaft eindeutig aufgegeben, und die Doktrin ist ihm – jedenfalls im Bereich der verbundenen Unternehmen – gefolgt. Hier erkennt sie an, daß die außenstehenden Aktionäre sich in der Erwartung beteiligt haben, daß das Unternehmen ausschließlich für eigene Gewinnerzielung geführt und daß der Gewinn gleichmäßig unter alle Aktionäre verteilt werde, daß beides aber durch Unternehmensverträge und Konzerneingliederung vereitelt wird[111].

Das ist das Ende einer langen Auseinandersetzung, in der von immer neuen Ansätzen her versucht worden war, das aus dem Assoziationsmodell abgeleitete Prinzip der Interesseneinheit in einem schlechthin entscheidenden Punkt tatsächlich als Regulator der Mehrheitsmacht zum Tragen zu bringen. In der Hibernia-Entscheidung des Reichsgerichts[112] war der Interessengegensatz zwischen Mehrheit und Minderheit in voller Schärfe gesehen und kein Versuch unternommen worden, ihn durch Einführung eines Gemein-

---

[111] Auch Ausgleichsansprüche führen nicht zu einer Interessengemeinschaft zurück, denn es ist anerkannt, daß sie nach Funktion und Struktur von völlig anderer Art als die bisherigen Dividendenansprüche sind. Vgl. *Godin-Wilhelmi*, 4. Aufl., 1971, § 304 Anm. II 1. Während der RegE im Allgemeinen Teil der Begründung vom wirtschaftlichen Eigentum der Aktionäre als Leitprinzip ausgeht, werden die Vorschläge zum Konzernrecht mit der Feststellung der „Kluft zwischen Gesetz und Rechtswirklichkeit" eingeleitet. Der Zug zur Unternehmenskonzentration habe einen Strukturwandel bewirkt, der durch den Machtübergang auf Stellen außerhalb der Gesellschaft gekennzeichnet sei. An diesem Strukturwandel könne der Entwurf nicht vorbeigehen, er könne ihn allerdings auch nicht rückgängig machen wollen. „Jeder Versuch, der aktienrechtlichen Zuständigkeitsordnung, namentlich in konzernmäßigen Bindungen, wieder unter allen Umständen Wirklichkeitswert zu verschaffen, würde – abgesehen davon, daß seine wirtschaftspolitische Berechtigung dahingestellt bleiben muß – an der Macht der Tatsachen scheitern" (S. 215).

[112] RGZ 68, 235 ff.

samkeit vermittelnden „Gesellschaftsinteresses“ zu überbrücken. Das RG hat dem Bestreben der einen Seite ebenso „sittliche Berechtigung“ wie dem der andern Seite zugesprochen und hat betont, eine „Verpflichtung der Mehrheit, die Interessen der Gesellschaft in dem Sinne zu wahren, in welchem die Minderheit diese Interessen auffaßt“, bestünde nicht[113]. Der Kampf zwischen den divergierenden Interessen war für unvermeidlich erklärt worden. In der weiteren Entwicklung trat demgegenüber die Tendenz hervor, die Gerichte unmittelbar in diesen Kampf einzuschalten und ihnen eine Wertung der beteiligten Interessen zu übertragen. Der Schutz der Minderheit wurde gleichbedeutend mit der Begrenzung der Mehrheitsherrschaft, die Sicherung der individuellen Vermögensinteressen der Minderheitsaktionäre wurde mit der Kontrolle der Unternehmenspolitik der Mehrheit gekoppelt. Den juristischen Ansatz dazu fand man in der vorgeblichen Interessengemeinschaft aller Aktionäre – unterschiedlich formuliert im einzelnen: Grundsatz der Gesellschaftstreue, Berücksichtigung des Wohls der Gesellschaft, Verbot des Mißbrauchs der Mehrheitsmacht, der Verfolgung gesellschaftsfremder Sondervorteile, des Mißbrauchs unternehmerischen Ermessens zum Nachteil der Gesellschaft etc.[114]. Wenn die Grenzen der Mehrheitsmacht von Fall zu Fall auch umstritten blieben, so waren sich Rechtsprechung und Lehre doch einig, daß sie sich im Prinzip aus der Bindung an ein übergeordnetes Interesse ergaben. So entschied das Reichsgericht im Jahre 1924 – die neue Linie aufnehmend, – daß jeder Gesellschafter sich „grundsätzlich von den Interessen seiner Gesellschaft und nicht von seinen privaten, außerhalb der Gesellschaft liegenden Sonderinteressen“ leiten zu lassen habe, da er seine Rechte aus dem Gesellschaftsvertrag herleite und sie „als Gesellschafter“ innehabe[115]. Dementsprechend wurde ein Hauptversammlungsbeschluß für anfechtbar erklärt, wenn die Mehrheit „aus eigensüchtigen Interessen unter bewußter Hintansetzung des Wohls der Gesellschaft gehandelt hat“[116]. An diesen Kriterien hielt die Rechtsprechung im ganzen fest, und in Übereinstimmung mit ihr versuchte auch die Doktrin, den Spielraum der Mehrheit an den Belangen „der Gesellschaft“ und „der“ Aktionäre „in ihrer Eigenschaft als Gesellschafter“ zu bemessen und die

---

[113] AaO. S. 246.

[144] Vgl. dazu *Schilling* in Großkommentar AktG (1937), 2. Aufl. 1965, Anm. 13 zu § 197; *Rasch*, Konzernmacht, 2. Aufl., 1955, S. 117 ff.; *Küster*, Inhalt und Grenzen der Rechte der Gesellschafter, 1954; *Zöllner*, Schranken mitgliedschaftlicher Stimmrechtsmacht, 1963, S. 288 ff. Dort jeweils auch weitere Nachweise. Aus der früheren Literatur vor allem: Hueck, Die Sittenwidrigkeit von Generalversammlungsbeschlüssen der Aktiengesellschaften und die Rechtsprechung des Reichsgerichts, RG-Festgabe, Bd. IV, 1929, S. 167 ff.

[115] RGZ 107, 202 ff., 204 = JW 1924, 1150.

[116] RGZ aaO. So auch RGZ 108, 41; 108, 322, 327; 113, 186, 193; 115, 296, 303.

Verfolgung „gesellschaftsfremder" Ziele zum Nachteil von Gesellschaft und übrigen Aktionären auszuschließen[117].

Inwieweit auf dieser Basis Spielregeln für den innerkorporativen Machtkampf entwickelt werden konnten, mag dahinstehen[118]. Die Unternehmenskonzentration durch Konzernierungen und andere Unternehmensverbindungen war trotz allen dagegen errichteten juristischen Schranken nicht aufzuhalten und hat sich schließlich in der sog. Konzernklausel auch juristische Anerkennung verschafft: die Wahrung „schutzwürdiger Belange" sollte das Prinzip der Gesellschaftstreue ausschließen[119].

Dem gesellschaftsvertraglichen Legitimitätsmodell ist danach der Boden entzogen. Wenn „schutzwürdige Belange" es rechtfertigen, daß Groß- und Mehrheitsaktionäre von einer gemeinsamen Linie aller Aktionäre abweichen und ohne Rücksicht auf die andern ihre eigene Unternehmenspolitik betreiben, wenn es für rechtmäßig erklärt wird, daß die übrigen Aktionäre dadurch „zu einer mehr oder minder fühlbaren Einflußlosigkeit"[120] gebracht werden, dann ist die Prämisse widerlegt, Mehrheitsherrschaft sei nur im Hinblick auf ein Gemeinschaftsinteresse gerechtfertigt und müsse in der Interessengemeinschaft aller wurzeln.

d) Das Vertragskonzept erweist sich im übrigen schon deswegen als unhaltbar, weil es im wesentlichen aus Fiktionen zusammengesetzt ist. Das gilt schon für den Begriff des Aktionärs, der bei Licht besehen nicht mehr bezeichnet als den Umstand, daß jemand Aktien in undefinierter Zahl besitzt, aus dem die Doktrin aber gleichwohl wesentliche Teile der Wirtschafts- und Sozialordnung abzuleiten vermag[121].

[117] Vgl. außer den vorgenannten Entscheidungen RGZ 119, 248; 122, 159; 158, 248; 166, 129. Aus der Rechtsprechung des BGH: BGHZ 14, 25; 21, 354; 33, 175.

[118] Vgl. dazu *Schilling* aaO. Anm. 14. Zur Unbrauchbarkeit des Begriffs „Unternehmensinteresse" für die Gewinnung von Kontrollkriterien *Herbert Wiedemann* in Festschrift für Carl Hans Barz, S. 561 ff.

[119] § 197 Abs. 2 Satz 2 in Verbindung mit § 101 Abs. 3 AktG 1937. Wie sich aus der Amtlichen Begründung erkennen läßt, war dabei vor allem an die Verfolgung von Konzerninteressen gedacht. Auch vor dem AktG 1937 war anerkannt, daß es schutzwürdige Belange gab, die die Verfolgung von Sondervorteilen rechtfertigten. Vgl. RGZ 108, 322. Allerdings ist z. T. wiederum versucht worden, zwischen Sondervorteilen zum Nachteil der Minderheit und gesellschaftsfremden Handlungen zum Nachteil der Gesellschaft als solcher zu unterscheiden. Demgemäß wurden aus § 197 Abs. 2 AktG 1937 zwei verschiedene Pflichten abgeleitet: Die Pflicht, die Interessen der Gesellschaft nicht zu schädigen, und die Pflicht, die Belange der Mitgesellschafter zu achten. Vgl. *Baumbach-Hueck*, AktG (1937), § 101 Anm. 2 A; *Zöllner*, Schranken, S. 294 f. Dabei bleibt aber offen, inwieweit das „Gesellschaftsinteresse" einen grundsätzlich anderen Bezugspunkt als die Gesellschaftsinteressen haben soll – und wer es definiert, S. a. *Zöllner*, aaO. S. 18 ff.

[220] RGZ 108, 322 ff.

[121] Allerdings zeigen Rechtsprechung und Schrifttum seit langem Ansätze, um zwischen beherrschenden Aktionären einerseits, einflußlosen andererseits zu differenzieren und entsprechende Pflichten zu normieren. Vgl. RGZ 132, 163; Fechner, Treubindungen des Aktionärs, 1942, S. 70 ff., hebt den „Unternehmensaktionär"

Der Begriff des Aktionärs vermittelt eine Beliebigkeit der Argumentationsbasis und des Beurteilungsmaßstabs, indem er erlaubt, von Fall zu Fall je nach den eigenen Richtigkeitsvorstellungen die eine oder die andere Interessenkonstellation als Bezugspunkt zu nehmen: Mehrheitsaktionär, Großaktionär, Konzernaktionär, Kleinaktionär, „Obligationär", Spekulant etc. Durch den Begriff des Aktionärs wird vor allem auch eine – zumindest latente – Interessenübereinstimmung der Aktienbesitzer, eine Solidarität vorausgesetzt, die zwar in Wirklichkeit nicht besteht, die aber dennoch über große juristische und politische Suggestivkraft verfügt. Hinter dem fiktiven Begriff des Aktionärs verbergen sich außer Klein- und Großaktionären auch Korporationen, Konzerne, institutionelle Anleger, öffentliche und gelegentlich auch staatliche Körperschaften, kurz: Organisationen und Träger industrieller Herrschaft. Zwischen natürlichen und juristischen Personen, zwischen kleinen und großen, freien und verflochtenen Aktienbesitzern macht der Begriff keinen Unterschied und ebenso steht das „Interesse der Aktionäre", das „Kapitalinteresse" für einen weiten Bereich komplexer Interessen, für disparate und häufig antagonistische Gruppen, für heftige Machtkämpfe – kurz: nimmt man die nicht interesse-, wohl aber machtlosen Kleinaktionäre hinzu, so ergibt sich als Minimaldefinition des angeblichen „Interessenmonismus", daß jeder der Beteiligten zumindest eine Aktie besitzt.

Ähnlich fiktiv ist der Begriff des Verbandszwecks. Auf einen realen Konsens der Mitglieder läßt sich ohnehin nur bei kleinen, überschaubaren Personenverbänden und auch da regelmäßig nur im Gründungsstadium abstellen. Je größer der Verband, je einflußloser und passiver die einzelnen Mitglieder, desto fragwürdiger muß die Behauptung eines Konsenses über den Zweck werden. Hinzu kommt, daß die Verbandssatzungen den jeweiligen Zweck erfahrungsgemäß so umfassend und so unverbindlich wie möglich umschreiben. In der Regel ist kein irgendwie in Betracht kommendes Betätigungsfeld ausgelassen, und in den juristischen Handbüchern für die Vertragspraxis zeigt sich anschaulich, wie die Bemühungen gerade dahin gehen, jedes Festlegen auf bestimmte Branchen, Produktionsstufen, Fertigungsarten etc. zu vermeiden und das Unternehmen von allen Beschränkungen möglichst freizuhalten. Das ist wegen der Dynamik und Komplexität eines Unternehmens gar nicht anders möglich. So wird auch in der Doktrin der Verbandszweck letztlich mehr als Zweckrahmen verstanden[122]. Aber auch das

hervor. Ein diese Differenzierungen konsequent durchführendes System des Korporationsrechts fehlt aber.

[122] *Zöllner,* Schranken mitgliedschaftlicher Stimmrechtsmacht, S. 25. „Mitgliedschaftliche Verbandsleitung" lasse sich, so meint Zöllner, als Konkretisierung des Verbandszwecks begreifen, ebd. Wie wenig mit diesen Begriffen für die Unternehmenskorporation anzufangen ist, zeigt sich, wenn man Bartholomeyczik, AcP 144, 293, folgt: danach dürfen Vorstand und Aufsichtsrat den Gesellschaftszweck nicht „konkretisieren", sondern lediglich „objektivieren".

ist noch fiktiv, wenn daraus konkrete Kriterien abgeleitet werden sollen, um die Unternehmenspolitik der Verwaltung und der Großaktionäre zu kontrollieren. In Wirklichkeit kann einer komplexen Organisation, die sich in wechselnden und zuvor regelmäßig unbekannten Situationen bewähren muß, kein festes Programm vorgegeben werden, das dann nur noch von Fall zu Fall zu konkretisieren wäre. Vielmehr werden in einem fortlaufenden Prozeß Ziele definiert und Programme mit Bezug darauf entworfen. In den Unternehmen findet, wie in anderen Organisationen auch, eine permanente Zieldiskussion statt, und niemand wird etwa bei der Entwicklung von Markt- und Produktionsstrategien mit den Thesen der juristischen Doktrin Ernst machen wollen und von Satzungsparagraphen zum Verbandszweck Entscheidungshilfe erwarten. –

Das Dogma vom Verbandszweck sollte, wie sich gezeigt hat, den Gerichten einen juristisch abgesicherten Weg eröffnen, um die Mehrheitsmacht unter eine gewisse Kontrolle zu bringen. Die Fiktion zerbrach unter der Wirklichkeit: es wurde schnell offenbar, daß die politischen, auf Zieldefinition gerichteten Prozesse im Unternehmen unvermeidlich und notwendig sind und daß es deshalb nur darum gehen kann, diese unternehmenspolitischen Entscheidungen den „Machthabern" im Unternehmen zu belassen oder sie durch unternehmenspolitische Entscheidungen der Gerichte zu ersetzen.

In der Tat war die Rechtsprechung hier stets um größte Zurückhaltung bemüht. Statt in den innerkorporativen Machtkampf direkt einzugreifen, hat sie sich bemüht, Verfahrensstandards zu entwickeln und eine Grenze zwischen erlaubten und unerlaubten Mitteln zu ziehen[123]. Vor allem aber hat sie sich darauf konzentriert, den Minderheitsaktionären einen Vermögensausgleich zu verschaffen, wo dies tragbar erschien, wo – anders gewendet – das an sich schutzwürdige Interesse der Mehrheit zu vermeidbaren Vermögenseinbußen der Minderheit führte. Der Sache nach waren also trotz vielfach entgegenstehender Terminologie Mehrheitsmacht und Minderheitenschutz schon vor dem Aktiengesetz 1965[124] verschiedenen Ebenen zugewiesen: von einer Kontrolle der Mehrheitsmacht auf der unternehmenspolitischen Ebene hielten sich die Gerichte bewußt fern, um nicht selbst Unternehmens- und zugleich auch Wirtschaftspolitik treiben zu müssen, und verlegten statt dessen den Minderheitenschutz auf die Ebene des individuellen Vermögensausgleichs. –

e) Insgesamt erweisen sich die Prinzipien, auf die sich die Doktrin zur Legitimation korporativer Mehrheitsmacht beruft, damit nur noch als ver-

[123] Dazu *Schilling* in Großkomm. AktG (1937), § 197 Anm. 14: *Stimmenkauf*, Fernhalten von Aktionären, Vereitelung der Stimmrechtsausübung, Unterlassung der Benachrichtigung, Täuschung über Tragweite der Beschlüsse oder über die Lage des Unternehmens, Einschüchterung und Drohung (RG JW 36, 181; BGHZ 8, 355).

[124] Vgl. §§ 304 ff., 311 und allgemein § 243 Abs. 2 Satz 2 AktG 1965. Zum früheren Recht in diesem Sinn vor allem *Rasch*, Konzernrecht, S. 126 f.

baler Nachklang eines Modells, das unter anderen Umständen entwickelt worden war, als sie heute maßgebend sind, und über das die Wirklichkeit folglich längst hinweg ist. –

III. Das moderne Management in der juristischen Doktrin

1. Zur gegenwärtigen Situation des Management: Einflußtendenzen und Selbstverständnis

Das Management ist das korporative Gegenstück zur Loslösung des Kapitalbesitzes von der Leitungsmacht im Unternehmen. Es ist die andere Seite der Einflußlosigkeit der Aktionäre, das negative Korrelat des „Eigentums": was die Aktionäre an Einfluß verloren haben – oder nie erlangen konnten – ist dem Management zugewachsen. Management bezeichnet dabei die Gruppe der leitenden Angestellten ohne größere Beteiligung am Aktienkapital einschließlich derer, denen keine Großaktionäre gegenüberstehen, welche aktiv auf die Unternehmensführung einwirken – einschließlich der „kontrollierenden Manager" also, deren bestimmender Einfluß sich auch auf die Besetzung der obersten Unternehmensorgane erstreckt[125].

a) Die bisher erhobenen Daten[126] lassen den Schluß zu, daß die weitere Entwicklung von einem weiteren Vordringen der Managerherrschaft bestimmt sein wird. Dabei mögen die Strukturen dieser Herrschaft einem Wandel unterworfen sein. So hat sich vor allem der Besitz und damit auch der Einfluß institutioneller Anleger in den letzten Jahren ständig vergrößert[127]. Dies hebt jedoch die Trennung von Besitz und Herrschaft nicht auf, sondern verlagert sie nur: die Manager der intermediären Institutionen – Banken, Versicherungen, Investmentgesellschaften u. a. – üben zwar kraft

---

[125] So die Definition von Berle/Means, die ihrer bis heute richtungsweisenden Untersuchung über die Trennung von ownership und control in den USA zugrunde gelegen hat; The Modern Corporation and Private Property 1932, S. 70. „Kontrolle" definieren Berle/Means ausdrücklich als „the power to select the directors". Ihnen folgend *Helge Pross*, Manager und Aktionär, 1965, S. 18, 21.

[126] Zur Erhebung des Ausmaßes der Manager-Herrschaft s. grundlegend *Berle/Means*, The Modern Corporation and Private Property, 1932; *R. A. Gordon*, Business Leadership in the Large Corporation, 1961; *R. J. Larner*, Ownership and Control in the 200 Largest Nonfinancial Corporations, 1929 and 1963, American Economic Review, LVI, 4, 1966, 777 ff. (alle für USA). Für England: *P. S. Florence*, Ownership, Control and Success of Large Companies, 1961. Für Deutschland: *Helge Pross*, Manager und Aktionäre in Deutschland, 1965; *Helge Pross/Karl W. Boetticher*, Manager des Kapitalismus, 1971; *Ruth Endreß*, Unternehmer, Manager oder Staatsfunktionär? 1971.

[127] Vgl. in diesem Zusammenhang *Ulrich Immenga*, Aktiengesellschaft, Aktionärsinteresse und institutionelle Anleger, 1971.

des Aktienbesitzes ihrer Gesellschaft an anderen Unternehmen Einfluß auf diese aus, ihre Position im eigenen Unternehmen ist aber wiederum durch die Trennung von Besitz und Herrschaft bestimmt.

Die Trennung von Besitz und Herrschaft, als solche im wesentlichen unbestritten, hat zu den unterschiedlichsten Interpretationen geführt. Auf der einen Seite wird darin ein Umbruch des „kapitalistischen" Wirtschaftssystems und ein tiefgreifender, die Gesellschaft im ganzen erfassender Strukturwandel gesehen[128], auf der andern Seite wird jeder Einfluß auf die soziale Schichtung und auf die „kapitalistischen" Grundstrukturen der Gesellschaft bestritten. Die Manager bilden danach keine besondere Gruppe oder gar Klasse mit einer soziologisch relevanten Absonderung gegenüber den Kapitaleigentümern, zumindest nicht gegenüber den Großaktionären. Die Trennung von Besitz und Herrschaft im dargelegten Sinn reicht vielmehr – in dieser Sicht – über eine funktionale Differenzierung innerhalb der Prinzipien und Institutionen des modernen Kapitalismus nicht hinaus, die Manager, obgleich nicht Eigentümer, erscheinen als Funktionäre des Eigentums[129].

b) Sicher ist zunächst, daß das emanzipierte Management der tatsächlichen ideologischen Geltung des Prinzips des Privateigentums keinen Abbruch getan, sondern ganz im Gegenteil wesentlich zu dessen Stärkung beigetragen hat und noch immer beiträgt. Die Erfahrung in allen „kapitalistischen" Industriegesellschaften bestätigt, daß die Manager zu den entschie-

---

[128] Dazu grundsätzlich *Dahrendorf*, Soziale Klassen und Klassenkonflikt in der industriellen Gesellschaft, 1957, bes. S. 41 ff., 78 ff.; *Helge Pross*, aaO. S. 29 ff. In beiden Untersuchungen werden die beiden prinzipiell unterschiedlichen Interpretationen des Faktums der Trennung von Besitz und Herrschaft gegeneinandergestellt. Der „managerialist school", die mit dieser Trennung die These eines tiefgreifenden sozialen Strukturwandels verbindet, sind zuzurechnen: *Berle* und *Means*, The Modern Corporation and Private Property, 1932; *Berle*, The 20th Century Capitalist Revolution, 1954; *ders.*, Power withour Property, 1959, dt.: Macht ohne Eigentum, 1967; *Gordon*, Business Leadership in the Large Corporation, 1961; *Galbraith*, Die moderne Industriegesellschaft, 1968 (amerik. Ausg. 1967); *Crosland*, The Conservative Enemy, 1962; *Andrew Shonfield*, Modern Capitalism, 1965; *Karl Renner*, Wandlungen der modernen Gesellschaft, Nachgel. Werke Band 3, 1953; *Joseph Schumpeter*, Kapitalismus, Sozialismus und Demokratie, 2. Aufl., 1950; *James Burnham*, The Managerial Revolution, 1941, dt.: Das Regime der Manager, 1949.

[129] So die „Marxist school" (vgl. zu dieser Bezeichnung *J. Child*, The Business Enterprise, S. 39), die freilich auch Nicht-Marxisten umfaßt: *Aaronovitch*, The Ruling Class, 1961; *P. Baran* und *P. Sweezy*, Monopoly Capital, An Essay on the American Economic and Social Order, 1966 (dt.: Monopolkapital, 1967); *R. L. Marris*, The Economic Theory of ‚Managerial' Capitalism, 1964; auch *C. W. Mills*, The Power Elite, 1956. – Dahrendorf und Pross nehmen eine differenzierte Stellung ein: sie betonen übereinstimmend insbesondere die Rückwirkung der Emanzipation des Management auf die soziale Funktion des Eigentums, halten die strukturelle Bedeutung insgesamt aber für begrenzt und wenden sich gegen die Annahme eines prinzipiellen Wandels des kapitalistischen Systems.

densten Verfechtern des Privateigentums und eines darauf aufgebauten „privatwirtschaftlichen“ Systems gehören: „Nicht nur ist dem Kapitalismus mit den Managern kein neuer Feind erstanden; er hat in ihnen mächtige Verteidiger gefunden.“[130] Wenn dabei auch die Bekenntnisse zum Privateigentum um so entschiedener ausfallen mögen, je geringer der faktische Einfluß der „Eigentümer“, der Aktionäre also, ist, so steht doch fest, daß die Manager entgegen vielfältiger theoretischer Prognosen nicht die „Totengräber des kapitalistischen Systems“ geworden sind. Damit sind alle jene Theorien durch die tatsächliche Entwicklung widerlegt, die – von unterschiedlichen Ansätzen ausgehend – in den Managern die Überwinder des Privateigentums an Produktionsmitteln sahen und von ihnen den entscheidenden Angriff auf die Eigentumsideologie erwarteten. Schon Berle und Means[131] befürchteten eine folgenschwere Schwächung des Privateigentums durch die Abtrennung der Verfügungsmacht und seiner dadurch bedingten Passivität. Ähnlich sollte die Entwicklung nach Schumpeters Ansicht verlaufen: der Übergang der eigentlichen Herrschaft auf die Manager entferne das Leben aus der Idee des Eigentums und schwäche damit die Institution, die keine „moralische Treupflicht“ mehr erzeuge und daher einer allgemeinen Gleichgültigkeit anheimfalle[132]. Der eigentumslose Aktionär habe den Eigentumswillen verloren, die Manager seien durch keine besonderen Interessen mit dem Eigentum verbunden – so entstehe eine Situation, in der schließlich niemand mehr zur Verteidigung des Eigentums übrig bleibe. Es werde folglich dem ersten ernsthaften Angriff erliegen. –

Der Fortbestand des Privateigentums an Produktionsmitteln und die entschlossene Verteidigung der Eigentumsideologie gerade durch die Manager war im übrigen auch aus marxistischer Sicht nicht erwartet worden und stellt marxistisch orientierte Theorien vor erhebliche Anpassungsschwierigkeiten. Der Umschwung, den die Rolle des Management dabei genommen hat, ist nicht weniger bemerkenswert als die Flexibilität des theoretischen Ansatzes. Verzichtete Marx selbst auf eine konkrete Prognose des künftigen Verhaltens der Manager und behandelte er die Emanzipation des Management mehr allgemein im Zusammenhang der Tendenzen zur Selbstüberwindung und Selbstzerstörung des kapitalistischen Systems[133], so führte Karl Renner[134] den Ansatz konsequent weiter und bezeichnete die Managerkontrolle als einen wesentlichen Schritt auf dem Weg zum Sozialismus. Die Manager rechnete er einer „Dienstklasse“ zu, die sich nicht am Profitstreben orientiere, sondern von den Bedürfnissen der Gesellschaft und der ar-

---

[130] *Helge Pross*, Manager und Aktionäre, S. 173. P. betont, daß dieses Faktum nicht mehr des Beweises, wohl aber der Erklärung bedürfe.

[131] The Modern Corporation and Private Property, S. 346 ff.

[132] Kapitalismus, Sozialismus und Demokratie, S. 230.

[133] Kapital, III, 1935, S. 419 ff., S. 477 ff. Dazu *Dahrendorf*, Soziale Klassen, S. 19 ff.; *Pross*, aaO. S. 31 ff.

[134] AaO., (oben Anm. 128).

beitenden Menschen ausgehe und offenbar immer mehr mit der Arbeiterschaft verschmelze.

Demgegenüber haben sich in der neueren marxistischen Theorie des Management die Fronten umgekehrt. Da die Manager offensichtlich die ihnen zugedachte Rolle im Klassenkampf nicht zu übernehmen bereit waren, werden sie nun konsequenterweise der Kapitalseite zugeschlagen. Demgemäß kommt dem Versuch zentrale Bedeutung zu, eine Interessenidentität zwischen Kapitaleigentümern und Managern nachzuweisen und die These, daß die Manager lediglich ausdifferenzierte Eigentumsfunktionen wahrnehmen – eine These, wie sie auch der Legitimationsstrategie der juristischen Doktrin zugrunde liegt – gewinnt von unerwarteter Seite Unterstützung[135].

c) Die soziale Realität hat sich allen Versuchen einseitiger Interpretation und doktrinärer Fixierung entzogen. Die „Revolution der Manager", wie sie James Burnham vorhergesehen hatte, ist ausgeblieben. Die Manager haben nicht durch politische Aktionen einen Umsturz inszeniert, sie haben nicht die Macht im Staat übernommen und sie haben keine Diktatur des Management errichtet. Sie haben – entgegen Burnhams Prognose – weder die Parlamente noch andere demokratische Institutionen abgeschafft und sie haben auch keine zentrale Planwirtschaft eingeführt[136]. –

Die Macht der Manager ist unzweifelhaft gleichwohl groß. Die Kontrolle über Großunternehmen verschafft zugleich Einfluß auf wirtschaftliche, politische und soziale Bereiche auch außerhalb des Unternehmens selbst. Die Manager sind indes nicht die einzigen Machthaber. Sie teilen ihre Macht mit Großaktionären, Gewerkschaftsführern, Funktionären der öffentlichen Verwaltung und öffentlicher Körperschaften und besonders auch mit den Angehörigen der politischen Elite. Mit ihnen und noch anderen zusammen bilden sie eine Oligarchie, aber nicht im Sinne einer homogenen Machtelite, sondern eines Elitenpluralismus, in dem divergierende Interessen aufeinanderstoßen und in dem auch die Manager ihre Auffassungen nicht stets und ohne weiteres oder auch nur im Regelfall durchzusetzen vermögen[137].

2. *Dimensionen und Ziele der Macht des Management*

Das unterstreicht erneut die Ambivalenz der Rolle des Managements und führt zu der Frage zurück, welchen Interessen die Manager tatsächlich verpflichtet sind. Davon hängt die Positionsbestimmung ab, darüber hinaus aber auch die Antwort auf die Legitimitätsfrage[138].

---

[135] Vgl. oben Anm. 129.

[136] Vgl. oben Anm. 129. Kritisch zu Burnham *Dahrendorf*, Soziale Klassen, S. 89 ff.

[137] Dazu *v. Beyme*, Die politische Elite in der Bundesrepublik Deutschland, 1971. S. 194 ff.

[138] Vgl. *Andrew Shonfield*, Modern Capitalism, S. 380 ff.

a) Die ersten Untersuchungen zur Trennung von Besitz und Herrschaft waren übereinstimmend zu dem Schluß gelangt, daß das Gewinnmotiv mit zunehmender Manager-Kontrolle seine vorrangige Bedeutung im Wirtschaftsprozeß einbüßen werde. Es erschien als unvermeidliche Konsequenz der Entmachtung des Eigentums, daß die Manager anderen Interessen den Vorrang vor dem Gewinninteresse einräumen würden – seien es ihre eigenen oder seien es Interessen der Arbeitnehmer, der Konsumenten etc. oder der „Gesellschaft als ganzes". Tatsächlich ist jedoch die Gewinnorientierung – wie die Entwicklung zeigt – für das Verhalten der Manager relevant, wenn auch nicht allein relevant, geblieben. Neuere Untersuchungen bestätigen zudem, daß zumindest bei größeren Unternehmen kaum Unterschiede zwischen der Führung durch Eigentümer-Unternehmer und der durch Manager bestehen[139]. Das läßt indessen nicht die Folgerung zu, die Manager fungierten als Quasi-Eigentümer. Daß sie ihr Selbstverständnis zu einem guten Teil aus der Institution des Privateigentums beziehen mögen, steht auf einem anderen Blatt und sagt über ihre tatsächliche Funktion ebensowenig aus wie ihre rituelle Gepflogenheit, die Aktionäre bei jeder Hauptversammlung als Eigentümer und Träger des Unternehmens zu begrüßen, sich selbst aber als deren Treuhänder zu bezeichnen. Richtig ist allerdings, daß die Manager durch eigene materielle Interessen mit dem Erfolg des Unternehmens verbunden sind und insoweit auch selbst an dessen Profit teilnehmen. Einmal sind Manager vielfach selbst Aktionäre ihres Unternehmens. Eine nur geringe Beteiligungsquote am Gesamtkapital der AG schließt dabei nicht aus, daß dieser Aktienbezitz im persönlichen Vermögen des Managers einen großen Teil ausmacht. Davon abgesehen sind Manager wegen ihrer mindestens teilweise gewinnabhängigen Gehälter und Tantiemen persönlich am Unternehmenserfolg interessiert. Schließlich ist die Position der Manager im ganzen, ihr Prestige, die Chance weiteren Aufstiegs eng mit dem Erfolg des Unternehmens verbunden[140].

b) Trotz dieser Verknüpfungen kann das Verhalten des Management jedoch nicht schlicht als „kapitalistisches Profitstreben" aufgrund persönlicher Gewinnmotive begriffen werden. Derartige Vorstellungen, in denen sich liberalistische und marxistische Elemente treffen, verkürzen den tatsächlichen Funktionszusammenhang, in dem das Management steht. Dieser wird durch das Unternehmen selbst bestimmt, und das Unternehmen als komplexe Organisation ist auch der eigentliche Bezugspunkt des Management. Dies bezeichnet einen grundlegenden Unterschied: zwar sind auch die Aktionäre und ihre Interessen und Forderungen Teil der Realität des Un-

---

[139] Vgl. dazu näher *John Child,* The Business Enterprise, S. 51; *Pross,* aaO. S. 171 ff.

[140] Dazu eingehend *Pross,* aaO. S. 171 ff.; vgl. weiter *Earl F. Cheit,* The New Place of Business in *ders.,* Hrsg. The Business Establishment, 1964, S. 152 f; *Galbraith,* Die moderne Industriegesellschaft, S. 135 ff.

ternehmens, diese Realität reicht aber noch wesentlich weiter. Zu ihr gehören auch die Interessen zahlreicher anderer Gruppen, deren Interaktionen erst das Unternehmen konstituieren – Arbeiter und Angestellte, Lieferanten und Abnehmer, Kreditgeber; ebenso gehören dazu Gruppierungen des „öffentlichen Interesses", staatliche Organisationen, kommunale und kirchliche Körperschaften, Verbände aus dem Bereich der „Wirtschaftsorganisation" und der sog. Selbstverwaltung der Wirtschaft u. a. m. In Wirklichkeit ist das Unternehmen ein interessenpluralistisches Gebilde von hoher Komplexität und läßt sich nicht auf ein spezifisches Interesse reduzieren. Gleiches gilt für den Handlungshorizont des Management: die Realität der Unternehmensführung besteht darin, zwischen diesen Interessen und Gruppen und den damit verbundenen komplexen Erwartungen eine „working balance" zu vermitteln[141]. Auch das Gewinnmotiv selbst hat seine Eindeutigkeit verloren. Es kann unter den Bedingungen moderner Wirtschafts- und Unternehmensstrukturen von vorneherein nicht mehr maximalen, sondern nur optimalen, langfristig gesicherten Gewinn bedeuten. Im Einfügen dieser zeitlichen Dimension liegt zugleich das Einfügen jener anderen Faktoren in den unternehmerischen Entscheidungsprozeß und die Relativierung des Gewinnmotivs. Langfristige Gewinnmaximierung bedeutet in Wirklichkeit partiellen Gewinnverzicht aus Rücksicht auf das „social environment" des Unternehmens. Die Gewinnorientierung wird eingegrenzt durch Prinzipien der kontrollierten Expansion, der Erhaltung des Marktanteils und der Stabilität des Unternehmens[142].

c) Damit ist den Managern eine im eigentlichen Sinne unternehmenspolitische Aufgabe zugewiesen. Ihre Tätigkeit besteht realiter darin, im Prozeß der Zieldefinition und der Entwicklung darauf bezogener Strategien die

---

[141] ... „to maintain an equitable and working balance among the claims of the various directly interested groups" (Frank Abrams, Standard Oil of New Jersey); vgl. *R. Heilbronner,* Reflections on a Changing Business Ideology in Earl F. Cheit, Hrsg., The Business Establishment, S. 1 ff. (das Zitat findet sich auf S. 10). Dazu auch die materialreiche und mit illustrativen Fällen versehene Untersuchung von *Clarence Walton,* Corporate Social Responsibilities, 1967. Vgl. aus juristischer Sicht *Fritz Rittner,* Zur Verantwortung des Vorstands in Festschrift für E. Gessler, S. 139 ff., sowie kritisch Werdende JP, S. 298 ff., wo die Auflösung der Unternehmenseinheit in heterogene Interessengruppen beklagt, zugleich jedoch offenbar als irgendwie willkürlich und vermeidbar verstanden wird.

[142] Kritisch in diesem Sinn *Galbraith,* Die moderne Industriegesellschaft, S. 142 ff., der mit treffender Polemik bemerkt, die Verfechter der Gewinnmaximierungsthese klammerten als Konzession an die Realität die großen und marktmächtigen Unternehmen aus ihrer Betrachtung aus. Firmen wie General Motors, General Electric, Standard Oil u. a. würden von der modernen Wirtschaftsanalyse ausgeschlossen, um andere Ziele als das Streben nach Höchstgewinnen nicht zur Kenntnis nehmen zu müssen. *H. Wiedemann,* Festschrift für *C. M. Barz,* S. 561 ff., betont die Gemengelage wirtschaftlicher, politischer und sozialer Ziele.

Auseinandersetzung der rivalisierenden, teils koalierenden, teils kollidierenden Interessengruppen durch verbindliche Entscheidungen zu vermitteln[143].

Diese Funktionsbestimmung des Managements klingt in Normen des positiven Rechts an, die die Leitung des Unternehmens in die „eigene Verantwortung" des Vorstands stellen[144], und sie liegt tendenziell auch der Doktrin zugrunde, wenn dort darauf verwiesen wird, daß der Vorstand keinem der verschiedenen Gruppeninteressen ausschließlich oder auch nur vorrangig verpflichtet sei, sondern „über" diesen Interessen stehe und zwischen ihnen einen sachgerechten Ausgleich herbeizuführen habe. Damit deckt sich auch das Selbstverständnis der Manager, wie es sich aus zahllosen Selbstzeugnissen belegen läßt. Peter Drucker[145] hat einen Katalog der Interessen zusammengestellt, denen sich amerikanische Manager nach eigener Aussage verpflichtet fühlen: support of community chest, employment of the handicapped, research in the social sciences, symphony orchestras, religious tolerance, the United Nations, economic education of the American people, liberal foreign trade policy, intellectual refugees from China, freedom for the press, conservation of forests, maintenance of private colleges. Mit einigen nationalen Modifikationen und unter temporärer Auslassung der China-Flüchtlinge könnte diese Liste, die sich in jeder beliebigen Richtung verlängern ließe, auch für die Bundesrepublik oder irgend ein anderes „kapitalistisches" Land belegt werden.

In dieser Situation tritt die Legitimitätsfrage erneut in den Vordergrund. Wenn die Manager in einem so umfassenden Bereich Prioritäten setzen, dann müssen sie sich dafür auf konsensträchtige Prinzipien und Maßstäbe berufen, um nicht auf die Dauer ihre eigene Position und die Abnahme ihrer Entscheidungen durch die betroffenen – und im Einzelfall zurückgesetzten! – Interessengruppen zu gefährden. Wo aber über kollidierende Interessen zu entscheiden ist, bietet sich die Berufung auf ein höheres Interesse zur Rechtfertigung an – sei es das Interesse des Unternehmens „als solches" oder „als Institution", sei es auch das „Interesse der Gesellschaft als ganze", der „community as a whole"[146]. Diesen Weg sind die Ideologen des

---

143 *Carl Kaysen*, The Corporation: How Much Power? What Scope? in E. Mason (Hrsg.), The Corporation in Modern Society, S. 85 ff., und vor allem *Earl Latham*, The Body Politic of the Corporation, ebd., S. 218 ff. L. faßt die Corporation konsequent als ein politisches System zur Akkumulation, Kontrolle und Anwendung von Macht auf, dessen Einfluß sich weit über eine rein wirtschaftliche Funktionalität hinaus erstreckt. Ebenso *Guy Kirsch*, Manager-Herrscher ohne Auftrag, 1969.

144 § 76 Abs. 1 AktG; vgl. auch § 70 Abs. 1 AktG a. F. (1937): danach hatte der Vorstand die Gesellschaft unter eigener Verantwortung so zu leiten, wie das Wohl des Betriebs und seiner Gefolgschaft und der gemeine Nutzen von Volk und Reich es fordern.

145 The Responsibilities of Management, Harper's Mag., 1954, Nov., S. 67 ff.

146 Dazu *Schmidt-Relenberg*, Über Verantwortung. Ein Beitrag zur Soziologie

Management vorzugsweise auch gegangen, und die Manager selbst sind ihnen darauf bereitwillig gefolgt. Das „Interesse des Unternehmens" hat schon in den aktienrechtlichen Machtkämpfen zwischen Management und Großaktionären, wie sie unter dem Stichwort „Schutzaktien" in den 20er Jahren in Deutschland stattfanden, den Managern geholfen, ihre Position vor Gericht zu festigen[147]. Es ist auch seither stets bemüht worden, wenn es galt, eine Zurücksetzung von Kapitalinteressen zu rechtfertigen. Der institutionelle Charakter des Unternehmens, das Unternehmen „als solches" oder „an sich", wird inzwischen fast schon stereotyp herangezogen, um die Manager als Sachverwalter übergeordneter Belange auszuweisen – und das keineswegs nur in Deutschland: „No longer the agent of proprietorship seeking to maximize return on investment, management sees itself responsible to stockholders, employees, customers, the genereal public, and perhaps most important, the firm itself as an institution."[148] Von da aus ist es nur noch ein kleiner Schritt zu einer Ideologie, die die soziale Verantwortung der Manager schlechthin zum tragenden Prinzip erhebt und die Legitimität ihrer unternehmenspolitischen Entscheidungen und ihrer Unternehmensführung im ganzen unmittelbar daraus ableitet. Je mehr sich das Management von der Ausrichtung an konkreten Gruppeninteressen und der Unterwerfung unter sie entfernt oder zu entfernen bemüht, desto mehr muß es sich zu immer generelleren Interessen bekennen. Dies ist in einem Umfang zum Rollenbestandteil der Manager geworden, der geradezu zu einem „gospel of social responsibility"[149] geführt hat.

Im Begriff der „corporate statesmanship" hat eine solche Einordnung der Manager ihren schließlich angemessenen Ausdruck gefunden: der Manager erscheint danach nicht als Diener bestimmter Interessen, sondern als am Wohl des Ganzen ausgerichtet. Er orientiert sich an weitergesteckten Zielen, als es die Interessenten und Gruppenvertreter zu tun vermöchten, er denkt

---

der Alltagsklischees. Kölner Zeitschrift für Soziologie und Sozialpsychologie 1970, 251 ff. Ganz im Sinne eines Alltagsklischees will *Walter Strauss*, Grundlagen und Aufgaben der Aktienrechtsreform, 1960, S. 19, ohne nähere Abgrenzung einen Bereich anerkennen, in dem der Manager nur Gott und sich selbst verantwortlich ist.

[147] Vgl. die Nachw. oben Anm. 115–117. – Dazu grundsätzlich *Zöllner*, Die Schranken mitgliedschaftlicher Stimmrechtsmacht, S. 75 ff.; *Mestmäcker*, Verwaltung, Konzerngewalt und Rechte der Aktionäre, S. 14 f.; vgl. auch *Thomas Raiser*, Das Unternehmen als Organisation, S. 41 ff.

[148] *Carl Kaysen*, The Social Significance of the Modern Corporation, American Economic Review, 47 (1957), 311, 313.

[149] *Earl F. Cheit*, The New Place of Business in E. F. Cheit, Hrsg., The Business Establishment, S. 152; *John Child*, The Business Enterprise, S. 47; *ders.*, British Management Thought: A Critical Analysis, 1969; *C. C. Walton*, Corporate Social Responsibilities, 1967; *R. Bendix*, Work and Authority in Industry: Ideologies of Management in the Course of Industrialisation, 1956, dt.: Herrschaft und Industriearbeit, 1960. Siehe auch *Graham Bannock*, The Juggernauts. The Age of the Big Corporation. 1971. Dt. Die unersättlichen Giganten, 1972.

in weiteren Bahnen als jene und er sieht seine Aufgabe nicht zuletzt darin, dort einzugreifen, wo im Kampf der Interessenvertreter sozial wichtige Belange unterzugehen drohen[150].

3. Soziale Normen, Funktionalität und Sachgesetzlichkeit als Bindung der Managerherrschaft?

a) Von der Legitimitätsfrage her kann es nicht genügen, das tatsächliche Ausmaß der Trennung von Besitz und Herrschaft und der Verselbständigung des Management zu untersuchen und die Position der Manager im Kraftfeld des Unternehmens zu lokalisieren. Erweist sich „die These von der Strahlungskraft des Großunternehmens in den politischen Bereich hinein als richtig . . ., so kann die Legitimität des Herrschaftsanspruchs seiner Leiter nicht mit der simplen Existenz dieser Herrschaft begründet werden. Es geht darum auch nicht an, die Legitimierung der politischen Ausstrahlung des Unternehmens in der ökonomischen Zweckmäßigkeit allein oder in den Erfordernissen der Organisation zu suchen"[151]. Dieser Einwand trifft das Konzept der „sozialen Verantwortung" des Management im Kern. Es bringt in der Tat wenig mehr zum Ausdruck, als daß die Manager Entscheidungen treffen, welche sich in gesamtgesellschaftlich wichtigen Bereichen auswirken können. Angesichts der Realität von Großunternehmen war das kaum anders zu erwarten. Ähnlich verhält es sich mit dem Begriff der „corporate statesmanship": daß Manager bei ihren Entscheidungen unter dem Druck widerstreitender Interessen, Ziele und Vorstellungen der verschiedensten Fraktionen und Gruppen stehen, wird schon den durchschnittlichen Zeitungsleser kaum überraschen. Indessen steckt hinter dem Begriff der „corporate statesmanship" noch mehr. Er soll zum Ausdruck bringen, daß Manager die Pflichten eines Staatsmannes tragen, dem „Wohl der Gesamtheit", dem „öffentlichen Interesse" etc. verpflichtet sind. Die Manager, so ist insgesamt der Tenor, üben nicht schlechthin Macht aus, sondern sie üben an Verantwortung gebundene, auf gesamtgesellschaftliche Interessen und Belange bezogene Macht aus.

Auch diese Wendung bringt freilich das Legitimitätsproblem der Lösung nicht näher. Es bleibt die Frage, warum unter den vielen, nach Einfluß im Unternehmen strebenden Gruppen gerade die Manager den Ausschlag geben sollen und warum unter der Vielzahl der von Fall zu Fall möglichen und

---

[150] Vgl. *Berle* und *Means,* The Corporation in Modern Society, S. 356/7 (economic statesmanship); *Walton,* aaO. (Anm. 149), S. 11 ff.; *Berle,* Power without Property, 1959, S. 87 ff. Kritisch dazu (freilich im Sinn einer Rückkehr zur Gewinnmaximierungsthese) *Eugene V. Rostow* in E. Mason, Hrsg., The Corporation in Modern Society, S. 47 ff., (63 ff.) Eindrucksvolle Belege für dieses Selbstverständnis der Manager in: Das Unternehmen in der Gesellschaft, VSW-Schriftenreihe, Band 6, 1974.

[151] *Guy Kirsch,* Manager — Herrscher ohne Auftrag, S. 14.

durchaus unterschiedlichen Definitionen des öffentlichen Interesses und des Wohls der Allgemeinheit oder des Unternehmens gerade die von den jeweiligen Managern gewählte Definition Verbindlichkeit erlangen soll. Es bleibt weiter die Frage nach den Kriterien, an denen das Verhalten der Manager zu messen ist, und nach den Mechanismen sozialer Kontrolle, die deren Berücksichtigung sicherstellen.

b) Eine Antwort ist von verschiedenen Ansätzen her versucht worden, und zwar zunächst mit dem Anliegen, das Vorhandensein faktisch wirksamer Schranken der Manager-Macht und das tatsächliche Bestehen sozialer Kontrollmechanismen aufzuzeigen. Ein pauschaler Verweis auf die angebliche Sachgesetzlichkeit der Manager-Herrschaft, wie er sich in Teilen der juristischen Doktrin findet[152], kann dazu freilich nicht ausreichen. Hierdurch wird im Ergebnis nur der nicht näher reflektierte status quo zur Norm erhoben. Dagegen haben soziologische Untersuchungen der Entscheidungsprozesse und der Autoritätsstrukturen im Unternehmen ein beträchtliches Ausmaß an social control sichtbar gemacht, der das Management effektiv unterworfen ist. Von daher sind dann auch Antworten auf die Legitimitätsfrage entwickelt worden.

Zunächst ergibt sich schon, daß die Macht bzw. die Autorität[153] der Manager nicht ein statisches, formal vorgegebenes Über-/Unterordnungsverhältnis, sondern das Ergebnis komplexer sozialer Prozesse ist. Die formalen Organisationsstatuten der Unternehmenskorporationen mit ihren hierarchisch gestuften Anordnungs- und Sanktionsrechten weisen den Managern eine dominierende Rolle zu, verdecken aber die Reziprozität der Einflußbeziehungen. Zwar sind die Einflußchancen des formal Untergeordneten in der Regel auch faktisch geringer als die der Vorgesetzten, doch ändert dies nichts daran, daß jede Autorität ein wechselseitiges soziales Beziehungsverhältnis darstellt, das auch dem Untergeordneten Einfluß verschafft. Dadurch werden für den formal Übergeordneten Abhängigkeiten begründet – Abhängigkeiten, die sich nicht aus dem Organisationsstatut ergeben, die aber gleichwohl gerade in den modernen Unternehmenskorporationen ein ganz besonderes Gewicht haben[154]. Mit besonderem Nachdruck hat sich neuerdings Galbraith gegen die Vorstellung einer formal-bürokratischen Entscheidungshierarchie in der corporation gewandt und die eigenständige

---

152 So neuerdings *Rittner*, aaO. (Anm. 141), S. 139 ff., 150 ff.

153 Im Anschluß an Max Weber wird Autorität als institutionell legitimierte Macht definiert (W. setzt Herrschaft und Autorität ausdrücklich gleich) vgl. Wirtschaft und Gesellschaft, 1956, S. 157 (vgl. auch S. 38).

154 Dazu im einzelnen *Helmut Ziegler*, Strukturen und Prozesse der Autorität in der Unternehmung, 1970. – Auf die Diskussion um die verschiedenen Legitimierungstheorien kann hier nicht näher eingegangen werden; entscheidend ist in diesem Zusammenhang nur, daß sie übereinstimmend beim sozialen System des Betriebs ansetzen und deshalb, wie unter 4 zu zeigen, in bezug auf die Legitimationskrise der Unternehmenskorporation den Ansatz in relevanter Weise verkürzen.

Bedeutung der „technostructure“ hervorgehoben, jenes Stabs, der alle umfaßt, die Spezial- und Fachwissen, Informationen und Erfahrungen in den Entscheidungsprozeß einbringen. „Diese Gruppe, und nicht das Management, ist die richtungweisende Intelligenz – das Gehirn – des Unternehmens.“[155] Der Besitz notwendiger Informationen und speziellen Wissens verschaffe Macht und effektive Partizipation an Entscheidungen, ohne Rücksicht auf den Rang in der formalen Hierarchie: „Daraus wird klar, daß fast alle Machtbefugnisse ... weit unten in der Firmenhierarchie ausgeübt werden. Nicht die Manager treffen die Entscheidung. Die wirkliche Entscheidung liegt viel weiter unten bei Planern, Technikern und anderen Spezialisten.“[156]

c) Damit hängt eine andere, nicht weniger gewichtige und wirksame Beschränkung der Manager-Macht zusammen: die Bürokratisierung der Unternehmensführung und die Professionalisierung des Management selbst. Darin sieht Philip Selznick den entscheidenden Faktor für eine Lösung des Legitimitätsproblems:

„The history of industrial management shows many evidences of a strain toward internal legality[157]. With the decline of family management in industry ... the justification for authority is more and more referred to claims of competence, service, and rational prinicples of administration. The historic significance of this transition is the rise of self-restraint as a hallmark of enterprise management.“

„Pre-bureaucratic management was typically one-man rule. The dominant figure resisted delegation and was inclined to make as many decisions as possible on his own. The relation between the ‚big boss‘ and his staff was personal and he expected unreserved loyalty and obedience. In the bureaucratic setting authority is more impersonal, more systematic, more limited, and more effective delegated. Respect is shown for authority based on technical competence. And all officials, including top management, accept a framework of established rules. In this sense, bureaucratic authority is ‚constitutional‘.“[158]

Dies ist eng mit dem Übergang vom Privatunternehmer zum professionellen Unternehmensleiter, dem Manager, verbunden. Während in der „Entrepreneural Corporation“ Initiative, Intuition und Erfahrung des Unternehmers den Entscheidungsprozeß bestimmten und dieser als „Herr im Haus“ agieren konnte, ist in der „Mature Corporation“ (Galbraith) die Organisation eine grundsätzlich andere: das Entscheidungsverfahren wird systematisch geordnet und geplant, rationalen Kriterien unterworfen und an Regeln

---

[155] Die moderne Industriegesellschaft, S. 88.

[156] Ebd., S. 85.

[157] „Legality“ im Sinne Selznicks meint ein materielles, in seinem Kern auf die Reduktion von Willkür zielendes Prinzip, unterscheidet sich also von dem Legalitätsbegriff im eingangs verwendeten Sinn; vgl. *Law*, Society, and Industrial Justice, S. 11 ff.

[158] *Selznick,* aaO. S. 82.

und Normen gebunden. „Systematic procedure based on ‚sound management principles' is the ideal. Rules and policies are developed to guide decision-making in all phases of activity."[159] Die Folge ist, daß das Management selbst in ein Netz von Normen und Regeln, von Prinzipien und standards der Unternehmensführung eingebunden wird, aus dem es sich nicht mehr herauslösen kann, will es nicht die Rationalität und Effizienz der Unternehmensführung in Gefahr bringen. Dies ist keine Selbstbindung im eigentlichen Sinn, aus der sich die Manager kraft ihrer Leitungsmacht nach Belieben wieder befreien könnten, sondern eine Bindung, die mit der Struktur des modernen Unternehmens gegeben ist und davon nicht abgelöst werden kann[160]. All das bewirkt eine starke Reduktion von Willkür und persönlicher Beliebigkeit im Handeln der Manager und bestätigt, daß sie in weiten Bereichen der Unternehmensführung in der Tat einer effektiven Kontrolle unterliegen. Die Durchsetzung jener Normen geschieht in der Regel zwar nicht durch formalisierte Sanktionsverfahren, sondern meist durch mehr oder weniger informelle soziale Mechanismen, die darum aber nicht weniger wirksam sind.

d) Dies führt zu einem weiteren Punkt. Der einzelne Manager durchläuft, bis er eine einflußreiche Position im Unternehmen erreicht, einen permanenten Auslese- und Anpassungsprozeß, bei dem es nicht nur auf formal ausgewiesene Qualifikationen, sondern ebenso auf die Befolgung informeller Normen und standards ankommt. Sein Aufstieg vollzieht sich in einem fortlaufenden Machtkampf, in dem er in aller Regel nur wird bestehen können, wenn es ihm gelingt, mit einflußreichen Gruppen und Fraktionen zu koalieren. Diesem Machtkampf und der sich daraus ergebenden Notwendigkeit, Unterstützung bei den verschiedenen, für das Unternehmen relevanten Gruppen zu suchen und zu mobilisieren, bleibt er auch ausgesetzt, wenn er eine führende Position erreicht hat[161]. Insgesamt entsteht auf dieser Basis ein professionelles „Ethos" des Management mit einem Kanon von bindenden Verhaltensnormen und maßgeblichen standards. In diesem Sinn läßt sich auch sagen, daß die Manager in eine spezifische Verantwortung „hineinwachsen" und so ein besonderes Verantwortungsbewußtsein, ein „corporate conscience"[162], entwickeln.

---

[159] *Selznick*, aaO. S. 83.

[160] Am Beispiel FORD zeigt Galbraith den dramatischen, aber letztlich gescheiterten Versuch des klassischen Eigentümer-Unternehmers (im Sinne des entrepreneur), individuelle, strukturell ungebundene Autorität auch unter den Bedingungen der modernen Unternehmenskorporation zu behaupten, vgl. The Liberal Hour, 1960, S. 141 ff., und Die Moderne Industriegesellschaft, S. 108 f.

[161] Darauf will *Guy Kirsch*, Manager-Herrscher ohne Auftrag, S. 96 ff., die Legitimität vor allem gründen. Grundsätzlich zur Struktur dieses Prozesses Earl Latham, Body Politic in Mason, Hrsg., Corporation in Modern Society, S. 218 ff. L., S. 226, spricht von „various publics with which they must contend".

[162] Zum „corporate conscience": *Berle*, Economic Power and the Free Society,

4. Legitimität und rechtliche Kontrolle

Eine Interpretation der Manager-Herrschaft als dynamischer Interaktionsprozeß und der Nachweis effektiver sozialer Beschränkungen und Bindungen sind ebenso unerläßlich wie eine Analyse der Autoritäts- und Entscheidungsstrukturen im Unternehmen, soll die Auseinandersetzung um das Legitimitätsproblem vor der Gefahr einer doktrinären Erstarrung bewahrt werden – eine Gefahr, die sich nicht zuletzt in juristischen Ansätzen abgezeichnet hat. Das Legitimationsproblem selbst ist damit noch nicht gelöst. Wenn festgestellt wird, daß der Spielraum des Management faktisch begrenzt ist und die Möglichkeiten willkürlichen Handelns reduziert sind, so ist das nicht gleichbedeutend mit dem Nachweis der Legitimation für den verbleibenden Spielraum[163]. Kein Machthaber bewegt sich in einem politischen und sozialen Vakuum, auch das Management nicht. Dieser Umstand allein vermag es noch nicht zu rechtfertigen. Er besagt auch nicht, daß dem Management kein nennenswerter Spielraum offen stünde. Die Normierung und die Kontrolle durch soziale Mechanismen darf nicht absolut gesetzt werden. Wie die Manager so sind auch die Politiker des staatlichen Bereichs restriktiven – und womöglich noch engeren – Bindungen und Kontrollmechanismen unterworfen, ohne daß man sich dort mit dieser Antwort auf die Legitimitätsfrage begnügen würde. Macht und Herrschaft des Management bleiben ein Faktum, zwar im einzelnen von unterschiedlichem Gewicht und ohne absolut zu sein, aber im ganzen doch von großer gesamtgesellschaftlicher Relevanz. Bürokratisierung und Professionalisierung haben diese Macht durchsichtiger, objektiver und rationaler gemacht, und in diesem Sinne mag man durchaus von „self-restraint as a hallmark of enterprise management" (Selznick) sprechen. Doch all dies sind zunächst nur Wandlungen der Autoritätsstruktur und des „Führungsstils", die über die Rationalität und Richtigkeit der verfolgten Ziele noch nichts aussagen. „Sound management principles" vermögen die Richtigkeit von Entscheidungen nur in dem Umfang zu gewährleisten, in dem sie selbst richtig sind. Auch Fehlentwicklungen können System haben.

a) Die Legitimitätsfrage bleibt also offen. Die besonders von Selznick betonten Entwicklungstendenzen betreffen die innere Konsistenz des Manager-Handelns, das Legitimitätsproblem zielt jedoch vor allem auf die gesamtgesellschaftliche Konsistenz. Dieser Einwand richtet sich zugleich gegen jene Ansätze, die von der Reziprozität der Einflußstrukturen ausgehen.

1957; *ders.*, The Twentieht Century Capitalist Revolution, 1954; *ders.*, Power without Property, 1959; *Kaysen*, The Social Significance of the Modern Corporation, American Economic Review 47 (1957), 311 ff. Vgl. auch *Child*, Business Enterprise, S. 42; *Dow Votaw*, Modern Corporations, S. 111 ff.

[163] Dies ist der grundsätzliche Einwand gegen das unmittelbar auf dem status quo aufbauende Legitimationskonzept von *Edwin Epstein*, The Corporation in American Politics, S. 254 ff.

Wenn in der neueren Theorie das Element des „individual bargaining“ (Robert Presthus) als konstitutiv für jede Autoritätsbeziehung hervorgehoben und die Aufmerksamkeit auf den Einfluß des untergeordneten Parts auf das Zustandekommen dieser Beziehung gelenkt worden ist, so sind damit wichtige Faktoren der Legitimierung innerhalb des Unternehmens selbst bezeichnet. Aber dies erfaßt eben nur die innerbetriebliche, die innerorganisatorische Seite, die Legitimität im Verhältnis des Management zu den Betriebsangehörigen. Das Management ist indessen auch „Machtnukleus im politischen Raum“ (Guy Kirsch); folglich stellt sich die Legitimitätsfrage über den Bereich der Betriebsangehörigen hinaus. Sie sind nicht allein die relevante Bezugsgruppe, deren Konsens gesucht werden muß, um die in Frage stehende Macht und ihre Ausübung zu rechtfertigen. Die Legitimitätsfrage muß von der Gesellschaft im ganzen beantwortet werden.

Das positive Recht bleibt hinter den Notwendigkeiten rechtlicher Kontrolle der Managerherrschaft weit zurück. Hier zeigt sich die eigentliche Legitimitätskrise der Manager-Herrschaft. Diese Herrschaft ist weitgehend rechtlich unkontrolliert. Sie wird von den Institutionen der Rechtsordnung nicht effektiv erfaßt und ist insoweit „ohne Rechtfertigung und Berechtigung in unserer Rechtsordnung ..., bloße de-facto-Machtausübung“[164]. Ihre formale Gesetzmäßigkeit ändert daran ebenso wenig wie die damit verbundenen juristischen Rechtfertigungsstrategien. Die Institution, die vom positiven Recht, von Gesetzgeber und Doktrin der Manager-Herrschaft vor allem entgegengesetzt worden ist, die Versammlung der Anteilseigner, ist faktisch ausgefallen. Andere Rechtsinstitutionen haben die Lücke nicht ausgefüllt. Sie ist durch das law in the books notdürftig verdeckt worden. Das hatte zur Folge, daß sich neues Recht nicht gebildet hat, daß die Herrschaft der Manager ohne rechtspolitische Auseinandersetzung etabliert worden ist. Die Manager brauchten „um diese Herrschaft nicht zu kämpfen ...; es hat nie eine offene politische Front der Manager gegen die Herrschaftsschicht alter Legitimität gegeben, so daß in einem solchen gesellschaftlichen Prozeß einer öffentlichen Eroberung von Macht ein neues Legitimitätsprinzip sich hätte durchsetzen können und die Auseinandersetzung in Form eines Kampfes um neues Recht hätte geführt werden müssen“[165].

b) Alle Bestrebungen, die Verantwortlichkeit der Manager rechtlich neu zu fassen, bleiben solange irrelevant, als daraus keine institutionellen Konsequenzen gezogen werden.

Das zeigte sich schon in der vielfach als grundlegend angesehenen Auseinandersetzung der 30er Jahre zwischen Berle und Dodd um die Frage, ob die Manager Treuhänder der Aktionäre oder Treuhänder des „enterprise as a whole“ seien[166]. So gewichtig dieser Streit für die Denkgewohnheiten der

---

[164] *Schelsky,* Auf der Suche nach Wirklichkeit, S. 27.

[165] *Schelsky,* aaO. S. 29.

[166] *A. A. Berle, Jr.,* „Corporate Powers as Powers in Trust“, Harvard Law Re-

Juristen zweifellos auch gewesen ist, so blieb er realiter doch belanglos, weil keine der gegensätzlichen Positionen in effektive Kontrolle der Managerherrschaft umgesetzt worden ist. Dodd, der Vertreter der „Unternehmenstheorie", räumte selbst ein, daß dies einstweilen nicht gelungen sei und die Pflichten des Management gegenüber dem Unternehmen „als solchem" nicht in klarer und durchsetzbarer Weise definiert werden konnten. Berles Kritik setzte hier ein: „I submit that you can not abandon emphasis on the view that business corporations exist for the sole purpose of making profits for their stockholders until such time that you are prepared to offer a clear and enforceable scheme of responsibilities to someone else."[167] Die „Aktionärstheorie", wie Berle sie vertrat, schien im ganzen mehr auf ein allgemeines Legitimationsprinzip als auf konkrete Kontrolle hinauszulaufen. Berle konnte und wollte jedenfalls die große öffentliche Bedeutung der Unternehmenskorporationen nicht bestreiten. Damit war jedoch bereits in Frage gestellt, daß Profitmaximierung und Gewinninteresse der Aktionäre als klare Richtschnur für die Unternehmensführung fungieren konnten und für die konkrete Entscheidung eindeutige, praktikable und durchsetzbare Verhaltensnormen zu liefern vermochten. In der Tat bezogen sich die aus Berles Treuhandprinzip abgeleiteten Konsequenzen auch weniger auf den Bereich der Unternehmenspolitik und des Ausgleichs zwischen den verschiedenen Interessengruppen, denen die Manager konfrontiert sind, als vielmehr darauf, „to prevent corporate managers from divertig profit into their own pockets from those of stockholders" – letztlich also doch ein Ausschnitt nur aus der Problematik der Manager-Herrschaft[168]. Berle hat später die Fronten gewechselt und sich 1954 Dodds Ausgangspunkt zu eigen gemacht[169]. Dies blieb indes-

---

view, 44: 1049 (1931); *E. Merrick Dodd, Jr.*, „For Whom are Corporate Managers Trustees?" Harvard Law Review, 45: 1145 (1932); *Berle*, „For Whom Corporate Managers are Trustees", Harvard Law Review, 45: 1365 (1932); *E. Merrick Dodd, Jr.*, „Is Effective Enforcement of the Fiduciary Duties of Corporate Managers Practicable"? University of Chicago Law Review, 2: 194 (1935); *Berle*, The Twentieth Century Capitalist Revolution, 1954.

[167] *Berle*, For Whom Corporate Managers are Trustees, Harvard Law Review, 45 (1932) 1365, 1367.

[168] So zutreffend *Dodd*, For Whom are Corporate Managers Trustees?, Harvard Law Review, 45 (1932) 1145, 1147. Das betrifft die dem amerikanischen Recht eigentümliche Trennung der Eigenschaft der – dem Management formal-rechtlich übergeordneten – board-Mitglieder als Treuhänder von ihrer Eigenschaft als Unternehmensleiter. Während sie als Treuhänder rechtlich gebunden sind, sind sie, was die Unternehmensleitung betrifft, frei. Sie haben die Geschäfte des Unternehmens in freier Verantwortung zu leiten. Eine Kontrolle in diesem Bereich haben die Gerichte immer abgelehnt (sog. business judgement rule, vgl. *Lattin* Corporations, S. 241 ff.; *Ballantine*, Corporations, § 63, S. 157 ff.; Corpus Juris Secundum § 764). Dahinter steht die Einsicht, daß die Richter nicht unternehmenspolitische Verantwortung anstelle des board übernehmen können, vgl. dazu unten im Text.

[169] The Twentieth Century Capitalist Revolution, 1954, S. 169.

sen wiederum ohne praktische Relevanz, da Berle von vorneherein auf funktionsadäquate und effektive Kontrollen – beispielsweise durch staatliche Aufsicht – verzichtete und die Manager als „keepers of the public conscience" mit ihrer eigenen Kontrolle betrauen wollte[170].

Daß die juristische Diskussion um die Verantwortlichkeit der Manager auf eine realitätsferne Ebene geraten war, hatte zuvor auch schon Dodd bewiesen. Da er keine aktuelle Möglichkeit sah, die Treuhandschaft der Manager für das Unternehmen selbst institutionell effektiv abzusichern, wollte er schließlich wieder als „interim legal rule of conduct" das „profit-making for absentee owners" etablieren – obwohl er sich über die Irrealität und Ineffektivität dieses Prinzips keine Illusionen machte[171]. Die Schwäche des Rechts gegenüber der Herrschaft der Manager wurde damit zum Prinzip erhoben: „Abandon it (= die Treuhandschaft für abwesende Kapitaleigner), as yet, we dare not – enforce it whith more than moderate success, it is to be feared, we cannot."[172]

c) Über die Anerkennung des status quo der Manager-Herrschaft und das Fortschreiben des law in the books auf deren neuesten Stand kommt die Doktrin auch heute kaum hinaus. Wenn in Reaktion auf die betonte Ausrichtung am Unternehmen „als ganzem" und als Folge der Erkenntnis, daß dafür konkrete Verhaltensnormen und Beurteilungskriterien nicht zu gewinnen sind, wieder stärker auf die primär wirtschaftlich-produktive Aufgabe des Unternehmens abgestellt wird[173], so wirkt sich das in der sozialen Wirklichkeit nicht aus.

Eine entschiedene und spürbare Beschränkung des Handlungsspielraums der Manager, die an sich die Konsequenz des neuen Prinzips sein müßte, ist jedenfalls nicht festzustellen und wird auch nicht konkret konzipiert. Überhaupt gibt es keine Indizien dafür, daß der faktische Handlungsspielraum des Management in seiner Entwicklung irgendwie von den zwischen den Gegensätzen pendelnden juristischen Theorien beeinflußt worden wäre. Die Doktrin hat im Grunde nicht mehr als wechselnde Interpretationen geliefert. Da diese weitgehend ohne direkten praktischen Belang waren, konnten auch spektakuläre Schwenkungen die Stabilität der Unternehmen und der Manager-Herrschaft nicht gefährden. Auch aus dem Prinzip der „long-term profit maximization" (Rostow), das einen Kompromiß zwischen dem monistischen Ideal und der pluralistischen Realität des Unternehmens darstellt, werden in diesem Sinn keine Konsequenzen gezogen, da nicht konkret an-

---

170 Power without Property, S. 87 ff.

171 *Dodd*, Is Effective Enforcement ... Practicable? University of Chicago Law Reviews 2 (1935), 194, 206–207. Darauf kommt letztlich auch *E. Rostow*, aaO. (Anm. 150) zurück.

172 Ebd.

173 Vgl. vor allem *Eugene Rostow*, aaO. S. 46 ff. Zur deutschen Doktrin vgl. z. B. *Godin-Wilhelmi*, Anm. 5 zu § 76 AktG.

gegeben wird, welche Kompetenzen den Managern entzogen sein sollen und welche Maßnahmen dem Prinzip widersprechen und daher verboten werden müssen. Rostow, der sich entschieden für „a clear acceptance of profit maximization as a legal principle“[174] ausgesprochen hat, berührt die institutionelle Durchsetzbarkeit nur am Rande und bezeichnet auch die daraus folgenden Grenzen der Entscheidungsmacht der Manager nicht näher. Davon ganz abgesehen, können diese Grenzen realiter nur dann enger gezogen werden, wenn die Funktionen, die den Managern entzogen werden sollen, auf andere Institutionen übertragen werden. Das „ambiguous amalgam of economic and non-economic themes“[175] läßt sich nur dann im Sinne Rostows bereinigen, wenn die letzteren statt vom Management von anderen Instanzen und Institutionen wahrgenommen werden[176]. Das Unternehmen befindet sich nicht in einem politischen und sozialen Vakuum. Es steht in einem sozialen Beziehungsgefüge, im Interessenwiderstreit verschiedener Gruppen, in einem politischen Prozeß. Soll das Management aus diesem Bereich des Interessen-Clearings, der Unternehmenspolitik und der Schaffung und Erhaltung eines günstigen sozialen environment und politischen Klimas zurückgezogen werden, so ist das von vorneherein nur durchsetzbar, wenn die entstehende Lücke durch neue Institutionen ausgefüllt wird. –

Die Situation in Deutschland ist dabei im ganzen nicht anders als in den USA. Sie ist eher noch zusätzlich belastet durch das Dogma vom wirtschaftlichen Eigentum der Aktionäre und durch die Versuche, die Aktionäre als unternehmenspolitische Kontrollinstanz zu reaktivieren. Das hat eine realistische Verfassungskonzeption schon im Ansatz behindert: die Diskussion ist vielfach gar nicht zur Macht des Management in ihrer vollen Bedeutung durchgedrungen. Demgegenüber hatte sich im amerikanischen Recht schon früh das Prinzip durchgesetzt, daß der board of directors die oberste und ungeteilte korporative Macht unmittelbar und in eigener, nicht abgeleiteter Zuständigkeit ausübe[177]. Zu dieser Konsequenz ist das deutsche Recht bis heute nicht gelangt, denn wenn auch durch das Aktiengesetz von 1937 die Rolle der Hauptversammlung als „oberstes Organ“ beendet wurde, so doch nur im Sinne einer Gewaltenteilung. Das neue Aktiengesetz von 1965 hat den Anteil der Hauptversammlung an der korporativen Entscheidungsmacht noch verstärken wollen und dazu vor allem die formale Zu-

---

[174] AaO. S. 71.

[175] *Rostow,* aaO.

[176] Von der Schwierigkeit ganz abgesehen, diese beiden Bereiche überhaupt hinreichend klar zu trennen. Der Einwand liegt nahe, daß „long-term profit maximization“ nur ein anderes Wort für eben dieses Amalgam ist. Siehe z. B. auch von *Godin-Wilhelmi,* Anm. 5 zu § 76 AktG; der Vorstand hat die Gesellschaft zu leiten, „wie es das Interesse der Aktionäre verlangt, aber nicht nur der augenblicklichen (erst recht nicht nur des Augenblicks), sondern auch der künftigen, das ist der Bestand und die Entwicklung des Unternehmens ...“.

[177] Dies hebt zutreffend *Epstein,* Corporation in American Politics, S. 133 ff., hervor.

ständigkeit der Verwaltung zur Entscheidung über die Gewinnverwendung beschränkt. Gegenläufige Tendenzen setzten freilich schon früh ein und haben in der Konzeption vom „Unternehmen an sich" einen Höhepunkt erlangt. Indessen war mit dieser Konzeption zwar die Anerkennung des Faktums der Manager-Herrschaft verbunden, aber keine wirksamen Vorkehrungen zu ihrer Kontrolle. Im Gegenteil, die sog. institutionelle Unternehmenstheorie baute im Ergebnis die vorhandenen Kontrollen noch weiter ab: sie hat den Eigenwert des Unternehmens mit der stabilen Herrschaft der gegenwärtigen Verwaltung gleichgesetzt[178]. Die Interessen des Unternehmens wurden in den Vordergrund gerückt und den Interessen der Aktionäre, aber auch denen anderer Gruppen, vorgeordnet. Vor allem wurde die Verwaltung förmlich als Sachwalter der Unternehmensinteressen anerkannt; diese zu definieren, sollte prinzipiell in ihre ausschließliche Zuständigkeit fallen. Damit war ein starkes Argument gewonnen, um die de-facto Herrschaft der Manager auch rechtlich zu stützen, umso mehr als die Lehre vom „Unternehmen an sich" für sich in Anspruch nehmen konnte, den Strukturwandel des modernen Großunternehmens bewußt gemacht und damit ein Stück Realität in die Diskussion eingeführt zu haben. Die Frage, wie eine effektive Kontrolle der Manager-Herrschaft aussehen müßte, blieb freilich offen. So hat auch diese im Ansatz weiterführende Lehre letztlich den „Kampf um neues Recht" (Schelsky) vermieden. Sie hat sich aus diesem Grund, wie Mestmäcker zutreffend bemerkt, „als eine Ideologie, ein Versuch, die Machtansprüche der herrschenden Verwaltung zu legitimieren"[179], erwiesen: „Das Aktienrecht steht immer von neuem vor der Frage, wie Einfluß und Verantwortung, Entscheidungsfreiheit und Haftung koordiniert werden können. Hierzu hat die Lehre vom verselbständigten Unternehmen keinen Beitrag geleistet, sondern sie hat zersetzend gewirkt."[180]

d) Besonders Mestmäcker[181] und Wiethölter[182] haben den systematisch fundierten Versuch unternommen, vom Aktienrecht her eine realistische Verfassungskonzeption der Unternehmenskorporation zu entwickeln, bei der die dominierende Stellung des Management zwar anerkannt, zugleich aber einer rechtlichen Kontrolle unterworfen wird.

Eine volle Legitimierung der Manager-Herrschaft ist auf diesem Weg indessen nicht gelungen. Teils werden von vorneherein nur Ausschnitte und einzelne Aspekte dieser Herrschaft erfaßt – so bei Mestmäcker, – Aspekte, die zwar von großer Bedeutung sind, die aber nicht das ganze Problem

[178] Für einen kritischen Überblick vgl. *C. E. Fischer*, AcP 154 (1955), 85 ff., 101 ff.

[179] *Mestmäcker*, Verwaltung, S. 14.

[180] AaO., S. 15. *C. E. Fischer*, aaO. S. 104, spricht von einer „Theorie zur Beschränkung der Aktionärs-Mitgliedschaftsrechte an der Selbstverwaltung der AG" und von einer „geschickt verbrämte(n) Begründung und Rechtfertigung eines ‚Verwaltungsabsolutismus' der Manager und Großaktionärsgruppen".

ausmachen. Teils wird – so bei Wiethölter – eine umfassende Pflichtennormierung postuliert, aber nicht im einzelnen durchgeführt.

Mestmäcker geht von den Pflichten der Verwaltung im Verhältnis zu den Aktionären als der „Kernfrage der inneren Verfassung der Aktiengesellschaft" (S. 3) aus. Er versteht das Management in diesem Zusammenhang als Treuhänder fremder Vermögensinteressen und unternimmt es, die treuhänderischen Pflichten der Manager zu konkretisieren und die Bedingungen ihrer Durchsetzbarkeit zu untersuchen. Dem wird ausdrücklich die Prämisse zugrunde gelegt, daß die Manager das Unternehmen im Interesse aller Aktionäre zu führen haben. Der Haftungsfall ist folglich mit der Schädigung der Aktionäre identisch. Von daher erscheint nicht die Macht der Manager als solche, nicht schon die Trennung von Eigentum und Kontrolle als problematisch, sondern erst die besondere Gefahrenlage, die entsteht, wenn sich „der Wunsch nach langer Herrschaft in der Gesellschaft mit dem Streben verbindet, die Aktiengesellschaft zum eigenen Vorteil zu schädigen. Die Machtstellung in der einzelnen Gesellschaft ist alsdann nicht mehr Selbstzweck, sondern sie dient dazu, mehrere Aktiengesellschaften gleichzeitig zu beherrschen und ihr Verhalten aufeinander abzustimmen"[183]. In dieser Denaturierung der Aktiengesellschaft und ihrerer einzelnen Rechtsinstitute im Rahmen von Unternehmensverbindungen liegt, folgt man Mestmäcker, der eigentliche Schwerpunkt des Problems, und hierbei ist es vor allem die bewußte Selbstschädigung, der das Recht begegnen muß. Diese Selbstschädigung ist ein typisches Phänomen der abhängigen Gesellschaft, da hierdurch Gewinne für die herrschenden Interessen auf Kosten und zum Nachteil derjenigen Aktionäre erzielt werden können, die nur an der abhängigen Gesellschaft beteiligt sind. Die Aufgabe des Aktienrechts besteht, so folgert Mestmäcker, also darin, „den Vermögensanteil derjenigen Aktionäre, die nicht an der Verwaltung oder an der herrschenden Mehrheit beteiligt sind (außenstehende Aktionäre), durch sachgemäße Haftungsvorschriften zu sichern"[184].

Die von diesem Ansatz her entwickelten Haftungsnormen, die hier nicht im einzelnen dargestellt zu werden brauchen, sind gezielt auf den Bereich der fiduciary relations, den Konflikt zwischen Eigennutz der Verwaltung oder der herrschenden Gruppen und ihre Pflichten als Treuhänder für alle Gesellschafter beschränkt, und in diesem Rahmen richten sie sich gegen bestimmte Vermögenstransaktionen und -manipulationen. Diese sollen unterbunden werden, weil sie den Aktionären gegenüber treuwidrig sind. Eine

---

[181] Verwaltung, Konzerngewalt und Rechte der Aktionäre, 1958.

[182] Interessen und Organisation der Aktiengesellschaft im amerikanischen und deutschen Recht, 1961.

[183] S. 27 (Formulierung im Anschluß an Hansemann).

[184] S. 28.

unmittelbare Kontrolle der Unternehmenspolitik des Management ergibt sich daraus indessen nicht und sie ist auch gar nicht beabsichtigt. Eine Haftung für Erfolg oder Mißerfolg der Unternehmensführung lehnt Mestmäcker ebenso ab wie eine Kontrolle der eigentlichen Unternehmenspolitik durch die Gerichte auf der Basis von Pflichten- und Haftungsnormen[185]. Diese Richtigkeitskontrolle soll der Wirtschaftsordnung überlassen bleiben – vor allem den Institutionen Markt und Wettbewerb.

Allerdings hängt die Wettbewerbsordnung nach Mestmäckers Konzeption eng mit der treuhänderischen Bindung des Managements an die Vermögensinteressen der Aktionäre zusammen. Insofern kommt auch dieser Bindung und den daraus abgeleiteten Haftungsnormen eine Funktion in der umfassenden Kontrolle der Manager-Herrschaft zu. Den Zusammenhang sieht Mestmäcker im „wirtschaftlichen Prinzip" als Handlungsmotiv: während dieses im selbständigen Unternehmen typischerweise das Verhalten der Manager bestimme, die Trennung von Kapitaleigentum und Verfügungsmacht „als solche" folglich noch nicht die Koordination der Wirtschaftspläne über den Markt behindere, führe die Möglichkeit einer Selbstschädigung bei abhängigen Unternehmen zu Störungen der Wettbewerbsordnungen[186].

„... (D)er Grund, der das ordnungswidrige Verhalten herbeiführt, ist nicht wettbewerbsrechtlicher Art. Der Verstoß beruht darauf, daß diejenige Personengruppe, welche die Aktiengesellschaft lenkt, nicht nur über ihr eigenes Geld verfügt, sondern auch über das Geld der ausschließlich an der geschädigten Gesellschaft beteiligten Aktionäre. Die juristisch selbständige Wirtschaftseinheit Aktiengesellschaft zerfällt intern in interessen- und vermögensmäßig scharf geschiedene Personengruppen. Das wirtschaftliche Verhalten der Aktiengesellschaft folgt nicht dem Wohle aller Berechtigten, sondern es dient dem Vorteil einer Gruppe. Der Wettbewerbsverstoß ist im Ursprung vermögensrechtlichen Charakters ..."[187]

Die Erhaltung der interessen- und vermögensmäßigen Einheit des Unternehmens ist danach Voraussetzung seines marktkonformen Verhaltens. Die institutionelle Kontrolle der Manager-Herrschaft liegt letzten Endes, so lautet der entscheidende Kernsatz dieser Konzeption, nicht oder zumindest nicht allein in der treuhänderischen Bindung der Verwaltungsmacht, sondern in Markt und Wettbewerb. Inwieweit Markt und Wettbewerb diese Kontrolle tatsächlich leisten, ist dann die entscheidende Frage. –

Wiethölters Position ist durch ein entschiedenes Bekenntnis zur zentralen Bedeutung des Management für die moderne Unternehmenskorporation bestimmt. Aufgrund umfassender Untersuchungen zur Entwicklung der Aktiengesellschaft in Deutschland und der corporation in Amerika kommt er zu dem Ergebnis, daß die „Macht der Verwaltung das sachliche, innere Funktionsgesetz der modernen Kapitalgesellschaft"[188] ist. Nicht eine Ver-

[185] S. 24 ff., S. 213.

[186] S. 26 f.

[187] S. 29.

[188] Interessen und Organisation, S. 337.

stärkung, sondern ein Abbau der Gesellschafterstellung der Aktionäre, insbesondere eine Verkürzung der Funktionen der Hauptversammlung erscheint ihm als einzig mögliche Konsequenz aus einer Situation, die, wie er nachweist, keineswegs eine vorübergehende Erscheinung des modernen Industrieunternehmens ist, sondern die ihren Grund in der korporativen Struktur selbst hat. Als notwendiges Korrelat hebt Wiethölter selbst die Kontrolle der Unternehmensführung hervor: es gelte, die Verwaltungsposition materiell-rechtlich durch geeignete Haftungsmaßstäbe und Pflichtennormierung in den Griff zu bekommen, sowie sie durch wirksame Prüfung zu kontrollieren[189]. Wie dies im einzelnen mit Aussicht auf effektive und umfassende Kontrolle geschehen kann, wird indes ausdrücklich einer weiteren Untersuchung vorbehalten.

An anderer Stelle rückt Wiethölter selbst vom Konzept einer Kontrolle durch Haftungsnormen deutlich ab[190]. Er betont auch dort die Notwendigkeit und Unvermeidlichkeit einer starken Unternehmensführung. Die „Aktionärsmenge" falle für Steuerung und Kontrolle des Unternehmens aus, dies sei daher der Unternehmensführung zugefallen. „Oberste Leitung und oberste Kontrolle fallen zusammen und gehören auch zusammen. Die Hoffnung auf Änderung ist reine Illusion. Diese *Eigenkontrolle* gilt es so zu sanktionieren wie die oberste Leitungsmacht."[191] Da das Treuhandrecht in Deutschland – anders als in den USA – nicht ausreichend ausgebildet sei, müsse man sich mit Ersatzformen behelfen. Neben der Haftung verweist Wiethölter in diesem Zusammenhang auf die Publizität: sie sei „nichts anderes als Verlautbarung der Eigenkontrolle"[192]. Das Interesse der kleinen Anteilseigner wird dann folgerichtig auf das „berechtigte Vertrauen darauf (bezogen), diese Eigenkontrolle werde funktionieren"[193].

e) Das führt in die Nähe von Berle zurück. Auf diesem Weg ist eine institutionelle Kontrolle der Manager nicht zu erwarten. Das Gesetz selbst verweist die eigentliche Unternehmensleitung prinzipiell in die eigene Verantwortung des Vorstands (§ 76 Abs. 1). Insoweit wird die Kontrolle nicht durch Pflichtennormierung und Haftungsmaßstäbe, sondern durch die Gewaltenteilung zwischen Verwaltung und Hauptversammlung, durch die unternehmenspolitischen Kompetenzen der Hauptversammlung, zu bewirken gesucht. Die Lücke, die durch den faktischen Ausfall der Hauptversammlung hier entstanden ist, ist bislang nicht geschlossen worden. Die Kritik der bisherigen Ansätze hat deutlich werden lassen, daß der Grund nicht in ungenügender Pflichten- und Haftungsnormierung liegt, sondern in der struk-

---

[189] Ebd., S. 337/8. Ebenso im Ansatz neuerdings *Ernst Steindorff*, Wirtschaftsordnung und -steuerung durch Privatrecht? In Festschrift für Ludwig Raiser, S. 637 ff.

[190] Die Publizitätsinteressen der Anteilseigner in Frankfurter Publizitätsgespräch, 1962, S. 33 ff.

[191] Ebd. S. 47. [192] Ebd. S. 48. [193] Ebd.

turellen Unmöglichkeit, einen genuin politischen, auf die Erstellung und nicht auf die bloße Ausführung von Aktionsprogrammen bezogenen Handlungsbereich normativ zu determinieren und von vorgegebenen Normen her deduktiv zu bewerten. Alle Pflichten- und Haftungsnormen bleiben hier notwendig unbestimmt und damit ineffektiv, oder aber sie werden fortlaufend im Hinblick auf konkrete Entscheidungssituationen in der Unternehmensführung definiert, wobei die eigentliche Normsetzung dann auf die definierende Instanz übergeht[194]. Mit ihr geht zugleich auch die unternehmenspolitische Verantwortung über. Das wirft die Frage auf, welche Institution die rechtliche Kontrolle der Manager-Herrschaft in dem hier gemeinten, umfassenden Rahmen, der allein dem Legitimitätsproblem entspricht, übernehmen soll. Die Gerichte jedenfalls haben sich zu Recht überwiegend geweigert, die damit verbundene Verantwortung für das Unternehmen auf sich zu nehmen.

Als Ausweg aus dem Dilemma bietet sich die Publizität der Unternehmensführung an. Publizität bewirkt indes als solche noch keine Kontrolle, sondern vermittelt nur die Kontrolle durch andere Institutionen, indem sie diesen die notwendigen Informationen zuführt. Publizität allein kann die Manager-Herrschaft folglich auch nicht legitimieren. Die Frage kann vielmehr nur sein, welche Institutionen und Mechanismen durch Publizität erreicht und dadurch induziert werden, eine Kontrollwirkung über die Manager-Herrschaft auszuüben. –

---

194 *Reinhardt*, Die gesellschaftsrechtlichen Fragen der Gestaltung der Unternehmensformen, Verhandl. des 39. Deutschen Juristentags, 1952, S. B 28 ff., hält Verhaltenspflichten für möglich, die zur Beachtung des Allgemeininteresses zwingen. Die Verpflichtung, bei grundsätzlicher Aufrechterhaltung des erwerbswirtschaftlichen Prinzips in Konfliktfällen das Allgemeinwohl zu achten, sei durchaus konkretisierbar. Mit der Anerkennung einer Rechtspflicht sei daher eine beachtliche Grundlage für die Verwirklichung der gesamtwirtschaftlichen Verantwortung geschaffen. Es bleibt aber offen, welche Instanz die Konkretisierung der Verpflichtung und des Allgemeinwohls sowie die Definition des „Konfliktfalles“ vornimmt. Bei der gesamtwirtschaftlich orientierten Einzelwirtschaft die – nach R. – so sehr nach Anordnungen und Befehlen Ausschau hält, ist die Situation grundsätzlich anders; hier liegt die Kompetenz bei Staats- oder Parteiinstanzen.

5. Kapitel

Legitimation durch Wirtschaftsordnung und Unternehmensverfassung?

I. Die Kontrolle des Unternehmens durch Markt und Wettbewerb

1. Machtneutralisierung und Richtigkeitsbezug im klassischen Wettbewerbsmodell

Die Legitimitätskrise der Unternehmenskorporation ist vom geltenden Gesellschaftsrecht her nicht zu beheben. Das Gesetz hält im ganzen an Konzeptionen fest, die weithin keinen Realitätsbezug mehr haben. Es hat die gesellschaftsinterne Machtkonzentration auf Großaktionäre und Management nicht verhindern können – ebenso wenig wie die Entmachtung der einzelnen Anteilseigner, die zum Grundzug eines Wirtschaftssystems geworden ist, in dem Unternehmenskorporationen bestimmend sind. Das Gesetz hat aber auch kein den realen Machtverhältnissen adäquates Kontrollsystem geschaffen. Zwar ist der Ermessensspielraum der Verwaltung durch das Aktiengesetz 1965 in einigen Punkten reduziert und ihr Pflichtenkodex in verschiedener Hinsicht präzisiert und verschärft, auch sind Transparenz und Publizität ganz allgemein verstärkt worden. Der unternehmenspolitische Entscheidungsbereich, der eigentliche Sitz der Unternehmensmacht, ist davon jedoch kaum erfaßt worden: wer Management und Großaktionäre kontrolliert, bleibt eine offene Frage.

Die Antwort lautet dann letztlich, daß sich das Management und die Großaktionäre selber kontrollieren. Das Prinzip der Eigenkontrolle macht das Verantwortungsbewußtsein und das Pflichtgefühl der Machthaber zur Legitimitätsgrundlage eben dieser Macht. Doch ist die Diskussion damit auf eine falsche Ebene geraten. Nicht die persönliche Integrität der Manager, sondern die gesellschaftliche Kontrolle der Unternehmensmacht steht zur Debatte. Es wird nicht behauptet, daß sich diese Macht in den Händen industrieller Freibeuter befinde. „Aber für eine um ihre politische Mündigkeit besorgte Demokratie sind monarchische Tugenden ein schwacher Trost.“[1]

[1] *Fritz Kübler*, Empfiehlt es sich, zum Schutze der Pressefreiheit gesetzliche Vorschriften über die innere Ordnung von Presseunternehmern zu erlassen? Gut-

a) Die Doktrin hat sich durch diesen Einwand nicht zum Eingeständnis der Legitimitätskrise der Unternehmenskorporation bewegen lassen. Vielmehr bietet sich ihr der Rückgriff auf Marktwirtschaft und Wettbewerbsordnung als weitere Legitimationsstrategie an.

Die liberale These von der Abhängigkeit des Unternehmens vom Markt als Antwort auf die Legitimitätsfrage ist die klassische Vorstellung einer „Entmachtung durch Wettbewerb" (Franz Böhm), und darauf legt auch die Doktrin das entscheidende Gewicht. Der Wettbewerb gilt ihr weithin noch immer als das Macht verteilende und Macht neutralisierende Organisationsprinzip[2], als „das großartigste und genialste Entmachtungsinstrument der Geschichte", das man „nur zu beschwören (braucht), alle weitere Arbeit leistet es von allein"[3]. Wenn und soweit die hier in Frage stehenden Unternehmenskorporationen „der steuernden, willensbeugenden und entmachtenden Funktion des Wettbewerbs in gleicher Weise unterliegen wie andere Wirtschaftssubjekte"[4], ist auch ihre Legitimität grundsätzlich außer Zweifel.

b) Mit dem Wettbewerbsprinzip verbindet sich darüber hinaus die Erwartung einer material richtigen und gerechten Steuerung des Wirtschaftsprozesses. Dabei wird der Richtigkeitsbezug des Wettbewerbs sowohl auf ökonomische wie auf außerökonomische Kriterien und Faktoren erstreckt. In ökonomischer Sicht erscheint der Wettbewerb als Instrument maximaler Produktivität und als Grundprinzip einer „Wirtschaftsordnung mit dem höchsten wirtschaftlichen Wirkungsgrad"[5] oder genauer noch als Instrument zur Herbeiführung des sozialökonomischen Optimismus[6].

Für das Legitimitätsproblem der Unternehmenskorporationen sind indes die außerökonomischen Funktionen, die dem Wettbewerb zugemessen werden, von noch größerer Bedeutung. Sie beziehen sich auf die Gewährleistung allgemeiner sozialer Freiheit und Gleichheit. Wettbewerb erscheint hier als das „wirtschaftspolitische Gegenstück zur politischen Demokratie"[7] und als unmittelbarer Bestandteil einer freiheitlichen Staats- und Gesellschaftsordnung[8]. Diesen engen Zusammenhang hat Franz Böhm auf die For-

---

achten zum 49. Deutschen Juristentag, 1972, S. D 63. Zur grundsätzlichen Kritik dieses Legitimationsansatzes auch *Peter Bachrach,* Theorie demokratischer Elitenherrschaft, S. 76 ff.

[2] Vgl. die zusammenfassende Charakterisierung bei *Friedrich Fürstenberg,* Wirtschaftssoziologie, 1970, S. 55.

[3] *Franz Böhm,* Demokratie und ökonomische Macht in Kartelle und Monopole im modernen Recht, Band I, 1961, S. 22.

[4] *Mestmäcker,* Verwaltung, Konzerngewalt, S. 24.

[5] *Eucken,* Grundlagen der Nationalökonomie, 6. Aufl., 1950, S. 240.

[6] Siehe dazu im einzelnen *Erhard Kantzenbach,* Die Funktionsfähigkeit des Wettbewerbs, 2. Aufl., 1967, S. 23 ff., S. 128 ff.

[7] Begründung zum Entwurf eines Gesetzes gegen Wettbewerbsbeschränkungen, Deutscher Bundestag, 2. Wahlperiode, Drucksache Nr. 1158, Anlage 1, S. 22.

[8] Dazu und zur „Wettbewerbsfunktion des Aktienrechts in diesem Sinn einge-

mel gebracht, daß der Marktprozeß „eine aufs Äußerste getriebene ... tägliche und stündliche plebiszitäre Demokratie, ein das ganze Jahr hindurch vom Morgen bis in die Nacht währendes Volksreferendum"[9] sei.

Die „Schiedsrichterfunktion"[10] des Kunden wirkt aus dieser Sicht als Anpassungszwang für den Produzenten und führt dadurch insgesamt zu einem prinzipiellen Machtgleichgewicht der Wirtschaftssubjekte. Diese Rechtfertigung vom Wettbewerbsprinzip her bedeutet zugleich die Rechtfertigung und Verteidigung der privatrechtlich verfaßten Wirtschaftsordnung gegen Eingriffe des Staates wie gegen die Kontrollversuche anderer sozialer Machtgruppen, vor allem der Gewerkschaften und der Arbeitnehmer. In deren Einfluß wird nicht ein Mehr an Legitimität, nicht eine erweiterte Verantwortungsbasis, sondern im Gegenteil ein Weniger, eine Verwischung der Verantwortlichkeit und ein Eindringen unkontrollierter und unkontrollierbarer politischer Einflüsse gesehen. Die durch Markt und Wettbewerb gewährleistete wirtschaftliche Zweckrationalität, so lautet der Einwand, werde durch politische Willkür außer Funktion gesetzt[11]. Die Legitimation durch Wettbewerb verläuft also genau auf der Linie der liberalen Gesellschaftsordnung mit ihrer prinzipiellen Trennung von Staat und Wirtschaft und der auf dem Privateigentum aufbauenden, privatrechtlich verfaßten Wirtschaft.

2. *Unternehmerische Entscheidungsmacht und Wettbewerbsrealität im „organisierten Kapitalismus"*

a) Die liberale Legitimation der Unternehmenskorporation ist danach entscheidend in der marktwirtschaftlichen Wettbewerbsordnung begründet. Läßt sich diese in der sozialen Realität nicht wenigstens tendenziell durchsetzen, so wird auch die privatrechtliche Unternehmensordnung in Frage gestellt. Von besonderem Gewicht ist deshalb die Feststellung, daß gerade die moderne Unternehmenskorporation eine tiefgreifende und grundsätzliche Herausforderung des liberalen Wettbewerbsmodells bedeutet. Die Entwicklung zu Groß- und Größtunternehmen, wie sie sich als spezifische Folge der korporativen Organisationsformen ergeben hat, widerspricht zumindest den historischen Prämissen der Wettbewerbstheorie. Die Tatsache, daß die Unternehmenskorporationen heute typischerweise über erhebliche Marktmacht und über ebenso erhebliche politische und soziale Macht verfü-

---

hend neuerdings *Großfeld*, Aktiengesellschaft, Unternehmenskonzentration, etc., S. 50 ff., bes. S. 69 ff.

[9] Wirtschaftsordnung und Staatsverfassung, 1950, S. 51.

[10] *Franz Böhm*, Wettbewerb und Monopolkampf, S. 274 ff.

[11] Hierzu näher *Ott*, Die soziale Effektivität des Rechts bei der politischen Kontrolle der Wirtschaft, Jahrbuch für Rechtssoziologie, Band 3, 1972, S. 345 ff., 361 ff.

gen, steht in direktem Gegensatz zur Entmachtungs- und Neutralisierungsfunktion, in der die Bedeutung des Wettbewerbs gesehen wird[12].

Das faktische Spannungsverhältnis zwischen Wettbewerbsordnung und Unternehmenskorporationen wird durch die in allen „kapitalistischen" Industriegesellschaften nachweisbare Tendenz zur fortschreitenden Vermachtung der Wirtschaft durch Unternehmenskonzentrationen und Unternehmenswachstum zusehends weiter verschärft.

Dies zeigt sich am Ausmaß der Unternehmenskonzentration und des Größenwachstums der Unternehmen[13] ebenso wie in der unternehmens- bzw. gesellschaftsinternen Machtkonzentration[14]. Mit dem Auftreten des Machtfaktors verändert sich der Handlungsrahmen des Unternehmens aber grundlegend. Für das klassische Wettbewerbsmodell war entscheidend, daß das Unternehmen prinzipiell keinen Entscheidungsspielraum hat. Es muß sich bei Vermeidung von Verlustsanktionen den vorgegebenen und nicht beeinflußbaren Marktdaten anpassen. Diese zeigen – dem Modell der vollkommenen Konkurrenz zufolge – immer nur einen wirtschaftlich richtigen Weg an. Auch ist der Spielraum zwischen Kosten und Preisen so eng, daß Bankrott die einzige Alternative zu „richtigen" Entscheidungen im Sinne der Anpassung an den Markt ist[15]. Wenngleich dieses Modell von vorneherein nicht voll zu realisieren ist, so gilt doch praktisch, daß „firms operating in highly competitive markets are closely constrained by market pressures, and the range of economic decision consistent with survival and success that is open to them is narrow"[16]. Wirtschaftliche Macht eröffnet dagegen zusätzliche Handlungsalternativen und bewirkt, daß das Verhalten des Unternehmens nicht mehr unmittelbar und unausweichlich durch den Markt determiniert ist.

Die Manager selbst sehen ihre Aufgabe typischerweise zunehmend darin, einen Ausgleich zwischen den Interessen der Unternehmensangehörigen und aller für das Unternehmen relevanter Bezugsgruppen herbeizuführen, statt sich einseitig nur vom Gewinninteresse der Anteilseigner leiten zu lassen[17].

Je problematischer und komplexer die Umweltbeziehungen der Unternehmen werden, desto weniger werden wirtschaftliche Kriterien allein über

[12] Dies ist freilich keine Erscheinung der jüngsten Zeit, sondern bereits im 19. Jhd. nachzuweisen. Vgl. dazu besonders *H. U. Wehler*, Der Aufstieg des organisierten Kapitalismus, 1974, S. 36 ff.

[13] Vgl. dazu *Steinmann*, Das Großunternehmen im Interessenkonflikt, S. 133 ff. mit eingehenden statistischen Nachweisen für Deutschland, Großbritannien, Frankreich und USA. Für weitere Angaben Helmut Arndt, Hrsg., Die Konzentration in der Wirtschaft, 2 Bde., 2. Aufl., 1971. – Speziell zur Situation in den USA: *Martin L. Lindahl* und *William A. Carter*, Corporate Concentration and Public Policy, 1960.

[14] Dazu oben Kap. 4.

[15] *Carl Kaysen*, The Corporation: How Much Power? What Scope? in E. Mason, Hrsg., The Corporation in Modern Society, S. 85 ff., 89.

[16] *Kaysen*, ebd.

[17] Dazu oben Kap. 4, III.

Erfolg oder Mißerfolg der Unternehmensführung entscheiden und desto mehr wird auf der andern Seite die Aufgabe des Management Teil des gesamtgesellschaftlichen problem-solving und der Gestaltung der gesellschaftlichen Lebensverhältnisse[18]. Dies schließt nicht aus, daß zwischen den einzelnen Unternehmenseinheiten leistungsfördernde Spannungsverhältnisse bestehen bleiben. Man mag auch hier von „Wettbewerb" sprechen, muß dann aber zugeben, daß dieser Wettbewerb mit dem Selbststeuerungsmechanismus und Marktautomatismus der liberalen Theorie nicht mehr übereinstimmt. Die „unsichtbare Hand des Marktes" macht zunehmend dem durchaus sichtbaren Einfluß eines mächtigen Management Platz. Das führt wiederum zu der offenen Frage der Verantwortung und Verantwortlichkeit des Management zurück. Das Wettbewerbsmodell im klassischen Sinn vermag darauf nach allem keine überzeugende Antwort mehr zu geben; der Markt vermittelt keine Entscheidungssicherheit. Die richtige Entscheidung kann nicht mehr an vorgegebenen Marktdaten abgelesen werden: „No matter how earnestly management strives to ‚balance' interests in making its decisions – interests of stockholders, of employees, of customers, of the ‚general public', as well as the institutional interests of the enterprise – it is ultimately its own conception of these interests and their desirable relations that rules."[19]

b) Die wirtschaftliche Abhängigkeit bestimmter Unternehmen bei gleichzeitiger juristischer Selbstständigkeit ist ein weiterer Fremdkörper in der Wettbewerbsordnung. Diese geht von unabhängigen Unternehmen aus, bei denen die Anteilseigner eine Interesseneinheit bilden, der Gewinn und Verlust gleichmäßig zugerechnet wird. Nur dann ist insgesamt ein Verhalten nach dem wirtschaftlichen Prinzip in der Unternehmensstruktur angelegt. Ist das einzelne Unternehmen dagegen nicht mehr wirtschaftlicher Zurechnungsendpunkt, so zerfällt die von der Wettbewerbsordnung vorausgesetzte Funktionseinheit[20] und damit verliert auch „dasjenige Marktverhalten, das sonst bei freier Konkurrenz allein sinnvoll ist, seinen zwingenden Charakter"[21].

Angesichts des Umfangs der Unternehmensverflechtungen und Unternehmenskonzentrationen in allen „kapitalistischen" Industriegesellschaften sind diese Tatbestände mehr als eine partielle Störung eines im übrigen funktionsfähigen Wettbewerbsautomatismus; sie bestimmen das System und sie stellen die marktwirtschaftliche Wettbewerbsordnung grundsätzlich in Fra-

---

[18] *Epstein,* The Corporation in American Politics, S. 133 ff.

[19] *Kaysen,* aaO. S. 99.

[20] So in grundsätzlicher Sicht vor allem *Mestmäcker,* Verwaltung, Konzerngewalt und Rechte der Aktionäre, S. 20 ff.; *Grossfeld,* Aktiengesellschaft, Unternehmenskonzentration und Kleinaktionär, vgl. dort bes. die Abschnitte A und F. Kritisch gegenüber einer Verknüpfung von Verbandsverfassung und Wirtschaftsordnung demgegenüber *Ballerstedt,* Gesellschafts- und unternehmensrechtliche Probleme der Unternehmenskonzentration in H. Arndt, aaO. (Anm. 13), S. 606 ff.

[21] *Mestmäcker,* aaO. S. 28.

ge[22]. Auf den Märkten von zentraler Bedeutung dominieren heute durchweg einige wenige große Unternehmenskorporationen. Sie stellen nach absoluter Größe wie nach jeweiligem Marktanteil Machtzentren von überragender Bedeutung dar. Ihnen gegenüber reduziert sich die Entmachtungswirkung des Wettbewerbs beträchtlich. Symptomatisch für diese Situation ist das Verhältnis der Unternehmenskorporation zum Kapitalmarkt. In der Abhängigkeit vom Kapitalmarkt wurde und wird eine besonders effektive marktwirtschaftliche Kontrolle der Unternehmenskorporationen in der Form der Aktiengesellschaft gesehen[23]. Wenn die Aktiengesellschaft als „Kapitalpumpe" (Schmalenbach) risikotragendes Kapital auf dem öffentlichen Kapitalmarkt anzieht und es dem Unternehmen zuführt, so unterwirft sie sich damit notwendig zugleich dem Urteil des Marktes. Umgekehrt bietet diese Verbindung mit dem Kapitalmarkt auch die Möglichkeit einer „Flucht aus der Aktie". Darauf ist, wie erwähnt, gerade in der neueren Doktrin verschiedentlich großer Nachdruck gelegt worden[24]. Die Unternehmen haben sich diesen Kontrollen jedoch durch Selbstfinanzierung in großem Umfang entzogen. Die Selbstfinanzierungsquote indiziert so das Maß der Ineffektivität des Kapitalmarktes und die Distanz des Unternehmens gegenüber dem Marktzwang. Obwohl die Selbstfinanzierung seit langem als mit marktwirtschaftlichen Prinzipien unvereinbar und als maßgebliche Quelle unkontrollierter Entscheidungsmacht erkannt worden ist, konnte sie sich praktisch unangefochten behaupten: das Steuerrecht hat sie nachhaltig und gezielt gefördert, und das Gesellschaftsrecht hat ihr nichts in den Weg gelegt[25].

c) Wirtschaftliche Macht ist das hervorstechende Merkmal der modernen Unternehmenskorporationen. Ihr zusammengefaßtes Machtpotential verleiht den Unternehmen die Stellung eigenständiger Macht- und Aktionszentren im wirtschaftlichen Prozeß und sichert ihnen eine gewisse Autonomie auch gegenüber den faktisch-ökonomischen Marktzwängen. Die Unternehmenskorporationen entwickeln ein distanziertes Verhältnis zum Markt, das durch kontrollierte statt umfassender Abhängigkeit gekennzeichnet ist. Das heißt: sie können sich dem Einfluß des Marktes bis zu einem gewissen Grad entziehen und gewinnen selbst Einfluß auf den Markt[26]. Ihr Einfluß erstreckt sich aber noch in weitere Bereiche des gesellschaftlichen Prozesses hinein und bewirkt insgesamt, daß der Markt mehr und mehr durch andere Koordinationssysteme ergänzt, überlagert und in vieler Hinsicht auch abge-

---

[22] Vgl. *Erhard Kantzenbach*, Konzentration als Problem der Konkurrenzwirtschaft in *H. Arndt*, aaO. (Anm. 13), S. 159 ff.

[23] *Mestmäcker*, aaO., S. 31 ff.

[24] Siehe oben Kap. 4, II.

[25] Dazu *Ballerstedt*, aaO. (Anm. 20), S. 615, 625, mit weit. Nachw.

[26] Dazu im einzelnen *Steinmann*, Großunternehmen, S. 157 ff.; *Kaysen*, aaO.; *Galbraith*, Die moderne Industriegesellschaft, S. 89 ff.

löst wird[27]. Zunächst schon haben die Unternehmenskorporationen direkt oder indirekt – über Unternehmensverbände – maßgeblichen Anteil an der planmäßigen Niveau- und Struktursteuerung, die unter Einbeziehung des Staates und seines spezifischen Regelungspotentials als „Globalsteuerung" und „konzertierte Aktion" den Ablaufrahmen des Wirtschaftsprozesses lenkt und reguliert. Hierbei handelt es sich um einen Vorgang, der über den tradierten Wirtschaftsbegriff und erst recht über das tradierte marktwirtschaftliche Ordnungsmodell weit hinausführt[28]. Weiterhin spielt direkter Markteinfluß durch Beschränkung des Wettbewerbs eine wesentliche und gerade für die Unternehmenskorporationen typische Rolle. Wettbewerbsbeschränkungen durch Kartelle als klassisches Mittel sind heute freilich durch das GWB reduziert worden: Verträge zur Beeinflussung der Marktverhältnisse durch Beschränkung des Wettbewerbs sind jedenfalls im Prinzip rechtsunwirksam und verboten. Aber den Unternehmenskorporationen stehen heute andere Mittel zur Verfügung, um den Wettbewerb zu beschränken, sein Ausmaß zu regulieren und kontrollieren und ihn auf bestimmte Gebiete hin zu kanalisieren. In einer Situation mit vielen, für sich jeweils einflußlosen Marktteilnehmern bedurfte es noch eines formalen, notfalls gerichtlich durchsetzbaren Vertrags zwischen ihnen, sollte der Wettbewerb effektiv beschränkt werden. In einem strukturell vermachteten Markt sind dazu völlig andere Voraussetzungen gegeben[29]. Wo ein einzelnes Unternehmen für sich allein schon eine Größe erreicht hat, die ihm eine marktbeherrschende Stellung sichert, kann es eine Kontrolle über den Markt und über Art und Ausmaß des Wettbewerbs auch ohne Zusammenwirken mit anderen Marktpartnern ausüben[30]. Wo mehrere Großunternehmen auf demselben Markt aufeinander treffen, können sie eine gemeinsame Kontrolle der

[27] Vgl. zu einer Typologie der Koordinationssysteme *Heinz Peter Christen,* Die Wirtschaftsverfassung des Interventionismus, 1970. Zu den sich daraus ergebenden Einflußstrukturen *Andrew Shonfield,* Modern Capitalism, pass., bes. S. 239 ff. zur Situation in Deutschland, und S. 358 ff. zu den sich daraus ergebenden Konsequenzen („The changing style of private enterprise"). Zur Machtgrundlage der Unternehmenskorporationen und ihren wirtschaftlichen und sozialen Implikationen in diesem Zusammenhang auch instruktiv *Michael Reagan,* The Managed Economy, bes. S. 73 ff., 98 ff. Im einzelnen zu wettbewerbsbeeinträchtigenden Strategien und ihren wettbewerbspolitischen Wirkungen Ingo Schmidt, US-amerikanische und deutsche Wettbewerbspolitik gegenüber Marktmacht, S. 79 ff. Siehe auch *Armin Gutowski,* Konglomerate Unternehmensgröße und wirtschaftliche Macht, 1971.

[28] Dazu näher *Ott,* Die soziale Effektivität des Rechts, aaO. (Anm. 11), S. 384 ff.

[29] Darauf und auf die überholten Strukturvorstellungen des klassischen Kartellbegriffs hat zutreffend *Knud Hansen,* ZHR 136 (1972), 52 ff. hingewiesen, auch *E. Heuss,* WuW 74, 369.

[30] Das GWB, obgleich vielfach als „Grundgesetz der Marktwirtschaft" bezeichnet, zielt prinzipiell nicht auf Beseitigung oder Neutralisierung solcher Machtakkumulationen, sondern unterwirft sie nur einer Mißbrauchsaufsicht. Vgl. dazu *Jürgen F. Baur,* Der Mißbrauch im deutschen Kartellrecht, 1972.

Marktprozesse etablieren, ohne auf das klassische Instrument des Kartellvertrages zurückgreifen zu müssen. Eine oligopolistische Marktsituation begünstigt ganz allgemein gezielte und bewußte Wettbewerbsbeschränkungen. In einem relativ kleinen und konstanten Kreis von Konkurrenten spielt sich ein Gruppenbewußtsein ein, das den einzelnen Unternehmensleitungen ein Gefühl gemeinsamer Verantwortung vermittelt[31]. Auf dieser Basis wird die Verständigung darüber möglich, welchen Bedürfnissen auf alle Fälle Rechnung zu tragen ist und welche Faktoren Priorität besitzen und was demzufolge zu den Grundsätzen moderner und verantwortungsbewußter Unternehmensführung gehört. Ökonomische Interdependenz und soziale Bindung reduzieren die Gefahr, daß ein einzelnes Unternehmen aus der Solidarität der Gruppe ausbricht, um sich unter Ausnutzung des Wettbewerbseffekts Marktvorteile zu verschaffen[32]. Bei alledem werden die Grenzen zwischen Kartell und marktimmanenter Wettbewerbsbeschränkung, zwischen Eingriff in den Regelungsmechanismus des Marktes und Strukturwandel des Marktes fließend[33]. Die Relativierung des Wettbewerbs entspricht der Entwicklung der Unternehmenskorporation: Markteinfluß durch Wettbewerbsbeschränkung gehört zur Realität des Großunternehmens.

d) Zur wirtschaftlichen Macht der modernen Unternehmenskorporation gehört schließlich auch der Einfluß, den sie auf die Steuerung der Nachfrage hat. Die Bedürfnisse der Verbraucher sind heute nicht mehr schlechthin vorgegebene Daten. In der hochentwickelten Industriegesellschaft fallen sie nicht mehr mit einem elementaren physischen Lebensbedarf zusammen, sondern sind kulturell sublimiert, indem sie nach Art, Ausmaß und Ausrichtung vorwiegend von psychischen und sozialen Prozessen geformt und geprägt werden. In dem Maße, in dem es gelingt, social control in diesem Bereich verfügbar zu machen und zu institutionalisieren, wird es auch möglich, Nachfrage unmittelbar zu lenken. Wenngleich die Entwicklung von einer totalen Verfügbarkeit weit entfernt ist und dazu auch kaum führen wird, so haben gerade die großen Unternehmenskorporationen doch wesent-

---

[31] *Hansen*, aaO. Grundsätzlich dazu *Möschel*, Der Oligopolmißbrauch im Recht der Wettbewerbsbeschränkungen, S. 144 ff., 213 ff.

[32] Demgemäß verlieren auch formal-rechtliche Sanktionen zur Durchsetzung der Solidarität an Bedeutung; dies verkennt offenbar der BGH im Teerfarben-Beschluß, BGHSt 24, 54 = NJW 1971, 521 = WuW/E BGH 1147, der die kartellrechtliche Beurteilung aus dem zivilrechtlichen Vertragsbegriff ableiten will. Kritisch dazu *Willoweit*, NJW 1971, 2045, *Hansen*, aaO. Eingehend hierzu *Peter Ulmer*, Abgestimmte Verhaltensweisen im Kartellrecht, 1972. Weitere Nachweise bei Möschel, aaO. S. 144.

[33] Das wird besonders durch die Schwierigkeiten belegt, im Wettbewerbsrecht gleichförmiges Verhalten, bewußtes Parallelverhalten und abgestimmte Verhaltensweise zuverlässig voneinander zu differenzieren, vgl. dazu näher *Peter Ulmer*, aaO. S. 6 ff. S. auch *Ulrich Huber*, Abgestimmte Verhaltensweisen im deutschen Kartellrecht in Festschrift für Hefermehl, S. 85 ff.

liche Fortschritte in dieser Richtung erzielt[34]. Dafür spricht allein schon die Tatsache, daß alljährlich große Teile des unternehmerischen Investitionsvolumens in das marktpolitische Instrumentarium zur Markterschließung, Marktbeeinflussung und -gestaltung fließen. Zum marketing in diesem Sinn gehört vor allem, wenn auch nicht allein, die Werbung[35]. Zusammen mit anderen Mitteln und Methoden moderner Absatzstrategie, – product design, sales promotion, Variation des Leistungsinhalts und Gestaltung des Leistungsprogramms bis hin zu planmäßigem Modellwechsel und einprogrammierter Obsoleszenz[36] – ist sie Teil eines im ganzen höchst effektiven „management of demand".

Das Ziel ist, für die ständig wachsende Produktion ausreichend Nachfrage zu schaffen und sie auf die jeweiligen Produkte hin zu lenken. Die Struktur der Unternehmenskorporationen und des modernen Produktionsprozesses verbieten es, daß prinzipiell für einen unsicheren Markt und für ungesicherte Nachfrage produziert wird. Die Dauer und Komplexität der technischen Entwicklung neuer Produkte und die damit zusammenhängende Höhe und Langfristigkeit der notwendigen Investitionen machen es erforderlich, auch den Absatz zu planen und ihn vom einzelnen Unternehmen her unter Kontrolle zu bringen. Das ist für das industrielle System insgesamt von grundlegender Bedeutung. John Kenneth Galbraith, der mit besonderem Nachdruck aufgezeigt hat, wie weitgehend dieses System von umfassender Planung und von Kontrollmechanismen zu ihrer effektiven Durchsetzung abhängig ist, betont diesen Zusammenhang auch für die Seite der Nachfrage: „Diese Verkaufsbemühungen verfolgen, ganz grob gesprochen, den Zweck, die Kaufentscheidung vom Verbraucher, wo sie der Einflußnahme durch die Firma entzogen ist, an eine Stelle zu verlagern, wo sie beeinflußbar wird."[37]

e) Die diversen Aspekte der wirtschaftlichen Macht der Unternehmenskorporationen zeigen zusammengefaßt die fortschreitende Überwindung einer unkontrollierten Abhängigkeit vom Markt an.

Abhängigkeit vom Markt mußte reduziert werden, weil sie mit dem modernen industriellen System nicht mehr vereinbar war. Der sich selbst regulierende Markt erweist sich als dysfunktional und muß den Erfordernissen und Notwendigkeiten der Unternehmensführung, wie sie sich unter den Be-

---

[34] *Galbraith,* Die moderne Industriegesellschaft, S. 223 ff., sowie *ders.,* American Capitalism, S. 95 ff. Dies wird durch neuere Untersuchungen zur Situation in der Bundesrepublik Deutschland voll bestätigt, vgl. *Thiedig,* Suggestivwerbung und Verbraucherschutz, 1973; *Peter Hunziker,* Erziehung zum Überfluß, 1972.

[35] Näheres bei *Nieschlag-Dichtl-Hörschgen,* Marketing, 1971.

[36] Zu diesem neuerdings diskutierten Problemkomplex *Ingo Schmidt,* Obsoleszenz und Mißbrauch wirtschaftlicher Macht, WuW 1971, 868; vgl. w. Yale Law Journal 80 (1971), 567 ff. (Annual Style Change in the Automobile Industry as an Unfair Method of Competition).

[37] Die moderne Industriegesellschaft, S. 231.

dingungen einer hochentwickelten Industrialisierung ergeben, angepaßt werden[38].

3. Die Fortschreibung der Doktrin: von der Wettbewerbsordnung zum Gegenmachtprinzip

In dem Maße, in dem der Wettbewerb als Entmachtungs- und Neutralisierungsinstrument versagt, tritt das Problem der Kontrolle wirtschaftlicher Macht in aller Schärfe hervor. Die Vorstellung einer „invisible hand", die alles zum besten steuere, unbeirrbar und unbestechlich, ist irrealer denn je und das Vertrauen auf jene „still und geräuschlos wirkenden Kräfte rein ökonomischer Natur"[39], die von selbst die Wirtschaft in die richtige Ordnung bringen sollen, ist durch die wirtschaftlichen Krisen und Katastrophen der neueren Geschichte nachhaltig erschüttert worden. Das Prinzip des Marktautomatismus läuft – wie die Suche nach einer sich selbsttätig steuernden Ordnung überhaupt – den Forderungen einer Zeit zuwider, die sich gerade aus angeblichen Sachzwängen lösen will und muß, um zu einer umfassenden gesellschaftlichen Rationalität durchzustoßen – und die erkannt hat, daß hinter jenen ökonomischen „Sachzwängen" und „Sachgesetzlichkeiten" letztlich durchaus partikuläre politische Interessen stehen[40].

a) Kantzenbach hat dazu festgestellt, daß die Wettbewerbspolitik in der Bundesrepublik auf der vorherrschenden theoretischen Wettbewerbsvorstellung basiere, die ihrerseits am Leitbild der vollkommenen Konkurrenz und an der neo-liberalen Ordnungskonzeption ausgerichtet sei[41]. Allerdings muß diese Feststellung eingeschränkt werden. In der neueren Wettbewerbspolitik beginnt die Suche nach einem neuen Leitbild deutlich an Gewicht zu gewinnen, wobei das Machtungleichgewicht zwischen Großunternehmen auf der einen und mittleren und kleinen Unternehmen auf der andern Seite sowie Ausmaß und Tendenzen der Unternehmenskonzentration im Mittelpunkt der Überlegungen stehen[42]. Auch in der neueren Wirtschaftstheorie wird das

[38] Dies hat vor allem *John K. Galbraith* für den Zusammenhang der gegenwärtigen Wirtschaftsordnung herausgestellt, vgl. Die moderne Industriegesellschaft, S. 35 ff. Weitere Nachw. bei *Ott*, aaO. (Anm. 11).

[39] So *Eugen v. Böhm-Bawerk* in der schon klassischen Abhandlung Macht oder ökonomisches Gesetz?, 1914. Gesammelte Schriften Bd. I, S. 230 ff., S. 295.

[40] Zur Kritik *Hans Albert*, Ökonomische Ideologie und politische Theorie. 2. Aufl., 1972. Einschränkend allerdings nunmehr in Macht und ökonomisches Gesetz, 1973, S. 129 ff.

[41] Die Funktionsfähigkeit des Wettbewerbs. S. 10.

[42] Gesetzlichen Niederschlag hat dies in der Kooperationserleichterung für kleine und mittlere Unternehmen nach § 5 b GWB und in der Fusionskontrolle nach §§ 23–24 b GWB sowie in der Verschärfung der Mißbrauchsaufsicht gem. § 22 GWB gefunden. Zur grundsätzlichen Diskussion Wolfgang Kartte, Ein neues Leitbild für die Wettbewerbsordnung, 1969. Kritisch dagegen *Griesbach*, Wettbewerbspolitik ohne neues Leitbild, 1970. Aus unternehmerischer Sicht für eine Abkehr vom klas-

überkommene Wettbewerbsmodell zunehmend in Frage gestellt und in eine Richtung fortentwickelt, die der Tatsache der Vermachtung der Wirtschaft gerecht werden soll und die demgemäß erhebliche Monopolgrade und Marktunvollkommenheiten voraussetzt. In diesem Rahmen wird untersucht, welche Funktionen der Wettbewerb realiter erfüllt und erfüllen kann und ein Konzept des „funktionsfähigen" Wettbewerbs, der „workable competition" entwickelt[43]. Dadurch verschiebt sich der Blickwinkel erheblich: statt der statischen, mit dem klassischen Gleichgewichtsmodell zusammenfallenden Wettbewerbsfunktionen treten dynamische hervor, die auf Wachstum und technischen Fortschritt gerichtet sind. Der „Schlafmützenkonkurrenz" wird ein progressiver Wettbewerb gegenübergestellt, bei dem die Kontrolle der einzelnen Unternehmen über den Preismechanismus weniger entscheidend ist als innovatorischer Antrieb und Aktivierung der expansiven Kräfte[44]. Demgemäß tritt der Preiswettbewerb gegenüber dem Wettbewerb in Qualität, Service und ähnlichen Sektoren zurück und die technische und wirtschaftliche Leistungsfähigkeit der Unternehmen gewinnt Vorrang vor ihrer Marktabhängigkeit. Gemessen an den Kriterien eines dynamischen Wettbewerbs – und entgegen den ursprünglichen liberalen Prämissen – erscheinen Macht- und Einflußlosigkeit der einzelnen Unternehmen geradezu als wirtschaftlich abträglich und dysfunktional[45].

Dieses Konzept des „funktionsfähigen Wettbewerbs" nähert sich dem Typus der marktmächtigen Unternehmenskorporation. Mit der Annäherung an die Realität ist freilich eine beträchtliche Einbuße an ideologischer Geschlossenheit verbunden. Im Kern steckt darin die Preisgabe der Vorstellung eines homöostatischen Marktgleichgewichts und der Verzicht auf das Prinzip des Marktautomatismus. Da sich der Wettbewerb bei realistischer

---

sischen Leitbild *A. Sölter*, Investitionswettbewerb und Investitionskontrolle 1973, bes. S. 34 ff.

[43] Grundlegend dazu *J. M. Clark*, Competition as a Dynamic Process, 1961; weiter *E. Hoppmann* in Wettbewerb als Aufgabe. Nach zehn Jahren GWB, 1968, S. 63 ff., bes. S. 85 ff.; *E. Kantzenbach*, aaO. – Vgl. in diesem Zusammenhang auch E. Boettcher, Hrsg., Theorie und Praxis der Kooperation, 1972 und – den gegenwärtigen Diskussionsstand zusammenfassend – *Ingo Schmidt*, US-amerikanische und deutsche Wettbewerbspolitik gegenüber Marktmacht, 1973, S 17 ff.

[44] Vgl. außer Anm. 43 auch *Kantzenbach*, Konzentration als Problem der Konkurrenzwirtschaft in *H. Arndt* aaO. (Anm. 13), S. 159 ff., sowie *E. Hoppmann*, Workable Competition, Zeitschr. des Bern. Jurist. Ver. 102 (1966), 249 ff.

[45] So hat *Fikentscher* ausdrücklich erklärt, daß das „Oligopol die Voraussetzung des Wettbewerbs" sei, vgl. Wettbewerb und gewerblicher Rechtsschutz, 1958, S. 40; weiter *Borchardt-Fikentscher*, Wettbewerb, Wettbewerbsbeschränkung, Marktbeherrschung, 1957, S. 15. *Fikentscher* in Festschrift für Franz Böhm, S. 264 f. spricht in gleichem Sinn von Markteinfluß als Voraussetzung des praktischen Wettbewerbs und unterscheidet vom „wettbewerbsnotwendigen" den „wettbewerbsbeschränkenden" Markteinfluß. Dazu vor allem auch *Kantzenbach*, Funktionsfähigkeit, S. 136 ff. Vgl. weiter z. B. *Hirsch*, WuW 1973, 316 ff.: im Konfliktfall gehe die Leistungsfähigkeit der Unternehmen vor.

Analyse als ein Bündel einzelner und untereinander durchaus unterschiedlicher Wettbewerbsfunktionen erweist, stellt sich von Fall zu Fall die Aufgabe, diese zu einer gesamtwirtschaftlich optimalen Kombination zusammenzufassen[46]. Je nach dem konkreten Ziel wird man dabei bestimmten Funktionen auf Kosten anderer den Vorrang einräumen und dementsprechend unterschiedliche Kombinationen anstreben. Mithin erweist sich, daß die Gestaltung des Wettbewerbsprozesses eine politische Aufgabe ist, bei der Prioritäten gesetzt und fortlaufend überprüft werden müssen, ohne daß sie schon in einer vorgegebenen rationalen Ordnung angelegt wären. Vielmehr besteht ein erheblicher Spielraum[47]. Zugleich kommen in der Wettbewerbspolitik auch außerwirtschaftliche Faktoren zur Geltung, wie in dieser Sicht überhaupt deutlich wird, daß in der Gestaltung des Wettbewerbs wirtschafts- und sozialpolitische Belange und Zielvorstellungen kaum mehr voneinander zu trennen sind[48]. Der Wettbewerb als „dynamischer Prozeß“[49] läßt sich nicht aus dem gesamtgesellschaftlichen Zusammenhang abstrahieren. Er ist selbst Teil des sozialen Prozesses. Gerade die Theorie der workable competition ist bemüht, die Verengung und Abstraktion des Wettbewerbsbegriffs unter dem Einfluß einseitiger preis- und mengentheoretischer Ansätze der „Reinen Theorie“ zu durchbrechen und wieder Anschluß an die politische Dimension und damit an die soziale Wirklichkeit zu gewinnen[50].

b) Stärker noch als die ökonomische ist die juristische Doktrin hinter dem Umbruch der Wirtschaftsordnung zurückgeblieben. Für sie trifft noch entschiedener der Vorwurf zu, daß sie trotz allen faktischen Wandels weitgehend einer Wettbewerbsvorstellung verhaftet geblieben ist, die sich am Leitbild der vollkommenen Konkurrenz und an der neo-liberalen Ordnungskonzeption orientiert.

---

[46] *Kantzenbach,* aaO. S. 133 ff. – *Hoppmann,* Wettbewerb als Aufgabe, S. 90: Wettbewerb der optimalen Mischung bzw. Kombination der einzelnen Freiheiten, aus denen sich die Wettbewerbsfreiheit zusammensetzt.

[47] *Kantzenbach,* aaO. S. 13.

[48] *Kantzenbach,* aaO. S. 13 f., zielt im Ansatz freilich auf eine solche Trennung ab, indem er von den optimalen wirtschaftlichen Ausgangsbedingungen ausgeht und die bei Veränderung dieser Ausgangslage aus politischen Gründen entstehende Verschlechterung des wirtschaftlichen Optimismus als soziale Kosten jener sozialpolitischen Ziele bezeichnet. – Hierzu unter dem Aspekt des Zielbildungsprozesses in der pluralistischen Gesellschaft *Egon Tuchfeldt,* Zielprobleme in der modernen Wirtschaftspolitik, 1971.

[49] Hierauf legt *Hoppmann,* Zum Schutzobjekt des GWB in Wettbewerb als Aufgabe, 1968, S. 61 ff., die Betonung. Siehe auch *ders.,* Zum Problem einer wirtschaftspolitisch praktikablen Definition des Wettbewerbs, Schriften des Vereins für Socialpolitik N. F. Bd. 48, 9 ff.; *ders.,* Workable Competition als wettbewerbspolitisches Konzept in Festgabe Theodor Wessels, 1967, S. 145 ff. – Zur Kontroverse *Kantzenbach–Hoppmann, Ingo Schmidt,* aaO. S. 27 ff.

[50] *Hoppmann* in Wettbewerb als Aufgabe, S. 80 ff.

Der Ausschaltung des Wettbewerbs durch Unternehmensmacht und Unternehmenskonzentration soll vor allem mit den Mitteln des Kartellrechts begegnet werden. So wird das Gesetz gegen Wettbewerbsbeschränkungen mit fortschreitender Vermachtung der Wirtschaft zum Hauptbestandteil der Wettbewerbsdoktrin. Das schließt an die ORDO-liberale Erkenntnis an, daß der Wettbewerb sich regelmäßig nicht von selbst einstellt und erhält, sondern der staatlichen Gewährleistung und Durchsetzung bedarf. Das GWB schließt insofern also zumindest ideologisch die Lücke zwischen Wettbewerbsmodell und Wettbewerbsrealität. Freilich wird dabei regelmäßig weder die Effektivität des kartellrechtlichen Instrumentariums hinterfragt noch werden die Widersprüche zwischen Modell und Realität aufgelöst. Wie immer man die Effektivität des GWB im einzelnen beurteilen mag, sie hat jedenfalls nicht ausgereicht, um die Unternehmen generell unter die Kontrolle des Marktes zurückzuzwingen. Gegen Unternehmenskonzentrationen enthält das GWB bislang an sich schon keine Sanktionen, und die Sanktionen gegen Wettbewerbsbeschränkungen durch Kartelle stehen unter einer Vielzahl von Vorbehalten, so daß besser von einem „Gesetz *über* Wettbewerbsbeschränkungen" gesprochen würde, um klarzustellen, daß „es sich nicht so sehr um ein außergewöhnliches Gesetz als vielmehr um einen der zahlreichen gesetzgeberischen Akte handelt, die sich zwanglos in den recht umfangreichen Kreis staatlicher Normen einreihen lassen, welche zur Kontrolle und Regulierung wirtschaftlicher Machtverhältnisse bestimmt sind"[51]. Noch entscheidender ist, daß das GWB seiner Konzeption nach eindeutig am Modell der vollkommenen Konkurrenz orientiert ist und deshalb auf die heute im Vordergrund stehenden Probleme der oligopolistischen Marktstrukturen keine adäquaten Antworten zu bieten vermag.

Da sich das marktmächtige Unternehmen auch für die Anwendung des GWB als zentrales Problem erweist, bietet sich an, dafür in der Konzeption der „workable competition" die Lösung zu suchen, wie dies in der Doktrin zum Teil geschehen ist[52]. Im Ergebnis wird der Wettbewerbsbegriff des GWB hierbei grundlegend umformuliert und unter Preisgabe der ohnehin nicht mehr durchsetzbaren Ordnungsprinzipien der faktischen Entwicklung angepaßt. Umfang und Tendenz der Konzentration wirtschaftlicher Macht werden als unvermeidliche Folge der Unternehmenskonzentration und -expansion grundsätzlich akzeptiert oder zumindest hingenommen und der Wettbewerbsbegriff auf das zwischen Großunternehmen tatsächlich bestehende Spannungsverhältnis bezogen.

Mit diesem Begriffswandel ist ein entschiedener Verlust an Bestimmtheit verbunden. Ebenso wie es in der Wirtschaftstheorie bislang mißlungen ist,

51 *Ernst E. Hirsch*, Kontrolle wirtschaftlicher Macht, 1958, S. 1.

52 Oben Anm. 45 und dazu weiter *Sandrock*, Grundbegriffe des GWB, S. 339 ff. mit eing. Nachw. Grundlegend *Ingo Schmidt*, US-amerikanische und deutsche Wettbewerbspolitik, S. 17 ff. und *Wernhard Möschel*, Der Oligopolmißbrauch im Recht der Wettbewerbsbeschränkungen, 1974.

die Kriterien des funktionsfähigen Wettbewerbs eindeutig zu bezeichnen – es vielmehr, nach einem bekannten Wort, so viele Definitionen des funktionsfähigen Wettbewerbs gibt wie funktionsfähige Theoretiker, – so bleibt auch hier letztlich offen, welches Spannungsverhältnis und welche Dynamik nach Art und Ausmaß vom Wettbewerbsrecht und vom Wettbewerbsbegriff gemeint ist. Infolgedessen entsteht für die Rechtsanwendung ein beträchtlicher Bewertungs- und Beurteilungsspielraum.

Wandel und Unbestimmtheit des Wettbewerbsbegriffs zeigen den Wandel und die Komplexität der Aufgabe an, vor der das Wettbewerbs- und Kartellrecht heute steht. Ging es ursprünglich darum, den Markt von künstlichen Hindernissen, von „restraints of trade" nicht-staatlicher Provenienz freizuhalten und war die Störung der Wettbewerbsordnung demgemäß relativ klar und eindeutig zu definieren und zu lokalisieren, so geht es in der Praxis heute mehr um die Frage, welcher Gebrauch wirtschaftlicher Macht von Fall zu Fall aus gesamtwirtschaftlichen Interessen hingenommen werden soll. Das zeigt sich schon am GWB selbst, dessen Schwerpunkt mehr in einem komplizierten System von Freistellungs- und Ausnahmetatbeständen und von behördlichen Kontroll- und Aufsichtsrechten zu suchen ist als in einem grundsätzlichen Kartellverbot. In Übereinstimmung damit ist auch in der Verwaltungspraxis – insbesondere in der des Bundeskartellamts – der Schwerpunkt nicht die schlichte Beseitigung von Wettbewerbsbeschränkungen und Kartellen, sondern die Entscheidung zwischen Verbot und Ausnahme und das Abwägen zwischen den Interessen, die von konkreten wettbewerbsbeschränkenden Faktoren gefördert, und denen, die davon benachteiligt werden[53]. Die Auseinandersetzungen um ein neues Leitbild der Wettbewerbspolitik und die geplante Novellierung des GWB durch Einfügung einer die Kooperation kleiner und mittlerer Unternehmen zusätzlich begünstigenden Freistellungsnorm zielt in die gleiche Richtung[54].

Unter diesen Voraussetzungen wird der Terminus „Wettbewerbsordnung" zu einer Generalklausel, die ohne inhaltlichen Bezug die Summe der politischen Kompromisse in der Kontrolle und Regulierung wirtschaftlicher Machtverhältnisse umfaßt. Das sachliche Ziel ist dabei nicht länger, einen marktwirtschaftlichen Steuerungsautomatismus zu sichern, das Ziel ist vielmehr, die Dynamik des Wirtschaftsprozesses zu erhalten. Diese kann durch Marktmacht und Wettbewerbsbeschränkungen ebenso gefördert wie gelähmt werden. Entscheidend ist die konkrete Auswirkung im Einzelfall unter Berücksichtigung aller Umstände – die maßgebenden Kriterien sind mithin das Ausmaß der Erstarrungstendenzen auf der einen, die Wirksam-

[53] Dazu sei verwiesen auf die instruktiven Beiträge aus der Sicht der kartellamtlichen Praxis in Zehn Jahre Bundeskartellamt, 1968. Vgl. auch *Kirschstein,* Marktmacht und ihre Kontrolle, S. 16 ff.; *Friedrich Neumann* in Bodo Gemper, Hrsg., Marktwirtschaft und soziale Verantwortung, 1973, S. 174 ff.; *Arno Sölter,* Investitionswettbewerb und Investitionskontrolle, 1973, S. 34 ff.

[54] Grundlegend hierzu *Kartte,* aaO. (Anm. 42).

keit der Antriebskräfte des Marktes auf der andern Seite. Die Relativierung des Wettbewerbs als Entmachtungsinstrument, die Ablösung vom Marktautomatismus – kurz: die Abkehr vom klassischen Modell einer selbststeuernden Wettbewerbsordnung wird hier unmittelbar greifbar. Über eine Sanktionierung des status quo ist auch die Rechtsprechung im Grunde nicht hinausgekommen. Sie betont zwar, daß sich Wettbewerb nicht schon allein daraus ergebe, daß ein marktbeherrschendes Unternehmen die Verbraucherinteressen in der Regel nicht außer acht lassen dürfe und daß der Substitutionswettbewerb auch ein solches Unternehmen an völlig willkürlichem Marktverhalten hindere[55]. Aber die Grenze zwischen einer irgendwie gearteten Kontrolle, die völlige Willkür ausschließt, und dem marktwirtschaftlichen Grundprinzip der Unabhängigkeit des Preises wird fließend und unbestimmt. Der Begriff des Wettbewerbs wird so allgemein verstanden, daß er auch ein latentes Spannungsverhältnis noch umfaßt, wie es selbst im Verhältnis zum fest etablierten Preisführer noch bestehen mag, solange dieser nicht damit rechnen kann, daß ihm die geführten Unternehmen unter allen Umständen folgen werden[56].

c) Dies ist Teil der Suche nach einem neuen Ordnungskonzept für die Wirtschaft, freilich nur eine unbefriedigende Antwort. Die private Unternehmensmacht als Faktum anerkennen heißt, die liberalen und neo-liberalen Prämissen im Grunde aufzugeben. Eine Rückkehr dorthin durch konsequente Machtzerschlagung ist ein fragwürdiges Konzept, denn den „Nachteil, daß natürliche Antriebskräfte der Wirtschaft und des technischen Fortschritts abgetötet werden müssen“[57], um politische Ordnungsvorstellungen von gestern und vorgestern am Leben zu erhalten, wird man letztlich nicht in Kauf nehmen wollen. So wird die Frage unausweichlich, ob es zum marktwirtschaftlichen Koordinationsmechanismus Alternativen geben kann, ohne daß auf ein staatliches Lenkungssystem zurückgegriffen werden muß. Galbraiths System der countervailing power zeigt eine solche dritte Möglichkeit neben machtlosem Wettbewerb und Staatskontrolle auf[58]. Dieses System erkennt Konzentration und Vermachtung der Unternehmen als „deeply organic“ an. Der entscheidende Anstoß dazu war gerade die Feststellung, daß entgegen aller theoretischer Vorhersagen die zunehmenden

---

[55] Von prinzipieller Bedeutung vor allem WuW/E BGH 1089 „Tennisbälle“ (Beschluß vom 26. 2. 70), mit krit. Anm. Pickel. Zum Problem des Preis- und Nichtpreiswettbewerbs im Oligopol auch *Eberhard Günther* in Festschrift für H. Bartholomeyczik, S. 59 ff.

[56] Hierzu bemerkt *Pickel,* aaO. S. 1096 mit Recht, hierin liege eine unzulässige Gleichsetzung von Kontrolle und Wettbewerb: jeder Wettbewerb sei zugleich Kontrolle, aber nicht jede Kontrolle sei auch schon Wettbewerb.

[57] *C. A. Andreae,* Machtkonflikt und Marktkonkurrenz in der Wirtschaft in Das Gegengewichtsprinzip in der Wirtschaftsordnung, Band 1, S. 42.

[58] American Capitalism. The Concept of Countervailing Power. 1952; dt.; Der amerikanische Kapitalismus im Gleichgewicht der Wirtschaftskräfte, 1956.

und umfassenden Wettbewerbsbeschränkungen nicht zu einer Verschlechterung der gesamtwirtschaftlichen Ergebnisse geführt haben, sondern daß im Gegenteil die Leistungsfähigkeit der Wirtschaft höher ist als je zuvor. Die notwendige Kontrolle wird statt in umfassender Entmachtung in gleichmäßiger Vermachtung gesehen: durch die Beschränkung des Wettbewerbs auf der einen Marktseite, so lautet die These, bilden sich auf der entgegengesetzten Marktseite nun ebenfalls Beschränkungen, die zu gegengewichtiger Machtbildung führen[59]. Dadurch scheint der theoretische Ansatz für ein neues und die überkommene Wettbewerbsideologie überwindendes Ordnungskonzept gefunden zu sein. Indessen versteht Galbraith selbst seine „neue Lehre vom wirtschaftlichen Kräfteausgleich als letzte(n) Rückhalt des echten Kapitalismus“[60]. Der Sache nach wird die liberale und neo-liberale Wettbewerbsideologie weniger überwunden als vielmehr auf eine höhere Ebene projiziert: Das System der gegengewichtigen Marktmacht soll zum Machtausgleich nicht zwischen isolierten Individuen bzw. Einzelunternehmen, sondern zwischen Machtblöcken führen, dabei aber grundsätzlich ebenso ohne staatlich-politische Lenkung und Kontrolle und folglich ebenso automatisch funktionieren wie der Preismechanismus bei vollkommener Konkurrenz im klassischen Wettbewerbsmodell. Auch die Gegengewichtstheorie basiert auf der Vorstellung einer automatischen Selbststeuerung der Wirtschaft und sie weist dem Staat als dem Träger politischer Macht die Aufgabe zu, die Voraussetzungen der Bildung von Gegenmacht zu gewährleisten, ohne den Wirtschaftsprozeß selbst zu steuern – im Prinzip nicht anders als die ORDO-liberale Theorie[61].

In einem entscheidenden Punkt führt die Gegenmachtslehre über die liberalen Wettbewerbskonzeptionen hinaus. Während diese auf einem vorgestellten Ausgleich durch rein wirtschaftliche Kräfte und Faktoren beruhten und „Wirtschaft“ deshalb als abgeschlossenes Subsystem der Gesellschaft begreifen konnten, führte die neue Lehre in ihrer Konsequenz die politischen und sozialen Dimensionen vor Augen. Zwar versteht Galbraith die „countervailing power“ ausdrücklich als gegengewichtige *Markt*macht. Sie entsteht nach seiner These durch Wettbewerbsbeschränkungen auf der einen Marktseite als Reaktion auf vorangegangene Wettbewerbsbeschränkungen auf der andern Marktseite. Der Marktmacht der Unternehmen wird vor allem die gegengewichtige Marktmacht der Händler und der Verbraucher gegenübergestellt. Aber andrerseits ist es Galbraith selbst, der mit besonderem

[59] AaO. S. 111 ff.

[60] So der Untertitel der deutschen Ausgabe.

[61] Zur Kritik *Andreae*, aaO. S. 42 ff. und *Glahe*, ebd. S. 136 ff. Auch G. bezieht sich vor allem auf die Automatismusvorstellungen Galbraiths und bezeichnet dessen Theorie als liberale Apologetik. Siehe in diesem Zusammenhang auch die eingehende Auseinandersetzung mit dem Gegengewichtsprinzip bei *Gutersohn/Geisbüsch*, Machtungleichgewichte und Gegengewichtsbildungen in der Wirtschaftswirklichkeit, in: Das Gegengewichtsprinzip in der Wirtschaftsordnung, Band II. Kritisch auch *Helge Pross*, Kapitalismus und Demokratie, 1972, S. 17 ff.

Nachdruck die politischen und sozialen Dimensionen wirtschaftlicher Macht betont, und gerade er weist auf die funktionalen und institutionellen Verflechtungen zwischen „wirtschaftlichen" und staatlich-„politischen" Institutionen und Organisationen hin[62]. In der Tat kann, wenn die Unternehmenskorporationen erst einmal grundsätzlich als Machtzentren anerkannt sind, – worin ein wesentlicher Beitrag der Gegenmachtslehre liegt, – die Bedeutung dieser Macht nicht mehr auf irgendwie abgegrenzte „rein wirtschaftliche" Bereiche beschränkt werden.

Damit bestätigt sich die außerökonomische Bedeutung wirtschaftlicher Macht: „The market power which large absolute and relative size gives to the giant corporation is the basis not only of economic power but also of considerable political and social power of a broader sort."[63]

Diese politische und soziale Macht der Unternehmenskorporation widerlegt die Galbraithsche Fortschreibung der klassisch-liberalen Konzeption des „self-regulating market". An der Unmöglichkeit, Wirtschaft und Politik, Wirtschaft und Staat als institutionell und strukturell voneinander getrennte Bereiche auszuweisen[64], scheitert der Versuch, dem Prinzip des Marktautomatismus auf einer höheren Ebene doch noch Geltung zu verschaffen. Schon unter rein ökonomischen Vorzeichen ist gegen Galbraiths Thesen kritisch eingewandt worden, die Bildung gegengewichtiger und zu vollem Machtausgleich führender Marktmacht lasse sich nicht als zwangsläufig und automatisch erfolgend nachweisen[65]. Erst recht muß die These fragwürdig sein, es führe nicht nur wirtschaftliche Macht zu gegengewichtiger Marktmacht, sondern auch politische und soziale Unternehmensmacht zu spontan sich bildender Gegenmacht außerhalb des Marktes. Der selbsttätige Ausgleich sozialer Macht, der in ein automatisches Gleichgewicht der Kräfte in gesamtgesellschaftlichem Rahmen mündet, bei dem Verzerrungen und Spannungen sich gegenseitig aufheben, ist eine Utopie. Ein solcher Automatismus kann weder aus generellen sozialen Gesetzmäßigkeiten abgeleitet werden, noch steht er im Einklang mit der konkreten gesellschaftlichen Erfahrung in bezug auf die moderne Unternehmenskorporation. Hier besteht das Problem gerade in den erheblichen Machtungleichgewichten und in den Verzerrungen insbesondere auch im politischen System, die sich daraus ergeben haben, daß die Unternehmenskorporationen Macht in einem Maß akkumuliert haben, das das etablierte Gefüge von „checks and balances" gesprengt hat. Freilich ist auch diese Macht nicht absolut, sondern un-

---

[62] Siehe Die moderne Industriegesellschaft, S. 344 ff. und pass.

[63] *Carl Kaysen* in E. Mason, Hrsg., The Corporation in Modern Society, S. 99, wo dies für die amerikanischen Verhältnisse im einzelnen weiter ausgeführt wird.

[64] Dazu näher *Ott,* Die soziale Effektivität des Rechts, aaO. (Anm. 11), S. 376 ff.

[65] *Andreae,* aaO. S. 42 ff.; Glahe, aaO. S. 136 ff., 143 f.

ter anderem durch die Macht anderer Gruppen und Organisationen begrenzt. Aber eine so allgemeine und eigentlich triviale Feststellung wird man kaum zum tragenden Pfeiler einer gesellschaftlichen Ordnungskonzeption machen wollen. Eine irgendwie geartete Begrenzung der Unternehmensmacht ist identisch mit einer in sich konsistenten und legitimen sozialen Ordnung. So bleibt von der Gegenmachtslehre letztlich nur noch die Konstatierung eines faktischen Gruppen- und Verbändepluralismus.

d) Das bezeichnet das Dilemma der Gegenmachtslehre. Nur als spezifisches Marktordnungsprinzip erscheint die countervailing power überhaupt konkretisierbar genug, um darauf eine umfassende Ordnungskonzeption zu gründen; dieser Ansatz ist jedoch gleichzeitig zu eng, da die Unternehmenskorporation nicht nur Probleme der Marktordnung, sondern auch Probleme einer umfassenden sozialen und politischen Ordnung aufwirft. Hier leitet die Gegenmachtslehre fast zwangsläufig zu einem allgemeinen Pluralismusmodell über. Es ist deshalb auch durchaus konsequent, wenn in einer neueren und grundlegenden Untersuchung speziell der politischen Implikationen der Unternehmensmacht nicht mehr mit Selbststeuerungs- und Kontrollmechanismen neo-liberaler oder Galbraithscher Prägung argumentiert, sondern die Unternehmenskorporation ohne weiteres als typischer Bestandteil des gegenwärtigen Verbändepluralismus und als einer unter vielen Akteuren in der politischen Arena der modernen Industriegesellschaft betrachtet wird. In seiner umfassenden Analyse der „Corporation in American Politics" kommt Edwin Epstein[66] zum Ergebnis, daß zwischen Unternehmenskorporationen und anderen „social interest groups" gerade im Hinblick auf ihre Partizipation am politischen Prozeß keine grundsätzlichen Unterschiede bestünden[67]. Vielmehr bestehe eine „coalescence in function between corporate and non-corporate organizations"[68]. Die Präsenz der corporations im politischen Leben sei nicht nur ebenso legitim wie die der anderen Organisationen, sie sei auch notwendig zur Aufrechterhaltung der pluralistischen Strukturen der Gesellschaft. „(In) an uneasy balance between large and powerful industrial units and a large and powerful governmental structure with neither partner being absorbed by the other ... corporate political activity will continue to be an abiding necessity – as it is today – to mitigate constraints. Failure to assume political posture would result in a diminution of corporate freedom of action and to reduce thereby the quality of social pluralism. ... Today constituting not monolithic but multiple foci of power, interests and affiliation in our society, corporations, together with other social interest groups, contribute to the social pluralism, that has characterized American society."[69]

Nicht anders sind die Konsequenzen in Deutschland und vergleichbaren Ländern. Epstein leitet die Legitimität der Unternehmenskorporation nicht

[66] The Corporation in American Politics, 1969.

[67] AaO. S. 272 ff. [68] AaO. S. 275. [69] AaO. S. 277/8.

mehr aus ökonomischen Sachgesetzlichkeiten, sondern aus der pluralistischen Struktur der Gesellschaft ab. Damit sind die klassischen Legitimationsstrategien, die in ihrem Kern alle auf die liberale Grundprämisse des self-regulating market und der Kontrolle wirtschaftlicher Macht durch Markt und Wettbewerb zurückgehen, endgültig aufgegeben. Für diese Legitimationsstrategien war entscheidend, daß sie vom freien Spiel der wirtschaftlichen Kräfte nicht nur eine relative Entmachtung der einzelnen Unternehmen erwarteten, sondern auch eine auf einer immanenten Rationalität der Marktwirtschaft beruhende und deshalb gesamtgesellschaftlich richtige Ordnung. Dieser sachgesetzliche Richtigkeitsbezug ist die eigentliche Legitimationsbasis. Er trägt schon die klassisch-liberale Konzeption von Wirtschaft und Gesellschaft, verdichtet sich im ORDO-Liberalismus zu einer tendenziell totalitären Ordnungsidee und ist modifiziert schließlich auch in der Galbraithschen Gegenmachtslehre festzustellen. Mit der Durchbrechung des spezifisch marktwirtschaftlichen Bezugsrahmens und der Integration der Unternehmenskorporation in ein pluralistisches Koordinatensystem ist die Abkehr von der Vorstellung vollzogen, wirtschaftliches Handeln trage als solches schon eine sachgesetzliche Richtigkeitsgewähr in sich.

Inwieweit die Legitimationskrise der Unternehmenskorporation von einer pluralistischen Konzeption her überwunden werden kann, ist noch zu untersuchen. Der Kritik bedarf insbesondere die These, daß die Unternehmenskorporationen im Faktum ihrer Teilnahme am politischen Prozeß der Gesellschaft und in der faktischen Durchsetzung ihrer Rolle ausreichende Legitimität fänden[70]. Festzuhalten ist zunächst jedoch, daß mit diesem Schritt das Scheitern der überkommenen liberalistischen Legitimationsstrategien offen zugegeben und die Unternehmenskoporation voll in die politische Auseinandersetzung gestellt wird.

II. Legitimation durch Mitbestimmung der Arbeitnehmer

1. Ordnungspolitische Grundkonzeptionen der Mitbestimmung und das Legitimitätsproblem der Unternehmenskorporation

Die Entwicklung der modernen Wirtschaftsordnung von ihren Ursprüngen im marktwirtschaftlichen Wettbewerbsmodell des klassischen Liberalismus des 19. Jahrhunderts zum System der countervailing power in einer hochkonzentrierten und vermachteten Wirtschaft und bis hin schließlich zur grundsätzlichen Relativierung des Marktes durch politische und gesellschaftliche Unternehmensmacht zwingt zur Suche nach neuen Ordnungs-

---

[70] Hierzu grundsätzlich *Peter Bachrach*, Theorie demokratischer Elitenherrschaft, S. 76 ff.

prinzipien auch für die Unternehmenskorporation und ebnet ihnen zugleich den Weg. Während die Prämissen der gesellschaftsrechtlichen und besonders der aktienrechtlichen Unternehmensordnung immer mehr in Widerstreit zur sozialen Realität geraten, erlangen die Auseinandersetzungen um eine die gesellschaftsrechtliche Tradition grundsätzlich durchbrechende Unternehmensverfassung immer größeres Gewicht. Dabei steht in der Bundesrepublik die Mitbestimmung der Arbeitnehmer im Mittelpunkt der Diskussion. Diese Mitbestimmung manifestiert mit ihren verschiedenen Partizipationsstufen den Umbruch der Unternehmensordnung am deutlichsten. Rechtlich und faktisch ist sie ein fester Bestandteil der Unternehmenskorporation, und Pläne zu ihrer Erweiterung haben sich zu aktuellen politischen Programmen verdichtet. Schon deshalb liegt es nahe, die notwendigen Unternehmensreformen mit dem Mitbestimmungskonzept zu verbinden. Im übrigen schließt dies nicht zufällig an die Analyse der gesellschaftsrechtlich-marktwirtschaftlichen Ordnungsprinzipien an. Mitbestimmungspostulate waren seit jeher mit dem Anspruch verbunden, dem Unternehmen eine neue und tragfähige Legitimationsgrundlage zu verschaffen. Auch heute werden Forderungen nach erweiterter Mitbestimmung nicht zuletzt damit begründet, daß Privateigentum und Wettbewerb einen erheblichen Teil ihrer Kontrollfunktionen faktisch nicht mehr wahrzunehmen vermöchten[71].

a) Dieser Zusammenhang reicht noch tiefer. Er betrifft einmal die allgemeine Relativierung der Eigentumsfunktionen in der modernen industriellen Wirtschaft. Das Privateigentum hat nicht nur als Faktor gesellschaftsrechtlicher Machtkontrolle an tatsächlicher Bedeutung verloren, es ist zumindest in der Unternehmenskorporation infolge der Abspaltung der Leitungsmacht und der Emanzipation des Management auch nicht mehr wirtschaftlicher

---

[71] Zum neueren Stand der Diskussion siehe *Biedenkopf*-Bericht zur Mitbestimmung: Mitbestimmung im Unternehmen. Bericht der Sachverständigenkommission zur Auswertung der bisherigen Erfahrungen bei der Mitbestimmung, Januar 1970. Bundestags-Drucksache VI, 334 (im folgenden danach zitiert); kritisch hierzu *Thomas Raiser,* Marktwirtschaft und paritätische Mitbestimmung, 1973; erneut und grundsätzlich *ders.,* Grundgesetz und paritätische Mitbestimmung, 1975. S. w. *Gunther Schwerdtfeger,* Unternehmerische Mitbestimmung der Arbeitnehmer und Grundgesetz, 1972. Siehe weiter Franz Böhm und Goetz Briefs, Hrsg., Mitbestimmung – Ordnungselement oder politischer Kompromiß, 1971 (Auseinandersetzung mit dem Biedenkopf-Bericht); *K. Biedenkopf,* Mitbestimmung, 1972; *Josef Weis,* Wirtschaftsunternehmen und Demokratie, 1970; Mitbestimmung – Eine Forderung unserer Zeit. Hrsg. v. DGB; *Hermann Huss* und *Eberhard Schmidt,* Kooperation und Mitbestimmung. Theorie und Praxis der Gewerkschaften, 1972 Einen Überblick über die grundsätzlichen wirtschafts- und gesellschaftspolitischen Stellungnahmen zur Mitbestimmung vorwiegend aus deutscher, aber auch aus ausländischer Sicht vermittelt die Zusammenstellung und Dokumentation bei *O. Kunze* und *A. Christmann,* Wirtschaftliche Mitbestimmung im Meinungsstreit, 2 Bände, Köln 1964. Vgl. dazu auch die Rezensionsabhandlung von *Wolfgang Schilling,* ZHR 128, S. 217 ff. – Eine sehr eingehende sozial-ökonomische Analyse findet sich bei *Werner Tegtmeier,* Wirkungen der Mitbestimmung der Arbeitnehmer, 1973.

Motor. Dies entzieht dem unternehmensrechtlichen Alleinvertretungsanspruch den Boden, der zunächst für die Kapitaleigner gegen jede Mitbestimmung der Arbeitnehmer erhoben worden war und der in modifizierter Form als Anspruch jedenfalls auf die Vorherrschaft im Unternehmen heute den Forderungen nach erweiterter und paritätischer Mitbestimmung entgegengesetzt wird. Der Vorrang des Eigentums wurde und wird damit begründet, daß ihm im marktwirtschaftlichen System konstitutive Bedeutung und eine sachgesetzliche Schlüsselfunktion zukomme: nur über das Eigentumsinteresse unterliege das Unternehmen dem Marktzwang und damit marktwirtschaftlicher Steuerung. In dem Maße aber, in dem sich das Unternehmen faktisch bereits aus dem Marktzwang gelöst hat, verliert auch dieses Argument an Gewicht. Jede Schwächung der tradierten Ordnungsprinzipien kommt aber in dem derzeitigen Stadium der Auseinandersetzung fast zwangsläufig dem Mitbestimmungskonzept zugute. Faktisch geht dabei der Einfluß der Arbeitnehmer in aller Regel nicht ausschließlich und nicht einmal primär zu Lasten der Kapitaleigner, da deren Einfluß ohnehin längst an Manager und Großaktionäre, aber auch an Banken, Kreditinstitute und andere intermediäre Finanzinstitutionen verloren ist.

Die Mitbestimmung ist nicht die einzige Alternative zur gesellschaftsrechtlichen Unternehmensordnung. Sie steht dazu praktisch aber in einem besonders ausgeprägten Komplementärverhältnis.

Freilich ist der Komplex der Mitbestimmung zu vielschichtig, als daß er auf einen kurzen Nenner gebracht werden könnte. Auch ist die phasenweise Durchsetzung bis zum heutigen Stand und der Kampf um die Erweiterung zur Parität weder von den Ansätzen noch im Hinblick auf die Ziele geradlinig verlaufen. Einheitliche und in sich geschlossene Grundkonzeptionen der Mitbestimmung lassen sich auf der Basis ihrer faktischen Entwicklung folglich nicht erwarten. Es ist kaum mehr mit Sicherheit festzustellen, welche Leitgedanken in der etappenweisen Durchsetzung jeweils maßgebend waren und den Ausschlag gegeben haben[72]. Darauf kann es hier indes auch nicht ankommen. Entscheidend ist vielmehr allein die objektiv mögliche Relevanz der Mitbestimmung für das Legitimitätsproblem der Unternehmenskorporation, die mögliche Legitimation, die sich unter den verschiedenen Aspekten aus der Mitbeteiligung der Arbeitnehmer an der Unternehmensmacht ergibt. Dafür ist zu untersuchen, inwieweit diese Mitbestimmung die effektive und umfassende Kontrolle der Unternehmensmacht gewährleistet und welche grundsätzliche Rechtfertigung solcher Macht sich daraus ergeben kann.

b) Mitbestimmung im Sinne einer Mitwirkung der Arbeitnehmer in sozialen und personellen Angelegenheiten weist von vornherein in eine andere Richtung[73]. Sie betrifft nicht den Kernbereich der Unternehmensmacht, son-

[72] Dies betont auch der *Biedenkopf*-Bericht, S. 16.

[73] Vgl. dazu das Betriebsverfassungsgesetz 1972 vom 15. 1. 1972 (BGBl. I 13),

dern beschränkt sich auf Fragen der sozialen Sicherung der Arbeitnehmer im Rahmen der betrieblichen Organisation, auf Fragen der Ausgestaltung der Arbeitsbedingungen – mit einer gewissen Erstreckung in den personalpolitischen Bereich hinein, aber unter prinzipieller Ausklammerung der materiell-unternehmerischen Entscheidungen[74]. Hier geht es weniger um die Kontrolle wirtschaftlicher Macht als vielmehr um Prinzipien humanitärer Sozialpolitik. Die Abhängigkeit der Arbeitnehmer, wie sie besonders unter den Bedingungen des arbeitsteilig differenzierten und mechanisierten Großbetriebs zum Problem geworden ist, soll gemildert, seine Persönlichkeit gegenüber organisatorischen Sachzwängen und hierarchischer Unterwerfung und Fremdbestimmtheit gestärkt, Entscheidungen sollen objektiviert und Abläufe durchschaubar gemacht werden[75]. Auch dies wirkt sich freilich beschränkend und kontrollierend auf die Machtausübung im Unternehmen aus. Die betrieblich-soziale Mitbestimmung trägt in ihrem Bereich zur Reduktion von Willkür und damit insgesamt auch zur faktischen Legitimierung der innerbetrieblichen Herrschaftsbeziehungen bei. Ihre Legitimationsfunktion ist aber, wie schon betont[76], auf einen Teilaspekt der Unternehmensmacht beschränkt. Eine umfassende Kontrolle ist ausgeschlossen: das geltende Recht folgt hinsichtlich der betrieblichen Mitbestimmung dem Grundsatz, daß unternehmerisch-wirtschaftliche Entscheidungen, mithin der Kernbereich der Unternehmenspolitik, mitbestimmungsfrei bleiben[77].

c) Auch die Unternehmensmitbestimmung[78] wird auf den personalen Status des Arbeitnehmers bezogen: sie soll ihm am Arbeitsplatz eine seiner Menschenwürde entsprechende Stellung als selbstverantwortliche und selbstbestimmte Persönlichkeit sichern. Eine umfassende Unternehmensmitbestimmung wird für erforderlich gehalten, damit die Arbeitnehmer die Objektstellung als nur passives „Werkzeug", als anonymes und fremdbestimmtes Element in der Unternehmensorganisation überwinden und ihre Selbstent-

im einzelnen §§ 81 ff. (Angelegenheiten „rund um den Arbeitsplatz"), §§ 87 ff. (Soziale Angelegenheiten), §§ 90 f. (Gestaltung von Arbeitsplatz, Arbeitsablauf und Arbeitsumgebung), §§ 92 ff. (Personelle Angelegenheiten). In „wirtschaftlichen" Angelegenheiten ist nur eine „Unterrichtung" unter Einschaltung eines besonderen Wirtschaftsausschusses vorgesehen, §§ 106 ff.

74 Dazu *Peter Meisel,* Die Mitwirkung und Mitbestimmung des Betriebsrats in personellen Angelegenheiten, 1972; *Klaus Rumpff,* Mitbestimmung in wirtschaftlichen Angelegenheiten, 1972.

75 *Weddingen,* Art. Mitbestimmung, HDSW, Bd. 7, S. 369 ff.

76 Oben Kap. 4, III.

77 *Hromadka,* Betriebsverfassungsgesetz '72, NJW 1972, 184.

78 Maßgeblich das Betriebsverfassungsgesetz 1952 vom 11. 10. 1952. (BGBl. I, 681), §§ 76–77a, 81, 85, 87; sowie für den Montanbereich das Mitbestimmungsgesetz vom 21. 5. 1951 (BGBl. I, 347). Abgedruckt in der neuesten Fassung bei Baumbach-Hueck, Kommentar zum Aktiengesetz, Schlußanhang II. Die Bundesregierung hat am 22. 2. 1974 den Entwurf eines Gesetzes über die Mitbestimmung der Arbeitnehmer (Mitbestimmungsgesetz) im Bundesrat eingebracht, BR-Drucksache 200/74.

fremdung durchbrechen können. Eines der wesentlichen Argumente war und ist in diesem Zusammenhang, daß nur eine Beteiligung an den direkt und indirekt auf sie selbst zurückwirkenden Entscheidungsprozessen des Unternehmens das „Personsein" auch unter den Bedingungen der modernen industriellen Produktionsformen zulasse und die Integration der Arbeitnehmer in Wirtschaft und Gesellschaft sichere. Damit wird heute insbesondere auch die Forderung nach paritätischer Mitbestimmung begründet[79].

Die personale Situation der Arbeitnehmer ist indessen nur eine Seite der Mitbestimmungsdiskussion. Ebenso gewichtig ist der Gesichtspunkt der Kontrolle und „Demokratisierung" wirtschaftlicher Macht. Die Mitwirkung von Arbeitnehmer-Vertretern in den Leitungsgremien des Unternehmens soll zu einer Teilung dieser Macht führen und dadurch Gegengewichte zu technokratischen Machtbildungen und zu den Machtkonzentrationen in den Händen der Manager und der Großaktionärc schaffen[80]. Der Unternehmensmitbestimmung wird so explizit eine machtkorrigierende Funktion beigemessen. Sie soll die problematisch gewordene Entmachtungsfunktion des Wettbewerbs ergänzen und sie soll auch das geltende Kartell- und Wettbewerbsrecht durch eine unternehmensinterne Machtkontrolle unterstützen. In Übereinstimmung damit wird auch betont, die Mitbestimmung der Arbeitnehmer auch in eigentlich unternehmerischen Angelegenheiten verhalte sich keineswegs dysfunktional zum System der freien Marktwirtschaft, sondern trage im Gegenteil zu dessen Funktionsfähigkeit bei, indem sie einem Machtmißbrauch ebenso wie privatwirtschaftlichen Fehlentwicklungen entgegenwirke[81].

Mit der Mitbestimmung verbindet sich somit die grundsätzliche Konzeption einer neuen und umfassenden Legitimitätsgrundlage der Unternehmens-

---

[79] Vgl. *Biedenkopf*-Bericht, S. 18 ff.; *Kurt Maier*, Interdependenzen zwischen Mitbestimmung und betrieblicher Partnerschaft, 1969, S. 38 ff., S. 48 ff.; *Schachtschabel*, Die Mitbestimmung der Arbeitnehmer in der Wirtschaftsführung der Unternehmung auf betrieblicher Ebene in der Auffassung der Gewerkschaften und der Arbeitgeberverbände in W. Weddigen, Hrsg., Zur Theorie und Praxis der Mitbestimmung, 2. Bd., 1964, S. 13 ff., S. 36 f., *Fritz Vilmar*, Mitbestimmung am Arbeitsplatz, 1971; *Josef Weis*, Wirtschaftsunternehmen und Demokratie, 1970. Siehe neuerdings die eingehende Darstellung bei *Schwerdtfeger*, aaO. S. 68 ff. mit weit. Nachw.

[80] Vgl. außer den Anm. 79 Genannten: Unternehmensverfassung als gesellschaftspolitische Forderung, Ein Bericht, erstattet von Erik Boettcher u. a., 1968; O. *Kunze*, Wirtschaftliche Mitbestimmung als Legitimationsproblem, 1970; *Josef Weis*, Wirtschaftsunternehmen und Demokratie, 1970; *Otto Kunze*, Wirtschaftliche Mitbestimmung als Legitimationsproblem, 1970; *ders.*, Wirtschaftsdemokratie als Programm zur Kontrolle wirtschaftlicher Macht in Macht und ökonomisches Gesetz, 1973, S. 1215 ff. Krit. *Hans Zacher* in Festschrift für Friedrich Berber, S. 549 ff. Zum RegE zuletzt grundsätzlich *Thomas Raiser*, Grundgesetz und paritätische Mitbestimmung, 1975.

[81] *Kunze-Christmann*, aaO. I, S. 301 ff. Siehe weiter *Schwerdtfeger*, aaO. S. 69 ff., 106 f.

korporation. Die Legitimationswirkung reicht der Konzeption nach über den ökonomischen Kernbereich der Unternehmensmacht hinaus und bezieht auch deren politische und gesellschaftliche Auswirkungen ein. Das kommt schon in der Vorstellung einer Machtteilung und Machtneutralisierung durch Einschaltung von Arbeitnehmer-Vertretern zum Ausdruck, vor allem aber in der Gleichsetzung von Mitbestimmung und Demokratisierung bislang „privater" Macht. In der Mitbestimmung wird grundsätzlich die strukturkonforme und sachlich adäquate Verwirklichung demokratischer Ordnungsprinzipien in diesem besonderen Bereich gesehen. Gerade weil im wesentlichen Einigkeit darüber besteht, daß eine schematische Übertragung der staatlichen Demokratie auf die Wirtschafts- und auf die Unternehmensordnung nicht in Betracht kommen kann, gewinnt das demokratische Potential der Mitbestimmung besondere Aufmerksamkeit. Dies berührt sich mit Vorstellungen, wonach die Unternehmenskorporation ein interessenpluralistisches Gebilde ist. Auch daraus leitet sich eine unmittelbare Verknüpfung von Mitbestimmung und Legitimitätsfrage ab[82]. Wenn sich das Unternehmen nicht nur aus dem Faktor Kapital, sondern auch aus dem Faktor Arbeit zusammensetzt, dann liegt in der Tat die Forderung nahe, beiden Faktoren rechtlich-institutionell den ihrer faktischen Bedeutung entsprechenden Einfluß einzuräumen. Von diesem pluralistischen Ansatz her besehen muß die Legitimität einer dem Kapitalinteresse den prinzipiellen Vorrang sichernden Unternehmensordnung in Frage stehen, während die Gleichberechtigung des Faktors Arbeit zugleich als zwingende, in der Unternehmensstruktur faktisch vorgezeichnete Lösung des Legitimitätsproblems erscheint[83].

Die Legitimität der Unternehmenskorporation ist danach auf den Ausgleich zwischen Kapital und Arbeit, auf die Gleichberechtigung der Arbeit mit dem Kapital reduziert. Darin ist implizit die Prämisse enthalten, daß das Spannungsverhältnis zwischen Kapital und Arbeit nicht nur für das Unternehmen selbst, sondern darüber hinaus auch für den gesamtgesellschaftlichen Pluralismus konstitutiv ist. In der Tat setzen die Verfechter des Mitbestimmungskonzepts teils ausdrücklich, teils stillschweigend voraus, daß der soziale Pluralismus im Kern zumindest dem Dualismus von Kapital

---

82 *H. W. Köhler*, Unternehmensverfassung und Aktienrechtsreform, JZ 1956, 137 ff.; Unternehmensverfassung als gesellschaftspolit. Forderung, Bericht, S. 71 f., 89 ff.; *Thomas Raiser*, Unternehmen als Organisation, S. 157 ff.; *Otto Kunze*, Wirtschaftliche Mitbestimmung als Legitimationsproblem, 1970. Vgl. dazu neuerdings auch *Harm Peter Westermann*, Unternehmensverfassung und Gesellschaftsrecht in Festschrit für Harry Westermann, S. 563 ff.; *Thomas Raiser*, Marktwirtschaft und paritätische Mitbestimmung, 1973.

83 Zum Postulat der Gleichberechtigung von Kapital und Arbeit vgl. näher *Schwerdtfeger*, aaO. S. 82 ff.; *Josef Weis*, aaO. S. 100 ff. Kritisch dazu *Franz Böhm* in Böhm/Briefs, Hrsg., aaO. (Anm. 71), S. 206 ff.

und Arbeit entspricht. In Übereinstimmung damit wird vom Einfluß der Arbeitnehmer eine Kontrolle der Unternehmensmacht nicht nur im Hinblick auf partikularistische Gruppeninteressen, sondern ebenso im Hinblick auf das „öffentliche Interesse", auf das „Gemeinwohl" – kurz: im Hinblick auf die Gesellschaft erwartet[84]. So besehen erscheint die Mitbestimmung als konsequente Antwort auf das umfassende Problem der „irresponsibility of business power" samt seinen wirtschaftlichen, politischen und gesellschaftlichen Auswirkungen und als neue und tragfähige Legitimitätsgrundlage des Unternehmens als „gesellschaftlichem Gebilde".

d) In diesem Zusammenhang spielen auch die Gewerkschaften und der Bereich der überbetrieblichen Mitbestimmung eine wesentliche Rolle. Die Unternehmensmitbestimmung wirkt sich in einer erheblichen Stärkung der Gewerkschaften aus. Das geltende Recht verschafft ihnen erheblichen Einfluß auf die Bestellung der Arbeitnehmer-Vertreter in den einzelnen Unternehmen. Ein bestimmter Teil der Aufsichtsratsmandate kann jeweils direkt von betriebsfremden Gewerkschaftsfunktionären wahrgenommen werden[85]. Auch verschafft ihnen die fachliche Qualifikation vielfach einen entscheidenden Vorsprung[86].

Die Wahrnehmung der Arbeitnehmer-Mandate durch Gewerkschaftsfunktionäre und der starke Rückhalt, den die Mitbestimmung in den gewerkschaftlichen Organisationen findet, stärkt umgekehrt die Stellung der Gewerkschaften und eröffnet damit die Möglichkeit einer überbetrieblich koordinierten Einflußnahme auf die Politik der einzelnen Unternehmen. Dies wird im Hinblick auf die in Frage stehende Legitimationsfunktion durchaus ambivalent beurteilt. Auf der einen Seite wird unter diesem Aspekt gegen die Mitbestimmungskonzeption und insbesondere gegen die derzeitigen Pläne für eine Erweiterung zur Parität die Gefahr einer gewerkschaftlichen, ihrerseits unkontrollierten Machtkonzentration ins Feld geführt. Ebenso wird die Gefahr einer Zentralisierung der Wirtschaft beschworen[87]. Auf der andern Seite wird auf die immer mehr als notwendig erkannte gesamtwirtschaftliche Koordination auf überbetrieblicher Ebene

---

[84] Vgl. *Biedenkopf*-Bericht, S. 19 ff. Siehe auch *Werner Tegtmeier,* Wirkungen der Mitbestimmung, der den Übergang zur „sozio-erwerbswirtschaftlichen Zielsetzung" in der „multipolaren" Unternehmung betont und die Mitbestimmung als Instrument versteht, mit dem sich privatwirtschaftlichen Fehlentwicklungen entgegenwirken läßt, S. 27 ff., 35 ff. Speziell zum Legitimationsproblem S. 42 ff.

[85] Hierzu im einzelnen § 76 Betr.VerfG 1952; diese Bestimmung ist weiterhin in Kraft geblieben; § 129 Abs. 1 BetrVerfG 72.

[86] Darin sehen gerade auch die Befürworter einer gewerkschaftlichen Beteiligung und die Gewerkschaften selbst einen besonderen sachlichen Vorteil; vgl. *Biedenkopf*-Bericht, S. 22 f.

[87] *Biedenkopf*-Bericht, S. 22 f., S. 26. Weitere Nachweise bei Schwerdtfeger, aaO., S. 137 ff. Besonders nachdrücklich auch *Rasch,* BB 1974, 532.

hingewiesen, zu der auch die in der Mitbestimmung liegenden Möglichkeiten genutzt werden müßten[88].

Die Gewerkschaften leugnen freilich eine gewerkschaftliche Machtkonzentration ebenso wie zentralistische Absichten[89]. Die Mitbestimmung sei als Instrument einer zentralen Steuerung schon faktisch unbrauchbar, weil sie an die Belange des einzelnen Unternehmens gebunden sei. Sie betonen auch nachdrücklich, daß eine zentrale Wirtschaftslenkung ihren eigenen Vorstellungen von einer freiheitlichen Wirtschafts- und Gesellschaftsordnung eindeutig zuwiderlaufe[90]. Zugleich ist freilich festzustellen, daß gerade die Gewerkschaften zumindest gewisse Koordinationsfunktionen ausdrücklich für sich in Anspruch nehmen und besonderes Gewicht darauf legen, daß sie auch die über das Einzelunternehmen hinausführenden Belange wahrzunehmen hätten. So verstehen sie sich bei Ausübung der Mitbestimmungskompetenzen explizit nicht nur als Vertreter der jeweiligen Belegschaft, sondern auch als Vertreter des „Gemeinwohls“[91]. Ähnlich wird von ihrer Seite hervorgehoben, Gewerkschaftsfunktionäre seien als Arbeitnehmer-Vertreter schon deshalb unverzichtbar, weil nur sie der Gefahr eines Betriebsegoismus entgegenwirken und sicherstellen könnten, daß die Belange der Arbeitnehmerschaft als Ganzes und darüber hinaus auch die der Gesellschaft wahrgenommen würden[92].

Im Wirtschaftsprozeß selbst richtet sich die Aufmerksamkeit heute unter dem Einfluß umfassender Planung verstärkt auf Entscheidungs- und Steuerungsebenen, die über dem einzelnen Unternehmen liegen. Dies wirft zwangsläufig, wie schon angedeutet, auch die Frage nach den Funktionen der Mitbestimmung der Arbeitnehmer unter Einschluß der Gewerkschaften im Rahmen einer überbetrieblichen Koordination auf. Ein umfassendes System überbetrieblicher Mitbestimmung von der Art der „Wirtschaftsdemokratie“, wie sie in der Weimarer Republik vor allem von den Gewerkschaften propagiert worden war und wie sie in Ansätzen auch verwirklicht wurde, steht heute allerdings nicht mehr zur Diskussion[93]. Aber die Frage ist

---

[88] *Biedenkopf*-Bericht, S. 22 f.; eingehend zur neueren Entwicklung *Schachtschabel,* aaO., S. 25 ff.

[89] Vgl. zusammenfassend *Biedenkopf*-Bericht, S. 26.

[90] *Biedenkopf*-Bericht, aaO.

[91] *Biedenkopf*-Bericht, S. 22 f. In diesem Sinn z. B. *Josef Weis,* Wirtschaftsunternehmen und Demokratie, S. 195 ff.

[92] *Biedenkopf*-Bericht, aaO. Zu der Auseinandersetzung um die Rolle der Gewerkschaften *Evelies Mayer,* Theorien zum Funktionswandel der Gewerkschaften, 1973. Siehe auch *Hans F. Zacher,* Gewerkschaften in der rechtsstaatlichen Demokratie einer Arbeitnehmergesellschaft in Festschrift für Franz Böhm 1975, S. 707 ff.

[93] Grundlegend *Fritz Naphtali,* Wirtschaftsdemokratie, 1928. Vgl. zur weiteren Entwicklung im einzelnen *Napp-Zinn,* Wirtschaftsräte und überbetriebliche Mitbestimmung in Deutschland in W. Weddigen, Hrsg., Zur Theorie und Praxis der Mitbestimmung, 2. Bd., S. 61 ff.; *Schachtschabel,* Die gewerkschaftliche Forderung nach Mitbestimmung der Arbeitnehmer auf überbetrieblicher Ebene und ihre Ver-

aktueller denn je, ob nicht in der modernen makroökonomischen Entwicklung Einfluß auf die Unternehmenspolitik – das eigentliche Ziel des Mitbestimmungskonzepts – überhaupt nur bei vertikaler Ausdehnung der Unternehmensmitbestimmung auf die Gremien mit gesamtwirtschaftlichen Planungs- und Koordinationskompetenzen erreicht werden kann[94]. Der Entscheidungsrahmen des einzelnen Unternehmens hat sich jedenfalls verschoben, sein Entscheidungsspielraum kann nicht isoliert von gesamtwirtschaftlichen Strukturen und Institutionen gesehen werden. Insofern wird die Unternehmensmitbestimmung erst durch Einbeziehung in die gewerkschaftliche Verbandsorganisation zu einem wirksamen Instrument, das effektiven Einfluß und effektive Kontrolle ermöglicht und das eine aktive Gegenmachtpolitik auf regionaler wie auf überregionaler Ebene erlaubt. Die überbetriebliche Ausrichtung der Mitbestimmung durch verbandsmäßige Bindung ist danach notwendige Voraussetzung für ein faktisches Gleichgewicht des Faktors Arbeit mit dem Kapitalfaktor in einer stark verflochtenen Wirtschaft. Nur auf dieser Basis erscheint es möglich, der Gefahr einer Zersplitterung des Arbeitnehmer-Einflusses zu begegnen und diesen Einfluß jeweils auf der Ebene zum Tragen zu bringen, auf der die Unternehmensmacht sich faktisch aktualisiert – bis hin zu Globalsteuerung und Konzertierter Aktion.

2. Mitbestimmung zwischen Machtkontrolle und Machtkonzentration

Eine neue Ordnung der Unternehmenskorporation, die mit der Gleichberechtigung von Kapital und Arbeit die Konsequenzen sowohl aus der faktischen Zugehörigkeit der Arbeitnehmer wie aus dem zumindest teilweisen Ausfall der Kapitaleigner als aktivem Kontroll- und Entscheidungsfaktor zieht und dadurch die Wiederherstellung ausgewogener Machtverhältnisse auf realistischer Basis verspricht, bietet sich auf den ersten Blick als überzeugender Ausweg aus der gegenwärtigen Krise an. Dieser Anspruch stößt freilich auf eine Reihe kritischer Einwände. Zunächst stellt sich schon die Frage, inwieweit hierdurch tatsächlich Gegengewichte zu den Machtkonzentrationen in der Unternehmensspitze entstehen, die in breit gestreutem Einfluß verankert sind und nicht ihrerseits zu weiteren Machtkonzentrationen führen. Insbesondere ist in diesem Zusammenhang fraglich, ob das Mitbestimmungsrecht der Arbeitnehmer eine effektivere und umfassendere Kontrolle der Unternehmensleitung und der gesamten Unternehmenspolitik bewirkt als dies hinsichtlich der Mitverwaltungsrechte der Anteilseigner der

---

einbarkeit mit anderen Konzeptionen, ebd., S. 155 ff.; Walter Weddigen, Art. Mitbestimmung, HDSW, Bd. 7, S. 375 ff.

[94] *Wilke Thomssen*, Wirtschaftliche Mitbestimmung und sozialer Konflikt, 1970, S. 82 ff., 90 ff.

Fall ist[95]. Von der Effektivitätsfrage abgesehen muß aber schon zweifelhaft erscheinen, ob das Mitbestimmungskonzept in seinem prinzipiellen Ansatz dem geltend gemachten Anspruch gerecht werden kann. Selbst eine effektive Kontrolle der Manager und Großaktionäre durch Arbeitnehmer-Vertreter und Gewerkschaftsfunktionäre wird nicht ohne weiteres Entscheidungen verhindern, in denen direkt oder indirekt Betroffene in- und außerhalb des Unternehmens nur wenig Rücksicht auf ihre eigenen Belange und nur wenig Gehör finden. Wenn sich Arbeitnehmer-Vertreter und Gewerkschafts-Funktionäre darauf berufen, daß sie neben ihren eigenen Gruppeninteressen speziell auch dem Gemeinwohl Rechnung trügen, so entspricht dies sicherlich ihrem Selbstverständnis, unterscheidet sie darin aber kaum von Managern, Großaktionären, Bankenvertretern und anderen Aufsichtsratsmitgliedern sowie von sämtlichen sonstigen Verbandsfunktionären.

Einwände dieser Art richten sich nicht gegen die Mitbestimmung als solche. Diese hat, wie schon gesagt, ihren Schwerpunkt nicht allein in dem hier in Frage stehenden Bereich der überverbandlichen Kontrolle und Legitimation der Unternehmenskorporation und ihrer Macht, sondern auch im innerverbandlichen Bezug, in der Sicherung der Selbstbestimmung und des personalen Status, im Persönlichkeitsbereich der Arbeitnehmer. Darin findet die Mitbestimmung allein schon eine feste und tragfähige Grundlage, und insoweit steht sie hier auch nicht zur Diskussion. Fraglich ist aber, welchen Beitrag sie zum Problem der gesellschaftlichen Integration der Unternehmenskorporation zu leisten vermag. Die Kritik richtet sich infolgedessen nicht auf die grundsätzliche Berechtigung der Arbeitnehmer-Mitbestimmung, der konkreten Partizipationsregelungen und der weiterführenden Postulate, sondern sie zielt in diesem Zusammenhang nur auf die Grenzen ihrer Effektivität und ihrer tatsächlichen Legitimationsfunktion. Als Alternative kann deshalb von vorne herein auch nur eine weiterführende Institutionalisierung gesellschaftlicher Kontrolle, nicht eine Rückkehr zu der tradierten Unternehmensordnung in Betracht kommen.

In dieser Sicht ist der grundlegende Einwand gegen die Mitbestimmungskonzeption die Reduktion des faktischen Interessenpluralismus auf einen institutionellen Interessendualismus. Von den Faktoren Kapital, Arbeit und Gemeinwohl, die vielfach und gerade auch von den Befürwortern einer noch über den status quo hinaus erweiterten Mitbestimmung als konstitutiv für das Unternehmen bezeichnet werden[96], berücksichtigt das geltende Recht ausdrücklich nur die ersten beiden. Ebenso sehen die ins parlamenta-

[95] Darauf zielt insbesondere eine an direkter individueller Mitbestimmung orientierte Kritik ab; vgl. *Joachim Lieser*. Der Mensch im Mittelpunkt? Thesen und Dokumente zur Mitbestimmung, 1971.

[96] *Kunze*, Gesellschaftsrecht, Unternehmensverfassungsrecht und das öffentliche Interesse in der Unternehmensverfassung in Macht oder Ohnmacht des Eigentums, Tagungsbericht des VII. Europäischen Gesprächs des DGB (1959), S. 215 ff.; *ders.*, Von der wirtschaftlichen Mitbestimmung zur Unternehmensverfassung in K. Ne-

rische Vorfeld vorgedrungenen Erweiterungsmodelle durchweg nur eine Berücksichtigung der Faktoren Kapital und Arbeit vor, ergänzt allerdings durch Erwägungen, den „leitenden Angestellten“ eine eigene Vertretung einzuräumen[97]. Das „Gemeinwohl“ ist dagegen wie schon in den Unternehmensordnungen des geltenden Rechts – von Sonderfällen abgesehen – so auch in den Reformmodellen durchweg nicht durch besondere Vertreter berücksichtigt. Dieser Faktor wird statt dessen von allen Seiten in Anspruch genommen: ebenso wie etwa die Gewerkschaftsfunktionäre verstehen sich auch Manager und Großaktionäre seit langem als Sachwalter des Gemeinwohls und des „öffentlichen Interesses“. Das ist in beiden Fällen insofern auch begründet, als die in Frage stehenden Aufgaben und Entscheidungen zu vielschichtig sind als daß sie sich auf ein spezifiziertes Gruppeninteresse zurückführen ließen – etwa Profitmaximierung hier, arbeitsmarktpolitische Funktionen dort[98]. Aber in beiden Fällen ist auch der gleiche Einwand zu erheben: ungeachtet der Ernsthaftigkeit der Intentionen sind es letztlich ihre eigenen Vorstellungen vom „Gemeinwohl“ und vom „öffentlichen Interesse“, ihre eigenen Konzeptionen vom notwendigen und angemessenen Ausgleich zwischen divergierenden und kollidierenden Interessen, die die Politik der Manager wie die der Gewerkschaftsfunktionäre bestimmen.

Die „constituency“ der Arbeitnehmer-Vertreter ist die Belegschaft des einzelnen Unternehmens, zumindest in formaler Hinsicht. Die Legitimationsfunktion der Mitbestimmung ist damit gruppenspezifisch beschränkt und als Basis gesamtgesellschaftlicher Legitimität nicht ausreichend. Andere Gruppen und Gruppeninteressen werden mithin nicht qua Arbeitnehmer-Mitbestimmung im unternehmerischen Entscheidungsprozeß institutionalisiert. Sie mögen im Einzelfall und als Reflex anderer Interessen Berücksichtigung finden, ohne daß die Unternehmensordnung darum allein schon im eigentlichen Sinn pluralistisch genannt werden könnte. Näher als der Einsatz der im Unternehmen etablierten Vertreter für die Belange nicht-vertretener Gruppen und Interessen liegt im Zweifel jedenfalls der Kompromiß der Etablierten zu Lasten der Außenstehenden[99].

---

mitz und R. Becker, Hrsg., Gewerkschaft, Wirtschaft, Gesellschaft; Beiträge zu wirtschaftlichen und sozialen Gegenwartsfragen, Köln 1963, S. 133 ff.

[97] So insbesondere das Mitbestimmungskonzept der FDP; vgl. *Karl-Hermann Flach, Werner Maihofer* und *Walter Scheel*, Die Freiburger Thesen der Liberalen, S. 93 ff. (Dritter Teil der Thesen). Im Gesetzentwurf des Deutschen Gewerkschaftsbundes sowie in dem der Deutschen Angestellten-Gewerkschaft sind neben Kapitaleignervertretern und Arbeitnehmervertretern „weitere Mitglieder“ bzw. „Vertreter des öffentlichen Interesses“ vorgesehen; vgl. *Biedenkopf*-Bericht, S. 27 ff.

[98] Darauf weist besonders *v. Nell-Breuning*, Von der Mitbestimmung zur Unternehmensverfassung, Zeitschrift für betriebswirtschaftliche Forschung, 1964, S. 669 ff. hin; ebenso *H. W. Köhler*, Rechtsform und Unternehmensverfassung, ZgStW 1959, 716 ff., 741 f.; *ders.*, JZ 1956, 142.

[99] *W. Thomssen*, Wirtschaftliche Mitbestimmung und sozialer Konflikt, S. 97,

Das Beispiel des Produzentenkartells zeigt, wie sehr sich die generelle Problematik pluralistischer Strukturen im Bereich der Unternehmensordnung noch verschärft. Wenn die tendenzielle Nichtberücksichtigung von Minderheiten ebenso wie von sehr allgemeinen Interessen, die wenig organisations- und konfliktfähig sind, und die Abschließung der etablierten Gruppen gegen neu sich formierende Interessen zu den neuralgischen Punkten des Pluralismus gehört[100], so trifft dies in aller Schärfe hier zu, wo der Ausgleichsprozeß rechtlich-institutionell von vorneherein als Interessendualismus verfaßt ist.

Die Praxis der Mitbestimmung bestätigt diese grundsätzlichen Bedenken. Die Sachverständigen-Kommission konstatiert als Summe der praktischen Erfahrungen, daß „die Mitbestimmung der Arbeitnehmer in den Unternehmensorganen (scil. im Bereich der Montanindustrie) bisher nicht geeignet war, einen möglichen Mißbrauch wirtschaftlicher Macht durch Großunternehmen zu verhindern"[101]. Es sei vielmehr deutlich geworden, daß „sich die Arbeitnehmervertreter in den Aufsichtsräten bei der Beurteilung des Problems der wirtschaftlichen Macht im wesentlichen von den gleichen Gesichtspunkten leiten lassen wie die Unternehmensleitungen"[102]. Ebenso stellt die Kommission fest, daß auch im Bereich der unmittelbaren Unternehmenspolitik ein hohes Maß an Übereinstimmung zwischen den Unternehmensleitungen und den Mitbestimmungsrepräsentanten bestehe: die Mitwirkung der Arbeitnehmer in den Aufsichtsräten sowohl im Montan-Bereich wie im Bereich des Betriebsverfassungsgesetzes habe zu keiner feststellbaren inhaltlichen Veränderung unternehmerischer Initiativen geführt[193]. Das wird im einzelnen für die allgemeine Anerkennung des Vorrangs des Rentabilitätsprinzips ebenso wie für die einzelnen Bereiche der Unternehmenspolitik ausdrücklich bestätigt. Die Kommission hebt hervor, daß im Montan-Bereich und im übrigen Mitbestimmungs-Bereich kein Fall bekannt geworden sei, „in dem es zu Konflikten gekommen wäre, weil das Rentabilitätsprinzip als Orientierungsmaxime unternehmenspolitischer Entscheidungen von den Arbeitnehmervertretern abgelehnt oder durch alternative Orientierungskriterien ersetzt worden wäre"[104]. Übereinstimmung wird auch im übrigen festgestellt. Das gilt für die Investitionspolitik[105], für die Dividenden-

---

betont ausdrücklich die Notwendigkeit gesellschaftlicher Kontrollen zur Vermeidung von Produzentenkartellen. Dazu auch allgemeiner *Dow Votaw,* Modern Corporations, S. 113 f., und *Ballerstedt,* Gesellschafts- und unternehmensrechtliche Probleme der Unternehmenskonzentration in H. Arndt, Hrsg., Die Konzentration in der Wirtschaft, 1. Bd., S. 618. Vgl. besonders die kritischen Untersuchungen zur Auswirkung der Tarifautonomie auf die Geldwertstabilität bei E. Hoppmann, Hrsg., Konzertierte Aktion, 1971, speziell die Beiträge von *Werner, Watrin* und *Koppensteiner* zum Abschnitt: Verbände und Konzertierte Aktion, S. 179 ff.

[100] Vgl. dazu näher unten, Kap. 6.

[101] *Biedenkopf*-Bericht, S. 55.

[102] Ebd.

[103] S. 42 ff., 44.

[104] S. 42.

[105] S. 44 ff.

politik[106] und selbst für die Personalpolitik[107]. Spannungen und Konflikte wurden nur in den Fällen registriert, in denen die „sozialen Auswirkungen" unternehmerischer Entscheidungen und die „soziale" Korrektur unternehmenspolitischer Maßnahmen zur Debatte stand. Bezeichnenderweise betreffen die als sozial bezeichneten Belange durchweg aber nicht Belange des „Gemeinwohls" und des „öffentlichen Interesses", sondern die speziellen Interessen der jeweiligen Belegschaften. Soweit diese nach Ansicht der Arbeitnehmervertreter angemessene Berücksichtigung fanden, war die unternehmenspolitische Übereinstimmung in der Unternehmensspitze wieder hergestellt[108].

Insgesamt zeigt dies, daß die Arbeitnehmer-Mitbestimmung nur als Instrument spezifischer Gruppen-Interessen in Betracht kommen kann. Für andere Interessen und Belange kann hiervon keine effektive Durchsetzung oder auch nur Geltendmachung erwartet werden. Im Gegenteil: wo immer die Interessen der Arbeitnehmer nicht als solche und konkret betroffen sind, tendiert die Entwicklung zur Koalition zwischen Management und Mitbestimmungsfunktionären. Das Ergebnis, auf die Gesellschaft im ganzen bezogen, ist weniger eine effektive Kontrolle denn eine zusätzliche Stärkung der Unternehmensmacht[109].

Damit zeigen sich deutlich die prinzipiellen Grenzen der Legitimationswirkung der Mitbestimmung: sie reicht über die spezifischen Interessen der Belegschaft nicht hinaus und gewährleistet zuverlässig weder eine umfassende Kontrolle wirtschaftlicher Macht noch den Ausgleich pluralistischer Interessen in einem gesamtgesellschaftlichen Rahmen. Wie sich in der Entwicklung der Unternehmenskorporation schon unter dem Einfluß des Gesellschaftsrechts eine Tendenz zur Verfestigung der Machtstrukturen und zur Abschließung gegenüber außenstehenden Interessen und Gruppen zeigte, so wiederholt sich die gleiche Tendenz auch in einer um die Mitbestimmung erweiterten Unternehmensordnung. Das Problem der gesellschaftlichen Kontrolle dieser Macht ist durch die Mitbestimmung nur partiell zu lösen. Im übrigen verlagert es sich insbesondere auf die Gewerkschaften und erscheint im ganzen eher verschärft als gelöst. –

---

[106] S. 42. [107] S. 48 ff. [108] S. 42, 55.

[109] Zu den praktischen Auswirkungen der Mitbestimmung kritisch auch *Dorothea Brinkmann-Herz*, Entscheidungsprozesse in den Aufsichtsräten der Montanindustrie, 1972. In gleiche Richtung weist auch die Untersuchung von *Werner Tegtmeier*, Wirkungen der Mitbestimmung, S. 72 ff., 196 ff. Vgl. weiter *Bernd-Dietrich Bensch*, Die Mitbestimmung der Arbeitnehmer im Großbetrieb in Konzentration ohne Kontrolle, 1969, S. 223 ff.

III. Die Unternehmenskorporation als öffentliche Institution

1. Gruppeninteressen und Organisationsstatut in pluralistischen Reformmodellen

Die Erweiterung der Gruppenrepräsentation im Unternehmen über die Mitbestimmung der Arbeitnehmer hinaus liegt in der zwingenden Konsequenz des pluralistischen Ansatzes. Nachdem die Faktoren Kapital und Arbeit allein noch keine ausreichende Legitimität der Unternehmenskorporation zu begründen vermögen, weil eine gesamtgesellschaftlich repräsentative Interessenvertretung damit nicht zu erreichen ist und weil insbesondere eine gemeinsame Usurpation der Unternehmensmacht durch diese beiden Gruppen gegen andere betroffene Interessen durchaus in der institutionellen Logik des Mitbestimmungskonzepts liegt, bleibt als Lösung im Rahmen des pluralistischen Konzepts nur eine direkte Integration aller unternehmensrelevanter Gruppen und Interessen.

a) Hierzu ist eine Reihe von Reformmodellen entwickelt worden[110], die jedenfalls für den Bereich der Unternehmenskorporation das Unternehmen konsequent als gesellschaftliche Institution verstehen.. Im Sinne einer Öffnung zur Gesellschaft hin, einer Öffnung für die gesellschaftlich relevanten Kräfte wird die Unternehmenskorporation dabei zur öffentlichen Institution und verliert den Charakter des Privaten. Die pluralistischen Reformmodelle zielen insgesamt darauf ab, eine Ordnung zu finden, die allen für das Unternehmen konstitutiven und von ihm wiederum beeinflußten Gruppen direkten Einfluß auf den unternehmerischen Entscheidungsprozeß verschafft und den Ausgleich zwischen ihnen unmittelbar in die Unternehmensorganisation verlegt.

Welches die für das Unternehmen relevanten Gruppen und die „Unternehmensinteressen" sind, wird im einzelnen freilich unterschiedlich beantwortet. Zumeist taucht das „Gemeinwohl" als dritter Faktor neben Kapital und Arbeit auf[111]. Die Meinungen über die möglichen organisatorischen Verankerungen gehen jedoch weit auseinander. Schon die Definition des angestrebten Öffentlichkeitsbezugs ist nicht einheitlich: Begriffe wie „Gemeinwohl", „öffentliches Interesse", „general public", „entire community", „society as a whole" werden regelmäßig ohne weitere Explikation eingeführt[112]. Dementsprechend bleibt dann auch offen, welche Gruppe mit die-

[110] Verwiesen sei vor allem auf die umfassende und sehr eingehende Darstellung der Entwicklung der Reformdiskussion bei *Horst Steinmann*, Das Großunternehmen im Interessenkonflikt, 1969, bes. S. 48–105.

[111] So *Oswald v. Nell-Breuning*, Unternehmensverfassung in Festgabe für H. Kronstein, S. 47 ff., 64 ff.;

[112] Vgl. dazu den Literaturüberblick bei *Steinmann*, aaO. S. 48 ff. und zur Kritik schon oben, Kap. 4, III.

sem dritten Faktor konkret gemeint ist oder ob damit überhaupt eine bestimmte Gruppe oder ein bestimmtes Interesse gemeint ist. Ebenso werden die Mechanismen der Interessenakkumulation und -artikulation und der weiteren Durchsetzung im allgemeinen nur sehr kurz und pauschal gestreift. So wird vielfach zusammenfassend und ohne weitere Differenzierung auf den Staat oder auf Untergliederungen der staatlichen Organisation verwiesen. Nach dem Vorschlag der Studienkommission des Deutschen Juristentages[113] sollen die Vertreter des „öffentlichen Interesses" von den zuständigen Ministern des Bundes und der Länder bestellt werden, und ähnlich – aber im ganzen noch unbestimmter – fungieren in dem von Bloch-Lainé[114] entwickelten Konzept Vertreter des „Staates" als Vertreter öffentlicher Interessen. Steinmann betont, daß hinsichtlich der „Repräsentation des Gesamtinteresses ... den Vertretern von Kommune, Land und Bund die wesentliche Aufgabe bei der Interessenvertretung zukommen muß, da sie ‚ex professio' das Gesamtinteresse wahrzunehmen haben"[115]. Andere Verfechter pluralistischer Konzeptionen räumen ein, daß „Gemeinwohl" und „öffentliches Interesse" zu vielschichtig seien, als daß sie sich eigenständig definieren und bestimmten Gruppen oder festen Trägern unter Ausschluß anderer zuordnen ließen. V. Nell-Breuning[116] und Köhler[117] vertreten deshalb die Ansicht, daß das „öffentliche Interesse" von den anderen im Unternehmen repräsentierten Interessen mitzutragen sei und insbesondere Köhler verfolgt die Vorstellung einer interessenneutralen Unternehmensführung, die über partikuläre Gruppeninteressen hinweg das „Gemeinwohl" zu berücksichtigen habe. Steinmann hält es seinerseits für problematisch, die Repräsentation des „Gesamtinteresses" allein dem Staat zu überlassen und bezeichnet es deshalb ebenfalls als erforderlich, daß dies außer durch Kommunen, Länder und Bund auch durch die Repräsentanten aller Unternehmensinteressen erfolgen müsse[118].

Auch im übrigen besteht wenig Einigkeit hinsichtlich der Abgrenzung der unternehmensrelevanten Gruppen und Interessen. Arbeitnehmer und Kapitaleigner werden zwar regelmäßig dazu gezählt, doch soll nach einer Reihe von Vorschlägen der faktischen Heterogenität beider Gruppen wenigstens

---

113 Untersuchungen zur Reform des Unternehmensrechts. Bericht der Studienkommission des Deutschen Juristentags, Teil I (Bericht der Ausschüsse I und II), 1955, S. 44.

114 Pour une réforme de l'entreprise, S. 79 ff. Bloch-Lainé entwickelt allerdings auch den Plan einer besonderen Kontrollbehörde außerhalb des Unternehmens (Magistrature Economique et Sociale).

115 AaO. S. 225.

116 Von der Mitbestimmung zur Unternehmensverfassung, Zeitschrift für betriebswirtschaftliche Forschung, 1964, S. 669 ff.

117 *H. W. Köhler,* Rechtsform und Unternehmensverfassung, ZgStW 1959, 716 ff., 741 f.; und JZ 1956, 142.

118 AaO. S. 225.

teilweise Rechnung getragen werden. Die selbständige Vertretung der „leitenden Angestellten“ in Plänen zur erweiterten Mitbestimmung ist schon erwähnt worden[119]. Auf der Kapitalseite sieht Bloch-Lainé und ihm folgend Steinmann eine getrennte Repräsentation der intermediären Finanzinstitutionen und der Kleinaktionäre vor, wobei hinsichtlich der letzteren wiederum zwischen den „simples épargnants“, den „Aktiengläubigern“, die der Kategorie der „inaktiven“ Kleinaktionäre zugerechnet werden, und den „véritables commanditaires“, den „aktiven“ Kleinaktionären, unterschieden wird[120]. Nur für die aktiven Kleinaktionäre soll eine Repräsentation erreicht werden; für die inaktiven ist dagegen eine Sicherung durch Informationspflichten, Regeln über Gewinnfeststellung etc. vorgeschlagen. Für Großaktionäre werden besondere Vorkehrungen zwecks wirksamer Interessenvertretung über das geltende Recht hinaus nicht für erforderlich gehalten[121].

Andere Gruppen, die in unterschiedlicher Zusammenfassung und Abgrenzung im einzelnen genannt werden, sind Lieferanten, Abnehmer, Gläubiger, Banken, Finanzinstitutionen, institutionelle Anleger und schließlich auch die Endverbraucher, und zwar die Endverbraucher schlechthin als Träger eines „allgemeinen Konsumenteninteresses“[122]. Einzelne der so bezeichneten Interessen haben sich bisher faktisch schon über den Aufsichtsrat Einfluß verschafft, besonders die Banken, die Finanzinstitutionen anderer Art und die institutionellen Anleger und im übrigen vielfach auch Großgläubiger, Großlieferanten und Großabnehmer. Insofern erweist sich der Aufsichtsrat bereits nach der bisherigen Praxis als partiell pluralistisches Organ. –

Die Reformmodelle im einzelnen darzustellen ist hier nicht erforderlich. Sie sind seit langem bekannt. Festzuhalten bleibt grundsätzlich, daß die Kriterien, nach denen die unternehmensrelevanten Interessengruppen differenziert werden, von Fall zu Fall variieren und daß demzufolge Zahl, Art, Umfang und Zusammensetzung sowie die Struktur der zur Integration in die Unternehmensordnung vorgesehenen Gruppen und Interessen von den einzelnen Reformkonzepten her unterschiedlich ist. Meist sind nur drei oder vier Interessengruppen vorgesehen, so daß neben Kapitaleignern und Arbeitnehmern entweder nur wenig andere Interessen zum Zuge kommen oder aber relativ heterogene zu einer einheitlichen Repräsentation zusammengefaßt werden. Insgesamt liegt der Schwerpunkt der über den Interessendualismus von Kapital und Arbeit hinausführenden Vorschläge teils im allge-

---

119 Oben Anm. 97.

120 *Bloch-Lainé,* Pour une réforme de l'entreprise, S. 115 ff.; *Steinmann,* Großunternehmen im Interessenkonflikt, S. 206 ff.

121 *Steinmann,* aaO. S. 204.

122 *Steinmann,* aaO. S. 218 ff. Siehe weiter *Epstein,* The Corporation in American Politics, S. 256 ff.; *Abram Chayes,* The Modern Corporation and the Rule of Law in E. Mason, Hrsg., The Corporation in Modern Society, S. 41 ff.

meinpolitischen Bereich – „Gemeinwohl" und Konsumenteninteressen – teils im Bereich wirtschaftlich-spezieller Beziehungen: Lieferanten, Abnehmer, Kreditoren etc.

b) Neben der grundsätzlichen Definition und Abgrenzung der „Unternehmensinteressen" spielen praktisch die Fragen der formellen Konstituierung der Interessengruppen und der Bestellung und Legitimierung ihrer Vertreter im Unternehmen eine entscheidende Rolle.

Die einzelnen Reformmodelle gehen auf diesen Aspekt überwiegend nur kurz und im ganzen undifferenziert ein. Im Verhältnis die geringsten Schwierigkeiten bietet noch die Organisation der Kapitaleigner und der Arbeitnehmer. Hier wird zumeist ohne weiteres auf die bestehenden Strukturen verwiesen, zum Teil werden auch Modifikationen entwickelt, durch die den Unzulänglichkeiten und Ineffektivitäten der bisherigen Praxis begegnet werden soll. Die bekannten Pläne zur Reaktivierung der Kleinaktionäre kehren hier in unterschiedlichen Kombinationen wieder[123]. Die Organisation der anderen Gruppen – wie Lieferanten, Abnehmer etc. – und die faktischen Möglichkeiten einer effektiven Kontrolle der Gruppenvertreter von der Basis her wird, wenn überhaupt behandelt, so im ganzen nur angedeutet[124].

Auf besonderes Interesse müssen die verschiedenen Reformmodelle dort stoßen, wo sie Ansätze zu einer organisatorischen Vertretung des Gemeinwohls und des Konsumenteninteresses entwickeln. Auf die diesbezüglichen Vorschläge hinsichtlich des Gemeinwohls, des öffentlichen Interesses etc. ist schon hingewiesen worden. Ähnliche Fragen ergeben sich für das Konsumenteninteresse. Es weist eine ebenso vielschichtige Zusammensetzung auf und wirft die gleichen Schwierigkeiten auf, da der Kreis der Träger nicht eindeutig abgrenzbar erscheint. Demgemäß bietet sich beim Konsumenteninteresse ebenso wie beim Gemeinwohl ein Rückgriff auf den Staat an: „Wenn private Organisationen für die Wahrnehmung einer Funktion fehlen, ist der naheliegendste Gedanke, daß der Staat in diese Lücke tritt. Das würde hier bedeuten, daß der Staat die Konsumentenvertreter ... ernennt, wobei allerdings zur Wahrung der Unabhängigkeit der Interessenvertretung darauf zu achten wäre, daß die Vertreter weder aus der staatlichen Bürokratie kommen noch an Weisungen des Staates gebunden wären."[125] Andere Modelle sehen die direkte Einschaltung von Verbraucherverbänden vor, müssen sich dann allerdings mit der Schwierigkeit auseinandersetzen, daß die sog. Verbraucherbewegung organisatorisch noch nicht sehr weit entwik-

---

[123] *Steinmann*, aaO. S. 205, lehnt die Einführung des proxy-Systems ab, da dieses keine Unabhängigkeit der Interessenrepräsentation gewährleiste, sieht aber in der Übernahme des Prinzips der Minderheitenvertretung und des cumulative voting aus dem amerikanischen Recht eine Möglichkeit zur Lösung des Effektivitätsproblems, S. 234 ff.

[124] Vgl. *Steinmann*, aaO. S. 239 ff.

[125] *Steinmann*, aaO. S. 239.

kelt ist und daß – was noch mehr ins Gewicht fällt – die bestehenden Verbraucherverbände nach ihren Zielen wie nach ihrer Zusammensetzung ein höchst komplexes Bild bieten[126]. Die Vielzahl der mit Verbraucherfragen befaßten und oft in einem ungeklärten Verhältnis nebeneinanderstehenden Verbände läßt jede praktische Auswahl in die Gefahr der Willkür geraten und macht es verständlich, wenn als erster Schritt eine umfassende und repräsentative Organisation der Konsumenten gefordert wird[127]. Als vorübergehende Hilfskonstruktion wird auch vorgeschlagen, die Konsumentenvertreter durch Kooptation der andern im Unternehmen etablierten Gruppenvertreter bestellen zu lassen, sie also von deren Votum abhängig zu machen[128]. –

2. *Die pluralistische Unternehmenskorporation im gesellschaftlichen Kräftefeld: Effektivität und Legitimität*

Den mehr technischen Fragen der pluralistischen Ordnung der Unternehmenskorporation kann in diesem Zusammenhang nicht weiter nachgegangen werden. Ebenso muß auch dahingestellt bleiben, wie sich der Einbau der Gruppeninteressen bzw. ihrer Vertreter in die Unternehmensorganisation im einzelnen darstellt. Entscheidend ist auch hier wie schon bei der Untersuchung der Arbeitnehmer-Mitbestimmung nur die grundsätzliche Bedeutung der vorgeschlagenen und angestrebten Reformen der Unternehmensordnung für die Frage der Kontrolle und der Legitimation der Unternehmensmacht.

Wenn die pluralistischen Reformmodelle nicht anders als die Mitbestimmungskonzeptionen den Anspruch erheben, die Unternehmenskorporation unter die Kontrolle all der Interessen und Gruppen zu bringen, die faktisch in unmittelbarer Beziehung zu ihr stehen, so heißt dies zugleich, daß das Unternehmen aus jeder einseitigen Interessenbindung herausgelöst und daß seine wirtschaftliche, politische und soziale Macht nicht länger im Dienst partikulärer Interessen belassen werden soll. Darin muß das eigentliche Anliegen pluralistischer Reformkonzeptionen gesehen werden. Dies liegt in der Konsequenz ihres eigenen kritischen Ansatzes: gewährleistet die einseitig auf Kapitalinteressen gegründete Unternehmensordnung samt der Kontrolle durch Markt und Wettbewerb nicht mehr in ausreichendem Maße, daß Macht und Möglichkeiten des Unternehmens im Interesse aller gebraucht werden, und schließt auch die Einbeziehung der Arbeitnehmer einen Miß-

---

[126] Vgl. *C. v. Braunschweig*, Der Konsument und seine Vertretung, 1965. Siehe auch die Übersicht über die verbraucherorientierten Institutionen und Organisationen im Bericht der Bundesregierung zur Verbraucherpolitik v. 18. 10. 71, Bundestagsdrucksache VI/2724; *E. v. Hippel*, Verbraucherschutz, 1974, S. 175 ff.

[127] *Steinmann*, aaO. S. 222. – Zur Kritik unter dem Gesichtspunkt der Organisierbarkeit dieser Interessen s. unten, Kap. 6, III, 4.

[128] *Steinmann*, aaO. S. 239/240.

brauch nicht aus, so erscheint es nur folgerichtig, auf jede Erwartung von Fremdnützigkeit durch Eigennutz ganz zu verzichten und statt dessen allen typischerweise Betroffenen eigenen Einfluß zur Durchsetzung ihrer Interessen im Unternehmen selbst einzuräumen.

Gerade unter diesem Aspekt ergeben sich jedoch schwerwiegende Bedenken.

a) Zunächst schon ist festzustellen, daß den propagierten Unternehmensordnungen keine sachlich zwingenden Kriterien bezüglich der Bestimmung und der Auswahl der „Unternehmensinteressen" zugrunde liegen. Die grundsätzliche Frage, wer im genannten Sinn als „Betroffener" anzusehen ist und deshalb in das Unternehmen einbezogen werden soll, findet durchweg keine grundsätzliche und erst recht keine einheitliche Antwort. In der Reformdiskussion besteht weder Einigkeit über die zu beteiligenden Gruppen und über ihr Gewicht im Verhältnis untereinander noch über die maßgeblichen Prinzipien der Beteiligung. Die bisherige Entwicklung läßt so nur den Schluß zu, daß im ganzen mehr vordergründig-pragmatische Erwägungen und subjektive Präferenzen für die Konkretisierung der pluralistischen Ansätze ausschlaggebend waren als eine Analyse der faktischen Unternehmensfunktionen. Im Ergebnis zeigt sich jedenfalls, daß es sich bei den in die pluralistischen Modelle einbezogenen Gruppen regelmäßig nicht um faktisch vorgefundene, sondern um normativ bestimmte Gruppen handelt. Die Gruppen werden weniger nach faktischen Merkmalen, nach tatsächlichen Gruppenbildungen in der sozialen Realität als vielmehr nach – zumeist nicht näher benannten – normativen Gesichtspunkten bestimmt. Statt des faktischen Funktionszusammenhangs werden normative Funktionen, Funktionen also, die sich an der vorgestellten und angestrebten Unternehmensordnung orientieren, als Maßstab genommen.

Dies zeigt sich bereits am Beispiel der scheinbar unproblematischen Gruppenbildungen wie Lieferanten, Abnehmer, Gläubiger etc. Die Abgrenzung erfolgt dabei in sehr formaler Weise; wesentliche Unterschiede in der tatsächlichen Interessenlage innerhalb dieser „Gruppen" werden verdeckt. Das gilt ohne weiteres dort, wo diese verschiedenen Bereiche wirtschaftlich-spezifischer Interaktion zu einheitlicher Repräsentanz im Unternehmen zusammengefaßt werden. Es gilt auch dort, wo zwischen Lieferanten, Abnehmern und Gläubigern mehr oder weniger differenziert wird, denn es kann kein Zweifel bestehen, daß auch dann noch erhebliche strukturell-bedingte Interessenunterschiede verschleiert werden. Zwischen großen und kleinen Geschäftspartnern des Unternehmens – seien sie Lieferanten, Abnehmer oder Gläubiger – bestehen tendenziell mehr Diskrepanzen oder sogar Konflikte als Gemeinsamkeiten, von Interessenüberlagerungen bei mehrfacher Gruppen-Zugehörigkeit ganz abgesehen. Insbesondere ergeben sich bei kleinen und mittleren Unternehmen, die Zulieferer eines einzigen oder einiger weniger Unternehmenskorporationen sind, Abhängigkeiten, die mit der Situation anderer Lieferanten in keiner Weise verglichen werden können[129]. Ähnliche Diskrepanzen ergeben sich auch bei den Gläubigern und bei den Abnehmern der Unternehmenskorporationen. Die Zusammenfassung derart divergierender Interessen zu einheitlichen „Unternehmensinteressen" ist in hohem Maße willkürlich. Die Ausklammerung der kleinen Partner-Unternehmen aus der pluralistischen Unternehmensordnung und die Beschränkung der Interessen-Vertretung auf Großlieferanten, Großabnehmer und Großgläubiger – wie dies Steinmann vorschlägt[130] – ist nicht weniger willkürlich und bestätigt dazuhin die Fragwürdigkeit der auf eine solche Grundlage gestützten Rechtfertigung der Unternehmensmacht.

Im Grunde, so muß festgestellt werden, läßt sich jede beliebige Gruppenbildung mit einem so verstandenen Pluralismus verbinden. Begreift man die Unternehmenskorporation konsequent als gesellschaftliche Institution, als Zentrum nicht nur wirtschaftlicher, sondern auch politischer und sozialer Macht und Entscheidungen, so ist kaum ein irgendwie mit „Öffentlichkeitsarbeit" befaßter Verband denkbar, für den sich nicht ein Anspruch auf Mitbeteiligung am unternehmerischen Entscheidungsprozeß begründen ließe. Wie amorph die Unternehmensordnung auf diesem Wege schließlich werden müßte, erhellt mit aller Deutlichkeit am Beispiel der Vorschläge zur organisatorischen Verankerung von „Gemeinwohl" und „Konsumenteninteresse". Soweit eine selbständige Repräsentation des Gemeinwohls befürwortet wird, erweist sich bei näherem Zusehen, daß hier mit Leerformeln operiert wird, unter denen jeweils ganz verschiedenartige Kräfte und Faktoren zu Einfluß gebracht werden sollen. „Gemeinwohl" und privilegiertes Sonderinteresse geraten in bedenkliche Nähe. Gleiches gilt für das „Konsumenteninteresse". Es muß schon auffallen, daß dieses nirgends näher definiert wird. Zunächst einmal bleibt offen, worin der Unterschied zum „Gemeinwohl" bestehen soll – schließlich ist jedermann irgendwie Konsument. Auch sonst fallen die Definitionen recht unbestimmt aus: Die Interessen der Endverbraucher „richten sich typischerweise auf eine quantitativ ausreichende und kontinuierliche Versorgung mit qualitativ befriedigenden und preiswerten Gütern und Dienstleistungen. Sie beziehen sich also auf die gesamte Leistungserstellung des Unternehmens und damit auf die ganze Unternehmensführung, gleichgültig, ob es sich um konsumnahe oder konsumferne Industrien handelt, und sind aus diesem Grunde besonders einem Mißbrauch wirtschaftlicher Macht ausgesetzt"[131]. In dieser Definition ist mehr oder weniger alles enthalten, was Wirtschaftspolitik und Unternehmensführung in der modernen Welt ausmacht. Da beispielsweise eine „kontinuierliche Versorgung" nur unter stabilen politischen Verhältnissen gewährleistet erscheint, läßt sich auch dieser Bereich unschwer dem Konsumenteninteresse

[129] Vgl. *Jörg Huffschmid,* Die Politik des Kapitals. Konzentration und Wirtschaftspolitik in der Bundesrepublik, 1971 S. 68 ff.

[130] AaO. S. 176 ff.

[131] *Steinmann,* aaO. S. 179.

zurechnen. Andrerseits läßt die bemerkenswerte abstrakte Vollständigkeit dieser Definition doch eine Reihe eher konkreter Fragen offen. So wird vielfach nicht ohne weiteres zu entscheiden sein, welche Unternehmenspolitik – insbesondere bei Zielkonflikten! – dem Konsumenteninteresse mehr entspricht. Immerhin werden sich Vertreter des Konsumenteninteresses – das machen derartige Definitionen deutlich – im Rahmen ihres Mandats bewegen, solange sie nur auf eine „vernünftige und verantwortungsbewußte" Politik hinwirken. Andere Reformkonzepte kommen praktisch zum gleichen Ergebnis, entziehen sich aber der Kritik, indem sie auf eine nähere Definition des „Konsumenteninteresses" verzichten.

b) Die Unbestimmtheit der Definitionen der verschiedenen „Unternehmensinteressen" verschafft den jeweiligen Gruppenvertretern beträchtlichen Spielraum. Umsomehr müssen die in den einzelnen Reformmodellen vorgesehenen Vorkehrungen interessieren, die sicherstellen sollen, daß diese Vertreter Träger eines faktischen Interessenpluralismus bleiben und nicht unter den Einfluß der Unternehmensleitung oder anderer Machtblöcke im Unternehmen geraten. Zumeist finden sich dazu aber kaum Ausführungen. Obwohl die Ineffektivität der „Aktionärsdemokratie" und die „Passivität" der Kleinaktionäre notorisch ist und die gegenwärtige Krise der Unternehmenskorporation darin eine wesentliche Ursache hat, wird der Frage nicht näher nachgegangen, wie sich die naheliegende Gefahr einer ähnlichen Entwicklung in den anderen Gruppen vermeiden ließe. Infolgedessen setzen sich die pluralistischen Unternehmensmodelle von vorneherein dem Einwand aus, daß sie letztlich zu ähnlichen Legitimitätsproblemen führen, wie sie sich im Aktienrecht ergeben haben – mit der Folge des Scheiterns der gesellschaftsrechtlichen Unternehmensordnung.

Auch pluralistische Unternehmensmodelle schließen eine unternehmensinterne Machtkonzentration nicht schlechthin aus, sondern leisten ihr womöglich noch Vorschub, indem sie eine Oligarchisierung in den einzelnen Gruppen begünstigen. Nicht nur „Konsumenteninteresse" und „öffentliches Interesse", sondern auch die Interessen der Lieferanten, Abnehmer etc. lassen im Einzelfall weite Auslegungen zu. So besehen sind es die jeweiligen Vertreter im Unternehmen, die das Gruppeninteresse erst definieren. Das läßt erwarten, daß die Gruppeninteressen faktisch ebensosehr selbst nach Maßgabe der Unternehmenspolitik und der Belange des Unternehmens definiert und am von Fall zu Fall erzielten Ergebnis ausgerichtet werden wie sie umgekehrt die unternehmerischen Entscheidungsprozesse beeinflussen. Schon am Beispiel der Arbeitnehmer-Mitbestimmung hat sich gezeigt, daß die Gruppenvertreter regelmäßig der Unternehmensleitung folgen. Immerhin war hier noch eine prononcierte Wahrnehmung spezifischer Arbeitnehmer-Belange festzustellen. Im Gegensatz hierzu ist aber bei den anderen „Unternehmensinteressen" sowohl die Definition unbestimmter und abstrakter als auch die faktische Rückkoppelung problematischer. Anders als die

Belegschaft eines Unternehmens bilden dessen Lieferanten, Abnehmer und sonstige Geschäftspartner keine faßbare „constituency". Die Distanz der Vertreter zu den diversen „Unternehmensinteressen" bzw. zu den einzelnen „Gruppen„ vergrößert sich umso mehr, je größer die faktischen Interessenunterschiede dort sind. –

Freilich soll gerade diese Distanz in allen jenen Vorschlägen zum System erhoben werden, die das „öffentliche Interesse" unabhängigen Persönlichkeiten des „öffentlichen Lebens" anvertrauen wollen. Diese sollen – so die Vorstellung – von staatlichen Weisungen wie von parteipolitischen Einflüssen und erst recht natürlich von Bindungen an partikuläre Interessen möglichst frei sein – gewissermaßen in persona die moralische Instanz im Unternehmen. Aber mit derlei Anleihen aus der Vorstellungswelt der Honoratioren-Republik wäre – von einem zweifellos interessanten und ersprießlichen Tätigkeitsfeld insbesondere für Hochschulprofessoren abgesehen – wenig erreicht: gerade ihre umfassende Unabhängigkeit würde diese Vertreter des „öffentlichen Interesses" als ernst zu nehmenden Machtfaktor in der Unternehmenspolitik im wesentlichen ausscheiden. Was bliebe, wäre in der Regel nur ein weiteres Alibi für den status quo.

c) Eine Ordnung der Unternehmenskorporation, die repräsentativ wäre für den faktischen Interessenpluralismus in der sozialen Realität und die das Unternehmen dem freien Spiel der gesellschaftlichen Kräfte zugleich öffnen und unterwerfen würde – und zwar so, daß alle gesellschaftlichen Gruppen und Interessen die für das Unternehmen faktisch relevant sind oder die von seinen faktischen Auswirkungen betroffen werden, im Unternehmen selbst Einfluß erlangen – dieses Grundanliegen aller pluralistischer Reformkonzepte muß Utopie bleiben. Alle Betroffenen unmittelbar in das Unternehmen einzubeziehen, einen umfassenden, direkten Interessenausgleich im Unternehmen selbst anzulegen, den unternehmerischen Entscheidungsprozeß unmittelbar pluralistisch auszugestalten, – so bestechend dieser Vorschlag klingt, so wenig verspricht der angegebene Weg Erfolg. Die makrosozialen Strukturen und Zusammenhänge lassen sich nicht unverzerrt auf einen Unternehmensmikrokosmos übertragen und projizieren; das Unternehmen kann nicht als „Gesellschaft im kleinen" ausgestaltet werden. Privilegierungen und Diskriminierungen sind bei einer solchen Umsetzung praktisch ebensowenig vermeidbar wie die Verfestigung der einmal gegebenen Einflußstrukturen im Unternehmen, mit der Folge einer Abschließung und Abschirmung der etablierten Interessen gegenüber dem sozialen Wandel und gegenüber neu sich bildenden und nach Einfluß drängenden Gruppen und Interessen.

Schon im Ansatz können diese pluralistischen Unternehmensmodelle ihrem Anliegen nicht gerecht werden. Jede Bestimmung der „Unternehmensinteressen" unterliegt notwendig einer Vorbewertung, wenn eine uferlose Verteilung von Einfluß, die letztlich jedes Organisationsstatut sprengen müßte, verhindert werden soll. In der Unterscheidung zwischen relevanten und nicht relevanten Interessen, zwischen notwendigen, nur möglichen und ganz außer Betracht bleibenden, zwischen Unternehmensinteressen und solchen Interessen, die nicht zum Unternehmen gehören, liegt unvermeidlich die Entscheidung für eine unter vielen denkbaren Unternehmensordnungen. Das wirft die Frage auf, welche Interessen mit der Unternehmensordnung eigentlich verfolgt werden – die Interessen an einer Abrundung und Festigung wirtschaftlicher Herrschaftssysteme oder die Interessen derer, die selbst machtlos sind und deshalb von einer reformierten Unternehmensordnung einen effektiven Schutz auch der kleinen Unternehmen, Verbraucher, Individuen etc. erwarten, die in das Schwerefeld der Unternehmenskorporation geraten. Je nach der Entscheidung für die einen oder für die andern Interessen wird man den Schwerpunkt des unternehmensinternen Pluralismus mehr bei den großen Lieferanten, Abnehmern, Gläubigern etc. oder mehr bei den kleinen Partnerunternehmen sehen. Je nach dieser grundsätzlichen Entscheidung wird man auch das eigentliche Problem der Gruppenintegration aus der Sicht der Unternehmenskorporation oder aus der Sicht der Machtunterworfenen sehen und beurteilen.

Wenn die pluralistischen Reformmodelle im übrigen als Versuch zu verstehen sind, die irreal und fiktiv gewordene „interessenmonistische" Unternehmensordnung des Gesellschaftsrechts mit ihrer einseitigen Orientierung an den Kapitaleignern zu überwinden, so sind sie selbst weithin nicht minder auf Fiktionen angewiesen. Die Kritik an der überlieferten eigentumsrechtlichen Konzeption und deren Zentrum, dem „Aktionär" und dem „Kapitalinteresse" hat deutlich werden lassen, daß sich hinter dem formalrechtlichen Schleier unkontrollierte Machtakkumulationen und Machtkonzentrationen entwickelt haben. Dieser Entwicklung läßt sich kaum wirksam begegnen, wenn lediglich andere, aber ebenso problematische Zentralbegriffe eingeführt werden – die „Lieferanten", „Abnehmer", Gläubiger" etc. stehen dem „Aktionär" an Abstraktheit und fiktivem Charakter nicht nach. Noch fragwürdiger wird, inwieweit Begriffe wie „Konsumenteninteresse" und „Gemeinwohl" bzw. „Gesamtinteresse" und dergl. zur Realität zurückführen. Während der Kreis der Aktionäre immerhin noch angegeben werden kann, läßt sich gleiches von diesen neu eingeführten „Gruppen" nicht behaupten – jeder und niemand gehört dazu. Der „Endverbraucher" entpuppt sich bei näherem Zusehen als neue Auflage des homo oeconomicus, der sonst nur noch eine Rolle in Theorien spielt, die sich bewußt von der sozialen Realität zurückgezogen haben. Reale Entscheidungskriterien lassen sich davon nicht erwarten. Wer als Sprecher der „Endverbraucher" erst einmal etabliert ist, hat einen Freibrief. Es wird kaum eine Entscheidung geben, bei der nicht ein Bezug zum Interesse des „Konsumenten" herzustellen ist. Nicht anders verhält es sich mit dem „Gemeinwohl". Die Konsequenz ist eine Verlagerung, nicht eine Lösung des Machtproblems in pluralistischen Modellen. War in der bisherigen Unternehmensordnung Legitimität und Kontrolle vor allem des Managements und der Großaktionäre in Frage gestellt worden, so stellt sich für die pluralistischen Modelle die Frage nach Legitimität und Kontrolle der diversen Gruppenvertreter nicht minder dringend. Wenn es in der bisherigen Verfassung der Unternehmenskorporation zum entscheidenden Problem geworden ist, daß die „Machthaber" letztlich keiner effektiven gesellschaftlichen Kontrolle mehr unterliegen, so bieten auch die pluralistischen Reformmodelle im Grunde nur eine Wiederholung und Erweiterung dieser Problematik. Ob die Koalitionen und Kompromisse, die in einem pluralistisch verfaßten Unternehmen erzielt würden, zu Lasten oder zugunsten der Betroffenen, aber nicht Beteiligten ausfallen würden, ist mindestens eine offene Frage. Jedenfalls kann es nicht als entscheidender Durchbruch gewertet werden, wenn auch pluralistische Unternehmensmodelle schließlich wieder bei der „social responsibility" im Sinne einer dem Gemeinwohl etc. verpflichteten *Selbst*verantwortung enden, – sei diese nun im Selbstverständnis der Verbände oder im Selbstverständnis einer interessenneutralen Unternehmensleitung verankert. Diese Situation entsprach grundsätzlich schon dem status quo und war dort als unbefriedigend empfunden worden – gerade darauf wollten die sog. pluralistischen Reformmodelle eine weiterführende Antwort geben. –

3. Teil

DIE UNTERNEHMENSKORPORATION IN DER MODERNEN RECHTSORDNUNG

6. Kapitel

Unternehmenskorporationen als intermediäre Gewalten im Rechtssystem der Gesellschaft

I. Die Unternehmensordnung zwischen privatem und öffentlichem Recht

1. Funktionen des Privatrechts im Rahmen der modernen Wirtschaft

In der Legitimationskrise der Unternehmenskorporation offenbart sich die tiefe Kluft zwischen Recht und Realität, wie sie durch die Entwicklung des modernen Unternehmens zur öffentlichen Institution, zur korporativ strukturierten Organisation aufgerissen worden ist. Das positive Recht und das dieses tragende Rechtsverständnis vermochten nicht mit der Entwicklung Schritt zu halten und sich von überholten Ansätzen zu lösen. Statt dessen wird die Unternehmenskorporation noch immer vorwiegend als Zusammenschluß privater Kapitalinteressen, als spezifische Betätigungsform privaten Unternehmertums in einer vom Staatlich-Öffentlichen streng geschiedenen Sphäre freien Wirtschaftens interpretiert. Demgemäß wird auch die social control im Unternehmensbereich rechtsdogmatisch primär noch immer jenen Institutionen zugeordnet, denen schon in der Tradition der bürgerlichen Gesellschaft die Funktion zukam, diese Gesellschaft und insbesondere ihre Wirtschaft vom Staat abzugrenzen, um ihrer eigenen Dynamik, ihren eigenen Entwicklungstendenzen freie Bahn zu schaffen. Die Folge ist freilich, daß letztlich das gesamte überlieferte Rechtssystem in die Legitimationskrise der Unternehmenskorporation hineingezogen wird. Der soziale Umbruch, der entscheidend gerade auch von der Entwicklung der modernen Unternehmenskorporation ausgeht, wird zur Zerreißprobe der überkommenen Rechtsinstitutionen. Immer offenbarer wird für sie, daß sie die mit der Unternehmenskorporation zusammenhängenden sozialen Prozesse und Abläufe nicht mehr zu steuern vermögen, daß sie den Belastungen nicht standhalten und ihre ursprünglichen Kontrollfunktionen unter dem Druck wirtschaftlicher Macht verloren haben.

Ein System des „private government" wird zur Herausforderung der staatlich organisierten, verfassungsmäßigen Herrschaft: wirtschaftliche Macht verschafft sich unmittelbaren Einfluß auf das Leben von Millionen Menschen und übt zugleich noch „Kontrolle über die organisierte Gesamtheit aus, die durch die Staatsorgane repräsentiert ist: durch direkte Druckmaßnahmen der Lobbyisten, durch Beeinflussung der Wahl und der Politik der Volksvertreter, durch Mitbestimmung bei der Richterernennung und durch weitgehende Kontrolle der publizistischen Massenmedien"[1].

Das zentrale Problem dieser Entwicklung liegt in der unkontrollierten Macht der Unternehmenskorporation. Die grundsätzlich privatrechtliche Einordnung hat sie einer wirksamen öffentlichen Kontrolle bislang entzogen. Zwar hat das geltende Recht in vieler Beziehung tiefe Einbrüche in die privatrechtliche Unternehmenskonzeption gebracht, zwar sieht sich auch die Doktrin den öffentlichen Bezügen des Unternehmens konfrontiert, zu einer konsequenten rechtlichen Neuordnung hat das einstweilen aber nicht geführt. Divergierende Ansätze stehen unverbunden nebeneinander, wie der Streit um die Unternehmensverfassung zeigt: die Mitbestimmung der Arbeitnehmer, die Emanzipation des Management und schließlich auch die öffentliche Bedeutung des Unternehmens selbst werden nur zögernd in das Konzept einer umfassenden Unternehmensordnung aufgenommen.

Damit besteht auch fort, was Wolfgang Friedmann als die Aufgabe des Juristen unserer Zeit bezeichnet hat: dem „sozialen Wandel dieser Organisationen von privaten Zusammenschlüssen in öffentliche Organismen formalrechtlichen Ausdruck zu verleihen"[2].

a) Mit dem überkommenen Konzept des Privatrechts läßt sich diese Aufgabe nicht bewältigen. Diese Feststellung fordert freilich den Einwand heraus, daß „die grundlegenden privatrechtlichen Institutionen sich bisher eben doch, allen ihnen ungünstigen Tendenzen zum Trotz, als außerordentlich stabil erwiesen haben" und von einer Krise des Privatrechts keine Rede sein könne, da für „alle wirklich relevanten Geschäfte des Privaten ... wie insbesondere für alle Geschäfte des Wirtschaftsverkehrs – der Grundsatz der Privatautonomie auch heute nicht anders als im 19. Jahrhundert"[3] gelte. – Daran ist sicher richtig, daß an der formalen Fortgeltung der privatrechtlichen Institute auch im wirtschaftlichen Bereich keine Zweifel bestehen können. Der Güterverkehr vollzieht sich weitgehend in der Form privatrechtlicher Verträge und der privatrechtlichen Formen bedienen sich die Unternehmenskorporationen auch sonst durchweg zur Regelung ihrer Umweltbeziehungen, trotz aller öffentlich-rechtlicher Regulationen.

---

[1] *Wolfgang Friedmann*, Recht und sozialer Wandel, S. 293/4.

[2] Recht und sozialer Wandel, S. 293.

[3] *Flume*, Allgemeiner Teil, Bd. II: Das Rechtsgeschäft, S. 16.

Das alles besagt indessen nicht, daß damit auch eine der Idee nach privatrechtliche Ordnung bestehen geblieben ist. Der formale Fortbestand schließt einen grundlegenden Wandel in der sozialen Wirklichkeit nicht aus, im Gegenteil: gerade in der Kluft zwischen formellen und materiellen Aspekten, zwischen Rechtsform und sozialer Funktion, zwischen Doktrin und Praxis liegt – jedenfalls was den Bereich der Wirtschaft betrifft – das unbewältigte Problem des Privatrechts[4].

Dieser Strukturwandel wird in der Entwicklung des Privatrechts deutlich sichtbar[5]. Seiner ursprünglichen Konzeption nach ist es das „Reich individueller Freiheit", bedeutet es „Anerkennung der ‚Selbstherrlichkeit' des einzelnen in der schöpferischen Gestaltung der Rechtsverhältnisse"[6]. Privatrechtliche Autonomie meint in ihrem ursprünglichen Sinn als individualistisches Prinzip die Freiheit des einzelnen Menschen zu selbstbestimmter Gestaltung seines Lebens- und Wirkungsbereichs[7] – eine Freiheit, die nicht durch gesellschaftliche oder staatliche Kollektive vermittelt ist. In der Befreiung des einzelnen von ständisch-korporativen wie von staatlichen Bindungen und Beschränkungen lag die besondere Stoßrichtung des Privatrechts[8] als „Magna Charta der freien Gesellschaft"[9] im Frühkapitalismus; und in der prinzipiellen Freiheit und Gleichheit der Partner liegt der Schwerpunkt auch im modernen Verständnis des Privatrechts. Diese grundsätzliche Funktion ist dabei vor allem auf die Wirtschaftsordnung bezogen. Wenn es im Frühkapitalismus das Bedürfnis des privaten Unternehmertums gewesen ist, das als eine der treibenden Kräfte an der Durchsetzung der privatrechtlich verfaßten Gesellschaft mitgewirkt hat, und wenn dort mit der Verwirklichung der allgemeinen Wirtschaftsfreiheit Privatrecht und Wirtschaftsrecht zusammengefallen sind, so besteht dieser ideologische Konnex auch heute noch vorherrschend in der juristischen Doktrin fort – in der prinzipiellen Gleichsetzung von privatrechtlich verfaßter und freiheitlicher Wirtschaftsordnung, von Privatrechtsgesellschaft und Marktwirtschaft[10]. Nach wie vor wird die entscheidende Bedeutung des Privatrechts darin gesehen, daß es das verfassungsrechtliche Bekenntnis zum Individuum als

[4] Vgl. *Bullinger*, Öffentliches Recht und Privatrecht, S. 39.

[5] Vgl. dazu *W. Friedmann*, Recht und sozialer Wandel, bes. S. 75 ff.; *Karl Renner*, Die Rechtsinstitute des Privatrechts und ihre soziale Funktion, 1965, dort auch die Einführung von Otto Kahn-Freund, bes. S. 25 ff.

[6] *Flume*, aaO. S. 6; ebenso S. 15. [7] *Flume*, aaO. S. 15.

[8] *Franz Böhm*, Privatrechtsgesellschaft und Marktwirtschaft, ORDO XVII, 75 ff., 84 ff. – Näher zum geschichtlichen Hintergrund der Entwicklung des Privatrechts: *Dieter Grimm*, Zur politischen Funktion der Trennung von öffentlichem und privatem Recht in Deutschland in Walter Wilhelm, Hrsg., Studien zur europäischen Rechtsgeschichte, 1972, S. 224 ff.

[9] *Böhm*, aaO. S. 77.

[10] Vgl. dazu *Böhm*, aaO. Vgl. zu diesem Zusammenhang neuerdings auch *Dieter Reuter*, Privatrechtliche Schranken der Perpetuierung von Unternehmen, 1973, S. 37 ff.

oberstem Wert der Gemeinschaft umsetzt in die konkrete Möglichkeit der Selbstentfaltung, vor allem gerade im wirtschaftlichen Verkehr[11]. Privatrecht erscheint so als die wertverwirklichende Ausgestaltung jenes Grundsatzes, indem es dem einzelnen die „Befugnis zur Selbstgestaltung der intersubjektiven Waren- und Leistungsaustauschverhältnisse"[12] verleiht.

Durch die Vermachtung der Wirtschaft ist diese Funktion des Privatrechts stark zurückgedrängt worden. Mit dem Privatrecht verbindet sich jedoch auch die Funktion einer Organisation und Koordination des Wirtschaftsprozesses. Mit der privatrechtlichen Autonomie verknüpft sich die Erwartung, daß dadurch entscheidende Antriebskräfte für die Wirtschaft freigesetzt werden – der „Eigennutz der Individuen . . . (als) ein wichtiger Motor für die wirtschaftliche Entwicklung einer Gemeinschaft"[13]. Die privatrechtlichen Institutionen erweisen sich dabei als notwendiges Instrument zur Koordination der Einzelpläne der Wirtschaftenden über den Markt, das Privatrecht insgesamt als Lösung des Lenkungsproblems in einer dezentralen, nicht staatlich gelenkten Wirtschaft – die Betonung liegt hier auf der besonderen Verkehrstauglichkeit des privatrechtlichen Instrumentariums, das die wirtschaftliche Dynamik möglichst wenig durch Reibungsverluste behindern soll[14].

Unter diesem Aspekt der rechtstechnischen Koordination behält das Privatrecht seine Bedeutung gerade auch für die Unternehmenskorporationen. Der Aufbau eines privaten Macht- und Herrschaftssystems in der Wirtschaft ist mittels des privatrechtlichen einschließlich des gesellschaftsrechtlichen Instrumentariums erfolgt und setzt volle Verfügbarkeit dieses Instrumentariums voraus[15]. In dieser Funktion gerät das Privatrecht dann aller-

---

[11] Vgl. *Böhm,* aaO. – Aus den umfangreichen Stellungnahmen zu diesem Zusammenhang sei hier nur verwiesen auf *L. Raiser,* Die Zukunft des Privatrechts, S. 21; *M. Wolf,* Rechtsgeschäftliche Entscheidungsfreiheit und vertraglicher Interessenausgleich, bes. S. 90 ff.; *Harm Peter Westermann,* Vertragsfreiheit und Typengesetzlichkeit im Recht der Personengesellschaften, bes. S. 25 ff.; *Dieter Reuter,* Privatrechtliche Schranken der Perpetuierung von Unternehmen, S. 37 ff.; *Schmidt-Salzer,* Vertragsfreiheit und Verfassungsrecht in U. Scheuner, Hrsg., Die staatliche Einwirkung auf die Wirtschaft, S. 629 ff. (= NJW 1970, 8 ff.).

[12] *Schmidt-Salzer* in Scheuner, aaO. S. 631/2.

[13] *Schmidt-Salzer,* aaO. S. 630.

[14] *Franz Böhm,* aaO. S. 75 ff. Ebenso schon *Max Weber,* Wirtschaft und Gesellschaft, I, S. 250 ff. Speziell auf die Unternehmensordnung bezogen in diesem Sinn auch *Fritz Rittner,* Die handelsrechtliche Publizität, Gutachten für den 45. DJT, 1964, S. 128 ff. – Zu grundsätzlicher Kritik an diesem Rechtsverständnis siehe *Ott,* Die soziale Effektivität des Rechts, aaO. S. 376 ff. Vgl. auch die Auseinandersetzung mit Böhm bei *Zacher,* Aufgaben einer Theorie der Wirtschaftsverfassung in Festschrift für Böhm, S. 63 ff.

[15] Vgl. *Ritter,* aaO. – Kritisch *Biedenkopf* in Festschrift für Böhm, S. 113 ff. und in H. Arndt, Hrsg., Die Konzentration in der Wirtschaft, Bd. 1, S. 515 ff.; *L. Raiser,* Die Zukunft des Privatrechts, S. 12 f. Ein Überblick mit Schwerpunkt im Kartell- und Konzentrationsrecht findet sich bei *Kurt Ballerstedt,* Vertragsfreiheit

dings unvermeidlich in Konflikt mit seinem eigenen individualistischen Grundprinzip. Hier deutet sich erneut die Krise an, in die die Institutionen des Privatrechts geraten sind. Allerdings hat auch die moderne wirtschaftsrechtliche Doktrin den hier gemeinten Konflikt grundsätzlich aufgenommen, ohne damit freilich das Anerkenntnis eines grundlegenden Funktions- und Strukturwandels oder gar einer Krise des Privatrechts zu verbinden. Sie sah darin zunächst vielmehr nur ein der Wirtschaft immanentes Spannungsverhältnis zwischen Freiheit und Bindung, einen in der Eigenart der Marktwirtschaft begründeten Zielkonflikt zwischen individueller Freiheit auf der einen, wirtschaftlicher Zweckmäßigkeit auf der andern Seite[16]. Indessen ist ein derartiger Zielkonflikt in der Grundkonzeption des Privatrechts nicht angelegt. Hier fällt beides zusammen: die zweckmäßigste Koordination des Wirtschaftsprozesses erfolgt gerade durch die Freisetzung individueller Initiative. Für den klassischen Liberalismus konnte daran kein Zweifel bestehen. Es handelte sich dabei nur um verschiedene Aspekte desselben Ziels: der Befreiung des Wirtschaftsprozesses von staatlicher wie von ständisch-korporativer Reglementierung. Der Konflikt zwischen gesellschaftspolitischen und wirtschaftspolitischen Zielen ist von der ursprünglichen Idee des Privatrechts und der Privatrechtsgesellschaft her gerade ausgeschlossen, und insofern ist zunächst auch die Auseinandersetzung um die Frage gegenstandslos, ob die Handels- und Gewerbefreiheit nur Kompetenzabgrenzung zwischen Staat und Privaten im Bereich der Wirtschaft bedeute oder ob sie auch individuelle wirtschaftliche Freiheit gewährleiste[17]. Diese Frage und mit ihr jener Konflikt stellen sich erst mit der erneuten Vermachtung der Wirtschaft, die diesmal aus dem Privatrecht heraus und unter dem Vorzeichen privatrechtlicher Autonomie erfolgt. Zur Alternative

---

und Konzentration. Rechtsprobleme einer Begründung und Bindung von Marktmacht in H. Arndt, Hrsg., aaO. S. 537 ff.

[16] Die zum GWB geführte Kontroverse um „Institutionenschutz" oder „Individualschutz" ist heute freilich schon stark abgeklungen und hat zunehmend der Erkenntnis Platz gemacht, daß hier „ein unfruchtbarer und irreführender Gegensatz" aufgrund einer verfehlten Vorstellung von der Privatrechtsordnung konstruiert worden ist; so schon *Mestmäcker,* Über die normative Kraft privatrechtlicher Verträge, JZ 1964, 441 ff., sowie *ders.,* Über das Verhältnis des Rechts der Wettbewerbsbeschränkungen zum Privatrecht, AcP 168 (1968), 235 ff. Auch *Hoppmann,* Zum Schutzobjekt des GWB in E. J. Mestmäcker, Hrsg., Wettbewerb als Aufgabe, S. 63 ff., kritisiert aus wirtschaftstheoretischer Sicht, daß die Auseinandersetzung damit auf ein falsches Gleis geraten sei. – Gleichwohl auf jenen Ansatz zurückgreifend aber *F. J. Säcker,* Zielkonflikte und Koordinationsprobleme im deutschen und europäischen Kartellrecht, 1971, wo noch einmal jene Positionen nachgezeichnet werden. Zur Kritik an Säcker: *E. Steindorff,* ZHR 136 (1972), 82 ff.

[17] Zum geschichtlichen Hintergrund *Adolf Zycha,* Grunderwerbsfreiheit, Gewerbe- und Vertragsfreiheit in Ernst-Wolfgang Böckenförde, Hrsg., Moderne deutsche Verfassungsgeschichte (1815–1918), S. 341 ff., 349 ff. Vgl. zu diesem liberalen Grundsatz-Streit weiter *Christen,* Wirtschaftsverfassung, S. 249 ff. – Siehe auch *Saladin,* Grundrechte im Wandel, S. 211 ff.

von freier Marktwirtschaft und staatlicher Kollektivierung, auf die die Konzeption des Privatrechts eine klare Antwort enthielt, kommt nun als weitere Möglichkeit die nicht-staatliche Kollektivierung, die Bedrohung individueller Freiheit und freiheitlicher Wirtschaft aus dem Bereich der Gesellschaft selbst[18]. Hier wird im Rahmen und mit Mitteln des förmlichen Privatrechts ein System wirtschaftlicher Herrschaft errichtet, das dazu tendiert, den einzelnen auch im Bereich der Wirtschaft in ein „staatsähnliches Unterworfenheitsverhältnis" zu bringen und dem individualistischen Prinzip in diesem Bereich den Boden zu entziehen.

b) Angesichts der zunehmenden Vermachtung und Kollektivierung der Wirtschaft sind jene Ansätze in der neueren Doktrin nur konsequent, die das Privatrecht im Bereich der Wirtschaft vom individualistischen Prinzip lösen und es auf die Koordinationsfunktion beschränken wollen[19].

Diese Entindividualisierung des Privatrechts wird noch deutlicher, wenn man nach den realen Möglichkeiten zur individuellen Selbstgestaltung und Selbstentfaltung fragt. Existenz- und Statussicherung, Selbstbestimmung, Entfaltung der Persönlichkeit, der Prämisse der Privatrechtsgesellschaft zufolge individueller Initiative erreichbar, werden zusehends abhängig von organisatorischen Vorkehrungen und Vorleistungen der verschiedensten Art. Aus eigener Kraft und aus eigener Initiative allein vermag sich der einzelne weniger denn je gesellschaftlich und wirtschaftlich zu behaupten. Er ist vielmehr nahezu in jeder Beziehung von einer auf breiter Basis organisierten Daseinsvorsorge abhängig, die das ganze Spektrum individueller Bedürfnisse im rein persönlichen, im beruflich-wirtschaftlichen wie im öffentlichen Bereich umfaßt. Die infrastrukturellen Voraussetzungen, die das Leben in der hochindustrialisierten Gesellschaft erst möglich machen, verlangen fortlaufend immer größere Investitionen zur Erhaltung und zum Ausbau, die nur noch im Großverband aufgebracht werden können. Das relativiert die Möglichkeiten einer im eigentlichen Sinn privaten Existenz entscheidend; der Ausschluß des einzelnen von der organisierten Daseinsvorsorge – im denkbar weitesten Sinn – würde ihm im Grunde jede Chance einer Entfaltung seiner Persönlichkeit nehmen[20]. Privatautonomie ist deshalb im Grunde nur noch im Rahmen und nach Maßgabe der bereitgestellten und dem ein-

---

[18] *W. Friedmann,* Recht und sozialer Wandel, S. 304 ff.; *J.-P. Müller,* Grundrechte, S. 22 ff.; *H. Huber,* Recht, Staat, Gesellschaft, 1954, S. 42; *Bullinger,* Öffentliches Recht und Privatrecht, S. 68 ff.

[19] *W. Schluep,* Was ist Wirtschaftsrecht? in Festschrift für W. Hug, S. 85, 94; *Christen,* Wirtschaftsverfassung, S. 185 ff., 189.

[20] Dies hebt auch *L. Raiser,* Zukunft des Privatrechts, S. 19 ff. als wesentlichen Faktor in der Neubestimmung des Privatrechts hervor. – Grundsätzlich anders in der Tendenz *Fritz v. Hippel,* Zum Aufbau und Sinnwandel unseres Privatrechts, 1957, pass., vgl. bes. S 19 ff. *Kübler,* AcP 159, 254, betont demgegenüber, daß der Bürger vom Staat in einem Maß abhängig wird, das den Bestand seiner grundgesetzlich gewährleisteten Freiheitssphäre gefährdet.

zelnen zugänglich gemachten sozialen Erschließungsmaßnahmen möglich. Das betrifft zunächst den Staat, dem die Aufgabe aktiver Sozialgestaltung zu einem großen Teil zugefallen ist. Es betrifft aber auch die nicht-staatlichen Organisationen. Auch sie haben Teil an der umfassenden Daseinsvorsorge und Sozialgestaltung, die dem einzelnen aus eigener Kraft nicht mehr möglich ist. Nicht zuletzt gilt das für die Unternehmenskorporationen: sie sind ihrer ganzen Entstehung und Erscheinung nach Folge der beschränkten und zur Bewältigung der anstehenden Aufgaben wirtschaftlicher Produktion und technischer Entwicklung nicht mehr ausreichenden Leistungsfähigkeit des Individuums, des privaten Unternehmers klassischer Provenienz. Gemessen an ihrer Produktivkraft und an ihrer technischen Entwicklungspotenz sind die modernen Unternehmenskorporationen unverzichtbare Faktoren der Sozialgestaltung. Sie bedeuten auch direkt für immer mehr Menschen Arbeit und Beschäftigung und damit zusammenhängend soziale Sicherheit und – jedenfalls im beruflich-wirtschaftlichen Bereich – auch die Möglichkeit persönlicher Entfaltung[21].

Diese Entwicklung läßt erkennen, wie weit die im Liberalismus des 19. Jahrhunderts wurzelnde Interpretation des Privatrechts, wie weit auch die Vorstellung, der Grundsatz der Privatautonomie gelte heute nicht anders als damals, schon im Ansatz hinter den Realitäten zurückgeblieben ist. Angesichts des Umfangs der Abhängigkeit des einzelnen von jenen Organisationen erweist es sich zumindest als fragwürdig, wenn individuelle Freiheit auch heute noch in der Tradition des 19. Jahrhunderts als „rechtsgeschäftliche Entscheidungsfreiheit" und letztlich als privatrechtliche Vertragsfreiheit definiert wird, wenn sie im Kern auf den Privatrechtsstatus als gesellschaftliches „Bürgerrecht" zurückgeführt wird.

Das besagt nicht, daß das privatrechtliche Instrumentarium für den einzelnen gänzlich bedeutungslos geworden und seine Verknüpfung mit dem „individualistischen Prinzip" in allen sozialen Bereichen gelöst wäre[22]. Es besagt aber, daß die privatrechtlichen Institutionen dem einzelnen nicht mehr primär zur freien Gestaltung seiner Lebensverhältnisse verhelfen, weil die über diese Lebensverhältnisse bestimmenden Fakten und Faktoren außerhalb ihrer Reichweite liegen. So vermittelt Vertragsfreiheit noch keine Teilhabe an den lebenswichtigen Leistungen der Daseinsvorsorge, das Prinzip selbstverantwortlicher Vertragsgestaltung – konkret: das Recht, nach freier Entscheidung Verträge zu schließen oder nicht zu schließen – verschafft dem einzelnen noch keinen Einfluß auf jene Organisationen, die die Lebensqualität ihren äußeren Voraussetzungen nach erst produzieren. Die

[21] Unter diesem Aspekt entwickelt besonders *Herbert Krüger*, Allg. Staatslehre, 2. Aufl., 1966, S. 412 ff., eine umfassende Konzeption der Unternehmensordnung und betont die Notwendigkeit, die sozialen Beziehungen im Unternehmen auch rechtlich zu erfassen (S. 416 f.).

[22] Dazu besonders *L. Raiser*, aaO. S. 21 ff., 30 ff.

Idee des selbst gefundenen Interessenausgleichs im Rahmen des Privatrechts setzt voraus, daß die Nachfrage, die aus dem Interesse des einzelnen erwächst, typischerweise auf ein entsprechendes Angebot rechnen kann. Diese Idee läuft aber leer, wenn die Deckung der Nachfrage von Investitionsentscheidungen abhängt, auf die der einzelne keinen Einfluß hat[23].

c) Die angebliche Stabilität der privatrechtlichen Institutionen erweist sich bei Lichte besehen als nur formales Fortbestehen, hinter dem sich ein tiefgreifender Funktionswandel verbirgt. Das gilt vor allem und entschieden für den Bereich der „Arbeits- und Organisationswelt"[24]. Hier wird der Verlust jener Einheit, aus der die Konzeption des Privatrechts ihre eigentliche Kraft bezogen hatte, unmittelbar sichtbar: in der Hand der Organisationen und besonders der Unternehmenskorporationen büßt das privatrechtliche Instrumentarium seine individualistische Funktion ein, wird vielmehr zum Instrumentarium eines staatsähnlichen Herrschaftsverhältnisses, einer quasistaatlichen, quasi-legislativen Gewalt über den einzelnen[25], erfüllt aber nach wie vor die Funktion einer Koordination des Wirtschaftsprozesses.

Mit einem punktuellen Machtungleichgewicht, mit Gleichgewichtsstörungen, die partiell auftreten, hat das Privatrecht immer rechnen müssen, und dafür hat es auch Möglichkeiten des Ausgleichs und der Korrektur entwickelt – Möglichkeiten, die durchaus noch nicht voll ausgeschöpft sind[26]. Hier geht es jedoch um mehr: es geht um den Tatbestand, daß sich im Privatrecht selbst soziale Mächte etabliert haben, die die Freiheit des Individuums nicht weniger bedrohen als staatliche Gewalt. Diese Mächte, zu denen in erster Linie die Unternehmenskorporationen zu rechnen sind, haben die in der Idee der Privatrechtsgesellschaft vorausgesetzte Gleichheit und Solidarität der Privatrechtssubjekte durchbrochen. Die Macht, die von ihnen ausgeht, und das Machtgefälle, das von ihnen aus zum einzelnen hin besteht, kann mit den Mitteln des Privatrechts allein nicht mehr neutralisiert oder unter Kontrolle gebracht werden. Auch der Wettbewerb ist als Neutralisator in wesentlichen Bereichen ausgefallen: das Wettbewerbsrecht

---

[23] Zur Kritik an der klassischen Theorie unter diesem Aspekt bes. *W. Vogt*, Seminar: Politische Ökonomie, 1973, S. 179 ff.

[24] *Ludwig Raiser*, Die Zukunft des Privatrechts, S. 23.

[25] Vgl. *Wolfgang Friedmann*, Recht und sozialer Wandel. S. 293 ff. Zu diesem Funktionswandel des Privatrechts ist besonders zu verweisen auf *Kurt Biedenkopf*, Über das Verhältnis wirtschaftlicher Macht zum Privatrecht in Festschrift für F. Böhm, S. 113 ff., sowie *ders.*, Die Konzentration als Rechtsproblem in H. Arndt, Hrsg., Die Konzentration in der Wirtschaft, 1. Bd., 2. Aufl., 1971, S. 515 ff. Diesen Funktionswandel betont auch *L. Raiser*, Die Zukunft des Privatrechts, S. 10.

[26] Vgl. dazu die sog. institutionelle Betrachtungsweise, deren erklärtes Anliegen es ist, die bisher herausgebildeten Instrumente einer privatrechtsimmanenten Machtkontrolle um ein entscheidendes Stück weiterzuentwickeln. So vor allem *L. Raiser*, Rechtsschutz und Institutionenschutz im Privatrecht in Summum ius summa iniuria, 1963, S. 145 ff. Vgl. dazu auch O. *Kuhn*, Strohmanngründung bei Kapitalgesellschaften, 1964.

konnte diese Entwicklung allenfalls verzögern, aber nicht aufhalten oder gar rückgängig machen. Da die „Möglichkeit, die eigene Zielsetzung zu verwirklichen, ... von anderen sozialen Mächten (Verbänden, Kartellen usw.) und vor allem von der ihrer Eigengesetzlichkeit überlassenen Wirtschaft in weit höherem Ausmaß eingeschränkt“[27] wird als von staatlichen Maßnahmen, muß unter Durchbrechung der behaupteten privatrechtlichen Solidarität der Staat gegen diese Bedrohung auf den Plan gerufen werden: „es ist Aufgabe des Staates, die solchermaßen bedrohte Entfaltungsmöglichkeit des einzelnen zu schützen, selbst wenn sich daraus für andere Wirtschaftssubjekte ebenfalls Freiheitseinbußen ergeben.“[28]

Mit der Lösung des privatrechtlichen Instrumentarismus von individueller Selbstbestimmung entfällt aber der Grund für die prinzipiell vorbehaltslose Anerkennung des einzelnen Rechtsgeschäfts und für den Verzicht auf eine inhaltliche Überprüfung durch die staatliche Rechtsgemeinschaft.

Es ist durchaus sinnvoll, auch den Unternehmenskorporationen eigenverantwortlichen Spielraum in der Gestaltung ihrer Rechtsbeziehungen zu belassen. Das ist indessen nicht mehr eine Frage der Gewährleistung individueller Freiheit, sondern betrifft die ganz andere Frage der zweckmäßigsten Gestaltung des Wirtschaftsprozesses. Daß auch dies Rückwirkungen auf die Freiheitschance des einzelnen hat, kann nicht geleugnet werden: entscheidend ist jedoch, daß Freiheit der Unternehmenskorporationen etwas anderes bedeuten muß als individuelle Freiheit. Sicherlich liegt die Erwartung nahe, daß bei einer umfassenden staatlichen Inpflichtnahme der Unternehmenskorporationen, bei einer totalen Durchnormierung ihres Handlungsfeldes auch die Freiheit des einzelnen in Gefahr geriete – dies aber nicht direkt durch den Eingriff in die Unternehmensautonomie, sondern indirekt als Folge der dadurch möglicherweise begründeten Übermacht des Staates bzw. der Staatsbürokratie. Das betrifft die Frage der Zentralisierung sozialer Macht beim Staat und der Möglichkeiten ihrer Kontrolle. Darauf ist noch einzugehen. Festzuhalten bleibt zunächst, daß die Unternehmenskorporationen das Prinzip der individuellen Freiheit nicht für ihre Autonomie in Anspruch nehmen können. Sie sind nicht Individuen, sondern Korporationen, nicht Menschen, sondern Organisationen. Die Ideologie der juristischen Person kann daran nichts ändern; die von ihr behauptete Solidarität zwischen Individuen und Korporationen ist jedenfalls im wirtschaftlichen Bereich von der Realität längst widerlegt.

---

[27] *Christen*, Wirtschaftsverfassung, S. 118/119.

[28] *Christen*, aaO. S. 119. Ebenso stellt *Scheuner*, Staatl. Einwirkung, S. 33 auf die Pflicht des Staates zum Schutz und zur Förderung der freiheitlichen Ordnung ab: die staatliche Einwirkung kann „als notwendige Ausgestaltung und Verwirklichung des Freiheitsrechts Bedeutung haben, wenn sie Gefährdungen (etwa der Bildung übermächtiger wirtschaftlicher Machteinflüsse in der Wirtschaft ...) entgegentritt ...“ Vgl. *W. Huber/Tuchtfeldt*, Wirtschaftspolitische Ziele, S. 9 f.

Der Zerfall der Einheit des Privatrechts, der sich hier zeigt, macht die Unternehmensordnung wieder zur offenen Frage.

Privatrechtliche Autonomie hieße für die Unternehmenskorporation, daß sich Macht und Willkür verbinden, hieße, daß darauf verzichtet würde, Recht zur Kontrolle von Macht einzusetzen. Der Autonomieanspruch der Unternehmenskorporation kann infolgedessen nur neu und anders als die Autonomie des einzelnen begründet werden: sie kann im Gegensatz zu dieser schon vom Ansatz her nur Verantwortungsfreiheit sein[29]. Die Frage nach Richtigkeit und Rationalität und deren Nachprüfung kann folglich für die Handlungen der Unternehmenskorporation nicht ausgeschlossen werden: diese müssen politisch verantwortet und öffentlicher Kontrolle unterworfen werden[30]. Die Kriterien dafür müssen sich an der Funktion der Unternehmenskorporation und ihrer Autonomie ausrichten. Ihre Autonomie ist im Rahmen der Ordnung der Gesamtwirtschaft und der Gesellschaft im ganzen zu sehen. Dies verweist einmal auf das Koordinationsproblem: inwieweit ist die Autonomie des Unternehmens von der zweckmäßigsten Koordination des Wirtschaftsprozesses her geboten? Darin erschöpft sich die Frage freilich nicht; es geht zum andern um den Schutz des einzelnen vor willkürlicher und sachlich nicht gerechtfertigter Ausübung wirtschaftlicher Macht. Von beiden Aspekten her muß die Unternehmensautonomie in Frage gestellt werden.

2. Unternehmenskorporation und öffentliches Recht

Es entspricht dem liberalen Erbe in der juristischen Doktrin, wenn als Alternative zu einer privatrechtlich bestimmten Unternehmensautonomie die totale Durchnormierung des wirtschaftlichen Lebens und die direkte staatliche Lenkung der Wirtschaft gesehen wird. Indessen ist die in der ursprünglichen Konzeption des Privatrechts liegende Abgrenzung der Wirtschaft gegenüber dem Staat, die den Staat und das staatliche Recht auf die Bereitstellung eines Ordnungsrahmens[31] und auf eine „Wartungsfunktion" von „pfleghaft-gärtnerischem Charakter"[32] beschränken und vom eigentlichen wirtschaftlichen Koordinations- und Lenkungsprozeß fernhalten wollte, von der Realität überholt. Eine Rechtsordnung auf der Voraussetzung einer staatsfreien Wirtschaft kann den heutigen wirtschaftlichen und sozialen Verhältnissen nicht gerecht werden[33]. Tatsächlich ist die Situation der modernen Wirtschaft von einem starken Vordringen des öffentlichen Rechts

---

[29] Zu dieser Gegenüberstellung *Bullinger*, Öffentliches Recht und Privatrecht, S. 82.

[30] *L. Raiser*, Zukunft des Privatrechts, S. 23.

[31] *Böhm*, Privatrechtsgesellschaft ORDO XVII, S. 102.

[32] *Böhm*, aaO. S. 86/87.

[33] *Christen*, Wirtschaftsverfassung, S. 320 ff. Siehe dazu näher auch *Ott*, Die so-

als Ausfluß der zunehmenden Durchdringung wirtschaftlicher Prozesse durch Maßnahmen staatlicher Lenkung und Reglementierung bestimmt. Dies legt es nahe, die Ansätze einer über das Privatrecht hinausführenden Ordnung der Unternehmenskorporation hier zu suchen und für die Kriterien der unternehmerischen Verantwortungsfreiheit und ihrer institutionellen Durchsetzung das öffentliche Recht heranzuziehen.

Insgesamt sind die Unternehmen in den letzten 50–60 Jahren mit einem immer dichteren Netz sozial- und wirtschaftspolitischer Bindungen überzogen worden. Eine grundsätzliche Lösung aus der privatrechtlichen Sphäre ist damit jedoch nicht verbunden, vielmehr zeigt sich die „eigentümliche Gemengelage von privatem und öffentlichem Recht, die für die Bereiche des Arbeits- und Wirtschaftsrecht charakteristisch ist“[34], mit besonderer Deutlichkeit am Beispiel des Unternehmens. Die Schwerpunkte dieser öffentlich-rechtlichen Bindung der Unternehmen lassen sich nicht auf einen einheitlichen Nenner bringen. Mit der neo-liberalen Vorstellung, die sich vor allem an der Aufgabe des Staates orientiert, den Wettbewerb funktionsfähig zu erhalten und vor den der Wirtschaft immanenten Tendenzen der Wettbewerbsbeschränkung zu schützen, ist dieser Vorgang jedenfalls nicht mehr zu erfassen. Wirtschaftsrecht im hier gemeinten Sinn ist auch nicht lediglich Polizeirecht[35]. Zu einem Problem der Unternehmensautonomie wird das öffentliche Recht erst dort, wo es eine politische Inpflichtnahme der Wirtschaft bzw. der Unternehmen zur Durchsetzung wirtschaftlicher oder außerwirtschaftlicher Ziele bewirkt, und zwar solcher Ziele, die die staatlichen Organe festgelegt und bestimmt haben[36].

Der staatlichen Wirtschaftslenkung sind indes von der Verfassung deutliche Grenzen gezogen. Wie das Bundesverfassungsgericht immer wieder betont hat, dürfen die Unternehmen und die Wirtschaft im ganzen nicht unter generelle staatliche Kontrolle gebracht werden, sondern es muß grundsätzlich ein Spannungsverhältnis bestehen bleiben[37]. Demgemäß beschränkt sich das Wirtschaftsrecht im ganzen auch auf eine Steuerung auf höherer Ebene, ohne Eingriff in die unternehmerische Planung und Planaufstellung im Einzelfall. Der Staat ist zwar von der Verfassung her nicht gehindert, durch Einsatz allgemeiner politischer Lenkungsmittel und durch direkte öffentlich-rechtliche Bindung der Unternehmen in die Steuerung des Wirtschafts-

---

ziale Effektivität des Rechts bei der politischen Kontrolle der Wirtschaft, Jahrbuch für Rechtssoziologie und Rechtstheorie, Band 3, S. 345 ff.

[34] *L. Raiser*, Zukunft des Privatrechts, S. 13.

[35] Vgl. dazu *Christen*, Wirtschaftsverfassung, bes. S. 49 ff., 57 f.

[36] Vgl. *Christen*, aaO. S. 54 ff., 67.

[37] Vgl. vor allem das Mühlen-Urteil, BVerfG BB 1969, 194: weiter Bereich des Ermessens für den Gesetzgeber bei wirtschaftsordnenden Maßnahmen, die den Freiheitsspielraum des einzelnen einengen. Im einzelnen *Peter Wittig*, BB 1969, 386 ff. mit eingehenden Nachweisen.

prozesses einzugreifen, aber er muß das Spannungsverhältnis selbst und damit die Unternehmensautonomie im Grundsatz bestehen lassen.

Insgesamt ergibt sich danach, daß das Problem der Unternehmensautonomie durch die mittels des öffentlichen Rechts von außen herangetragene Begrenzung allein nicht gelöst werden kann. Das Problem bleibt bestehen, den Unternehmen einen eigenverantwortlichen Handlungs- und Entscheidungsspielraum zu erhalten, diesen zugleich aber wirksam zu kontrollieren. Es bleibt der von der öffentlich-rechtlichen Bindung direkt nicht erreichte und nicht erreichbare Freiheitsraum im Sinne der Verantwortungsfreiheit zu ordnen. Dies ist die Aufgabe eines neuen Unternehmensrechts, das zum Wirtschaftsrecht im dargelegten Sinn hinzukommen muß. Beide verkörpern wesentliche, unverzichtbare und sich gegenseitig notwendig ergänzende Teilfunktionen in der Ordnung des Wirtschaftsprozesses. Das Wirtschaftsrecht definiert von Fall zu Fall das öffentliche Interesse und trägt dieses in die Lenkung der Wirtschaft hinein, während das Unternehmensrecht seine Aufgabe darin findet, das Unternehmen als selbständiges Aktionszentrum in den wirtschaftlichen und politischen Prozeß einzugliedern. Dazu gehört aber außer der Erhaltung seiner Autonomie zugleich auch die Rückkoppelung an Kontroll- und Verantwortungsmechanismen, die dem Umstand angepaßt sind, daß Unternehmensautonomie nicht Privatautonomie im Sinne individueller Willkürfreiheit ist und es ihrer Struktur nach nicht sein kann. Vielmehr muß das Unternehmen aus dem Privatrecht herausgelöst und dementsprechend auch die Begründung der Unternehmensautonomie und ihre konkrete Bestimmung von ihrer überholten privat-rechtlichen Einkleidung befreit und der veränderten sozialen Realität angepaßt werden. Hier vor allem sind die Konsequenzen zu ziehen aus jenem Wandel der Unternehmen von privatrechtlichen Zusammenschlüssen in öffentliche Organisationen, und hier vor allem stellt sich die Aufgabe, dies rechtlich-institutionell umzusetzen.

Durch eine volle Integration der Unternehmen in das öffentliche Recht ist diese Aufgabe, wie sich gezeigt hat, nicht zu bewältigen. Die Unternehmen sind zwar aus dem Privatrecht herausgewachsen, sie sind aber nicht in gleichem Maße in das öffentliche Recht hineinverlagert worden und können dies in der gegebenen Situation auch nicht[38]. Die Unternehmenskorporation steht zwischen dem privaten und dem öffentlichen Recht und macht in letzter Konsequenz diese Unterscheidung selbst hinfällig[39].

---

[38] Vgl. dazu *Nell-Breuning*, Festgabe Kronstein, S. 75 ff.

[39] *Bullinger*, aaO. S. 68 ff. Grundlegend auch *Philip Selznick*, Law, Society, and Industrial Justice, S. 244 ff.

3. Privatunternehmen und Unternehmenskorporation

Bevor der Frage nach der rechtlich-institutionellen Ausgestaltung der Unternehmensautonomie und nach der grundsätzlichen rechtlichen Eingliederung der Unternehmenskorporation in die Rechtsordnung weiter nachgegangen werden kann, ist vorweg noch der Bereich der betroffenen Unternehmen näher zu bezeichnen. Die soziale und wirtschaftliche Bedeutung der Unternehmenskorporationen kann nicht die Tatsache verdecken, daß nach wie vor die individuelle unternehmerische Betätigung eine erhebliche Bedeutung besitzt. Zwar sind die Möglichkeiten des einzelnen als Unternehmer vielfach und nicht zuletzt durch die Existenz und fortlaufende Expansion der Unternehmenskorporationen beschränkt und von vornherein durch die strukturellen Bedingungen modernen Wirtschaftens begrenzt, sie sind aber trotz veränderter Vorzeichen keineswegs ganz beseitigt.

Hinsichtlich der rechtlichen Beurteilung dieser Unternehmer ergeben sich deutliche Unterschiede zur Unternehmenskorporation. Unternehmenskorporation und Privatunternehmen können prinzipiell nicht gleichgesetzt werden. Die Unternehmenskorporation ist eine überindividuelle Organisation, die typischerweise soziale und wirtschaftliche Macht verkörpert und dadurch gerade in einen – strukturell bedingten – Gegensatz zum Individuum und zu individueller Freiheit gerade im wirtschaftlich-unternehmerischen Bereich gerät. Unternehmenskorporationen sind nicht assoziative Zusammenschlüsse von individuellen Unternehmern, sondern korporativ strukturierte und in diesem Sinn überindividuelle Organisationen.

Ihre notwendige Entprivatisierung darf nicht unbesehen auf die individuelle unternehmerische Betätigung erstreckt werden. Privat ist dieses Unternehmertum, soweit es faktisch auch unmittelbar privat verantwortet werden muß und die ins Wirtschaftliche gerichtete individuelle Freiheit und Initiative ist. Erfolg und Mißerfolg schlagen sich hier im persönlichen Vermögen des Unternehmers nieder; Eigentum und Unternehmensleitung liegen in einer Hand; demgemäß fallen unternehmerische Entscheidungsmacht und individuelle Autonomie hier auch unmittelbar zusammen. Zwar sind auch der unternehmerischen Betätigung des einzelnen deutlich im öffentlichen Interesse Grenzen gezogen. Das Wirtschaftsrecht, verstanden als öffentlichrechtlicher, der staatlichen Wirtschaftslenkung dienender Eingriff in den Wirtschaftsprozeß, erfaßt grundsätzlich alle Unternehmen ohne Rücksicht auf ihre Größe und Struktur. Im übrigen aber ergibt sich für den verbleibenden unternehmerischen Entscheidungsbereich ein stärkerer individualistischer Bezug. Die „selbständigen Gewerbetreibenden" sind im Kern Privatunternehmer im ursprünglichen Sinn geblieben.

Auf die künftigen Chancen privater unternehmerischer Initiative braucht hier ebensowenig wie auf die Frage nach Sinn und Möglichkeiten einer aktiven Mittelstandspolitik eingegangen zu werden. Inwieweit die Erhaltung wirtschaftlich selbständiger Existenzen wirtschafts- und gesellschaftspolitisch sinnvoll und möglich ist, ob private Unternehmen neben Unternehmenskorporationen bestehen können und unverzichtbare Funktionen wahrnehmen, – all dies weist über den gegebenen Rahmen weit hinaus. Was für jene gilt – daß sie sich aus privaten Gebilden zu öffentlichen Organisationen entwickelt haben – gilt für sie jedenfalls grundsätzlich nicht, und die Gründe, die dort zu einer Abkehr von den Prinzipien der privatrechtlichen Autonomie zwingen, treffen hier nicht zu. Demgemäß ist auch in der Auseinandersetzung um eine Unternehmensrechtsreform immer wieder betont worden, daß der eigentliche Eigentümer-Unternehmer damit nicht angesprochen werde und davon nicht betroffen werden solle[40].

Als Konsequenz ergibt sich eine Teilung der Wirtschaft in zwei wesentlich verschiedene Bereiche: in den der Privatunternehmen und den der Unternehmenskorporationen.

> „Während der erste geprägt ist durch das traditionelle Privatwirtschafts- und Marktmuster, handelt es sich bei dem zweiten um das System der Großindustrie, der ‚kollektivkapitalistischen' im Gegensatz zur privatkapitalistischen Planung. Dieses industrielle System der Konzerne und Großunternehmen ist dadurch ausgezeichnet, daß erstens Unternehmensfunktion und Eigentumsfunktion getrennt sind und zweitens die Lebensumstände des Eigentümers kaum noch mit dem Schicksal des Unternehmers verbunden sind."[41]

Diese Unterscheidung rechtlich zutreffend zu erfassen, wirft freilich im einzelnen Schwierigkeiten auf. An die gesellschaftsrechtliche Typenordnung kann dabei von vorneherein nicht angeknüpft werden. Diese ist durch vertragliche Typenvermischung und insbesondere auch durch die Möglichkeit der korporativen Ausgestaltung der sog. Personengesellschaften für die Frage der Unternehmensstruktur und der Unternehmensordnung weitgehend irrelevant geworden. Davon abgesehen stellt sich auch noch die weitere Schwierigkeit, daß sich die Unterschiede zwischen Assoziation und Korporation in der Struktur des modernen Industrieunternehmens an vielen Stellen relativiert haben und auch das Privatunternehmen trotz seiner Verbindung zur Privat- und Eigentumssphäre des Unternehmers typischerweise auch korporative Elemente aufweist.

Die Grenze zwischen Privatunternehmen und Unternehmenskorporationen läßt sich sonach nicht eindeutig aus der Unternehmensstruktur ablesen. Der Übergang vollzieht sich vielmehr allmählich und fließend. Beide Bereiche juristisch scharf voneinander zu trennen verlangt letztlich eine politisch

---

[40] Vgl. *H. Deist,* Die Gewerkschaften als Ordnungsfaktor in Gewerkschaft, Wirtschaft, Gesellschaft, 1963, S. 251.

[41] *Jörg Huffschmid,* Die Politik des Kapitals, S. 131, in kritischer Auseinandersetzung mit dieser von Kantzenbach entwickelten Unterteilung; *E. Kantzenbach,* Jahrbuch für Sozialwissenschaften, 19 (1968), S. 171 ff.

zu verantwortende Entscheidung. Dies ist indes ein allgemeines Problem der Rechtsordnung, die durchweg um der nötigen Förmlichkeit, Sicherheit und Klarheit willen gezwungen ist, klare Tatbestände zu schaffen und klare Grenzen zu ziehen, wo sie gleitende Übergänge vorfindet.

Anhaltspunkte de lege ferenda bieten zunächst die schon im geltenden Recht gezogenen Trennungslinien. Hier wird die wirtschaftliche Mitbestimmung der Arbeitnehmer grundsätzlich auf Kapitalgesellschaften und unter ihnen wiederum auf die größeren Unternehmen beschränkt. Das Betriebsverfassungsgesetz unterwirft alle Aktiengesellschaften und Kommanditgesellschaften auf Aktien der Regelung, wonach der Aufsichtsrat zu einem Drittel aus Vertretern der Arbeitnehmer bestehen muß. Ausgenommen davon sind Familiengesellschaften, die weniger als fünfhundert Arbeitnehmer beschäftigen. Als Familiengesellschaft gilt dabei ein Unternehmen, dessen Aktionär eine natürliche Person ist oder dessen Aktionäre in näher bezeichneter Weise miteinander verwandt oder verschwägert sind[42]. Die paritätische Mitbestimmung im Montanbereich betrifft Aktiengesellschaften, Gesellschaften mit beschränkter Haftung und bergrechtliche Gewerkschaften mit eigener Rechtspersönlichkeit, welche in der Regel mehr als tausend Arbeitnehmer beschäftigen[43]. Ähnlich zeichnet sich in der Auseinandersetzung um die generelle Ausdehnung der paritätischen Mitbestimmung das Bestreben ab, nur Großunternehmen zu erfassen, die in der Regel mehr als 2 000 Arbeitnehmer beschäftigen und die in der Rechtsform einer Aktiengesellschaft, einer Kommanditgesellschaft auf Aktien, Gesellschaft mit beschränkter Haftung, bergrechtlichen Gewerkschaft mit eigener Rechtsfähigkeit und unter bestimmten Voraussetzungen auch einer GmbH & Co KG betrieben werden[44].

Einen weiteren Anhaltspunkt für die notwendige Abgrenzung von Privatunternehmen und Unternehmenskorporationen bietet auch die Rückbesinnung auf den Ausgangspunkt der Untersuchung, auf das Problem, den Wandel privater Zusammenschlüsse zu öffentlichen Organisationen unternehmensrechtlich zu erfassen und der aus dem Bezug zu individueller wirtschaftlich-unternehmerischer Betätigung gelösten Unternehmensautonomie

---

[42] § 76 Abs. 6 BetrVerfG 1952. [43] § 1 Abs. 2 MitbestG.

[44] Anders war der Kreis der Großunternehmen im SPD-Entwurf über die Unternehmensverfassung in Großunternehmen und Konzernen bezeichnet; danach sollten Großunternehmen durch jeweils zwei von drei Kriterien definiert werden: 2000 Beschäftigte, 75 Mio. DM Bilanzsumme, 150 Mio. DM Jahresumsatz; BT-Drucksache V/3657. – Nach dem Publizitätsgesetz vom 15. 8. 1969 (BGBl. I, 1189) setzt die Pflicht zur Rechnungslegung zwei von den folgenden drei Kriterien voraus: 5000 Beschäftigte, 125 Mio. DM Bilanzsumme, 250 Mio. DM Jahresumsatz. Erfaßt werden hier auch Personengesellschaften und Einzelkaufleute. Wieder anders ist der Kreis der der Fusionskontrolle unterliegenden Unternehmen abgrenzt, vgl. § 24 Abs. 8 GWB.

eine neue und tragfähige Grundlage zu verschaffen. Bedenkt man dabei, daß dieser Vorgang für die überkommene Unternehmensordnung nicht weniger einschneidend und umwälzend ist, als die Einführung der paritätischen Arbeitnehmer-Mitbestimmung, so wird deutlich, daß der Kreis der Unternehmenskorporationen im hier gemeinten Sinn jedenfalls nicht weiter gezogen werden sollte als der der Großunternehmen in den genannten Reformvorschlägen. Inwiefern er enger zu ziehen ist, hängt letztlich auch von der Frage ab, welche institutionellen Möglichkeiten sich für die politisch-öffentliche Kontrolle der Unternehmenskorporationen ergeben und in welchem Umfang diese eine effektive Unternehmenskontrolle bewältigen können.

II. Die Rechtsstellung der Unternehmenskorporation in grundsätzlicher Sicht: moderne Ansätze

1. Sozialrecht und intermediärer Bereich

Die moderne Unternehmenskorporation paßt, wie sich gezeigt hat, nicht in das überkommene System der Trennung und Entgegensetzung von Privatrecht und öffentlichem Recht. Mehr noch die soziale Macht, die sie bedeutet, das „staatsähnliche Unterworfenheitsverhältnis“, in das der einzelne ihr gegenüber gerät – kurz, ihre quasi-hoheitlichen, quasi-legislativen Funktionen[45] zwingen dazu, jene Aufgliederung der Rechtsordnung grundsätzlich beiseite zu schieben und den rechtlichen Satus der Unternehmenskorporation neu zu bestimmen[46]. Die allgemeine Feststellung, der Unterschied zwischen privatem und öffentlichem Recht sei im Bereich der Wirtschaft sinnlos geworden[47], führt freilich noch nicht weiter. Es kommt vielmehr darauf an, daraus die institutionellen Konsequenzen zu ziehen und das positive Recht so fortzubilden, daß eine Entscheidungsmacht, die nicht privat verantwortet, die aber auch nicht voll in den unmittelbar staatlichen Bereich integriert werden kann, einer funktionsfähigen und effektiven Kontrolle unterworfen wird. Der „formal-rechtliche Ausdruck“, der, wie Wolfgang Friedmann gesagt hat, für den Wandel der Unternehmenskorporationen zu finden ist, kann sich also nicht auf ein bloßes Fortschreiben der juristisch-dogmatischen Terminologie beschränken, sondern muß über das „law in the books“ hinaus zu effektiven Rechtsänderungen durchstoßen.

---

[45] Vgl. *Wolfgang Friedmann*, Recht und sozialer Wandel, S. 293 f.

[46] Vgl. zum Ansatz auch *Franz Böhm*, Privatrechtsgesellschaft, aaO. S. 99; die Ausübung der Befugnis zu Eingriffen in die Sphäre anderer muß von anderen Spielregeln bestimmt sein als eine Betätigung im Rahmen der reinen Selbstverantwortung.

[47] So *Rinck*, Wirtschaftsrecht, S. 5 ff.

Als Ansatz für eine theoretische Neubestimmung der Rechtsstellung der Unternehmenskorporation und ihres Wirkungsbereichs bietet sich zunächst der Rückgriff auf die schon von Otto von Gierke und in neuerer Zeit verschiedentlich, zuletzt insbesondere von Martin Bullinger aufgenommene Konzeption eines Sozialrechts an[48]. Damit sind jene Tendenzen in der Rechtsentwicklung angesprochen, die eine Synthese zwischen privatem und öffentlichem Recht überall dort suchen, wo ein freier, sich selbst überlassener Ausgleich nicht mehr gelingen kann. Dazu gehört neben anderen Bereichen, in denen die von sozialen Bindungen freigesetzte private Autonomie zu unkontrollierter Macht über andere führt, wie Bodenordnung, Mietrecht und Arbeitsrecht, auch der Bereich des Verbandsrechts, der „Arbeits- und Organisationswelt", „die sich neu als ein Handlungsfeld entwickelt hat, das voll weder der staatlichen noch der geschrumpften privaten Sphäre angehört"[49]. Trotz aller Unterschiede im einzelnen ist es das „gemeinsame Funktionsprinzip dieses neuen Zwischenbereichs zwischen dem traditionellen öffentlichen Recht und dem Privatrecht, in denen die Konfrontation von Staat und Gesellschaft ihren klassischen Ausdruck gefunden hatte, daß die sozialen und wirtschaftlichen Funktionsabläufe weder durch unmittelbare staatliche Anordnung noch durch das freie Spiel der Privatautonomie der Wirtschaftssubjekte gesteuert werden, sondern durch Kooperation zwischen sozialen Gruppen oder durch einen von der öffentlichen Gewalt koordinierten Ausgleich"[50].

Freilich ist damit mehr die grundsätzliche Problematik als der konkrete institutionelle Ansatz für eine Weiterentwicklung des Rechts aufgewiesen. Die Frage, „welche Rechtsprinzipien im Unterschied zu denen des öffentlichen oder Privatrechts ein System des Sozialrechts konstituieren und von diesen alten Rechtsgebieten abgrenzen sollen"[51], ist damit noch nicht beantwortet.

Eine Konkretisierung dieses Ansatzes für den hier interessierenden Bereich unternimmt Bullinger[52]. Auch er geht von einer umfassenden Kritik des Zweiteilungsdenkens aus, das, im politischen Programm des vernunftrechtlichen Denkens angelegt, auf einen als staatsfrei gedachten Raum bürgerlicher Betätigungsfreiheit abzielt, im Laufe der Entwicklung aber eine Steigerung der abgrenzenden Unterscheidung zum werthaften, inneren Gegensatz vollzog. Bullinger weist auf die besonderen Schwierigkeiten hin, die die auf der vereinfachenden Gegenüberstellung von Individuum und Staat beruhende durchgehende Zweiteilung des Rechts hinsichtlich der Gemeinschaften und Verbände – unter anderem auch der Aktiengesellschaften –

[48] Öffentliches Recht und Privatrecht, S. 75 ff.
[49] *L. Raiser*, Zukunft des Privatrechts, S. 23.
[50] *Wieacker*, Privatrechtsgeschichte der Neuzeit, S. 546/7.
[51] *L. Raiser*, aaO. S. 24.
[52] Öffentliches Recht und Privatrecht, S. 68 ff., 90 ff.

aufgeworfen hat[53]. Während ursprünglich zwischen Privatgesellschaften und Korporationen öffentlicher Art nur Gradunterschiede bestanden, entwickelte sich daraus im Laufe des 19. Jahrhunderts der Statusunterschied zwischen juristischen Personen des Privatrechts und solchen des öffentlichen Rechts. „Die überindividuellen Gruppierungen wurden also entweder dem Rechtskreis des Individuums oder dem des Staates zugeordnet und damit in ein Zweierschema gepreßt, das weder ihre gemeinsame Eigenart noch ihre graduellen Sachunterschiede angemessen zur Geltung kommen ließ ... Wo immer man die Grenze zwischen öffentlich-rechtlichen und privatrechtlichen Verbänden zog, wurde dem Individualbereich etwas zugeordnet, das als soziale Erscheinung nicht mehr vom Individuum her zu verstehen war, und andrerseits dem Staat etwas zugeordnet, das gegenüber der staatlichen Regierung und Bürokratie Eigenständigkeit beanspruchen konnte."[54] Insbesondere nennt Bullinger in diesem Zusammenhang auch die Aktiengesellschaften, mit denen „bald Dimensionen überindividueller wirtschaftlicher und sozialer Macht erreicht (waren), die es kaum noch zuließen, hier eine Privatangelegenheit zu sehen ..."[55].

Von daher ergibt sich die Notwendigkeit, das „eigenständige, überindividuelle Kraftfeld zwischen dem Staat und dem Einzelnen als etwas Besonderes zu begreifen und rechtlich zu ordnen"[56], – eben als ein spezifischer Bereich des Öffentlichen. Auf der Suche nach sachnahen und dem Ordnungszusammenhang angepaßten Lösungskriterien zieht Bullinger einmal den Gedanken einer „Zusammenschau strukturgleicher oder strukturähnlicher privater, halböffentlicher und öffentlicher Verantwortungspositionen" und eine Übertragung der im Verwaltungsrecht entwickelten Prinzipien auf „Verantwortungspositionen außerhalb der öffentlichen Verwaltung"[57] heran – insbesondere Regeln über Ermessen und rechtliches Gehör. Dies wird näher auf die „Gleichheits- und Gerechtigkeitserwartungen" bezogen, die Erwartung gerechter, willkürfreier, sachlicher Entscheidungen, die sich nicht nur an das staatliche Gemeinwesen, sondern auch an die Verbände im intermediären Bereich richten könne[58]. Speziell zu den Organisationen und Unternehmenskorporationen weist Bullinger auf die Publizität als Verantwortung vor der Öffentlichkeit hin, weil „Anonymität und mögliche Streuung der Kapitalanteile, Machtfülle der Leistung und mögliche Machtkonzentration bei der Gesellschaft es verbieten, die Aktiengesellschaft ebenso als Privatangelegenheit zu behandeln wie eine kleine Einzelfirma oder offene Handelsgesellschaft"[59].

---

[53] AaO. S. 68 ff.

[54] Öffentliches Recht und Privatrecht, S. 69.

[55] AaO. S. 72.

[56] *Bullinger*, aaO. S. 73.

[57] AaO. S. 83.

[58] AaO. S. 89.

[59] AaO. S. 92.

Auf dieser Basis lassen sich eine Reihe weiterer Ansätze aufgreifen, die die gleiche Tendenz aufweisen, soziale, nicht-staatliche Macht rechtlich zu binden. Das Publizitätsprinzip spielt seit langem eine zentrale Rolle in der aktienrechtlichen Reformdiskussion und ist – nach dem Grundsatz der „gläsernen, aber verschlossenen Taschen" (Kronstein) – wesentlicher Bestandteil der Kontrollstrategie des Aktiengesetzes von 1965 geworden[60]. Es ist inzwischen durch das Publizitätsgesetz von 1969 auf Großunternehmen ohne Rücksicht auf ihre Rechtsform erstreckt worden[61]. Auch der andere von Bullinger genannte Ansatz – die Gleichheits- und Gerechtigkeitserwartungen auch an andere als staatliche Verbände – ist seit langem in der gesellschaftsrechtlichen Diskussion[62]. Beides gewinnt durch eine Neu-Interpretation der Unternehmenskorporationen als spezifische Bereiche des Öffentlichen neue und zusätzliche Aktualität und kann Teil der Lösung sein. –

Zur grundsätzlichen Neubestimmung des hier in Frage stehenden intermediären Bereichs hat erneut Ludwig Raiser mit Nachdruck darauf hingewiesen, daß es dabei vor allem um die Realisierung politischer Verantwortung und öffentlicher Kontrolle gehen muß. Hierzu sei vom Begriff des Sozialrechts allein noch keine Hilfe zu erwarten[63]. Für die Rechtsstellung der nichtstaatlichen Verbände und Organisationen und insbesondere auch der „Großorganisationen" im wirtschaftlichen Bereich, also der Unternehmenskorporationen neben anderen, knüpft Raiser an die von Bullinger aufgezeigte Entwicklung an und bezeichnet es von daher ebenfalls als Kern des Problems, daß sich aus der Struktur der modernen Industriegesellschaft heraus Regelungsaufgaben ergeben, die mit den Mitteln des Privatrechts allein nicht mehr zu lösen seien[64]. Deutlicher noch als Bullinger betont Raiser die Notwendigkeit eines Raumes eigener, einzeln oder gemeinsam auszuübender, vom Staat nicht kontrollierter Handlungsfreiheit[65]. Daraus ergibt sich für die grundsätzliche Ausrichtung dieses Bereichs eine unmittelbare „Doppelpoligkeit", bei der der eine Pol nach wie vor das Privatrecht und das privatrechtliche Prinzip der Staatsfreiheit ist[66]. Entscheidend ist allerdings,

---

[60] Dazu näher Das Frankfurter Publizitätsgespräch, hrsg. v. C. H. Barz u. a., 1962. Siehe auch *C. Ebenroth*, Das Auskunftsrecht des Aktionärs und seine Durchsetzung im Prozeß, 1970, mit eing. Nachw.

[61] Gesetz vom 15. 8. 1969 (BGBl. I, 1189). Siehe dazu *Reinhard Goerdeler*, Probleme des Publizitätsgesetzes in Festschrift für Heinz Kaufmann, 1972, S. 169 ff.

[62] *Götz Hueck*, Der Grundsatz der gleichmäßigen Behandlung im Privatrecht, 1958.

[63] Zukunft des Privatrechts, S. 24.

[64] AaO. S. 12.

[65] AaO. S. 21. – R.s Ansatz dürfte von dem Ansatz und der Tendenz Bullingers weniger differieren, als R. selbst zu meinen scheint (vgl. S. 20 f.), denn auch B. sagt ausdrücklich, daß die freie Entfaltung des Einzelnen nicht der Vorstellung von einer generell öffentlichen, beamtenähnlichen Verantwortung vor der Allgemeinheit zum Opfer fallen dürfe, S. 79.

[66] AaO. S. 22 f.

daß die Institutionen des Privatrechts nicht auf eine einzige gesellschaftliche Funktion festgelegt werden können, sondern je nach dem Bereich, in dem sie eingesetzt werden, unterschiedlichen Wertmaßstäben unterliegen: der „Grad der Privatheit oder Öffentlichkeit eines solchen Lebensbereichs (führt) auch zu rechtlich relevanten Unterschieden in der Funktion und der Handhabung privatrechtlicher Rechtsinstitute ..."[67].

Einer der Funktionsbereiche, die typischen Lebensbereichen der Gesellschaft entsprechen und nach dem Grad der Öffentlichkeit zu unterscheiden sind, ist, wie Raiser hervorhebt, der Bereich der Großorganisationen, also der wirtschaftlichen Unternehmen und der das Arbeits- und Wirtschaftsleben weithin beherrschenden Verbände[68]. Von einer befriedigenden Ordnung dieses Bereichs „intermediärer Machtzentren" oder auch nur „von einer klaren Konzeption davon, wie er im Rahmen unserer Verfassung am besten geordnet werden sollte", sei man derzeit jedoch noch weit entfernt, so meint Raiser[69], obwohl das Recht der großen Unternehmenskorporationen sich am ehesten noch der Aufgabe gestellt habe, bei „Wahrung der Unternehmerinitiative dem öffentlichen Charakter solcher Unternehmen durch einen sich immer mehr verstärkenden Panzer zwingender Normen zur Einschränkung der Satzungsautonomie, durch Bilanzierungs- und Publizitätsvorschriften, durch das Betriebsverfassungs- und Mitbestimmungsrecht und neuerdings durch die Vorschriften über verbundene Unternehmen Rechnung zu tragen"[70] und obwohl die Unternehmenskorporationen auch einer wirtschaftsrechtlichen Kontrolle hinsichtlich ihres Machtgebrauchs unterworfen seien. –

2. *Das „Unternehmen von öffentlicher Bedeutung"*

Einen im Ansatz anderen, jedoch nicht weniger umfassenden und die gesellschaftliche Relevanz in voller Breite aufnehmenden Versuch zur Bestimmung des sozialen Standorts des modernen Großunternehmens und der daraus folgenden rechtlichen Einordnung hat Herbert Krüger unternommen[71]. Der weitgespannte Rahmen der „Allgemeinen Staatslehre", in dem dies geschieht, unterstreicht dabei nachdrücklich die generelle Bedeutung, die dem Großunternehmen beigemessen wird, wie auch die Notwendigkeit, es nicht als isolierte Erscheinung, sondern als zentrales Problem der gesellschaftlichen Ordnung zu verstehen.

Von der Erscheinung des „staatlich gebundenen Berufes" her entwickelt Herbert Krüger Ansätze zur Erfassung eines Bereichs, der der „ausschließlichen Bestimmung durch das Privatbelieben und de(m) wirtschaftlichen Eigennutz zu entziehen und ... öffentlich in Pflicht zu nehmen (ist), ohne

[67] AaO. S. 27.
[68] AaO. S. 35 f.
[69] AaO. S. 35.
[70] Ebd.
[71] Allgemeine Staatslehre, 2. Aufl, 1966, S. 407 ff.

Aufgaben und Träger verstaatlichen zu müssen“[72]. Für das „große Wirtschaftsunternehmen“, auf das Krüger sich bezieht, stellt er den Machtaspekt in den Mittelpunkt. „Die Entwicklung der Unternehmen zu immer größeren Einheiten zwingt dazu, sie als Machtgebilde zu würdigen.“[73] Als Machtfaktoren und Machtgebilde seien die großen Unternehmen aber als „längst und für immer einer Privatsphäre entwachsen anzusehen“[74].

Zugleich betont Herbert Krüger die Bedeutung der großen Unternehmen für die Existenz des Staates. Die Leistungsfähigkeit der Wirtschaft sei eine Existenzfrage für die Bevölkerung. Daneben seien aber auch die nichtwirtschaftlichen Darbietungen speziell der großen Unternehmen von nationalem Interesse. Als Beispiel solcher „Hervorbringungen . . ., an denen dem Unternehmen um seiner selbst willen gelegen ist, die jedoch zugleich auch von hervorragender Bedeutung für die Gesamtheit sind“[75], nennt Krüger vor allem die wissenschaftliche Forschung – speziell im Hinblick auf die „Waffentechnik“, – und daneben auch die Bedeutung des Unternehmens als „Darbieter von Arbeitsplätzen“[76]. Ausdrücklich wird auch auf die außenpolitischen Funktionen des Großunternehmens hingewiesen: da „Gewalt als Instrument der Außenpolitik juristisch und technisch nicht mehr in Betracht kommt, ist ein auf Außenpolitik angewiesener Staat gezwungen, vor allem wirtschaftliche Mittel einzusetzen, um sich denjenigen Einfluß auf den Gang der Weltbegebenheiten zu verschaffen, der von seiner Sicherheit gefordert wird“[77].

Die generelle Bedeutung des Unternehmens sucht Krüger durch die Kategorien der Integration und Repräsentation des Staates zu erfassen. Das Unternehmen wird dabei einmal qua Betrieb als Institution verstanden, die dem Menschen „Existenz in physischer, seelischer, gesellschaftlicher und letztlich staatlicher Hinsicht“[78] vermittle, im übrigen wird das Unternehmen als wichtiger Faktor der staatlichen Integration insofern bezeichnet, als es seinen Angehörigen zu einem „gesellschaftlichen Stand“ verhelfe[79]. Zum andern wird die Repräsentationsfunktion des Unternehmens betont: „Die Verpflichtung des großen Unternehmens, über sich selbst hinaus zu existieren und zu leisten, besteht zuerst in der Pflicht zur Herausstellung repräsentativer Persönlichkeiten“[80] im Sinne einer „Reserve an staatsmännischen Persönlichkeiten“[81]. Zugleich verlangt Krüger unter dem Blickwinkel des Staatsinteresses vom Großunternehmen „an erster Stelle die Bewährung von in jeder Hinsicht vorbildlichen Auffassungen und Verhalten“[82]; vor allem schulde das Unternehmen der Allgemeinheit innere Ordnung und sozialen

[72] Allgemeine Staatslehre, S. 408.
[73] AaO. S. 410.
[74] AaO. S. 412.
[75] AaO. S. 414.
[76] AaO. S. 414, 417 f.
[77] AaO. S. 415.
[78] AaO. S. 418.
[79] Ebd.
[80] AaO. S. 418.
[81] AaO. S. 419.
[82] AaO. S. 420.

Frieden, weiter Ansehnlichkeit des Auftretens und Vorbildlichkeit der Geschäftsgebarung. Insgesamt sei die „wesentlichste unternehmerische Pflicht... Disziplin und Mitarbeit in allen ökonomischen, sozialen und politischen Angelegenheiten der Nation"[83].

Aus diesem Grundverständnis heraus ergibt sich für Krüger die prinzipielle Fragwürdigkeit der überkommenen rechtlichen Ordnung und Einordnung des Unternehmens. Das betrifft allgemein die privatrechtliche Grundkonzeption wie insbesondere das Eigentum als Rechtstitel der Herrschaft über das Unternehmen von öffentlicher Bedeutung. Hierin sieht Krüger das eigentliche Problem der Kapitalunternehmen: das Eigentum könne eine Richtigkeit der Herrschaft von vorneherein nicht mehr gewährleisten, weil es eine Gestaltung erfahren habe, die es um diejenigen Gehalte und Eigenschaften bringe, auf denen seine versittlichende Wirkung und seine gesellschaftliche Funktion beruhten[84]. Krüger stellt dabei weniger auf den Aspekt der Trennung von Besitz und Herrschaft, von ownership und control ab, sondern auf die Umstrukturierung des Eigentums als Folge der organisatorischen Funktionsteilung; die dadurch bewirkte „Liquidität" des Eigentums, die Beziehungslosigkeit, Eigenschaftslosigkeit und Kurzlebigkeit bedeute „und folgerichtig nichts anderes als den gesichtslosen Typ ‚Aktionär' hervorbringen konnte"[85], zwinge dazu, solchen „Eigentümern" die Herrschaft über ein Unternehmen von öffentlicher Bedeutung abzusprechen[86].

Auf das von Krügers Konzeption implizierte Staatsverständnis ist im einzelnen noch einzugehen. Festzuhalten ist hier zunächst jedoch, daß die möglichen institutionellen Konsequenzen von Krüger nur kurz angedeutet werden. Er verweist einmal auf die Aufgabe der Unternehmensführung, in erster Linie in die durch die „Entsubstanzialisierung" des Eigentums aufgerissene Lücke zu treten und betont dabei, daß es „für die eigentumslose Tüchtigkeit der sog. ‚Manager' unerträglich (wäre), wegen eines untüchtigen Eigentümers nicht zur Leistung gelangen oder aus ihr willkürlich verdrängt werden zu können"[87]. Die Ausgestaltung der Unternehmensführung wird indessen nur knapp angedeutet: eine Verpflichtung auf das Wohl des Unternehmens in allen seinen Beziehungen und auf das Gemeinwohl durch eine gesetzliche Vorschrift wie etwa § 70 des alten Aktiengesetzes von 1937, möglicherweise staatliche Beaufsichtigung, bei der es sich aber immer nur um „Hilfe zur Selbsthilfe, d. h. zur Selbstzucht der Gesellschaft" handeln könne[88] und schließlich der Hinweis auf die Notwendigkeit einer Wiedergeburt eines substantiellen Eigentums. Von einer unbestimmten Bezugnahme auf die Möglichkeit eines „Unternehmensverfassungsgesetzes" abgesehen bleibt freilich offen, wie die für notwendig gehaltene Disziplinierung des

[83] Ebd.
[84] AaO. S. 430 ff.
[85] AaO. S. 430.
[86] AaO. S. 432.
[87] AaO. S. 433.
[88] AaO. S. 434.

Unternehmens „in allen ökonomischen, sozialen und politischen Angelegenheiten der Nation“ aktualisiert bzw. realisiert werden kann und soll[89].

III. Ansätze für die Theorie der Unternehmenskorporation

Alle Ansätze, die Kluft zwischen Recht und Realität der Unternehmenskorporation zu überbrücken und deren Standort im Rechtssystem neu zu bestimmen, scheinen schon durch die Schwierigkeit in Frage gestellt, überhaupt die Realität faßbar zu machen. Nähert man sich der modernen Unternehmenskorporation mit möglichster Unbefangenheit oder jedenfalls in dem Bestreben, sich von der Fixierung auf überkommene Definitionen zu lösen, so zeigt sie sich als Gebilde von verwirrender und kaum zu übersehender Vielfalt, bei dem bald dieser, bald jener Aspekt stärker hervortritt. Als soziale Realität läßt sich die Unternehmenskorporation nicht auf eine bestimmte Funktion festlegen: sie ist eine wirtschaftliche Institution, die im Wirtschaftsprozeß Produktions- und Distributionsfunktionen wahrnimmt, sie trägt wesentlich zum Stand und zur Entwicklung der Technologie bei, sie ist Teil der sozialen Existenz der ihr als Mitglieder Zugerechneten, sie ist aber auch politische Institution mit Funktionen in den verschiedensten Bereichen der nationalen wie der internationalen Auseinandersetzungen und sie ist dabei selbst Machtfaktor und Herrschaftssystem[90]. Hinzu kommt, daß die Unternehmenskorporation nicht ein statisches Gebilde ist, sondern sich aus komplexen und sich fortlaufend verändernden Interaktionen zusammensetzt und durch in gleicher Weise komplexe und dynamische Prozesse mit ihrer Umwelt in Verbindung ist[91].

1. Zusammenfassung der Kritik

Diese korporative Dynamik sprengt das überkommene Unternehmensrecht und führt zu der Aufgabe, im Nachvollzug der sozialen Entwicklung einen neuen Rechtsbegriff der Unternehmenskorporation zu entwickeln und ihren Wirkungsort im Rechtssystem neu zu bestimmen. Das ist mehr als eine Analyse der Entwicklung; es verlangt letztlich auch eine Wertung der Unternehmenskorporation nach Maßgabe der grundlegenden Werte und Ordnungsprinzipien der Verfassung und es wirft die Frage auf, in welchem Verhältnis die Unternehmenskorporation zu den tragenden Institutionen der Verfassungs- und Rechtsordnung steht. Das heißt konkret: die Unternehmenskorporation ist in bezug zu setzen zum Grundrecht der freien Ent-

---

[89] AaO. S. 437.

[90] Vgl. *Richard Eells*, The Government of Corporations, 1962, S. 215 ff.

[91] Vgl. dazu auch *Silbermann/Zahn*, Die Konzentration der Massenmedien und ihre Wirkungen, 1970, S. 95 ff.

faltung der Persönlichkeit, zu den Grundprinzipien der Rechtsstaatlichkeit und der Sozialstaatlichkeit und zu den Verfassungsinstitutionen der Gewaltenteilung und der parlamentarischen Demokratie, vor allem aber ist sie auch am demokratischen Prinzip selbst zu messen.

Eine darauf bezogene Theorie der Unternehmenskorporation muß sich vor allem von den Beschränkungen durch die überkommene juristische Doktrin frei machen. Diese bestehen – kurz zusammengefaßt – darin, daß die Unternehmenskorporation als Vertragssystem mit wirtschaftlicher Zwecksetzung definiert und ihrem prinzipiellen Rechtsstatus nach einer wirtschaftlich privaten Sphäre zugerechnet und den natürlichen Personen prinzipiell gleichgestellt wird. Eine solche Definition erweist sich in jeder Hinsicht als zu eng. Die Revision dieses Kernsatzes der noch immer vorherrschenden Doktrin ist unumgänglich, wenn das volle Ausmaß der wirtschaftlichen, sozialen und besonders auch der politischen Funktionen der Unternehmenskorporationen und ihrer Macht in die Betrachtung einbezogen werden soll. Sie als „privat" zu bezeichnen, ist angesichts dieser Realitäten ausgeschlossen. Ihr einen „öffentlichen" Status zuzuerkennen, schien bisher nicht möglich, weil unter dem Einfluß der liberalen Gesellschaftslehre und ihres Zweiteilungsdenkens alles Öffentliche mit dem Bereich des Staatlichen gleichgesetzt oder ihm jedenfalls nahegerückt wurde. Gerade die Großorganisationen und hier vor allem die Unternehmenskorporationen stellten indes das Schema der Trennung von privater Gesellschaftsssphäre hier, staatlicher Organisation dort grundsätzlich in Frage[92]. Hier wird auch deutlich, daß der privatrechtliche Status bewirkt und weithin auch bewirken soll, daß die Unternehmenskorporationen einer effektiven Kontrolle ihrer Macht entzogen bleiben.

Im ganzen muß danach auch die Gleichsetzung der Unternehmenskorporationen als JP mit den natürlichen Personen, was die grundsätzliche Eingliederung in das Rechtssystem betrifft, aufgegeben werden. Die juristische Identifizierung verdeckt die tiefgreifende soziale Konfliktsituation, in der sich natürliche und juristische Personen speziell im wirtschaftlichen Bereich typischerweise heute befinden. Dabei ist festzustellen, daß die Abkehr von einem einheitlichen Rechtsstatus für Unternehmenskorporationen und andere „private" Organisationen im Grunde nicht einen Bruch in der Entwicklung der Rechtsdogmatik bedeutet, sondern nur ein Wiederanknüpfen an die vor dem Durchbruch der liberalen Privatrechtsdoktrin geläufige Differenzierung zwischen Individuen und überindividuellen Gruppierungen. Erst im Laufe des 19. Jahrhunderts wurden die JP des Privatrechts von denen des öffentlichen Rechts abgegrenzt und dem „Rechtskreis des Individuums"

---

[92] Hierzu grundsätzlich auch *Philip Selznick*, Law, Society, and Industrial Justice, S. 35 ff., 244 ff.

zugeordnet[93]. Das „Durchschneiden des gesellschaftlichen Bereichs und sein Aufteilen zwischen dem Individuum und dem Staate“[94], das hinter der noch immer vorherrschenden privatrechtlichen Lehre von der JP steht und von Anfang an fragwürdig war, ist heute unmöglich geworden.

Eine moderne Theorie der Unternehmenskorporation darf freilich nicht in terminologischen Korrekturen stecken bleiben; sie muß die institutionellen Konsequenzen vorbereiten und der notwendigen Entwicklung neuer Institutionen, der Entwicklung einer neuen Unternehmensrechtsordnung den Weg weisen. Das ist ohne einen prinzipiellen Neuansatz nicht möglich. Weder das Privatrecht noch das öffentliche Recht bieten bisher, wie sich gezeigt hat, eine ausreichende und angemessene Basis. Auch für das Wirtschaftsrecht war festzustellen, daß es in seinem derzeitigen Stand keine grundsätzliche Überwindung des Gegensatzes von privatem und öffentlichem Recht darstellt. Zwar ist in allen diesen Rechtsbereichen zum Teil ein Instrumentarium ausgebildet worden, das zur Kontrolle der Unternehmenskoporationen eingesetzt wird. Dabei handelt es sich aber immer um beschränkte Aspekte, um partielle Kontrollen und Korrekturen im überkommenen Rahmen.

Das ist auch für das Unternehmensrecht selbst festzuhalten. Soweit diesem Begriff in der Doktrin überhaupt eigenständige Bedeutung beigemessen wird, bezeichnete er in der Sache doch lange Zeit hindurch nicht mehr als ein erweitertes Handelsrecht oder das auf die Unternehmen bezogene bürgerliche Recht[95]. Die weiterreichenden Aspekte werden nur zögernd aufgenommen und haben im ganzen noch zu keinem einheitlichen Unternehmenskonzept geführt. Zwar hat die Arbeitnehmer-Mitbestimmung in wirtschaftlichen Angelegenheiten dem Unternehmensbegriff verstärkte juristische Relevanz und Beachtung verschafft, die verschiedenen Teilbereiche der Unternehmenskorporation – Gesellschaft, Betrieb und Unternehmen – stehen aber nach wie vor weitgehend unverbunden nebeneinander. Erst Thomas Raiser[96] hat in die Diskussion einen weiterführenden Ansatz gebracht, indem er das Unternehmen unter soziologischen Aspekten als Organisation auffaßt und von daher den Zusammenhang zwischen jenen bislang getrennten Bereichen deutlich macht. Die Doktrin hat sich diesem Ansatz bislang freilich im wesentlichen verschlossen und ihn zum Teil ausdrücklich und prinzipiell abgelehnt[97].

---

[93] *Bullinger*, aaO. S. 68 ff.

[94] *Bullinger*, aaO. S. 69.

[95] *W. Schluep*, Was ist Wirtschaftsrecht? in Festschrift für Walther Hug. S. 72 f.; vgl. dazu neuerdings auch *ders.*, Mitbestimmung?, 1971, pass.

[96] Unternehmen als Organisation, 1969.

[97] Vgl. die Besprechung von *Ballerstedt*, ZHR 134 (1970), 251; und von *Bre-*

2. *Die rechtliche Problematik korporativer Strukturen*

Für die rechtliche Neubestimmung und Neuordnung der Unternehmenskorporation ergibt sich die Notwendigkeit, sachnahe Begriffe und Regelungen zu entwickeln, mit dem Ziel, öffentliche Kontrolle und politische Verantwortlichkeit zu institutionalisieren.

a) Das wirft ein grundsätzliches Problem auf. Im Bereich der Unternehmenskorporationen treffen korporative Strukturen auf individualistische Rechtsprinzipien. Dies ist eine Feststellung der Realität und keine Rechtfertigung der korporativen Idee. Das Prinzip der individuellen Freiheit als Basis menschlicher Würde und Persönlichkeit steht nicht in Frage, soweit es um seine rechtlich-normative Geltung geht. Das Grundgesetz stellt den individuellen Menschen und sein Recht auf freie Entfaltung der Persönlichkeit eindeutig und entschieden in den Mittelpunkt der Verfassung und schließt es aus, Freiheit als korporativ vermittelte Freiheit zu interpretieren. Das Bundesverfassungsgericht hat hervorgehoben, daß die freie menschliche Persönlichkeit den höchsten Wert in der Verfassungs- und Rechtsordnung darstelle[98]. Es ist deshalb auch nicht zu bestreiten, daß das Grundgesetz „(e)ine personal eigenständige oder material eigenwertige Kollektivität" nicht anerkennt, daß vielmehr die „Kollektivität ... sich in ihren sämtlichen Dimensionen als Form bloßer Grundrechtsausübung (offenbart)"[99]. Das Grundgesetz „billigt den Korporationen nicht ... den Rang eines Wertes zu, der wegen der positiven gesellschaftspolitischen Funktion der Korporationen würdig wäre, durch die Verfassung geschützt zu werden"[100]. Insofern ist jenem Konzept der Boden entzogen, das nicht der Freiheit des einzelnen, sondern das „stabilen Institutionen" den Vorrang einräumt und die Freiheit des Menschen nur in bezug auf diese sieht.

Das alles betrifft zunächst nur das positive Recht. Von der Verfassung her mag es ausgeschlossen erscheinen, daß korporative Ideen und Prinzipien Gültigkeit erlangen; das beseitigt aber effektiv vorhandene korporative Strukturen in der sozialen Realität noch nicht. Die tatsächliche Beschränkung der individuellen Freiheit durch die Abhängigkeit des einzelnen von einem korporativ vermittelten Status, der tatsächliche Vorrang der Stabilität der Unternehmenskorporation als Institution vor dem Recht auf freie Entfaltung der Persönlichkeit, – kurz: die deutlichen Indizien und Tendenzen korporativer Realität bleiben im Gegensatz zu jenen normativen Prinzipien stehen.

---

cher, AcP 171 (1971), 378. Siehe weiter *Rittner* in Festschrift für E. Gessler, S. 151.

[98] Vgl. BVerfGE 21, 362, 369; im einzelnen hierzu *W. Rupp–v. Brünneck,* Zur Grundrechtsfähigkeit juristischer Personen, Festschrift für Adolf Arndt, S. 349 ff.

[99] *Rupert Scholz,* Koalitionsfreiheit als Verfassungsproblem, S. 133.

[100] *Müller-Henneberg* in Müller-Henneberg-Schwartz, Gemeinschaftskommentar zum GWB, 2. Aufl., 1963, Einführung S. 71.

Daran ändert auch der Versuch nichts, die Unternehmenskorporationen und andere Wirtschaftsverbände einer „zweiten Phase des klassischen Liberalismus“ zuzurechnen, um damit ihre „innere Zugehörigkeit zur liberalen Ära“ zu untermauern[101]. Der Gegensatz zu den liberalen Grundprinzipien kann nur geleugnet werden, wenn zugleich die Realität der Unternehmenskorporation geleugnet, wenn also an den verengten und faktisch längst gesprengten Definitionen der überkommenen juristischen Doktrin festgehalten wird.

b) Auf der anderen Seite muß es freilich von vorneherein als aussichtslos erscheinen, wollte man diesen Gegensatz durch eine Beseitigung der Unternehmenskorporationen als wirtschaftlich-industrielle Großorganisationen aufheben. Dafür bestehen keine realen Chancen. Ihrer wirtschaftlichen Funktionen wegen sind Großunternehmen heute unverzichtbar geworden; ihre Leistungsfähigkeit ist wesentlicher Bestandteil des heute erreichten Lebensstandards und eine notwendige instrumentale Voraussetzung sozialer Gerechtigkeit. Freilich sind Unternehmensgröße und Leistungsfähigkeit nicht schlechthin gleichzusetzen; insbesondere soll auch nicht der Größe und dem Wachstum um jeden Preis das Wort geredet werden[102]. Aber wenn allgemeine Aussagen über das Verhältnis zwischen Größe, technischem Fortschritt und Leistungsfähigkeit nicht möglich sind, so darf dies doch nicht dahin verstanden werden, daß Großunternehmen mehr oder weniger beliebig durch mittlere und kleine Unternehmen ersetzt werden könnten. Es ist auch zu eng, die Entwicklung zum Großunternehmen und die Konzentration der wirtschaftlichen Macht nur im Hinblick auf entsprechende Entwicklungen im Ausland zu rechtfertigen. Wenn darin vielmehr allgemein ein hervorstechendes Merkmal der jüngeren Wirtschaftsgeschichte zu sehen ist, so hat das seinen wesentlichen Grund in den strukturellen Bedingungen modernen Wirtschaftens und in der Tatsache, daß die Organisationsform der Großunternehmen darauf die Antwort ist[103]. Alle Versuche einer Rückkehr zu einem mittelständischen Wirtschaftssystem gehen demgegenüber an den Tatsachen und an den Erfordernissen der Gegenwart vorbei.

c) Das kann allerdings nicht bedeuten, daß der status quo der Unternehmenskorporationen in allen seinen Auswirkungen einfach hinzunehmen wäre. Das spezifische System eines „private government“, wie es die Unternehmenskorporationen in den westlichen Industriegesellschaften aufgebaut haben, ist nicht das unvermeidliche Attribut leistungsfähiger Organisationen. Es ist vielmehr die Folge mangelnder Kontrolle und mangelnder In-

---

[101] So *Briefs* in Deutsche Zeitung und Wirtschaftszeitung 1957, Nr. 60, S. 4; zitiert nach *Müller-Henneberg*, aaO. S. 69.

[102] Dazu *Gross-Meier*, Größe und Größenstruktur der Unternehmen, 1964.

[103] Vgl. *Andrew Shonfield*, Modern Capitalism, The Changing Balance of Public and Private Power, 1965, S. 371 ff. Differenzierter *Lioba Jüttner-Kramny*, Zur Bedeutung der Unternehmensgrößen für den technischen Fortschritt, 1970.

tegration der Unternehmen durch die politischen Institutionen der Gesellschaft. Erst dadurch konnten die Wirtschaftsorganisationen im gegenwärtigen Umfang korporativ-kollektivistische Züge annehmen und sich von engen Zweckverbänden zu umfassenden Institutionen und Herrschaftssystemen entwickeln. Da die Unternehmen im Zeichen der liberalen Wirtschaftsdoktrin sehr weitgehend sich selbst überlassen blieben, mußten sie auch selbst für die Regelung ihrer Umweltbeziehungen und deren Stabilisierung sorgen. Es war deshalb zunächst schon unvermeidlich, daß sie ihren Zweckbezug immer weiter ausdehnten; ebenso waren sie faktisch gezwungen, soziale Macht zu akkumulieren und soziale Kontrolle auszuüben. Nach dem liberalen Modell sollten sich alle Umweltbeziehungen des Unternehmens über den Markt regeln; andere Institutionen waren dazu grundsätzlich nicht vorgesehen. Die Institutionen Markt und Wettbewerb sind aber, wie die Erfahrung gezeigt hat, schon mit der Regelung der spezifisch wirtschaftlichen Umweltbeziehungen überfordert. Die Abhängigkeit von einem unbekannten Markt, von einem im einzelnen nicht vorhersehbaren „freien Spiel der Kräfte" verträgt sich zunehmend weniger mit der Komplexität und Langfristigkeit der Produktions- und Verteilungsprozesse. Das im Marktautomatismus enthaltene Risiko ist unter den heutigen Bedingungen nicht mehr ohne weiteres hinnehmbar, und zwar nicht nur vom einzelnen Unternehmen, sondern von der Gesellschaft im ganzen her gesehen: keine Volkswirtschaft kann es sich leisten, regelmäßig große Teile ihres Kapitalaufkommens aufs Spiel zu setzen. Diese Lücke zwingt seit geraumer Zeit schon die Unternehmen selbst zur Suche nach Alternativen und zum Aufbau eines stabilisierten Herrschaftssystems. Die Lücke besteht aber nicht nur hier: die Umweltbeziehungen des Unternehmens reichen über spezifisch wirtschaftliche Austauschbeziehungen hinaus und in den sozialen und politischen Bereich hinein. Sie bedürfen auch hier der Regelung und der Stabilisierung[104]. Da die liberale Doktrin diesen Aspekt negierte und keine adäquaten Institutionen entwickelte, mußte das Vakuum wiederum von den Unternehmen selbst ausgefüllt werden. So liegt es durchaus in der Konsequenz jenes verengten Ansatzes, wenn sich die Herrschaftstendenzen der Unternehmenskorporationen in den sozialen und politischen Bereich erstrekken. Zumindest für die Großunternehmen ist die Stabilität der politischen Entwicklung ebenso wichtig wie die des Marktes. Das Unternehmen, in den politischen Prozeß einbezogen und von anderen politischen Faktoren und Institutionen abhängig, hat in dieser Situation praktisch keine andere Wahl, als sich selbst politischen Einfluß zu verschaffen, um sich mit der Umwelt im notwendigen Umfang zu arrangieren. –

Vor diesem Hintergrund müssen die korporativen Strukturprobleme des modernen Großunternehmens gesehen werden. Problematisch ist dann nicht

---

[104] Auf diesen Aspekt weist – im Ansatz, wenn auch nicht in den Folgerungen zutreffend – *Epstein,* Corporation in American Politics, S. 133 ff., hin.

so sehr, daß dieses sich zu einer gesellschaftlichen Institution öffentlicher oder quasi-öffentlicher Art entwickelt hat; problematisch ist vor allem, daß sich diese Entwicklung weitgehend unkontrolliert und unter einseitig unternehmenspolitischen Gesichtspunkten vollzogen hat. Das privatrechtliche Instrumentarium machte es möglich, daß die Unternehmen die notwendigen Umstrukturierungen selbst vornehmen und sie rechtlich institutionalisieren konnten. Dabei vermochte das Privatrecht aber keinen Interessenausgleich zu gewährleisten, da es ohne großen Widerstand einseitigen Interessen dienstbar und zum Instrument einseitiger Machtausübung wurde. Unter dem Deckmantel der Privatautonomie vollzog sich so weitgehend geräuschlos und unter Vermeidung politischer Auseinandersetzungen der Aufbau korporativer Macht- und Herrschaftssysteme.

3. Unternehmenskorporation und Individuum

Der theoretische Neuansatz muß in erster Linie den system-immanenten Widerspruch zwischen ideologischer Legitimationsbasis der Unternehmenskorporation und ihren ökonomischen und sozialen Realitäten sichtbar machen.

a) Dieser Widerspruch besteht einmal im Verhältnis zum Individuum. Schon Otto von Gierke hatte bemängelt, der individualistische Ansatz sei zu eng, um die „eigenartige Schöpfung" der Korporation zu erfassen[105]. Was aber v. Gierke als „wunderbare Schöpfung des germanischen Assoziationsgeistes" pries, erscheint heute in einem andern Licht. Nicht mehr die Möglichkeit der individuellen Entfaltung als vielmehr die Bedrohung der individuellen Freiheit und darüber hinaus auch die Bedrohung des politischen Gleichgewichts in der Gesellschaft stehen heute im Vordergrund der korporativen Problematik[106]. Im Laufe der Entwicklung hat sich dabei der Stellenwert der verschiedenen Theorien zur JP grundlegend und in bemerkenswerter Weise verändert. Die Theorie der realen Verbandsperson hat sich insofern bestätigt, als sich die Korporationen durchgesetzt haben und insbesondere an der Realität der Unternehmenskorporation selbst für die

---

105 Vgl. dazu Das Wesen der menschlichen Verbände, 1902, S. 25 ff. G. hat dieses „Wesen" übrigens ganz im hier vertretenen Sinn als Komplex sozialen Handelns verstanden und in aller Deutlichkeit auf die sozialen Strukturen abgehoben. Biologisierende Analogien zu „natürlichen Körpern" und „Organismen" hat er ausdrücklich als bildhafte Vergleiche und bloße Hilfsmittel der Erkenntnis bezeichnet und wegen der häufig überzogenen Parallelen zwischen biologischen und sozialen Lebensvorgängen abgelehnt. Die Kritik an G. bezieht sich hier nur darauf, daß das vordringliche Problem der korporativen Entwicklung heute mehr in der Bedrohung als in der Eröffnung individueller Handlungsräume zu sehen ist.

106 Eindrucksvoll zu diesem Spannungsverhältnis in soziologischer Sicht unter Einbeziehung des geschichtlichen und philosophischen Hintergrunds *Robert A. Nisbet*, Community and Power, 1962.

reine Dogmatik kaum mehr ein Weg vorbeigeführt. Die Fiktionstheorie ist damit in ihrem politischen Ansatz und Anliegen widerlegt. Freilich ist gerade sie faktisch, soweit sie überhaupt Einfluß hatte, entgegen ihrer eigentlichen Intention zu einem der Wegbereiter des Neo-Korporatismus in seiner heutigen Form geworden: sie hat die Entstehung und Entwicklung der modernen Korporationen nicht verhindern können, hat aber mit ihrem Festhalten an den die Eigenständigkeit der Korporation leugnenden Prämissen dazu beigetragen, daß die Bedeutung des Vorgangs jedenfalls aus dem Bewußtsein der Juristen für lange Zeit verdrängt wurde.

Die Realität der Korporationen anzuerkennen meint nicht ein Wiederaufnehmen irgendeines Mythos der Wesenhaftigkeit und kein Wiederanknüpfen an organizistische Vorstellungen, wie sie die Theorie der JP so lange begleitet und belastet haben. Auch Korporationen setzen sich – wie alle sozialen Gebilde – aus Individuen und individuellem Handeln zusammen. Das zu betonen ist deshalb notwendig, weil es gerade der Theorie der JP immer schwergefallen ist, Kollektive rational zu erfassen. Die Realität der Korporationen meint eine soziale Situation, in der das Handeln des einzelnen aufgrund spezifischer sozialer Normen eine Vor- und Umstrukturierung erfährt. Die Besonderheit liegt in der relativen Intensität und Geschlossenheit des Handlungszusammenhangs, in den der einzelne integriert wird. Problematisch ist gerade die Unternehmenskorporation, weil sie den einzelnen in zentralen Bezügen seiner Existenz erfaßt; zunächst in sozialer, von daher aber auch in psychischer Hinsicht. Die Integration in die Unternehmenskorporation ist tendenziell entscheidend für den gesellschaftlichen Status wie für die Persönlichkeit des einzelnen Mitglieds.

b) Um den sich daraus ergebenden Widerspruch zu den Prinzipien individueller Freiheit und eigenverantwortlicher Lebensgestaltung konkret aufzuheben, ist immer wieder nach neuen Ansätzen gesucht worden. Sie finden sich vor allem in der Betriebs- und Industriesoziologie. Dort geht es um das Bemühen, die menschliche Existenz der Unternehmensmitglieder und betriebliche Erfordernisse in Einklang zu bringen. Freilich dienten und dienen die Untersuchungen vielfach nur dem pragmatischen Zweck, den Ablauf der sozialen Prozesse in den Unternehmenskorporationen so zu gestalten, daß Konflikte und Reibungsverluste möglichst gering gehalten werden können. Das deckt sich indes zum Teil mit dem Anliegen, auch die individuelle Situation zu verbessern: seit Überwindung des statischen Modells der klassischen Organisationstheorie, die einseitig an der Rationalisierung des eigentlichen Produktionsablaufs orientiert war, trat mehr und mehr der Betrieb als soziales System in Erscheinung. Daraus ergab sich zunächst eine Verschiebung des Interesses: das Individuum und nicht die Organisation als Ganzes wurde in den Mittelpunkt gerückt[107]. Das Interesse richtete sich auf

[107] Vgl. *R. Mayntz* und *R. Ziegler*, Soziologie der Organisation in R. König, Hrsg., Handbuch der empirischen Sozialforschung, Bd. II, S. 444 ff., 446.

Verhalten, Motive und Einstellungen der Mitglieder, und anstelle der Effizienz der Organisation selbst wurde die Zufriedenheit des einzelnen, die „job satisfaction" und die Einstellungen zur Arbeit zum maßgeblichen Kriterium[108]. Dies führte zum human relations approach, der sich praktisch allerdings mehr in einer manipulativen Anpassung des Individuums an die Bedürfnisse und Erfordernisse der Korporation als umgekehrt in deren „Humanisierung" auswirkte[109]. Diesem grundsätzlichen Vorwurf ist auch die moderne Organisationstheorie ausgesetzt, die sich wieder der Organisation als Ganzes zugewendet hat, diese freilich nicht als statisches Gebilde, sondern als soziales Gebilde auffaßt und die Frage nach den sozialen und psychischen Verhaltens- und Motivationsfaktoren voll einbezieht[110]. Auch hier stellt sich die Frage, welche Faktoren die Effizienz einer Organisation beeinflussen und unter welchen Bedingungen bestimmte Strukturen zu größerer oder geringerer Effizienz führen. Besonderes Interesse kommt dabei den Autoritätsstrukturen zu[111]. Hier wurde festgestellt, daß bürokratisch-hierarchische Strukturen nur unter bestimmten engen Bedingungen zu höherer Effizienz führen, nämlich vor allem dort, wo wenig veränderliche Routineangelegenheiten anstehen. Wo dagegen die Fähigkeit zur Beweglichkeit, Anpassung und Einführung von Neuerungen gefordert werden, erweist sich ein anderes Organisationsmodell als überlegen – und das heißt: als effizienter: es muß „der Improvisation und persönlichen Verantwortung mehr Spielraum lassen; die Zahl der festgelegten Regeln auf ein Minimum beschränken; das Prinzip der hierarchischen Autorität zugunsten der Dezentralisierung, der kollegialen Zusammenarbeit und der sachbezogenen Kommunikation aufgeben; den Aufgaben – und Verantwortungsbereich des einzelnen weniger starr definieren und die persönliche Autorität . . ., per-

---

[108] Vgl. *A. Touraine,* Industriesoziologie, ebd., S. 411.

[109] Dazu *R. Mayntz* und *R. Ziegler,* aaO. S. 446. – Grundlegend waren die Untersuchungen von *Elton Mayo,* The Human Problems of an Industrial Civilization, 1933; 2. Aufl., 1946; The Social Problems of an Industrial Civilization, 1946 und *F. Roethlisberger/W. Dickson,* Management and the Worker, 1939. – Zur Kritik an dem dahinter stehenden funktionalistischen Gesellschaftsbild *R. Dahrendorf,* Die Funktionen sozialer Konflikte in Pfade aus Utopia, S. 263ff. D. hebt besonders hervor, daß Mayos Position noch heute für viele Soziologen und überwiegend für die Praktiker in Wirtschaft und Politik maßgebend sei und weist besonders auf die diesem Ansatz immanente „Logik der totalitären Behandlung von Abweichern" (S. 267) hin.

[110] Zu dieser Entwicklung *R. Mayntz* und *R. Ziegler,* aaO. S. 448 ff.

[111] Dafür ist auf die umfassende Darstellung bei *Helmut Ziegler,* Strukturen und Prozesse der Autorität in der Unternehmung, 1970, zu verweisen, der außer den – hier nicht interessierenden – betriebswirtschaftlichen Ansätzen vor allem die soziologische Auseinandersetzung um Autoritäts- und Legitimierungsprozesse nachzeichnet. Eine kritische Analyse des Verhältnisses zwischen dem Wandel der Macht- und Herrschaftsstrukturen einerseits, der Leistung bzw. der Leistungssteigerung andrerseits unternimmt für die industrielle Organisation *Karl Otto Hondrich,* Demokratisierung und Leistungsgesellschaft, 1972.

sönliche Beziehungen und persönliche Bindung an das Organisationsziel betonen“[112].

c) Hier führt die Organisationstheorie deutlich in die Nähe individualistischer Prinzipien zurück, und es ist in diesem Zusammenhang immer wieder betont worden, daß gerade die Unternehmenskorporation dem einzelnen neue Möglichkeiten und Chancen individueller Entfaltung erschließe[113]. Es wird auch darauf hingewiesen, daß in der modernen Unternehmenskorporation weithin eine Umstrukturierung im Gange ist. In der Tat nimmt „der Anteil der höher bewerteten Tätigkeiten, der Leitungs- und Führungsfunktionen an der Gesamtheit der Funktionen“[114] zu, ebenso wie der Umfang der zu treffenden Entscheidungen auf allen Schichten und wie auch immer mehr Mitglieder in Entscheidungsprozesse unmittelbar einbezogen werden. Gegenüber der „Funktionalisierung“ des Menschen in den streng bürokratisch-hierarchischen Strukturen früherer Entwicklungsstufen bedeutet dies zweifellos einen beträchtlichen Abbau der dem Individuum in der Unternehmenskorporation gezogenen Schranken. Insoweit trifft es auch zu, daß der neue Strukturtypus des „management by participation“[115], obwohl sehr direkt in der erwarteten Steigerung der Leistungsfähigkeit begründet, zur Anpassung der Unternehmenskorporation und ihrer Arbeits- und Lebensbedingungen an die Bedürfnisse und Erwartungen des einzelnen verhilft.

Aber die Frage bleibt, ob nicht hinter diesem Wandel die grundsätzliche Konfrontation von Individuum und Korporation fortbesteht.

Auch die neuere Organisationstheorie ist permanent dem Verdacht ausgesetzt, letztlich nur eine bessere Anpassung des einzelnen an die korporativen Strukturen zu bewirken, um die Leistungsfähigkeit der Organisation zu steigern. Dieser Verdacht ist schon deshalb unvermeidlich, weil keines der Organisationsmodelle vom Ziel der Leistungsoptimierung abrückt, um eine „Humanisierung“ zu erreichen. Stets wird vielmehr der Anspruch erhoben, durch stärkere Freisetzung der individuellen Initiative bessere gesamtorganisatorische Wirkungen erzielen zu können. Auch neuere Untersuchungen gehen von der Prämisse aus, daß sich partizipatorische Zielfunktionen und organisatorische Funktionsbedingungen gegenseitig annähern lassen und in „highly coordinated, highly motivated, cooperative social systems“ die Konfrontation von Individuum und Korporation auf ein produktives Span-

---

112 *R. Mayntz* und *R. Ziegler*, aaO. S. 450. Ähnlich stellt *Hondrich*, aaO. S. 50 ff., 54, eine Einebnung des Machtgefälles zwischen über- und untergeordneten Einheiten der industriellen Organisation als Folge der Leistungsveränderungen fest. – Nach Entscheidungsbereichen differenzierend *Frieder Naschold*, Organisation und Demokratie, S. 62 ff.

113 *Silbermann/Zahn*, aaO. S. 109 f.

114 *Silbermann/Zahn*, aaO. S. 108.

115 Dazu *Alfred J. Marrow*, *David G. Bowers*, und *Stanley E. Seashore*, Management by Participation, 1967.

nungsverhältnis abgebaut werden kann[116]. Zwar sind die Konzeptionen fortlaufend differenzierter geworden und haben sich sowohl von rein funktionalistischen Rationalisierungsmodellen wie auch von den harmonistischen Integrationsvorstellungen der frühen Human-Relations-Schule deutlich entfernt. Aber die modernen Partizipationsmodelle haben sich weder effektiv voll durchgesetzt, noch sind sie theoretisch in voller Konsequenz über jene ursprünglichen Beschränkungen hinaus entwickelt. In der Praxis der Unternehmenskorporationen sind trotz dezentralisierter Entscheidungsstrukturen und trotz des Bestehens autonomer Entscheidungs- und Kontrollbereiche die überkommenen bürokratisch-hierarchischen Strukturen keineswegs generell überwunden; die Partizipation stößt auch hier, wo sie über einen bestimmten und im ganzen noch immer relativ engen Rahmen hinausgeht, letztlich auf unilaterale bürokratische Einfluß- und Entscheidungsstrukturen. Insofern steht das participative management unter dem Vorbehalt der jederzeit widerruflichen Zulassung durch den Vorgesetzten, ist also nach wie vor hierarchisch überlagert[117]. Vor allem aber erstreckt sich die Partizipation praktisch fast durchweg nicht auf den Bereich der Unternehmenspolitik; sie wird zum Teil geradezu als Gegensatz zu einem „politisierten Mitbestimmungsbegriff" verstanden[118]. Das begründet gegenüber der Theorie wie der Praxis den Vorwurf, daß sie „eher auf eine manipulative Beeinflussung der Untergeordneten in Richtung auf eine Akzeptierung schon getroffener Entscheidungen abstellen als auf die institutionell gesicherte Einräumung von wechselseitigen Chancen der Einflußnahme in den Prozessen der Entscheidungsbildung"[119]. In der Tat führt diese Beschränkung zu einer „Pseudo-Beteiligung"[120]. Der Spielraum, der der individuellen Initiative und der persönlichen Verantwortung belassen ist, wird hier nur gewährt, wenn der einzelne die Ziele und Zwecke der Unternehmenskorporation akzeptiert und internalisiert, also um den Preis einer prinzipiellen und vorbehaltslosen Anpassung. Individualität ist nur nach Maßgabe der korporativen Zwecksetzung zugelassen. Dies zieht der Einbeziehung des einzelnen in Entscheidungsprozesse und den durch das Unternehmen vermittelten Chancen der persönlichen Entfaltung eine deutliche und prinzipielle Grenze. In dieser Beschränkung kehrt sich die Zielrichtung des participative management

---

[116] Dazu *F. Naschold*, Organisation und Demokratie, 1971; *Karl Otto Hondrich*, Demokratisierung und Leistungsgesellschaft, 1972.

[117] In diesem Sinn bemerkt auch *H. Ziegler*, aaO. S. 135 ff., daß das Widerstandspotential von Untergeordneten und die daraus folgende Abhängigkeit der Übergeordneten von Untergeordneten nicht über die Asymmetrie dieses Einflußverhältnisses hinwegtäuschen könne. Hierzu auch *Hondrich*, aaO. S. 27 (Scheindemokratisierung durch Veränderung des Führungsstils im Gegensatz zu Demokratisierung als Macht- und Herrschaftsveränderung).

[118] So *Silbermann/Zahn*, aaO. S. 107. [119] *Helmut Ziegler*, aaO. S. 251.

[120] *Naschold*, aaO. S. 67; *Hondrich*, aaO. S. 27 f.

letztlich um: nicht die Freisetzung individueller Initiative, sondern ihre effektive und zuverlässige Bindung an den korporativen Rahmen erweist sich als das eigentliche Anliegen.

d) Entscheidend ist, daß der einzelne letztlich keinen gesicherten individuellen Status in der Korporation besitzt. Die mangelnde Statusgewährleistung geht unmittelbar zu Lasten der Konfliktoffenheit der Korporation im ganzen. Denn wenn auch eine gewisse „Konfliktnormalisierung" stattgefunden hat, indem in Konflikten nicht mehr von vorneherein disruptive und dysfunktionale Erscheinungen gesehen werden, so bedeutet jeder Konflikt für den einzelnen doch nach wie vor das grundsätzliche Risiko, seinen Status zu verlieren oder zumindest die Chancen einer Statusverbesserung aufs Spiel zu setzen[121]. Die Konflikte muß der einzelne aus einer letztlich noch immer ungeschützten und abhängigen Position heraus austragen. Gerade das, was außerhalb der Korporationen als Voraussetzung und als Grundlage individueller Freiheit angesehen wird, daß nämlich der einzelne, „um unter seinesgleichen als Person, d. h. frei und selbstverantwortlich leben zu können, und nicht zum bloßen Objekt einer übermächtigen Staatsgewalt zu werden, also um seiner Freiheit und Würde willen, einer rechtlich streng gesicherten Sphäre"[122] bedarf, fehlt im Hinblick auf die korporative Gewalt. Für den Bereich staatlicher Gewalt ist dieser Zusammenhang in seiner fundamentalen Bedeutung längst erkannt: hier liegt die Wurzel der liberalen Grundrechtstradition, die auch für die Gegenwart ihre volle Aktualität bewahrt hat. So hat das Bundesverfassungsgericht immer mit allem Nachdruck betont, daß als unverzichtbare Voraussetzung der freien Entfaltung der Persönlichkeit und individueller Autonomie „dem einzelnen Bürger ein unantastbarer Bereich privater Lebensgestaltung, der jeder Einwirkung der öffentlichen Gewalt entzogen ist"[123], gewährt sein muß. Solange der Status des einzelnen hier mehr oder weniger zur Disposition der korporativen „Machthaber" steht, d. h. von den Führungsgruppen in der Korporation unmittelbar beeinflußt und verändert werden kann, kann dieser sich ein Unterliegen in der Konfliktaustragung tendenziell nicht leisten mit der Folge eines unmittelbaren Anpassungszwangs. Daran wird deutlich, daß die Offenheit für Konflikte in der Unternehmenskorporation strukturell

---

[121] Speziell aus dieser Problemstellung heraus hat neuerdings *Philip Selznick* in einer rechtssoziologischen Untersuchung von grundsätzlicher Bedeutung Ansätze und Kriterien für eine Rechtsordnung der Unternehmenskorporation entwickelt; Law, Society, and Industrial Justice, 1969. S. zur Verbindung des human-relations-Ansatzes mit einer innerorganisatorischen Konfliktoffenheit bes. S. 95 ff., 114 ff.

[122] BGHZ (GS) 6, 270, 276. – Auf die Unternehmenskorporation übertragen ließe sich auch Selznicks Anliegen auf diesen prinzipiellen Nenner bringen, vgl. vorst. Anm.

[123] Vgl. z. B. BVerfG E 6, 32, 41; 27, 1, 6; 27, 344, 350; 32, 373, 379; BVerfG NJW 1972, 2214, 2215.

schließlich doch eng begrenzt ist – und am Ende die Anpassungszwänge doch wieder überwiegen[124].

e) Soll der Widerspruch zwischen korporativen Strukturen und individualistischen Prinzipien effektiv überwunden werden, so setzt dies voraus, daß in allen diesen Punkten entschiedener als bisher die Konsequenzen aus den Einsichten in die sozialen Wirkungszusammenhänge innerhalb der Unternehmenskorporationen gezogen werden. Es setzt aber auch die grundsätzliche Bereitschaft zu Abstrichen am bisher kaum in Frage gestellten Vorrang des Effizienzprinzips voraus. Solange alle Organisationsmodelle in erster Linie an dem Maßstab der Leistungssteigerung gemessen werden, bleiben sie dem prinzipiellen Vorwurf ausgesetzt, daß es sich im Grunde immer nur um Variationen des Anpassungszwangs im Hinblick auf die Optimierung dieses einen Organisationszieles handelt. Damit ist keiner generellen Absage an das „Leistungsprinzip" das Wort geredet. Die wirtschaftliche Leistungsfähigkeit der Unternehmen ist heute für jede Gesellschaft von zentraler Bedeutung für die Lösung ihrer sozialen Probleme. Aber eine ganz andere Frage ist es, ob nicht gewisse „Reibungsverluste" in Kauf genommen werden müssen, um neben dem Leistungsprinzip auch anderen Prinzipien Geltung zu verschaffen. Im staatlichen Bereich ist es seit langem selbstverständlich geworden, auf allen Gebieten und nahezu in allen Situationen zum Teil außerordentlich beträchtliche Effizienzverluste hinzunehmen, um rechtsstaatlichen Prinzipien Rechnung zu tragen, um dem „einzelnen" eine gewisse Statussicherheit und Freiheit zu gewährleisten[125]. Letztlich wird auch im korporativen Bereich kein Weg um diese Konsequenz herumführen. Das enthebt freilich nicht der Aufgabe, die Notwendigkeit des Leistungsprinzips zu berücksichtigen und Strukturen zu entwickeln, die die divergierenden Grundprinzipien so weit als möglich in Einklang bringen.

4. *Unternehmenskorporation und Staat*

Der Widerspruch zwischen der ideologischen Legitimationsbasis der Unternehmenskorporation und ihrer sozialen Realität verweist zum andern auf das Verhältnis zum Staat.

a) Der Macht- und Autonomieanspruch der Unternehmenskorporation gerät angesichts ihrer dominierenden gesamtgesellschaftlichen Bedeutung in einen unvermeidlichen Konflikt mit dem Souveränitätsanspruch des Staates. Auch wenn man nicht der simplifizierenden These folgt, nach der der Staat insgesamt nur ausführendes Organ der Unternehmen ist[126], so kann doch

[124] Daran ändert letztlich auch die Statusabsicherung in unternehmensinternen Kleingruppen nichts; vgl. *Naschold*, aaO. S. 69. – Grundlegend zu diesem Problembereich *Robert Presthus*, Individuum und Organisation, bes. S. 171 ff., 208 ff., 252 ff.

[125] Vgl. *Fritz Scharpf*, Die politischen Kosten des Rechtsstaates, 1970.

[126] Dagegen kritisch *v. Beyme*, Interessengruppen in der Demokratie, S. 201 ff.

nicht bestritten werden, daß die Unternehmen und hier vor allem die Großunternehmen und Unternehmenskorporationen und ihre Verbände sehr großen Einfluß im Staat und auf den Staat besitzen. Sie treten nicht nur im Wirtschaftsprozeß, sondern ebenso im politischen Prozeß im ganzen in Erscheinung. Sie beschneiden den Spielraum von Regierung und Parlament, reduzieren faktisch deren von der Verfassung statuierte Kompetenzen und bestreiten zugleich dem Staat in einem wesentlichen Bereich des wirtschaftlichen und sozialen Lebens die Funktion einer „Hauptgestaltungskraft“ (Friedmann). Mit zunehmender Macht der Unternehmenskorporationen und ihrer Verbände stellt sich immer schärfer die Frage, welche Funktionen dem Staat bzw. den verschiedenen staatlichen Organen überhaupt noch verbleiben. Diese Frage verweist freilich nicht nur auf die Unternehmenskorporationen und die Verbände, deren sie sich im staatlich-politischen Bereich bedienen; sie verweist ebenso auf andere Erscheinungsformen der Verbandsmacht und auf das Problem organisierter Gruppenmacht insgesamt. Neben den Unternehmen und Unternehmensverbänden stehen dabei besonders und vor allem die Gewerkschaftsorganisationen im Vordergrund. Zusammen bestimmen sie über entscheidende Faktoren der gesellschaftlichen Entwicklung des Landes und unter Berufung auf die Tarifautonomie wehren sie gemeinsam und mit beträchtlichem Erfolg staatliche Versuche einer direkten oder indirekten Einflußnahme ab. Ihre faktische Macht wird untermauert durch den besonderen Öffentlichkeitsstatus, den die Verfassung ihnen als Sozialpartner im Bereich der „Wahrung und Förderung der Arbeits- und Wirtschaftsbedingungen“ gem. Art. 9 Abs. 3 GG gewährleistet[127]. Diesem von der staatlichen Kontrolle freigehaltenen Raum der sozialen Selbstverwaltung[128], der durch die gesellschaftspolitische Eigenverantwortung von Arbeitgeber- und Arbeitnehmerverbänden – letztlich also von den Organisationen der Unternehmen und von den Gewerkschaften – auszufüllen ist[129], ist eine politisch durchaus expansive Tendenz inhärent. Die verfassungsrechtliche Tarifautonomie ist schon juristisch nur schwer eingrenzbar, denn während der Terminus „Arbeitsbedingungen“ noch einen relativ konkreten Bezug zum Arbeitsverhältnis hat, können „unter Wirtschaftsbedingungen weitergehend auch allgemeine wirtschafts- und sozialpolitische Verhältnisse verstanden werden[130]. Zusammen mit der faktischen Macht dieser Verbände stellt dies die staatliche Souveränität im Bereich der Wirtschafts- und So-

[127] Dazu *Maunz-Dürig-Herzog*, RN 91 zu Art. 9 GG; vgl. die eingehenden Nachweise zum Spezialschrifttum ebd.

[128] Vgl. BVerfGE 18, 18, 28.

[129] *Peter Lerche*, Verfassungsrechtliche Zentralfragen des Arbeitskampfes, 1968, S. 26 ff.

[130] *Maunz-Dürig-Herzog*, aaO. RN 97. Zu dem Spannungsverhältnis zwischen Normsetzungsbefugnis des Gesetzgebers und Tarifautonomie mit einzelnen Beispielen *Maunz-Dürig-Herzog*, aaO. RN 128 mit Nachw. und BVerfGE 7, 377. Vgl. auch BVerG 18, 18; 19, 303, 321.

zialpolitik grundsätzlich in Frage, und die Praxis der Konzertierten Aktion ist nur die formelle Bestätigung dafür, daß die Regierung auf den Konsens dieser Mächte angewiesen ist[131].

Unternehmer- und Gewerkschaftsorganisationen sind von besonderem Gewicht, aber sie sind nicht die einzigen Verbandsmächte in der heutigen Gesellschaft. Eine Aufzählung erübrigt sich hier[132]. Festzuhalten ist jedoch, daß die Macht der Gruppen und Verbände heute in allen westlichen Industriegesellschaften einen Umfang angenommen hat, der immer wieder die Frage aufgeworfen hat, ob daneben noch Raum für eigenständige staatliche Funktionen ist und ob insbesondere das Parlament eine andere Aufgabe hat, als die zwischen den Verbands- und Gruppenmächten ausgehandelten Kompromisse förmlich zu legalisieren, ob die „vom Gesetz geschaffene Souveränität des modernen Staates tatsächlich nicht mehr ist als das Ergebnis der von verschiedenen sozialen Machtgruppen ausgetragenen Gefechte"[133]. Von einer „Kapitulation des Staates vor der Gruppenmacht" ist die Rede und davon, daß die „übermächtigen Unteranen" unserer Zeit – Interessenverbände, Korporationen etc. – möglicherweise souverän geworden seien[134]. Sicher ist, daß die Machtpositionen dieser „riesigen, straff organisierten sozialen Gruppen innerhalb des Staates ... von so wesentlicher Bedeutung (sind), daß ihr Verhältnis zu der gesetzlichen und politischen Macht des modernen Staatswesens einer Neueinschätzung bedarf"[135].

b) Dies darf freilich nicht mit der weitverbreiteten Polemik gegen die angebliche Auslieferung des Staates an Interessenverbände und Parteien und gegen die pluralistische Gesellschaft schlechthin verwechselt werden. Dieser Polemik liegt zumeist ein in Ideologien des totalen oder autoritären Staates verwurzeltes Staatsverständnis zugrunde, das den Staat als jenseits der Gesellschaft stehend und über Parteien und Gruppeninteressen erhaben begreift. Von daher erscheinen der Staat und die staatliche Souveränität als

---

[131] Vgl. *Jörg Huffschmid*, Politik des Kapitals, bes. S. 121 ff. der allerdings zu einseitig nur auf die Kooperation zwischen Großindustrie und Regierung abstellt und der Rolle der Gewerkschaften nicht durchgängig gerecht wird. Vgl. aber auch S. 168 ff.; weiter *Forsthoff*, Der Staat in der Industriegesellschaft, S. 119 ff.

[132] Vgl. dazu *Edwin H. Buchholz*, Die Wirtschaftsverbände in der Wirtschaftsgesellschaft, 1969.

Heinz Josef Varain, Hrsg., Interessenverbände in Deutschland, 1973. Zur Entwicklung ferner *Thomas Nipperdey*, Interessenverbände und Parteien ... in H. U. Wehler, (Hrsg.), Moderne deutsche Sozialgeschichte, 1970, S. 369 ff.

[133] *Wolfgang Friedmann*, Recht und sozialer Wandel, S. 284.

[134] Vgl. dazu *Sontheimer*, Staatsidee und staatliche Wirklichkeit heute in Nuscheler/Steffani, Pluralismus, S. 199 ff., 200. *W. Friedmann*, aaO. S. 282. *Forsthoff*, aaO. S. 123, spricht anschaulich im gleichen Sinn von der „Verwiesenheit auf die Loyalität der Sozialpartner".

[135] *W. Friedmann*, aaO. – Eine umfassende, geschichtlich weit ausholende Darstellung von bemerkenswerter Geschlossenheit hat dieses Spannungsverhältnis gefunden bei *Robert A. Nisbet*, Community and Power, 1962.

Ausdruck einer letztlich nicht gesellschaftlich bedingten oder aufgegebenen, sondern der Gesellschaft vorgegebenen Einheit, als „ursprüngliche, nicht abgeleitete Hoheitsgewalt ..., als eine mit höchster Macht und Souveränität ausgestattete Instanz die das Ganze der Gesellschaft so ordnen und lenken soll ..., daß Sicherheit und Existenz des Staates wie auch die Wohlfahrt seiner Bürger garantiert wären“[136]. Von diesem der deutschen Tradition in besonderer Weise verhafteten monistischen Staatsdenken her muß die pluralistische Gruppenstruktur der Gesellschaft als Zerfall des Staates in eine Pluralität von Herrschaftsgebilden[137] und als Usurpation der staatlichen Funktion durch „staatsfeindliche, staatshemmende oder staatszerspaltende Kräfte“[138] erscheinen. Die Gesellschaft, so stellt Ernst Forthoff fest, habe sich über die Verbände des Staates bemächtigt und den Staat zum Schauplatz des Ringens der gesellschaftlichen Kräfte gemacht: „Das hat zur Folge, daß die Machtverhältnisse im Ringen der organisierten gesellschaftlichen Gruppen das staatliche Handeln bestimmen.“[139] Der Verlust der Staatlichkeit, den Forsthoff der Bundesrepublik als Folge dieser Entwicklung attestiert, meint dabei nicht nur das Ungleichgewicht der pluralistischen Machtverhältnisse und den Umstand, daß die Realisationschance der allgemein und längerfristig vitalen Interessen gegen den Widerstand organisierter Partikularinteressen äußerst gering ist[140], daß Allgemeininteressen gegen Gruppeninteressen nicht ausreichend repräsentiert werden; gemeint ist vielmehr, das Ende der „geistigen Selbstdarstellung des Staates“ im Sinne des traditionellen Staatsverständnisses[141]. Nicht strukturelle Verzerrungen in der Kooperation von Interessengruppen bzw. Verbänden und Staat sind von diesem Staatsverständnis her das eigentliche Problem, sondern die Notwendigkeit der Kooperation als solcher, die an die Stelle der Möglichkeit getreten ist, „hoheitliche Regelungen streng einseitig aus eigenem Fachwissen zu treffen“[142]. Die geforderte Neueinschätzung kann dann nur zu der resignierenden Feststellung führen, daß die Entwicklung der Unternehmenskorporationen und der anderen pluralistischen Gruppierungen jenen „eigentlichen“ Staat durch „kontinuierlichen Abbau aller auf souveräne Eigenständigkeit hindeutenden Strukturen und die weitgehende Eliminierung hoheitlich-herrschaftlicher Elemente“[143] bereits verdrängt haben und daß eine so struktu-

[136] So kritisch gegen den in der Weimarer Republik entwickelten „deutschen“ Staatsgedanken *Sontheimer,* Staatsidee und staatliche Wirklichkeit, aaO. S. 201 und ausführlich *ders.,* Antidemokratisches Denken in der Weimarer Republik, München 1962.

[137] *Sontheimer,* Staatsidee, S. 200.

[128] *Carl Schmitt,* Weiterentwicklung des totalen Staates in Deutschland, (1933) in Verfassungsrechtliche Aufsätze, 1958, S. 361.

[139] Der Staat in der Industriegesellschaft, S. 119.

[140] Worauf *Forsthoff* nachdrücklich hinweist, aaO. S. 121, ebenso S. 25 ff.

[141] Vgl. *Forsthoff,* aaO. S. 51 ff., 57.

[142] *Forsthoff,* aaO. S. 20.

[143] *Forsthoff,* aaO. S. 165.

rierte Gesellschaft „den Kriterien der Staatlichkeit, die seit Jahrhunderten gelten, nicht mehr entspricht“[144].

Die Position der Unternehmenskorporation in der modernen Staats- und Gesellschaftsordnung muß demgegenüber von einer Staatsauffassung ausgehen, die in der pluralistisch gegliederten Gesellschaft eine Überwindung der monolithischen Machtstruktur der Autokratie sieht[145] und sie jedenfalls im prinzipiellen Ansatz als Ausdruck eines Differenzierungsprozesses versteht, der der Mündigkeit und Individualität des Bürgers, aber auch seiner Situation in der Massengesellschaft entspricht[146]. Das führt zu einem grundsätzlich anderen Ausgangspunkt. Der Tatbestand der Gruppenbildung wird als solcher noch nicht der staatlichen Ordnung entgegengesetzt, sondern es wird zu ihrem Wesen gerechnet, „daß sich die verschiedenartigsten pluralistischen Gruppen und Interessenverbände uneingeschränkt am wirtschaftlichen und politischen Prozeß beteiligen können. Allen sozialen Kräften von Bedeutung ist der freie Wettbewerb im offenen Stromkreis der Werte garantiert. Das freie Spiel der pluralistischen Gruppen entspricht dem Prinzip der aufgeteilten Macht ... Auf die verschiedenartigste Weise bringen die Interessengruppen ihre sozio-politischen Zielsetzungen der Regierung, dem Parlament, der Wählerschaft und der Öffentlichkeit zur Kenntnis“[147]. Dabei ist vor allem zu berücksichtigen, daß diese pluralistischen Strukturen in der hochkomplexen Gesellschaft sowohl im Hinblick auf den Status des einzelnen wie im Hinblick auf den gesellschaftlichen Gesamtprozeß von größter funktionaler Bedeutung sind. Ohne Vermittlung durch Gruppen und Verbände hätte der „einzelne“ heute kaum eine Chance auch nur indirekter Mitwirkung und Selbstdarstellung im politischen Prozeß[148]. Dazu bedarf es vielmehr typischerweise langfristig angelegter Organisationen, die über die Fachleute und das Fachwissen verfügen, die notwendig sind, um Interessen und Forderungen sachgemäß zu formulieren und in der politischen Auseinandersetzung zu vertreten[149]. Ebenso groß ist die Bedeutung dieser intermediären Institutionen für das Funktionieren des Gesellschaftssystems selbst. Die in pluralistischen Strukturen enthaltenen Elemente der Dezentralisie-

---

[144] *Forsthoff*, ebd.

[145] *Karl Loewenstein*, Verfassungslehre, 2. Aufl., 1969, S. 368.

[146] *Rainer Eisfeld*, Die „Aufhebung“ des Pluralismus im Sozialismus in Nuscheler/Steffani, Pluralismus, S. 285; vgl. *ders.*, Pluralismus zwischen Liberalismus und Sozialismus, 1972. Eisfeld bezieht den Pluralismus in diesem Sinn ausdrücklich auf den „Emanzipationsversuch des Individuums vom formalen Souveränitätsanspruch des Staates“, aaO., S. 284.

[147] *Karl Loewenstein*, aaO. S. 369.

[148] Dazu *Gabriel Almond* und *Bingham Powell*, Comparative Politics. A Developmental Approach, 1966, S. 74 ff. Siehe auch *Karl Loewenstein*, Verfassungslehre, S. 372 ff. Vgl. neuerdings auch *Bernhard Badura*, Bedürfnisstruktur und politisches System, 1972.

[149] *Almond/Powell*, aaO. S. 78.

rung erhöhen unter bestimmten Aspekten die Leistungsfähigkeit des Systems insgesamt. Sie verstärken die Kapazität der institutionalisierten Interessenartikulation und damit auch die Konfliktaufnahmefähigkeit des politischen Systems, und sie verstärken ebenso die Informationsverarbeitungs- und Entscheidungskapazität und das Wertberücksichtigungspotential[150]. Die zentralen Instanzen werden entlastet und Engpässe beseitigt oder wenigstens entscheidend vermindert[151]. Nimmt man hinzu, daß damit zugleich eine wechselseitige Machtkontrolle der pluralistischen Gruppen und der staatlichen Institutionen verbunden ist, dann wird deutlich, daß eine pluralistische Gesellschaftsstruktur nicht nur als mehr oder weniger zwangsläufige Folge der industriellen Massengesellschaft verstanden werden darf, sondern daß sie auch Elemente eines „Grundmusters einer demokratischen Struktur“[152] und damit Chancen für die weitere Entwicklung der Gesellschaft aufweist. Im Eindringen der Interessengruppen und Verbände in den staatlich-politischen Bereich wird ein „Transformationsprozeß“ des Staates selbst sichtbar, der zu einem modernen, die Distanz des Staates zur Gesellschaft überwindenen und in diesem Sinne erst demokratischen Staatsbild überleitet[153].

c) In diesem Rahmen ist grundsätzlich auch die Unternehmenskorporation zu sehen. Ihre Autonomie erlangt vor allem unter dem Aspekt der Dezentralisierung des Produktions- und Wirtschaftsprozesses Bedeutung, die jedenfalls im Prinzip angesichts der Komplexität der industriellen Bedingungen der Gegenwart nahezu unausweichlich erscheint. In diesem Sinn bezeichnet Wolfgang Schilling konkret als Zweck der Aktiengesellschaft ihre Autonomie: der Wirtschaft müsse die Freiheit der Entwicklung und des Entschlusses gelassen werden[154]. Diese Einsicht in die Struktur und in die Funktionsbedingungen der modernen Wirtschaft, die Erkenntnis, daß „der verantwortliche Unternehmer ... einen Spielraum für trial und error“[155] braucht, liegt dem Streit um die Position der Unternehmenskorporation letztlich und bei Lichte betrachtet zugrunde – und nicht abstrakte Prinzipien des Privateigentums und der Trennung von Staat und Gesellschaft.

Als Ebene dezentralisierter Entscheidungen und als „pluralistische Lösung des Koordinationsproblems“[156] fügt sich das autonome Unternehmen in die Grundstrukturen der westlichen Industriegesellschaften ein. Dabei ist die grundsätzliche Leistungsfähigkeit und auch Notwendigkeit einer solchen

---

[150] *Almond/Powell,* aaO. S. 201 ff.

[151] *Fritz Scharpf,* Demokratietheorie zwischen Utopie und Anpassung, 1970, S. 81 f.

[152] *Scharpf,* aaO. S. 73.

[153] *Sontheimer,* Staatsidee, aaO. S. 199 f., 204 ff.

[154] Festschrift für Ernst Geßler, S. 167.

[155] *M. Bullinger,* VVDStRL 22 (1965) S. 310.

[156] *Heinz-Peter Christen,* Die Wirtschaftsverfassung des Interventionismus, 1970, S. 62.

Lösung fast unmittelbar einsichtig. Auf die Funktionsunfähigkeit einer „atomistischen" Koordination der einzelnen Wirtschaftssubjekte und ihrer Entscheidung über Wettbewerb und „self-regulating market"[157] ist schon mehrfach hingewiesen worden. Eine Vermachtung der Wirtschaft ist insofern unausweichlich. Hier liegt – wie ausgeführt – einer der wesentlichen Gründe für das Entstehen der modernen Unternehmenskorporation. Eine Zentralisierung des Wirtschaftsprozesses im Sinne einer direktiven staatlichen Planwirtschaft stößt auf der andern Seite ebenso auf strukturelle Grenzen. Die notwendig begrenzte Kapazität einer Zentralstelle zur Erfassung und Bewertung der wirtschaftlich relevanten Daten und Zusammenhänge und ihre ebenso begrenzte Entscheidungsfähigkeit würde für die in einer hochindustrialisierten und voll entwickelten Wirtschaft erforderlichen Anpassungsmaßnahmen nicht entfernt ausreichen[158]. Das von hier aus drohende Entscheidungsdefizit müßte die Wirtschaft funktionsunfähig machen; insbesondere würde der bei zentralistischen Entscheidungsstrukturen unvermeidliche Zeitverlust alsbald systemgefährdende Krisen auslösen[159].

d) Mit der Feststellung der wirtschaftlichen Funktionalität des Autonomieprinzips und seiner Affinität zur pluralistischen Gesellschaftsstruktur jedenfalls in den westlichen Industriegesellschaften ist das Verhältnis der Unternehmenskorporationen zum Staat allerdings noch nicht abschließend bestimmt. Das Grundproblem des modernen Pluralismus stellt sich vielmehr in besonderer Schärfe gerade in bezug auf die Unternehmenskorporation: das

---

[157] Vgl. oben Kap. 4, und näher *Ott*, Die soziale Effektivität des Rechts, aaO. S. 345 ff., 384 ff.

[158] Dazu *Heinz-Peter Christen*, Wirtschaftsverfassung, S. 33 ff. Auf den Zeitfaktor weist nachdrücklich auch *Ota Sik*, Strukturwandel der Wirtschaftssysteme in den osteuropäischen Ländern, 1971, S. 21 hin.

[159] Daß es sich dabei nicht nur um ein Problem „kapitalistischer" Wirtschaftsordnungen handelt, sondern um ein generelles Strukturproblem moderner Wirtschaftsformen ergibt sich aus den Auseinandersetzungen in den sozialistischen Ländern um das Verhältnis (zentraler) Plan- zu (dezentralen) Marktelementen; vgl. dazu Ludwig Bress und Karl Paul Hensel (Hrsg.), Wirtschaftssysteme des Sozialismus im Experiment – Plan oder Markt?, 1972; *Bruno Gleitze*, *Karl C. Thalheim* u. a., Das ökonomische System der DDR nach dem Anfang der siebziger Jahre, 1971; *Uwe-Jens Heuer*, Demokratie und Recht im neuen ökonomischen System der Planung und Leitung der Volkswirtschaft, 1965. Zum grundsätzlichen Problem *Csikos-Nagy* in Hans Schneider, Christian Watrin (Hrsg.), Macht und ökonomisches Gesetz, 1973, S. 1337. – Die Dezentralisierungstendenzen schlagen sich dabei in der Entwicklung der Betriebe zu – mehr oder weniger – beschränkt autonomen Unternehmen nieder, die z. T. ausdrücklich als juristische Personen bezeichnet werden und anerkannt sind. Hierzu die umfassende Untersuchung von *Helmut Slapnicka*, Die sozialistische Kollektivperson, 1969; weiter *Bilinsky*, Die sozialistische juristische Person in der Rechtsordnung der UdSSR und Polens, Jahrbuch für Ostrecht 1969, 125 ff. Speziell zur Stellung des „volkseigenen Betriebs" in der DDR *Klemens Pleyer*, Zentralplanwirtschaft und Zivilrecht, 1965, S. 180 ff. (= Die Aktiengesellschaft 1964, 4 ff.).

theoretische Modell eines ausbalancierten Gruppenpluralismus entspricht in wesentlichen Punkten nicht der Wirklichkeit. In der gesellschaftlichen Realität stellt sich der Pluralismus als ein schlecht proportioniertes Machtsystem dar, in dem bestimmte Gruppen sehr viel mächtiger sind als andere, und in dem dazuhin wichtige Interessen von großer Allgemeinheit tendenziell ebenso geringe Durchsetzungschancen haben wie die Interessen nicht etablierter Minderheiten[160]. Es kann deshalb keineswegs davon ausgegangen werden, daß das freie Spiel der pluralistischen Kräfte zu Problemlösungen führt, die die fundamentalen gesellschaftlichen Konflikte erfassen und die im Blick aufs ganze als gerecht und richtig erscheinen. Vielmehr werden bestimmte Interessen typischerweise nicht ausreichend berücksichtigt und es besteht weiterhin die permanente Möglichkeit, daß es „der mächtigsten, wohlhabendsten und am besten organisierten Gruppe ... (gelingt), das ‚Interesse der Allgemeinheit' mit ihrem eigenen Interesse zu identifizieren"[161] und es langfristig besetzt zu halten. Zumindest aber nehmen einzelne Gruppen starke Veto-Positionen ein, von denen aus sie die Durchsetzung anderer Interessen blockieren können[162]. Das führt zu einem besonders hohen Konsensbedarf pluralistischer Gesellschaften und damit zu einem „strukturellen Konservativismus"[163], der die Reform- und Innovationsfähigkeit des Systems beeinträchtigt und verringert die Möglichkeit noch weiter, Aspekte der längerfristigen gesellschaftlichen Entwicklung in den politischen Prozeß effektiv einzuführen.

Wenn für pluralistische Gesellschaftsstrukturen generell die Existenz einer zentralen politischen Ebene, auf der Entscheidungen in relativer Unabhängigkeit von den Pressionen der organisierten Interessengruppen getroffen und dabei auch die in den pluralistischen Entscheidungsstrukturen nicht ausreichend berücksichtigten Interessen aufgenommen werden können, als notwendige Voraussetzung zur Vermeidung systemgefährdender Krisen bezeichnet wird[164], so verweist dies unmittelbar auf das Problem der Unternehmenskorporation. Diese und die wirtschaftliche Entwicklung insgesamt müssen einer effektiven politischen Kontrolle unterworfen werden, die gewährleistet, daß die über den Betriebs- und Unternehmensinteressen und

---

160 *Kurt Sontheimer,* Grundzüge des politischen Systems der Bundesrepublik Deutschland, 1971, S. 124 f. Vgl. dazu grundlegend *Mancur Olson,* The Logic of Collective Action. Public Goods and the Theory of Groups. 1965. – S. w. *Fritz Scharpf,* Demokratietheorie zwischen Utopie und Anpassung, S. 48 ff.; *Peter Bachrach,* Die Theorie demokratischer Elitenherrschaft, 1970, pass. Zum grundsätzlichen Problem auch *Wolfgang Hirsch-Weber,* Politik als Interessenkonflikt, S. 137 ff. und *Klaus Lompe,* Gesellschaftspolitik und Planung, bes. S. 100 ff. („asymmetrischer Pluralismus").

161 *Wolfgang Friedmann,* Recht und sozialer Wandel, S. 284.

162 *Fritz Scharpf,* aaO. S. 50 f.

163 *Fritz Scharpf,* Demokratietheorie, S. 75.

164 *Fritz Scharpf,* Demokratietheorie, S. 76.

über den Wirtschaftsinteressen im ganzen stehenden gesellschaftlichen Interessen zum Tragen kommen.

Jene zentrale politische Entscheidungsebene kann nur im staatlichen Bereich organisiert werden. Wolfgang Friedmann sprach in diesem Sinn anschaulich von der „Reservefunktion des Staates“[165]. Mehr und mehr erweist sich der Staat als notwendiges Gegengewicht gegen Gruppen- und Verbandsmacht. Der Staat insgesamt und insbesondere Regierung und Parlament dürfen nicht darauf beschränkt bleiben, die von den verschiedenen Gruppen und Verbänden unter sich ausgehandelten Kompromisse lediglich zu ratifizieren und durchzuführen. Regierung und Parlament haben vor allem die Aufgabe, der „pluralistischen Fragmentierung der Politik“ (Scharpf) entgegenzuwirken und die verbandsmäßig nicht effektiv organisierbaren Interessen, die Interessen der passiven Mehrheit und die benachteiligter Minderheiten in die politische Auseinandersetzung einzuführen. Über diese Institutionen müssen auch die vom Arrangement der Verbände ausgeklammerten und häufig fundamentalen gesellschaftlichen Konflikte manifest gemacht werden[166].

e) Noch unter einem anderen Aspekt tritt die Bedeutung des Staates hervor: die Macht der pluralistischen Gruppen muß auch zum Schutz des Indivdiuums unter eine umfassende Kontrolle gebracht werden. Der sich selbst überlassene Differenzierungsprozeß der Gruppen droht umzuschlagen und ist weithin bereits umgeschlagen in die Etablierung partikularer Verbandsherrschaft, die den einzelnen in Abhängigkeit und Unfreiheit hält[167]. Diese außerstaatliche Regierung, das „private government“, überlagert das staatliche System und unterläuft zugleich den Status des Individuums, wie ihn die Verfassung festlegen und schützen will. Es ist deshalb „nicht mehr der Staat allein, der zu fürchten ist; der Räuber der individuellen Freiheit ist der Despotismus der pluralistischen Gruppen“[168]. Diese bedrohliche Machtbildung verstärkt noch die Notwendigkeit einer relativ unabhängigen zentralen politischen Entscheidungsebene. „Es muß ein oberster Schiedsrichter geschaffen werden, der zwischen den konkurrierenden pluralistischen Kräften, die den Machtprozeß beherrschen, und den einzelnen, die in der pluralistischen Verstrickung zu ersticken drohen, Ordnung schafft und die Balance hält, und dieser kann niemand anderer sein als der Staat. Die einzige Alternative zu mehr Regierung durch die Verbände ist mehr Regierung durch den Staat. Nur die politische Regierung, die in demokratischen, von den Interessentengruppen unkontrollierter Verfahren zur Herrschaft gelangt ist, kann als Wächter des einzelnen gegen seine Kollektivierung durch

---

[165] Recht und sozialer Wandel, S. 285.

[166] Vgl. dazu *Fritz Scharpf,* aaO., S. 74 f.

[167] *Rainer Eisfeld,* Die Aufhebung des Pluralismus im Sozialismus in Nuscheler/Steffani, Pluralismus, S. 285.

[168] *Karl Loewenstein,* Verfassungslehre, S. 387.

die pluralistischen Mächte auftreten. Sollen die letzten Werte der politischen Demokratie bewahrt werden, wird die pluralistische Demokratie reguliert werden müssen."[169]

Dies kann keine Rückkehr zum tradierten deutschen Staatsverständnis bedeuten, nach dem der Staat vom gesellschaftlichen Prozeß abstrahiert erscheint. Es kann nur bedeuten, daß nach den strukturellen Bedingungen der relativen Unabhängigkeit einer Zentralinstanz und darauf aufbauend nach institutionellen Möglichkeiten der Umsetzung und den dafür notwendigen Änderungen gefragt wird. Diese Änderungen greifen unvermeidlich tief in das überkommene System ein. Mit einer Erweiterung der rechtlichen Kompetenzen der staatlichen Organe ist es dabei in keinem Falle getan. Solange die derzeitige Struktur des Gruppenpluralismus fortbesteht, würde dies nur zu einer weiteren Verschärfung der anstehenden Probleme führen, weil die dominierenden Gruppen sich dann des erweiterten staatlichen Instrumentarismus bedienen würden, um sich die Gesellschaft noch weiter verfügbar zu machen[170].

Dies wird deutlich am Beispiel der „Konzertierten Aktion", bei der die beteiligten Verbände aus ihrer „parakonstitutionellen Realität" (Forsthoff) heraustreten und positiv-rechtlich als Ordnungsmächte legalisiert und institutionalisiert werden. Die Distanz zur staatlichen Organisation verringert sich dadurch: die Steuerung der Wirtschaft wird mit denen abgesprochen, deren Aktivität gesteuert werden soll. In der Praxis sind es dabei gerade die mächtigsten Wirtschaftsverbände, die als Partner der Regierung fungieren. Ohne deren Konsens kann sie keine Wirtschafts- und Sozialpolitik betreiben. Insgesamt widerspricht diese Situation allen Voraussetzungen, unter denen sich die Regierung als zentrale, von den Pressionen der Verbände relativ unabhängige Entscheidungsinstanz etablieren könnte. Ähnliche Rückwirkungen ergeben sich auch für die Funktion des Parlaments. Da die Konflikte unmittelbar zwischen den Verbänden ausgetragen werden, verliert es insoweit faktisch seine zentrale politische Kompetenz, die es zum Teil ohnehin schon an die Planungsapparate verloren hat[171]. –

---

[169] *Karl Loewenstein*, Verfassungslehre, S. 415.

[170] Vgl. zu diesem Problembereich *Ott*, Soziale Effektivität des Rechts bei der politischen Kontrolle der Wirtschaft, aaO. S. 350 ff.

[171] Vgl. in diesem Zusammenhang auch *Joseph Kaiser*, Industrielle Absprachen im öffentlichen Interesse, NJW 1971, 585 ff. In diesem Zusammenhang nachdrücklich vor dem Modell der Konzertierten Aktion warnend *Hans Heinrich Rupp*, Konzertierte Aktion und freiheitlich-rechtsstaatliche Demokratie in Erich Hoppmann, Hrsg., Konzertierte Aktion, 1971, S. 1 ff.; *ders.*, DVBl 1971, 671. Im gleichen Zusammenhang siehe weiter *E. Stachels*, Das Stabilitätsgesetz im System des Regierungshandelns, 1970; *U. Scheuner*, Entwicklungslinien des parlamentarischen Regierungssystems der Gegenwart in Festschrift für Adolf Arndt, 1968, S. 335 ff.; *ders.*, Verantwortung und Kontrolle in der demokratischen Verfassungsordnung in Festschrift für Gebhard Müller, S. 394 ff.

Somit stellt sich die Aufgabe, Ansätze zu entwickeln, von denen aus der prinzipiellen Kritik an der pluralistischen Strukturierung unserer Gesellschaft effektiv Rechnung getragen werden kann. In bezug auf die Unternehmenskorporation heißt dies, daß sowohl ihre Autonomie wie auch ihr Einfluß und ihre Rolle im politischen Prozeß einer Neubestimmung bedürfen. Richtungsweisend muß dafür zunächst sein, daß die Unternehmensautonomie die unverzichtbare Funktion einer Entlastung der zentralen Entscheidungsebene hat. Diese Autonomie wird jedoch zugleich durch die Funktion der zentralen Entscheidungsebene relativiert, die sich mit Notwendigkeit aus den strukturellen Schwächen eines reinen Gruppenpluralismus ergibt. Die Unternehmensautonomie steht deshalb unter dem Vorbehalt einer zentralistischen Rahmenkompetenz: sie muß sich in einem durch zentrale politische Entscheidung bestimmten Rahmen halten[172]. Bei der Aufstellung dieses Rahmens kommt es darauf an, daß ein Ausgleich auch mit jenen Interessen herbeigeführt wird, die verbandsmäßig nicht oder nicht wirkungsvoll repräsentiert sind. Insbesondere muß dabei ein Ausgleich zwischen wirtschaftlichen und nicht-wirtschaftlichen Interessen und Zielen im Hinblick auf die langfristige Entwicklung der Gesellschaft erzielt werden[173].

In struktureller Hinsicht setzt dies einmal voraus, daß in die ganz auf wirtschaftliche Effizienz ausgerichteten Systeme der Wirtschaftskoordination jene Konflikte wieder eingebaut werden, die bislang daraus immer mehr verdrängt worden sind, die latent aber weiterhin vorhanden sind. Zum andern müssen die asymmetrischen Einflußbeziehungen zwischen Unternehmenskorporationen bzw. -verbänden und staatlichen Organen, insbesondere Regierung und Parlament korrigiert werden, um eine relative Unabhängigkeit der zentralen politischen Institutionen zu erreichen. Wie dies konkret aussehen könnte, ist abschließend zu untersuchen.

---

172 Vgl. allgemein *Fritz Scharpf*, Demokratietheorie, S. 82; dort ausdrücklich allerdings nur auf die Errichtung selbständiger Sonderbehörden bezogen.

173 Dazu *Ota Sik*, Die vier Grundpfeiler einer demokratisch-sozialistischen Gesellschaftsordnung in Nuscheler/Steffani, Pluralismus, S. 302 ff., 306 ff.

7. Kapitel

Die Neuordnung der Unternehmenskorporation

Die kritische Analyse der Entwicklung der Unternehmenskorporationen, ihrer Ordnung im positiven Recht und ihrer Bewertung in der juristischen Doktrin mündet ein in die Diskussion um eine umfassende Reform des Unternehmensrechts. Im folgenden ist aufzuzeigen, welche Ansätze bereits in das geltende Recht aufgenommen worden sind, um den von der Unternehmenskorporation aufgeworfenen Problemen zu begegnen, und in welcher Richtung diese Ansätze weiterverfolgt und erweitert werden müssen. Das ist in doppelter Hinsicht noch zu präzisieren. Es ist eine der Aufgaben des positiven Rechts, Lösungen für soziale, politische und wirtschaftliche Probleme fest- und fortzuschreiben, ihnen Verbindlichkeit zu verschaffen und sie in Aktionsprogramme zu fassen, die durch den Rechtsapparat durchführbar sind. Diese Lösungen lassen sich aber in dem hier in Frage stehenden Bereich, wie sich im Zweiten Teil gezeigt hat, nicht aus tradierten Rechtsnormen ableiten: die Realität der Unternehmenskorporation sprengt den überkommenen rechtlichen Rahmen. Ein neuer Ansatz ist also erforderlich. Auf der andern Seite – und das bedarf kaum eines Hinweises – können die notwendigen Lösungen auch nicht dadurch gewonnen werden, daß deskriptive Aussagen und explikative Analysen der sozialen Realität unmittelbar in normative Konsequenzen, in Rechtsnormen, umgesetzt werden. Der Rechtssetzungsakt ist seiner Struktur nach vielmehr ein politischer Prozeß, ein Prozeß der gesellschaftlichen Auseinandersetzung um die Durchsetzung von Werten, von Richtigkeitsgesichtspunkten und -vorstellungen. Insofern ist auch die Neuordnung der Unternehmenskorporation und des Unternehmensrechts eine politische Aufgabe und theoretisch nicht voll determinierbar. Das bedeutet nicht, daß politischem Dezisionismus das Wort geredet würde; es bedeutet aber, daß sich Theorie und Wissenschaft ihrem spezifischen Horizont nach in diesem Stadium auf eine kritische, die Rationalität möglicher Lösungen aufhellende und in Frage stellende Funktion beschränken müssen. Die nachfolgende Erörterung möglicher rechtlicher Entwicklungen und der im Anschluß daran aufgestellten weiterführenden rechtspolitischen Vorschläge ist mit diesem Vorzeichen versehen. Sie ist als Versuch zu werten, die Konsequenzen aus der analysierten Situation und aus den im vorangegangenen Kapitel entwickelten theoretischen Ansätzen anhand konkreter Vorschläge in den politischen Bereich hinein zu konkretisieren.

I. Unternehmenskorporation und Individualschutz

1. Recht und korporative Binnenstruktur

In seiner grundlegenden Untersuchung zum „private government" im wirtschaftlichen Bereich stellt Philip Selznick fest, daß in der Struktur der großen Organisationen und insbesondere der Unternehmenskorporationen faktisch die Entwicklung eines „law of governance" angelegt sei, das dazu tendiere, die Trennung und Unterscheidung von „privatem" und „öffentlichem" Recht jedenfalls in diesem Zusammenhang zu überwinden und das in seiner Konsequenz darauf abziele, Rechtsgrundsätze auf private Organisationen anzuwenden, die bisher auf den Bereich des „public government" beschränkt waren[1]. Den entscheidenden Vorgang sieht Selznick darin, daß die Mitgliedschaft in diesen Organisationen sich zu einem formalisierten und mehr und mehr die soziale Identität des einzelnen bestimmenden Status verdichtet[2] und schließlich die Züge einer „citizenship" angenommen habe[3]. In der Anerkennung und Absicherung dieses Status sieht er die Aufgabe des positiven Rechts, im Prinzip des „due process" den Ansatz der Lösung[4]. Dazu verweist Selznick allgemein und ohne dies im einzelnen auszuführen auf die Beschränkung der Machtausübung durch die Gebote der Sachlichkeit, Angemessenheit und Rationalität sowie der Legitimität und auf den Schutz der „integrity of personality"[5], aber auch auf eine umfassende Partizipation „in an entire opportunity structure, social and economic, as well as in the formal political process"[6]. – Von einem ähnlichen Ansatz her hat schon zuvor Kingman Brewster das Konzept eines „economic federalism" entwickelt, für das er in Anlehnung an das Verhältnis von Einzelstaaten und Bundesstaat folgende Grundprinzipien nennt:

> „At least three attributes of workable federalism may be brought to bear on the modern corporation. One is the assurance that some power exists outside the constituent state to vindicate minimal standards of fair and equal treatment of citizens and residents and strangers. Another is the insistence that there be no serious barriers to the coming and going of people among the several states. A third is the insistence that capital and goods be free to move into and out of the state."[7]

---

[1] *Philip Selznick*, Law, Society, and Industrial Justice, 1969, S. 243 ff.

[2] AaO. S. 270 ff.

[3] AaO. S. 249.

[4] AaO. S. 250 ff. (due process as the law of governance).

[5] Vgl. aaO. S. 252 ff., 255 f.

[6] AaO. S. 249; vgl. auch abschließend S. 275.

[7] The Corporation and Economic Federalism in E. Mason, Hrsg., The Corporation in Modern Society, S. 76.

Dies sind Ansätze, die die überlieferten Vorstellungen von den Aufgaben und Zielen des Unternehmensrechts durchbrechen. Sie ergeben sich indes aus der Notwendigkeit, nicht nur die Unternehmenskorporationen in ihrem Bestand und in ihrer Funktionsfähigkeit zu sichern, sondern auch die einzelnen und das Gemeinwesen vor den Gefahren zu schützen, die von derartigen überindividuellen Gebilden drohen[8]. Dazu bedarf es eines Sonderrechts für Unternehmenskorporationen im hier entwickelten Sinn. Ein solches Sonderrecht ist nicht willkürliche Diskriminierung, sondern sachgerechte Konsequenz der organisatorischen und strukturellen Eigenarten dieser Unternehmen und folgt aus dem Umstand, daß der „Handlungsspielraum eines Großunternehmens ... gerade unter normativen Gesichtspunkten etwas anderes (ist) als die persönliche Freiheit des Einzelnen"[9].

Ein so verstandenes Unternehmensrecht muß sich den Fragen des Gesellschaftsrechts und des Unternehmensverfassungsrechts i.e.S. stellen, kann sich aber nicht darauf beschränken. Es muß vielmehr darauf abzielen, das gesamte Beziehungsgefüge des Unternehmens zu erfassen und es mit innerer Konsequenz zu ordnen. Zu diesem Beziehungsgefüge gehört die Binnenstruktur der Unternehmenskorporation – Arbeitnehmer, Anteilseigner und Management – ebenso wie ihre Außenbeziehungen zu Lieferanten, Händlern und Verbrauchern. Zum Bereich eines die Besonderheiten der Unternehmenskorporation aufgreifenden Unternehmensrechts gehört aber auch deren Integration in das politische System.

Ein geschlossenes Konzept hierfür kann derzeit nicht erwartet werden. Es muß zunächst nur darauf ankommen, die Lebensbereiche, die der Einwirkung durch Unternehmenskorporationen ausgesetzt sind, zu bezeichnen und „die weitgestreuten Normen unter dem Gesichtspunkt zu ordnen, ob und inwieweit die einzelnen Vorschriften den typischen Interessenlagen und Konflikten der an einem Unternehmen Beteiligten oder Interessierten, den Eignern, Gläubigern, Arbeitnehmern, Verbrauchern, gerecht werden ..."[10].

a) Im geltenden Recht haben jene Postulate eines „law of governance" ihren stärksten Durchbruch bislang im Arbeitsrecht gefunden. Die Gegenmacht der Gewerkschaften hat einer einseitigen unternehmerischen Machtausübung schon früh und wirkungsvoll Grenzen gezogen und damit wesentliche Voraussetzungen für die Selbstbehauptung des einzelnen in den korporativen Strukturen der Großunternehmen geschaffen. Dieser Linie folgend haben Gesetzgebung und Rechtsprechung in einem – im einzelnen freilich vielfach widersprüchlichen und unbefriedigenden – Prozeß der Rechtsfortbildung die Unternehmensmacht gegenüber Arbeitnehmern normativ eingebunden und beschränkt. Der Rechtsschutz vor „sozial ungerechtfertigten" Kündigungen wirkt sich im Sinne der genannten Prinzipien

[8] *Fritz Rittner,* Werdende juristische Person, siehe S. 211.
[9] *Erhard Kantzenbach* in Macht und ökonomisches Gesetz, S. 318.
[10] *Peter Raisch,* Unternehmensrecht, S. 13.

als Reduktion von Willkür aus und entspricht ebenso wie die Ausformung des Gleichbehandlungsgrundsatzes, der Fürsorgepflicht des Arbeitgebers und ganz allgemein des Prinzips von Treu und Glauben dem Grundanliegen des „due process“ im Umgang mit Unternehmenskorporationen.

Dies kann hier nicht näher untersucht werden; insbesondere kann die Frage nur gestellt, aber – in diesem Rahmen – nicht beantwortet werden, inwieweit die strukturellen Eigenarten gerade der Unternehmenskorporationen im Arbeitsrecht genügend berücksichtigt worden sind. Es muß an dieser Stelle genügen, auf die Ansätze eines effektiven Statusschutzes zu verweisen. Außer dem großen Bereich des Sozialversicherungsrechts ist dabei der spezifische Beitrag der Arbeitnehmer-Mitbestimmung zu einem der „civic participation“ entsprechenden status activus in der Unternehmenskorporation zu erwähnen. Gerade hieran lassen sich die Notwendigkeit, aber auch die Möglichkeit eines auf die Unternehmenskorporation bezogenen „law of governance“ verdeutlichen.

Die Mitbestimmung in betrieblichen und personellen Angelegenheiten – durch das Betriebsverfassungsgesetz 1972 neu geregelt und in wesentlichen Punkten erweitert – erweist sich dabei ihrem tragenden Gedanken nach als Gegengewicht zur Einbindung des einzelnen in das Kollektiv der Unternehmenskorporation; allerdings mit der Einschränkung, daß die Mitwirkungs- und Mitbestimmungsbefugnisse zumeist nicht direkt, sondern durch den Betriebsrat ausgeübt werden. Bestimmte Beteiligungsrechte stehen jedoch auch dem einzelnen Arbeitnehmer zu; so hat er nunmehr ein förmliches Beschwerderecht, wenn er sich vom Arbeitgeber oder von anderen Arbeitnehmern in seinen Rechten beeinträchtigt fühlt[11]. Vor allem aber, und darin liegt eine nachhaltige Stärkung des individuellen Status, hat er das Recht auf Einblick in seine Personalakte und auf Anhörung und Erörterung in betrieblichen Angelegenheiten, die seine Person betreffen, insbesondere im Hinblick auf die Beurteilung seiner Leistungen[12]. Hinzu kommt eine Stärkung auch der Mitwirkungsbefugnisse des Betriebsrats in personellen Angelegenheiten[13]. Insgesamt bezweckt dies die Objektivierung und Transparenz der Entscheidungen, die den einzelnen Arbeitnehmer unmittelbar betreffen. Die neue Betriebsverfassung ist am Ziel einer gleichmäßigen, rationalen und gerechten Behandlung der Arbeitnehmer orientiert, die Willkür ausschließt, und sie betont die Individualität des einzelnen Arbeitnehmers durch Regelungen, die ihn aus der Stellung als Objekt einer unpersönlichen Organisation befreien sollen[14].

Volle Entfaltung erlangt der Status des einzelnen Arbeitnehmers indes erst durch die Erstreckung der Partizipation auf den Gesamtbereich der Unternehmenspolitik. Hierzu trägt einmal das neue Betriebsverfassungsgesetz bei, indem es einen besonderen Wirtschaftsausschuß vorsieht, der über

[11] §§ 84 f. BetrVerfG 1972.

[12] §§ 82, 83 BetrVerfG.

[13] §§ 92 ff. BetrVerfG.

[14] Vgl. *Biedenkopf*, BB 1972, 1513 ff.

die wirtschaftlichen Angelegenheiten des Unternehmens zu unterrichten ist und der seinerseits die Aufgabe hat, dem Betriebsrat darüber zu berichten. Dessen Mitwirkungsbefugnisse in Fragen geplanter Betriebsänderungen, aber auch bei personellen Angelegenheiten, sind im übrigen von unmittelbarer unternehmenspolitischer Relevanz. Unternehmerische Mitbestimmung im vollen und eigentlichen Sinn wird indes erst durch die Vertretung der Arbeitnehmer in den zentralen Entscheidungsgremien der Unternehmenskorporation erreicht. Dabei steht zu erwarten, daß die bisherige, noch durch das Betriebsverfassungsgesetz 1952 festgelegte und einstweilen weitergeltende Regelung, nach der der Aufsichtsrat einer Aktiengesellschaft oder einer Kommanditgesellschaft auf Aktien und – sofern sie mehr als fünfhundert Arbeitnehmer beschäftigt – auch einer anderen juristischen Person zu einem Drittel aus Vertretern der Arbeitnehmer bestehen muß[15], in absehbarer Zeit wesentlich erweitert werden wird. Als Maximalforderung ist dabei die Erstreckung der im Montanbereich bereits seit dem Mitbestimmungsgesetz von 1951 praktizierten paritätischen Mitbestimmung auf alle Unternehmenskorporationen anzusehen[16].

b) Was den Individualschutz der Anteilseigner in der Unternehmenskorporation betrifft, so muß hier im wesentlichen auf das Aktienrecht verwiesen werden. Wie bereits an anderer Stelle dargelegt[17] erfaßt der korporative Status des einzelnen Aktionärs seine soziale Identität und seine Persönlichkeit typischerweise nur am Rande. Typischerweise richtet sich sein Anliegen deshalb auch nicht auf einen umfassenden Statusschutz unter Einschluß einer unternehmenspolitischen Partizipation, sondern auf den Schutz begrenzter Vermögensinteressen. In der Verwirklichung des „due process" in diesem Bereich liegt seit langem ein besonderer Schwerpunkt des Aktienrechts. Neuerdings hat der Gesetzgeber durch das Aktiengesetz 1965 erneut versucht, die Interessen besonders der Klein- und Minderheitsaktionäre effektiver zu berücksichtigen. Inwieweit das gelungen ist und welche Maßnahmen weiterhin erforderlich erscheinen, um diesen Belangen angemessen Rechnung zu tragen, muß hier dahinstehen[18].

Eine ganz andere Situation ergibt sich für Groß- und Mehrheitsaktionäre. Die Aktionärsstellung ist hier unmittelbar mit unternehmerischer Gestal-

---

[15] §§ 76 ff. BetrVerfG 1952; MitbestG vom 21. 5. 51 (BGBl. I, 347), nebst ergänzenden Gesetzen und Rechtsvorschriften abgedruckt bei *Baumbach-Hueck*, Kommentar zum Aktiengesetz, Schlußanhang II.

[16] Zum Stand der Diskussion siehe *Biedenkopf*-Bericht, BT-Drucksache VI/334, S. 18 ff.; Siegfried Hergt (Hrsg.), Mitbestimmung, 35 Modelle und Meinungen, 1973; *Thomas Raiser*, Grundgesetz und paritätische Mitbestimmung, 1975. Vgl. nunmehr MitbestG v. 4. 5. 1976 (BGBl. I S. 1153).

[17] Vgl. oben Kap. 4, II.

[18] Dazu sei verwiesen auf die grundlegende Untersuchung von *E. J. Mestmäcker*, Verwaltung, Konzerngewalt und Interesse der Aktionäre, 1958 sowie *B. Grossfeld*, Aktiengesellschaft . . ., 1968.

tungs- und Entscheidungsmacht verknüpft. Indessen ist es gerade das Anliegen einer Neuordnung der Unternehmenskorporation, derartige Machtpositionen abzubauen und unter Kontrolle zu bringen.

2. Recht und wirtschaftliche Macht in den „Außenbeziehungen" der Unternehmenskorporation

Die Macht der Unternehmenskorporation, das System des „private government" wirkt beträchtlich über den Kreis der Arbeitnehmer und Anteilseigner hinaus und prägt auch die Außenbeziehungen zu Lieferanten, zu Händlern und schließlich auch zu den Verbrauchern. Alle diese Gruppen, die durch langfristige oder sonst wesentliche Interessen mit der Unternehmenskorporation verbunden sind, unmittelbar in das Unternehmensstatut einzubeziehen, wie es immer wieder vorgeschlagen worden ist, würde die sachlich notwendige Differenzierungen außer acht lassen und müßte „auf einem Umweg zum Zustand der Aufsplitterung und unkontrollierten Machtausübung geradewegs"[19] zurückführen. Andererseits kann die Regelung dieser Beziehungen nicht einfach der Privatautonomie, dem freien Spiel der Kräfte überlassen bleiben, wie es der liberalen Tradition des Privatrechts entsprechen würde, da die Marktmacht und typische Überlegenheit der Unternehmenskorporationen das marktwirtschaftliche Regulierungs- und Ausgleichssystem in wesentlichen Punkten außer Kraft gesetzt hat. Zur Neuordnung der Unternehmenskorporation gehört daher auch, daß die überkommenen Rechtsinstitute in diesem Bereich in einer dem faktischen Strukturwandel angemessenen Weise fortgebildet werden.

a) Ein erster Komplex, der in diesem Sinne der rechtlichen Neubestimmung bedarf, betrifft die Beziehungen der Unternehmenskorporation zu jenen Händlern, die formal zwar selbständige Unternehmer, durch vertragliche Bindungen aber in das Vertriebssystem der Unternehmenskorporation integriert sind[20].

Der Kampf um Absatzmärkte und die Suche nach neuen Absatzmöglichkeiten hat bewirkt, daß sich die Unternehmen selbst in den Absatz- und Vertriebsbereich eingeschaltet, die Absatzmittler des überkommenen Handelsrechts durch neue Institutionen ersetzt haben.

So ist der Status des „Vertragshändlers" einmal dadurch bestimmt, daß er selbständiger Unternehmer bleibt und das volle Unternehmerrisiko für seinen Bereich trägt.

---

[19] *Rainer Eisfeld,* Die „Aufhebung" des Pluralismus im Sozialismus in Nuscheler/Steffani, Pluralismus, S. 288.

[20] Dazu die grundlegende, auch die Rechtstatsachen erhebende Untersuchung von *Peter Ulmer,* Der Vertragshändler. Tatsachen und Rechtsfragen kaufmännischer Geschäftsbesorgung beim Absatz von Markenwaren, 1969. Vgl. *H. Gross* und *W. Skaupy,* Das Franchise-System, 1969. S. auch unten Anm. 32.

Zugleich ist aber die unternehmerische Selbständigkeit des Vertragshändlers stark eingeschränkt. Der Hersteller nimmt wesentlichen Einfluß auf dessen Dispositionen und gliedert ihn faktisch in die eigene Unternehmensorganisation ein[21].

„Damit fallen rechtliche und wirtschaftliche Verfügungsmacht über den Geschäftsbetrieb des Vertragshändlers auseinander, ohne daß damit auch eine Risikoverlagerung auf den Inhaber der wirtschaftlichen Verfügungsmacht verbunden ist."[22]

Die Vorteile, die der Vertragshändler durch seine Eingliederung in die Unternehmensorganisation des Herstellers erlangt[23], erkauft er sich durch eine Position starker wirtschaftlicher Abhängigkeit. Entscheidend ist dafür nicht zuletzt, daß er als „verlängerter Arm des Herstellers" seinen ganzen Geschäftsbetrieb auf dessen Waren ausgerichtet hat und deshalb auf einen Fortbestand des Vertragsverhältnisses angewiesen ist[24].

Die rechtliche Kontrolle dieser und ähnlicher für die moderne Wirtschaft und insbesondere für die Unternehmenskorporationen typischer Machtstrukturen führt zu den Grundprinzipien zurück, an denen sich das korporative Herrschaftssystem insgesamt auszurichten hat. Das bedeutet zunächst, daß die allgemeinen Schranken der Vertragsfreiheit zu einem generellen Willkürverbot ausgestaltet werden und daß der Vertragsinhalt im Einzelfall daraufhin überprüft wird, ob dies billigem Ermessen und dem Gebot der Gleichbehandlung entspricht[25].

Die Konsequenzen im einzelnen können hier nicht dargelegt werden. Nur auf zwei besonders bedeutsame Aspekte des Statusschutzes sei hingewiesen; auf die Erhaltung eines Minimums an Selbständigkeit und auf den Schutz bei Vertragsbeendigung.

Zum ersten dieser Aspekte ist in der Rechtsprechung grundsätzlich anerkannt, daß eine sittenwidrige Knebelung dann vorliegt, wenn ein Vertragspartner der umfassenden Entscheidungsgewalt des wirtschaftlich Stärkeren unterworfen und von der Geschäftsführung ausgeschlossen wird und wenn ihm die Verfügungsmacht über sein eigenes Betriebsvermögen entzogen ist[26]. Diese Grenze dürfte in den Fällen erreicht sein, in denen die Bindungen dem Betroffenen nicht mehr Aktionsspielraum lassen als etwa einem Filialleiter und das „einzig Selbständige an seiner kaufmännischen Tätigkeit ... der Umstand (ist), daß er das wirtschaftliche Risiko trägt"[27]. Hier wird

---

[21] Vgl. *Peter Ulmer,* aaO. S. 80 ff., S. 110 ff., 190 ff.

[22] *Peter Ulmer,* aaO. S. 150.

[23] Vgl. dazu zusammenfassend *Peter Ulmer,* aaO. S. 160.

[24] Dazu *P. Ulmer,* aaO. S. 438 ff. [25] Vgl. *P. Ulmer,* aaO. S. 369 ff.

[26] Dazu aus der neueren Rechtsprechung BGHZ 7, 111; 19, 12, 17; 44, 158; OLG Frankfurt NJW 1967, 1043.

[27] *Manfred Rehbinder,* Der Kantinenpachtvertrag im Blickfeld der Rechtstatsachenforschung, 1972, S. 40. Als Beispiel siehe den von *Rehbinder,* ebd. untersuchten, von der Bundeswehr aufgestellten Kantinenpachtvertrag sowie Vertragsgestal-

dem Gebundenen ein Status aufgezwungen, der den Grundprinzipien der Wirtschaftsordnung widerspricht und Grundvoraussetzungen der freien Entfaltung der Persönlichkeit antastet. Verträge dieser Art werden zum „Totenhemd wirtschaftlicher Selbständigkeit": die Betroffenen werden gezwungen, „sich wie wirtschaftlich Selbständige dem Risiko des Marktes zu unterwerfen. Gleichzeitig werden sie aber daran gehindert, die Chancen, die die Marktwirtschaft denjenigen einräumt, die etwas riskieren, selbständig auszunutzen. Bei den ausschließlich Gebundenen addieren sich alle Nachteile der Selbständigkeit und Unselbständigkeit zugleich"[28].

Zum zweiten Aspekt – Schutz bei Vertragsbeendigung – ist eine Einschränkung der unternehmerischen Entscheidungsfreiheit des Herstellers unvermeidlich. Zwar würde es den Erfordernissen einer dynamischen Wirtschaft widersprechen, die in der Verbindung mit einem bestimmten Hersteller liegenden Marktchancen des Vertragshändlers – oder eines anderen Absatzmittlers in ähnlicher Position – rechtlich bestandskräftig auszugestalten. Das Leistungsprinzip auf diese Weise auszuschalten müßte zu schweren Funktionsstörungen im Wirtschaftsprozeß führen. Das schließt aber nicht aus, eine vom Hersteller initiierte Vertragsbeendigung daraufhin zu überprüfen, ob sie sachlich gerechtfertigt und frei von Willkür ist. Gerade im Fall der Vertragsbeendigung wirkt sich die wirtschaftliche Abhängigkeit des Vertragshändlers vom Hersteller regelmäßig voll aus. In dem Maße, in dem er seinen eigenen Geschäftsbetrieb auf die Zusammenarbeit mit dem Hersteller ausgerichtet hat, bedeutet deren Ende für ihn, daß er sein Geschäft von Grund auf neu aufbauen muß[29]. Wiederum bedingt diese spezifische Abhängigkeit eine entsprechend erhöhte Verantwortlichkeit des wirtschaftlich mächtigeren und überlegenen Hersteller-Unternehmens und dessen Pflicht, auch die Belange des Abhängigen angemessen zu berücksichtigen.

b) In einer in vieler Hinsicht vergleichbaren Situation befinden sich häufig auch die Zulieferbetriebe marktmächtiger Nachfrager. Auch hier sind kleinere und mittlere Unternehmen trotz formaler unternehmerischer Selbständigkeit in erheblichem Umfang faktisch in die Unternehmensorganisation ihrer Abnehmer eingegliedert, indem sie mehr oder weniger ausschließlich für einen oder einige wenige bestimmte Abnehmer zu deren Bedingungen produzieren[30]. Die einseitige Ausrichtung ihrer Produktion bringt sie in starke wirtschaftliche Abhängigkeit von ihrem Abnehmer und zwingt sie zu

---

tungen im Tankstellengeschäft; vgl. *Manfred Rehbinder,* Der Tankstellenvertrag im Blickfeld der Rechtstatsachenforschung 1971. Für weitere Beispiele siehe die umfassende Untersuchung von *Alfred Schüller,* Vermachtungserscheinungen im tertiären Sektor, ORDO XIX (1968), S. 171–256.

[28] Alfred Schüller, aaO., S. 235.

[29] Vgl. dazu im einzelnen *Peter Ulmer,* aaO. S. 161 f., 438 ff.

[30] Dazu *Jörg Huffschmid,* Die Politik des Kapitals, S. 68 ff.

weitgehender Anpassung, die ebenso wie im Falle der Vertragshändler zu einer Diskrepanz zwischen rechtlicher und wirtschaftlicher Verfügungsmacht führen kann. Vor allem wirft die Beendigung der Geschäftsbeziehungen ebenso wie dort tiefgreifende Probleme für den abhängigen Unternehmer auf, die sich durch die regelmäßig höheren Investitionen für Produktionsanlagen im Vergleich zu Vertriebsanlagen eher noch verschärfen.

Auch bei dieser Gruppe muß es darauf ankommen, die wirtschaftliche Macht der Unternehmenskorporation rechtlich so unter Kontrolle zu bringen, daß Willkür soweit als möglich reduziert wird und sachlich nicht gerechtfertigte Maßnahmen unterbunden werden. Eine Erstarrung des Wirtschaftsprozesses insgesamt und eine wirtschaftlich nicht tragbare Reduzierung des unternehmerischen Aktionspielraums auf der Seite der Unternehmenskorporation muß dabei freilich vermieden werden. Der Zulieferbetrieb, der nicht mehr leistungsfähig genug ist, um mit der wirtschaftlichen Entwicklung Schritt zu halten, muß die Konsequenzen selbst tragen und kann sie nicht auf einen kapitalkräftigen Abnehmer abschieben, auch wenn er faktisch in dessen Unternehmensorganisation eingegliedert ist. Der notwendige Schutz vor willkürlicher Ausübung wirtschaftlicher Macht kann nicht letztlich zur Erhaltung nur unzureichend leistungsfähiger und unrentabler Betriebe führen. Ein so verstandener Bestandsschutz würde der Grundidee der Wirtschaftsordnung zuwiderlaufen und müßte in schweren gesamtgesellschaftlichen Schäden resultieren.

c) Die Abgrenzung sachlich gerechtfertigter von willkürlichen und darum von Rechts wegen zu korrigierenden Maßnahmen in diesem Bereich wirft im einzelnen eine Fülle von Problemen auf. Es stellt insbesondere die Gerichte, denen die Kontrollfunktion schon wegen der Notwendigkeit einzelfallbezogener Abwägungen in erster Linie zufallen muß, vor schwierige Fragen, da hier unmittelbar ein zentraler unternehmenspolitischer Bereich berührt ist. Die unternehmenspolitische Verantwortung kann jedoch in keinem Fall von den Gerichten wahrgenommen werden, was kaum betont zu werden braucht. Indessen gehört es zu den grundsätzlichen und seit langem praktizierten Funktionen der Gerichte, die Ausübung sozialer Macht auf ihre Sachgerechtigkeit und Willkürfreiheit hin zu überprüfen, ohne dadurch die Grenzen der politischen Verantwortlichkeit in untragbarem Maße zu verwischen und an Stelle der dazu berufenen Institutionen selbständig Politik zu machen[31].

Von wesentlicher Bedeutung im Zusammenhang des rechtlichen Schutzes sowohl der Vertragshändler als auch der Zulieferbetriebe ist schließlich die Feststellung, daß die Unternehmenskorporationen zur Regelung dieser Be-

---

[31] Hierzu ist vor allem auf die Kontrolle der behördlichen Ermessensausübung durch die Verwaltungsgerichte zu verweisen. *E. Forsthoff,* Lehrbuch des Verwaltungsrechts, Allg. Teil, 10. Aufl., 1975, S. 81 ff. stellt besonders den hier interessierenden Aspekt als prinzipielles Problem der Verwaltung zwischen „Gebundenheit

ziehungen und der darin auftretenden Konflikte Normen aufstellen und förmliche Verfahren entwickeln[32]. Hier wird in Ansätzen das Entstehen besonderer korporativer „Rechts"-Ordnungen sichtbar, und zwar insbesondere dort, wo dem abhängigen Teil förmliche Rechte und eine direkte Beteiligung an einem formalisierten Konfliktlösungsverfahren eingeräumt werden[33].

Hier zeigt sich das Ausmaß, in dem die pluralistischen Herrschaftssysteme der Unternehmenskorporationen die umfassende staatliche Ordnung in Frage stellen. Der Gefahr einer pluralistischen Zersplitterung der Rechtsordnung, die von hier ausgeht, läßt sich nur begegnen, wenn die Werte und Ordnungsprinzipien des staatlichen Rechts in den hier in Frage stehenden Teilbereichen effektiv durchgesetzt werden.

3. Der Schutz des Verbrauchers im Herrschaftssystem der Unternehmenskorporation

Der Schutz des privaten Endverbrauchers gehört zu den „international aktuellsten rechtspolitischen Themen und Forderungen unserer Zeit"[34]. Er betrifft auch und gerade die Fragen der Kontrolle der Unternehmenskorporationen, die im gegenwärtigen Wirtschaftssystem die tragenden Elemente sind. Dem Verbraucherschutz hier im einzelnen nachzugehen, würde indessen den Rahmen dieser Untersuchung sprengen. Die damit verbundenen Probleme lassen sich kaum eingrenzen und sind letztlich nur als umfassende Aufgabe der Wirtschaftspolitik und des Wirtschaftsrechts insgesamt zu verstehen. Die Vielfalt der Aspekte und Dimensionen dieses Komplexes kommt im Bericht der Bundesregierung zur Verbraucherpolitik vom 18. 10. 1971[35]

und Freiheit" heraus und betont dabei, daß im Verwaltungsrecht die „Wertverwirklichung" im Gegensatz zur normativ gebundenen Rechtsanwendung offen zutage trete (S. 89). Die Kontrollkompetenz der Verwaltungsgerichte bezieht sich demgemäß nicht auf die volle Überprüfung des behördlichen Ermessensgebrauchs: die „Wertverwirklichung", d. h. der politische Bereich, ist Sache der Behörden, die insoweit „frei" sind, nicht der Gerichte. Über die theoretischen und praktischen Schwierigkeiten, gerichtliche und behördliche Kompetenzen abzugrenzen, *Forsthoff,* ebd., S. 99 ff. mit weit. Nachw.

[32] Dazu ist auf die exemplarische Untersuchung von *Stewart Macaulay,* Law and the Balance of Power. The Automobile Manufacturers and Their Dealers, 1966, zu verweisen.

[33] *Macaulay,* aaO. betont dabei den Übergang von „pure economic power" in eine „contractual relationship where both parties have rights and duties", vgl. S. 198 f.

[34] *Eike von Hippel,* Verbraucherschutz JZ 1974, S. 1. Instruktiv zu diesem Problemkomplex, dem hier nicht weiter nachzugehen ist, soweit er nicht spezifischen Bezug gerade zur Unternehmenskorporation aufweist, vor allem der britische „Final Report of the Committee on Consumer Protection" (Molony-Report), 1962. Für weitere Nachw. zum allg. Verbraucherschutz siehe v. *Hippel,* aaO.

[35] Bundestags-Drucksache VI/2724.

anschaulich zum Ausdruck. Die Erhaltung und Förderung eines wirksamen Wettbewerbs gehören ebenso dazu wie gewerbe- und gesundheitspolizeiliche Überwachungsmaßnahmen, Maßnahmen zur Information der Verbraucher und zu ihrem Schutz vor Irreführung und schließlich die Sicherung der Kaufkraft und Erhöhung der Realeinkommen aller Verbraucher. Auch ein umfassender Umweltschutz ist eines der Ziele der Verbraucherpolitik. Dies alles betrifft nicht mehr unmittelbar die Neuordnung der Unternehmenskorporation, sondern betrifft die Ordnung der gesamten Wirtschaft und Gesellschaft.

Unmittelbar relevant für die Unternehmenskorporation ist jedoch ein Teilaspekt des Verbraucherschutzes: die Gestaltung der Rechtsbeziehungen zwischen Unternehmen und Verbrauchern, und zwar vor allem im Hinblick auf die Verwendung von Allgemeinen Geschäftsbedingungen.

Blickt man zunächst nur auf die Fakten und nicht auf die dogmatischen Auseinandersetzungen um die Rechtsnatur der AGB[36], so wird deutlich, daß diese den wesentlichen Gestaltungsfaktor in den Beziehungen zwischen Unternehmen und Verbrauchern darstellen und als solcher einseitig von den Unternehmenskorporationen eingesetzt werden. Diese bestimmen mittels der AGB die Rechtsstellung der Verbraucher direkt oder indirekt, ohne daß die Regelung jeweils in einem „bargaining process" ausgehandelt würde und deshalb als Resultante aus einem bilateralen und ausgewogenen Interessenausgleich angesehen werden könnte. Zwar kommt der Verbraucher faktisch als Gegenpol insoweit ins Spiel, als er durch seinen Kaufentschluß und durch die Entscheidung zwischen verschiedenen Angeboten verschiedener Anbieter die Initiative zur Aufnahme der Beziehungen und zur Konkretisierung und Individualisierung der in den AGB vorgenormten Ordnung ergreift[37]. Darin erschöpft sich sein Aktionsspielraum in aller Regel aber auch. Auf den Inhalt der Beziehung und die Bedingungen ihrer Abwicklung hat er typischerweise keinen Einfluß. Er kann nur wählen, ob er das geplante Geschäft zu den von der Unternehmenskorporation festgesetzten Modalitäten abschließen oder ganz davon Abstand nehmen will. Der Vorrang, den individuelle Vereinbarungen nach geltendem Recht vor AGB haben, wird kaum je aktuell, weil die Unternehmen nicht bereit sind, im Einzelfall über den Inhalt der AGB zu verhandeln. Und der Aktionsspielraum des Verbrauchers gegenüber den Unternehmen wird faktisch noch dadurch einge-

---

[36] Dazu neuerdings *Schmidt-Salzer*, Das Recht der Allgemeinen Geschäfts- und Versicherungsbedingungen, 1967; Allgemeine Geschäftsbedingungen, NJW-Schriftenreihe Heft 11, 1971. Siehe auch die rechtsvergleichenden Darstellungen anläßlich der Berliner Tagung für Rechtsvergleichung im September 1967, insbes. das Generalreferat von *L. Raiser* in Richterliche Kontrolle von Allgemeinen Geschäftsbedingungen. Mit Abhandlungen von *Fritz Hauss* u. a., 1968; *K. Ballerstedt* in H. Arndt, Hrsg., Die Konzentration in der Wirtschaft, I, S. 571 ff.

[37] Dieser Aspekt wurde schon von *L. Raiser*, AGB, 1935 (1961) betont, bes. S. 77 ff., 109 ff.

schränkt, daß er in allen wirtschaftlichen Bereichen auf AGB stößt, die sich zudem in der Tendenz vielfach gleichen[38]. Die Notwendigkeit einer rechtlichen Kontrolle der AGB ist seit langem erkannt und die Gerichte haben sich dieser Aufgabe auch mit zunehmender Entschiedenheit angenommen. Die einschlägige Rechtsprechung des BGH ist ausdrücklich am Ziel eines umfassenden und effektiven Verbraucherschutzes orientiert und hat dazu einen wesentlichen Beitrag geleistet.. Nach den vom BGH entwickelten Kriterien sind AGB rechtsunwirksam, soweit sie sachlich unangemessene Bestimmungen enthalten, „in denen sich die mißbräuchliche Verfolgung einseitiger Interessen auf Kosten des Geschäftspartners verkörpert und die daher bei Abwägung der Interessen der normalerweise an solchen Geschäften beteiligten Kreise der Billigkeit widersprechen"[39]. Dieser in einer Fülle von Einzelentscheidungen konkretisierte und modifizierte Maßstab macht das Bestreben der Gerichte deutlich, willkürlicher und sachlich unangerechtfertiger Machtausübung entgegenzutreten[40]. Ob dies voll gelungen ist, muß hier dahingestellt bleiben. Jedenfalls bleibt die Frage, ob die Rechtsprechung die von ihr selbst formulierten Kriterien in allen Fällen mit voller Konsequenz zur Anwendung bringt oder nicht faktisch doch dahinter zurückbleibt und den Unternehmen zu Lasten der Verbraucher einen zu groß bemessenen Aktionsspielraum beläßt.

Der grundsätzlichere Einwand zielt jedoch in andere Richtung: die institutionellen Möglichkeiten der Gerichte sind zu begrenzt, um allein eine effektive und der heutigen Entwicklung angemessene Kontrolle der AGB zu gewährleisten. Gerade im Falle der Verbraucher ist eine justizförmige Ausgestaltung des Rechtsschutzes von vorneherein mit einem erheblichen Effektivitätsverlust verbunden. Die mit der Prozeßführung und dem Prozeßrisiko verknüpfte Belastung fällt hier umso mehr ins Gewicht, als sie vielfach kaum geringer ist als die Belastung des Verbrauchers durch AGB in einer konkreten Situation. In diesen Fällen wird die Kontrolle schon durch eine private Kosten-Nutzen-Analyse neutralisiert. Davon abgesehen reduziert auch die Dauer und die Nachträglichkeit des Gerichtsverfahrens die Wirksamkeit der Kontrolle in einer Situation, die durch häufige und schnell wechselnde Beziehungen gekennzeichnet ist[41].

Dies führt zum Postulat einer präventiven, von der Initiative einzelner

---

[38] Vgl. die Zusammenstellung von *Manfred Rehbinder*, Das Kaufrecht in den Allgemeinen Geschäftsbedingungen der deutschen Wirtschaft, 1970.

[39] So zusammenfassend BGHZ 51, 55, 59. Eine detaillierte Aufstellung der Rechtsprechung und der von ihr verwendeten Formulierungen findet sich bei *Schmidt-Salzer*, AGB, NJW-Schriftenreihe 11, 1971, S. 86 ff.

[40] Vgl. im einzelnen die Darstellung bei *J. Schmidt-Salzer*, Das Recht der Allgemeinen Geschäfts- und Versicherungsbedingungen, 1967, S. 225 ff.; sowie *ders.*, Allgemeine Geschäftsbedingungen, NJW-Schriftenreihe Heft 11, 1971, S. 86 ff.

[41] Vgl. *Manfred Rehbinder*, Allgemeine Geschäftsbedingungen und die Kontrolle ihres Inhalts, 1972, S. 21 ff., 33 ff.

Verbraucher weitgehend unabhängigen Kontrolle der AGB, die den gerichtlichen Rechtsschutz zu ergänzen hätte – ein Postulat, das in neuester Zeit immer nachdrücklicher vertreten wird[42]. Die Vielfalt der zu regelnden Beziehungen und die notwendige Flexibilität verbieten dabei die Rückführung der gesamten Materie in das Gesetz; ohne das Instrument der AGB erscheint eine Ordnung dieses Bereichs nicht möglich. Dies spricht für ein administratives Kontrollsystem, das ein umfassendes und präventives Überprüfungsverfahren erlaubt und den Verbraucher in einer seiner spezifischen Situation angemessenen Weise vor willkürlicher und sachlich nicht gerechtfertigter Reglementierung mittels AGB schützt[43]. –

II. Die politische Kontrolle der Unternehmenskorporation

1. Zusammenfassung der Problematik und prinzipielle Lösungsansätze

Die bisher – wenn auch nur in aller Knappheit – aufgeführten Ansätze zur rechtlichen Neuordnung der Unternehmenskorporation beziehen sich auf Auswirkungen des korporativen Herrschaftssystems auf konkrete und relativ abgegrenzte individuelle Positionen und Interessen. Alle diese Ansätze gelten dem Schutz des konkret in die Abhängigkeit von der Unternehmenskorporation geratenen Individuums vor willkürlicher und sachlich ungerechtfertigter Machtausübung. Die „rule of law", die in diesem Sinn durch fortentwickelte und neugeschaffene Rechtsinstitute an die Stelle des „selbstgeschaffenen Rechts der Wirtschaft" treten muß, kann insofern auch nur eine partielle Kontrolle der Unternehmenskorporation bewirken. Weder erreicht sie den zentralen unternehmenspolitischen Bereich noch vermag sie selbst politische Kriterien und Maßstäbe voll zum Tragen zu bringen. Ein wesentlicher Problembereich ist damit noch offen. Die Unternehmenskorporation als „body politic" kann nur dann sinnvoll und umfassend neu geordnet werden, wenn die unternehmenspolitische Dimension einbezogen wird.

a) Durch das tradierte Unternehmensrecht ist das nicht oder nicht im notwendigen Maße erreicht worden. Zunächst ist entgegen der bis heute nachwirkenden liberalen Vorstellung das politische Element nicht durch einen Marktautomatismus und durch ein System „rein wirtschaftlicher Rationalität" neutralisiert. Wie sich gezeigt hat, ist die Unternehmensführung

---

[42] Vgl. *Manfred Rehbinder* aaO. S. 36 ff.; *E. v. Hippel,* ZRP 1972, 110; *Hans Erich Brandner,* Allgemeine Geschäftsbedingungen Konrad Duden u. a., Hrsg., Gerechtigkeit in der Industriegesellschaft, 1972, S. 47 ff. – Zurückhaltend gegenüber einer Verwaltungskontrolle *L. Raiser,* Generalreferat aaO. (Anm. 36), S. 133 f. 141.

[43] Zur konkreten Ausgestaltung der Verwaltungskontrolle s. weiter die bei *Duden,* aaO. S. 78 ff., mitgeteilten Reformvorschläge verschiedener Arbeitsgemeinschaften Sozialdemokratischer Juristen, sowie den Bericht von *Th. Ramm,* ebd. S. 73 ff. – Zu dem in Israel praktizierten Kontrollverfahren *Uri Yadin,* Legislative

nicht durch vorgegebene Zwecke und durch ökonomische Sachzwänge determiniert, sondern hat gerade im Fall der Unternehmenskorporation einen erheblichen Spielraum. Die Möglichkeit und Notwendigkeit der Zielbestimmung weist das Politisch-Prozeßhafte der Unternehmenskorporation aus.

Zusammen mit ihrer wirtschaftlichen Macht begründet dies die Legitimationskrise der Unternehmenskorporation. Macht und Politik finden sich in den Händen der Unternehmen, die dafür keiner effektiven Kontrolle unterliegen und nicht ausreichend legitimiert sind.

Das Problem ist, daß sie in einem gesellschaftlich äußerst relevanten Bereich durch ihre Entscheidungen das öffentliche Interesse definieren und festlegen und die Politik bestimmen, ohne daß eine effektive Rückkoppelung auf die Bedürfnisse, Interessen und Wertvorstellungen der von diesen Entscheidungen Betroffenen besteht. Dieser strukturellen Einseitigkeit des unternehmenspolitischen Entscheidungsprozesses gilt es zu begegnen.

Partizipationsmuster nach geltendem Recht lösen dieses Problem nicht. Die „Aktiendemokratie" funktioniert nicht und kann nicht funktionieren; die Mitwirkung der Anteilseigner bewirkt keine effektive Kontrolle der Unternehmen und könnte diese allein auch nicht legitimieren, weil die Funktionen der Unternehmenskorporation weit über das Kapitalinteresse hinausreichen. Die Erweiterung der Basis durch die Mitbestimmung der Arbeitnehmer und der Gewerkschaften ist im Prinzip zwar notwendig, aber allein ebenfalls nicht ausreichend. Sie ist notwendig, um den Status des einzelnen in der Korporation im Hinblick auf die Möglichkeit individueller Entfaltung in diesem Bereich zu entwickeln und abzusichern und sie setzt zugleich ein beträchtliches Demokratisierungspotential frei[44]. Aber auch dessen Effektivität ist strukturell begrenzt, und auch die um die Arbeitnehmer erweiterte „constituency" des Unternehmens ist als Legitimationsbasis noch zu schmal. Die gesamtgesellschaftliche Relevanz der Unternehmenskorporation und der Unternehmenspolitik wird dadurch nicht zuverlässig erfaßt, eine öffentliche Kontrolle nicht erreicht. Die Gefahr einer pluralistischen Zersplitterung wird dadurch nicht überwunden, sondern noch unterstrichen. Auch die Einschaltung der Gewerkschaften ändert daran nichts grundsätzlich und schließt nicht aus, daß die Unternehmenskorporation in der Hand der unmittelbar beteiligten Gruppen zum Instrument wird, mit dem sie ihre Interessen gegen die anderen Gruppen und gegen die der Allgemeinheit durchzusetzen versuchen. Insbesondere läßt auch die erweiterte Partizipation nicht erwarten, daß die Unternehmenspolitik in Abkehr von der bisherigen Praxis nachhaltig an nicht-wirtschaftlichen Belangen und an Belangen

---

Control of Standard Contracts in Richterliche Kontrolle von AGB, (oben Anm. 36), S. 143 ff. – Die nähere Würdigung und Kritik dieser Kontrollkonzeptionen kann hier nicht geleistet werden und soll einer besonderen Untersuchung vorbehalten bleiben.

[44] Hierzu *F. Naschold*, Organisation und Demokratie, pass.

der langfristigen gesamtgesellschaftlichen Entwicklung zu Lasten der unmittelbaren Unternehmensinteressen ausgerichtet wird[45].

Weitergehende Vorschläge, die pluralistische Verengung der Unternehmensbasis dadurch zu überwinden, daß zusätzlich noch andere gesellschaftlich relevante Gruppen im Unternehmen repräsentiert und dazuhin etwa unabhängige „Vertreter des öffentlichen Interesses" bestellt werden, sind praktisch undurchführbar und im theoretischen Ansatz verfehlt. Insbesondere laufen die Vorschläge, die entscheidendes Gewicht auf die Unabhängigkeit der Vertreter der öffentlichen Interessen legen, der Notwendigkeit gerade zuwider, den Einfluß der zentralen politischen Entscheidungsebene gegenüber zentrifugalen und sich gegen den Rest der Gesellschaft abschirmenden pluralistischen Gruppen- und Verbandsbildungen zum Tragen zu bringen. Dieses Konzept würde die Distanz der Unternehmenskorporation zu jener zentralen Instanz noch vergrößern anstatt sie zu verringern. Die Absonderung würde dadurch noch verstärkt und die Chance weiter verringert, die einseitige Definition des „Gemeinwohls" durch die Unternehmenskorporation bzw. die an einseitigen Zielen ausgerichtete Unternehmenspolitik im gesamtgesellschaftlichen Interesse zu korrigieren – d. h. verbandsmäßig nicht effektiv repräsentierte und repräsentierbare Interessen, insbesondere die einer breiten Allgemeinheit, zu Einfluß zu bringen und die im pluralistischen System angelegten Erstarrungstendenzen zu überwinden. Die Loslösung dieser Vertreter vom Rückhalt in anderen einflußreichen und mächtigen Organisationen, worauf die Befürworter einer pluralistischen Unternehmensordnung besonderen Nachdruck legen[46], würde ihnen jede Chance nehmen, sich gegen die Macht der Unternehmensleiter zu behaupten oder durchzusetzen. Sie würden, wenn sie keinen andern Rückhalt hätten, als das Bewußtsein, dem „Gemeinwohl" zu dienen, entweder zum einflußlosen Alibi des status quo oder selbst in Abhängigkeit von den Machthabern im Unternehmen geraten. Im Ergebnis ist auf diesem Weg eine Kontrolle der Unternehmensmacht nicht zu erwarten; vielmehr würde eine solche Konstruktion die Position der etablierten Gruppe nur noch weiter stärken.

b) Dies verweist unmittelbar auf die Einschaltung des Staates. Von den hier denkbaren Möglichkeiten, wie sie Wolfgang Friedmann zusammengestellt hat[47], müssen freilich von vorneherein alle diejenigen ausscheiden, die die unternehmerische Verantwortung auf staatliche Instanzen übertragen und das Unternehmen in die direkte Abhängigkeit von der staatlichen Bü-

---

[45] In diesem Sinn stellt auch *Hondrich*, Demokratisierung und Leistungsgesellschaft, S. 44, deutlich den Konflikt zwischen „innerorganisatorischer Selbstverwirklichung" und „Erfüllung von außen kommender Produktionsstandards" als Problem jedes sich entwickelnden Wirtschaftssystems heraus.

[46] Vgl. zusammenfassend *Boettcher* u. a., Unternehmenverfassung als gesellschaftspolitische Forderung, S. 123 ff.

[47] Recht und sozialer Wandel, S. 296 ff.

rokratie bringen. Das gilt sowohl für eine umfassende Staatsaufsicht über die Wirtschaft wie für die direkte Verstaatlichung. Hier stehen eindeutige verfassungsrechtliche Grenzen entgegen, die ihre volle Rechtfertigung nicht nur in der Abwehr eines politischen Totalitarismus durch „Konzentration der gesamten Wirtschaftsmacht in den Händen einer Staatsbürokratie"[48], sondern auch in der strukturell und funktional notwendigen Dezentralisierung finden. Die Autonomie der Unternehmenskorporation muß demnach im Grundsatz, wenn auch nicht in ihrer überkommenen rechtlichen Ausgestaltung, Bestandteil jeder Neuordnung sein.

Um diese divergierenden Postulate zu verbinden, scheint ein Mischsystem von privaten und staatlichen Unternehmen oder ein System gemischtwirtschaftlicher Unternehmen grundsätzlich weniger geeignet[49]. Zwar kann der Staat auf diese Weise einen unter Umständen erheblichen Einfluß auf den Wirtschaftsprozeß nehmen und Daten setzen, die rein faktisch auch für die übrigen Unternehmen relevant werden. Es ist aber zweifelhaft, ob sich der Staat, wenn er selbst zum Unternehmer wird, zugleich im notwendigen Umfang aus der Unternehmerrolle lösen kann, um die Unternehmen von übergeordneten politischen Aspekten aus zu kontrollieren. Im übrigen sind auch die Kapitalressourcen des Staates beschränkt. Schon aus diesem Grund muß er sein unternehmerisches Engagement in Grenzen halten und sich im ganzen auf die Bereiche beschränken, in denen unmittelbar öffentliche Versorgungs- und Entwicklungsaufgaben zu erfüllen sind. Staatsunternehmen und „weit verstreuter Aktienbesitz des Staates von unterschiedlichstem Wert und in den verschiedenen Industriezweigen"[50] sind danach nicht der geeignete Weg, um die erforderliche Kontrolle über wirtschaftliche Macht zu verwirklichen; sie können dem Staat seine zentralen politischen Entscheidungsaufgaben nicht abnehmen und eine Neuordnung der Unternehmenskorporation nicht ersetzen.

2. *Unternehmensautonomie und politische Kontrolle*

Als entscheidend für die Neuordnung der Unternehmenskorporation erweist sich letztlich das Problem, im Spannungsverhältnis zwischen dezentraler Unternehmensautonomie und zentraler politischer Kontrolle einen Ausgleich zu finden, der dem Unternehmen genügend Spielraum und Manövrierfähigkeit beläßt, zugleich aber auch der Überwältigung der Gesell-

---

[48] *Friedmann,* aaO. S. 297. – F. bezeichnet es als offene Frage, ob bei Sozialisierung aller wirtschaftlichen Vermögenswerte eine politische Demokratie aufrechtzuerhalten wäre.

[49] *Friedmann,* aaO. S. 298, 299. Ebenso *Emmerich,* Wirtschaftsrecht der öffentlichen Unternehmen, S. 71 ff. Siehe auch *Püttner,* Die öffentlichen Unternehmen, S. 21 ff. und *Wenger,* Die öffentliche Unternehmung, S. 95 ff., 153.

[50] *Friedmann,* aaO. S. 299.

schaft durch die Wirtschaft entgegenzuwirken erlaubt. Die Unternehmenskorporation muß, soll sie ihre in der modernen Wirtschaft unerläßliche Dynamik behalten, einen gegenüber den staatlich-politischen Organen klar abgegrenzten Verantwortungsbereich haben, der sie sowohl vor bürokratischer Erstarrung wie vor kurzfristig wechselnden Zielvorstellungen bewahrt. Ebenso entschieden muß aber auch der Primat der gesamtgesellschaftlich fundierten und ausgerichteten Politik und der zentralen politischen Entscheidungsorgane zur Geltung gebracht werden, was die Bestimmung des Rahmens und der grundsätzlichen Ausrichtung des unternehmerischen Aktionsbereichs betrifft[51].

Für die Neuordnung der Unternehmenskorporation ergeben sich dabei folgende Schwerpunkte:

a) Das Autonomieprinzip muß zunächst die Stellung der Unternehmensleitung bestimmen, jedenfalls insofern, als die laufende Unternehmensführung in Frage steht. Das entspricht dem geltenden Aktienrecht, das damit nur die Konsequenzen aus einer seit langem zu beobachtenden und angesichts der Komplexität der modernen Unternehmenskorporation unvermeidlichen Entwicklung zieht. Wenn sich das Management in einer langfristigen Tendenz in Deutschland und in allen anderen vergleichbaren Ländern als eigentliches Entscheidungszentrum im Unternehmen etabliert und sich dabei zugleich emanzipiert hat, so deshalb, weil anders als durch ein fachlich qualifiziertes und relativ homogenes Gremium ein Unternehmen gar nicht geführt werden könnte.

Dieser grundsätzlichen Einsicht entsprechend und den mit der Aktiengesellschaft gesammelten Erfahrungen folgend legt das Aktiengesetz fest, daß der Vorstand die Gesellschaft unter eigener Verantwortung zu leiten hat (§ 76) und schließt eine Mitwirkung des Aufsichtsrats und der Hauptversammlung in Angelegenheiten der Geschäftsführung grundsätzlich aus (§§ 111 Abs. 4; 119 Abs. 2). An diesem Grundprinzip ist auch bei einer umfassenden Neuordnung der Unternehmenskorporation festzuhalten.

Ein diffuses „Hineinregieren“ anderer Organe in den Bereich der Unternehmensleitung würde zu Funktionsstörungen führen und die Verantwortlichkeiten verwischen. Vor allem müßte eine unmittelbare politische Öffnung dieses Bereichs insofern zu Brüchen führen, als sie Einfluß auf konkrete, einzelne Maßnahmen gewähren würde, ohne die dafür notwendige sachliche Qualifikation sicherzustellen. Eine so verstandene „Politisierung“ wäre eine untragbare Belastung der Volkswirtschaft; die Unternehmensführung durch dafür ausgebildete und fachlich wie sachlich qualifizierte Manager ist unverzichtbar.

---

[51] Zur prinzipiellen Bedeutung einer zentralen Rahmenkompetenz in pluralistischen Gesellschaften im Verhältnis zu relativ autonomen Subsystemen *Fritz Scharpf*, Demokratietheorie, S. 82.

b) Beruht danach die Management-Doktrin auf einem zutreffenden Kern, so kommt es hier vor allem darauf an, deren ideologische Generalisierung zu vermeiden und den Gegenpol im Spannungsverhältnis des Unternehmens zu betonen: die Notwendigkeit einer effektiven und umfassenden Kontrolle der Unternehmensleitung. Praktisch ist dieser Faktor weitgehend ausgefallen; hier muß deshalb der eigentliche Schwerpunkt der Neuordnung der Unternehmenskorporation liegen.

Aus dem Dargelegten ergibt sich grundsätzlich, daß eine Teilung der Verantwortung für den unmittelbaren Bereich der Unternehmensführung zwischen Unternehmensleitung und Kontrollinstanz nicht in Betracht kommen kann. Im Anschluß an die moderne politologische Forschung[52] ist festzuhalten, daß eine generelle und direkte Demokratisierung des gesamten unternehmenspolitischen Entscheidungsspektrums durch gleichmäßige Aufteilung der Einflußchancen auf alle Organisationsmitglieder nicht möglich ist und sich als ebenso utopisch erweisen müßte wie die der Aktiendemokratie zugrunde liegende Vorstellung, das Informations- und Qualifikationserfordernis durch das politische Bewußtsein eines dilettantischen Aktionärspublikums ausgleichen zu können. Vielmehr muß ein strukturgerechtes Aufteilen der Kompetenzen die Funktionsfähigkeit des Unternehmens und insbesondere der Kontrollorgane gewährleisten. Damit ist bereits eine Lösung auf der Linie des geltenden Aktienrechts vorgezeichnet: den Kontrollorganen obliegen Entscheidungen über Rahmen und Ausrichtung des Unternehmens dem Gesamtzuschnitt nach und Maßnahmen der Überwachung der Unternehmensleitung, insbesondere die Bestellung und Abberufung der Amtsträger.

Im ganzen entspricht die Kompetenzverteilung des Aktienrechts durchaus dem Spannungsverhältnis zwischen Autonomie und Kontrolle und den strukturellen Gegebenheiten in der Unternehmenskorporation. Deren Krise beruht auch nicht hierauf, sondern auf dem zu engen Spektrum der in den Kontrollorganen vertretenen Interessen und auf dem Fehlen einer effektiven Rückkoppelung, insbesondere einer Rückkoppelung an die zentralen staatlich-politischen Entscheidungsinstanzen. Eine Rückkoppelung dieser Art ist aber aus einem doppelten Grund von entscheidender Bedeutung: sie verschafft der Zentralinstanz direkten Einfluß auf die Bestimmung des Rahmens dezentraler Leistungserstellung, wodurch zugleich ein Gegengewicht gegen den einseitigen Vorrang unternehmerisch-wirtschaftlicher Gruppeninteressen in der Gesellschaft insgesamt geschaffen wird, und sie eröffnet einen Weg, um Konflikte, die das Unternehmen betreffen, dort aber bislang verdrängt worden sind, im Unternehmen selbst auszutragen.

Dabei muß es darauf ankommen, in diesem Sinn eine möglichst umfassende Öffnung des Unternehmens zu erreichen. Jede gruppenspezifische Ver-

[52] Vgl. zur grundsätzlichen Kritik der am Rätesystem orientierten Partizipationstheorie *Fritz Scharpf*, aaO. S. 54 ff.; *Naschold*, aaO. S. 24 ff.

kürzung neugeschaffener Einflußmöglichkeiten würde die überkommene Asymmetrie nur durch neue Einseitigkeiten und Ungleichgewichte ersetzen, nicht aber überwinden.

3. Reformmodell der Unternehmenskorporation

Eine institutionelle Lösung, die die dargelegten Prinzipien und ihre Konsequenzen aufnimmt und verdeutlicht, soll in wenigen Strichen skizziert werden.

a) Im Mittelpunkt muß danach als zentrales Kontroll- und Legitimationsorgan eine Unternehmensversammlung stehen, die die bisherige Aufsplitterung der Unternehmenskorporation in „Aktiengesellschaft“ und „Unternehmen“ überwindet und alle relevanten Kräfte zusammenfaßt. Dazu gehören die Arbeitnehmer und die Anteilseigner, zusätzlich aber auch die Vertreter der staatlichen Zentralinstanz.

aa) Die Unternehmensversammlung hat die Funktion eines Unternehmensparlaments. Demgemäß beziehen sich ihre formal-rechtlichen Kompetenzen auf die Bestellung und Abberufung der Unternehmensleitung und auf die Bestimmung des grundsätzlichen Rahmens der Unternehmensführung. Sie richten sich zu letzterem nach den Kompetenzen, die die Hauptversammlung im geltenden Aktienrecht besitzt. Auch im übrigen lassen sich die Rechte und Kompetenzen der Hauptversammlung mit noch zu erwähnenden Einschränkungen auf die Unternehmensversammlung übertragen; das gilt besonders auch für das Auskunftsrecht.

bb) Entgegen den bisher entwickelten Konzeptionen einer Unternehmensversammlung muß es darauf ankommen, dem Faktor des „öffentlichen Interesses“ durch Vertreter der staatlichen Zentralinstanz wirksamen Rückhalt außerhalb des Unternehmens zu verschaffen. Nur dann läßt sich eine effektive Öffnung des Unternehmens zur Gesellschaft und zum gesamtgesellschaftlichen politischen Prozeß hin erreichen. Gegenüber der Unternehmensmacht kann es eine sozial freischwebende Unabhängigkeit nicht geben, und die Vorschläge, Vertreter des „öffentlichen Interesses“ durch Arbeitnehmer und Anteilseigner bestellen zu lassen, würde die Öffnung des Unternehmens im Endeffekt gerade unterbinden und seinen Charakter als „geschlossene Veranstaltung“ bestätigen.

Denkbar wäre, das Delegationsrecht der Regierung zu übertragen. Indessen würde dies der besonderen Situation der Unternehmenskorporation nicht gerecht werden. Zwar ließe sich dadurch eine Rückkoppelung mit zentralistischer Tendenz erreichen, eine ausreichende Öffnung des Unternehmens wäre dadurch aber nicht gesichert. Vielmehr bestünde die Gefahr, daß die das Unternehmen berührenden Konflikte regelmäßig durch nichtöffentliche Arrangements zwischen Unternehmensleitung, Regierung und sonstigen Gruppenvertretern beigelegt werden.

Es muß deshalb darauf ankommen, durch die Vertreter des „öffentlichen Interesses" zugleich mehr gesellschaftlichen Konfliktstoff in das Unternehmen hineinzutragen bzw. ihn dort zum Austrag zu bringen, und dies in möglichster Offenheit. Insgesamt bietet sich dazu eine Rückkoppelung auf das Parlament an. Dies läßt am ehesten einen Strukturwandel erwarten, der der theoretischen Situation des Unternehmens entspricht, da sich hier die notwendige Öffnung des Unternehmens mit effektivem politischen Support verbinden kann. Durch die direkte Einschaltung des Parlaments wird die Unternehmenskorporation mit einer zentralen politischen Institution verknüpft, die nicht nur über vom Unternehmen zumindest teilweise unabhängige politische Ressourcen verfügt, sondern auch ein vergleichsweise hohes Konflikt- und Wertberücksichtigungspotential besitzt. Auf diesem Weg ist eine effektive Erweiterung des unternehmenspolitischen Datenkranzes möglich, bei der insbesondere auch unternehmensferne und nicht-wirtschaftliche Interessen von hoher Allgemeinheit, aber geringer Organisiertheit, eingeführt werden können.

Von den organisatorisch-institutionellen Vorkehrungen im Parlamentsbereich, die hierbei notwendig werden, abgesehen, ergeben sich zunächst allerdings grundsätzliche Einwände, die auf die Funktionsfähigkeit des Parlaments im dargelegten Rahmen abzielen. Die moderne Parlamentarismus-Kritik hat deutlich gemacht, daß auch vom parlamentarischen System unter den Bedingungen der heutigen pluralistischen und hochdifferenzierten Industriegesellschaft nicht mit Selbstverständlichkeit eine zuverlässige und umfassende Repräsentation der von den etablierten Gruppen und Verbänden nicht oder nicht effektiv erfaßten Interessen, Werte und Konflikte erwartet werden kann. Das Gewicht dieser Vorbehalte kann gerade auch für den vorliegenden Zusammenhang nicht bestritten werden. Wenn danach in Abkehr von traditionellen Ordnungsmodellen den generellen Kontrollmöglichkeiten des Parlaments gegenüber einige Skepsis am Platze ist, so zeichnen sich andrerseits doch konkrete Möglichkeiten ab, durch institutionelle Änderungen das Demokratisierungspotential des parlamentarischen Systems wesentlich zu erhöhen. Hierauf vor allem wird sich gerade auch im Hinblick auf die Kontrolle der Unternehmenskorporation das Bemühen um eine institutionelle Weiterentwicklung von den dargelegten Ansätzen her zu konzentrieren haben.

cc) Für die Zusammensetzung der Unternehmensversammlung bietet sich der besonderen Situation der Unternehmenskorporation und ihrer gesamtgesellschaftlichen Relevanz entsprechend ein drittelparitätisches Schema an, das Anteilseignern, Arbeitnehmern und Parlamentsvertretern formal den gleichen Einfluß gewährt. Entscheidend ist, daß letztere als aktiver Faktor in der Unternehmensversammlung wirken und nicht ein bloßes „Anhängsel" sind. Dies und die unmittelbare gesamtgesellschaftliche Relevanz der Unternehmenspolitik in den Korporationen spricht auch dafür, die Rückkoppelung an das Parlament möglichst direkt und effektiv auszugestalten und diese Funktionen deshalb unmittelbar in seine Verantwortung zu stellen.

dd) Im ganzen zielt dies darauf ab, daß die Unternehmensversammlung zu dem Forum gemacht wird, auf dem die die Unternehmenspolitik betreffenden Konflikte ausgetragen, zumindest aber sichtbar gemacht werden. Dies bedeutet eine „Politisierung" des Unternehmens, und zwar zunächst die Herstellung der Öffentlichkeit der bislang abgeschlossen geführten unternehmenspolitischen Auseinandersetzungen. Zur Effektivierung dieser Öffentlichkeit gehört aber auch, daß Alternativen entwickelt und geboten werden, die der Unternehmensversammlung einen echten Entscheidungsspielraum eröffnen. Dies bedeutet nicht nur, daß die Voraussetzungen dafür zu schaffen sind, um verschiedene unternehmenspolitische Konzeptionen einander zu konfrontieren, sondern muß auch die Möglichkeit personeller Alternativen bei der Bestellung der Unternehmensleitung umfassen.

Wenn die Hauptversammlung der Aktiengesellschaft ihre kritische Funktion praktisch kaum wahrnimmt, so hängt dies unter anderem auch mit dem Fehlen einsehbarer Alternativen zusammen. Da der Aktionär hier zu Entscheidungen über komplexe Fragen aufgerufen wird, deren Zusammenhang und Tragweite er nicht zu übersehen vermag, und da er zudem bei kritischen Einwänden regelmäßig mit dem überlegenen Fach- und Detailwissen der Unternehmensleitung konfrontiert wird, stoßen seine Mitwirkungs- und Kontrollrechte weitgehend ins Leere. Ähnlich ist die Situation regelmäßig auch bei personellen Entscheidungen.

Die Unternehmenskorporation befand sich demgemäß bislang typischerweise in der Lage eines „one party-state in the hands of the managers"[53]. Unternehmens- und personalpolitische Alternativen werden in aller Regel in den Führungsgruppen unter Abschirmung nach außen erörtert, nicht aber der „constituency" präsentiert. Dieser werden vielmehr geschlossene Konzepte ohne Alternativen ganz im Sinne „volks-demokratischer" Einheitslisten zur „Abstimmung" vorgesetzt. Eine effektive Kontrolle von außen ist so weitgehend unmöglich gemacht, denn jeder Kritik kann erfolgreich der Boden entzogen werden, indem sie als punktuell dargestellt und indem ihr von einer umfassenderen Konzeption her begegnet wird. Die Entwicklung ebensoweit reichender Alternativen ist dagegen aus Außenseiter-Positionen heraus kaum möglich, da hier die notwendigen Informationen und Informationsverarbeitungskapazitäten – jedenfalls im bisherigen System – in aller Regel nicht zur Verfügung stehen.

Ein wesentlicher Beitrag zur notwendigen und angestrebten Öffnung des unternehmenspolitischen Prozesses ist es in dieser Situation schon, wenn das Kontrollorgan um Mitglieder erweitert wird, die wenigstens begrenzt in der Lage sind, zur Entwicklung von Alternativen auf eigene Stäbe zurückzu-

[53] *Earl Latham* in E. Mason, Hrsg., The Corporation in Modern Society, S. 226.

greifen und eine gewisse Kontinuität und Stringenz der Partizipation zu gewährleisten. Erforderlich ist darüber hinaus aber, daß die im Unternehmen selbst entwickelten Alternativen und die dazu verfügbaren Informationen in wesentlich größerem Umfang als bislang in die öffentliche Auseinandersetzung einbezogen werden. Einen institutionellen Ansatz hierfür bietet die Bestellung der Unternehmensleiter. Die dabei relevanten unternehmenspolitischen Konzeptionen treten im bisherigen System der – faktischen – Kooptation oder der Ernennung durch private Großaktionäre kaum einmal zutage, ebenso wie bei der Abberufung von Managern in aller Regel unternehmenspolitische Kontroversen hinter standardisierten Leerformeln nach Möglichkeit verborgen werden. Die Öffnung der Unternehmensversammlung im dargelegten Sinn würde solche arkanische Tendenzen wenn nicht unterbinden, so doch reduzieren und über eine größere Öffentlichkeit der Personaldebatte auch zu einer größeren Öffentlichkeit des damit verknüpften unternehmenspolitischen Hintergrundes führen. Weitere institutionelle Änderungen des Bestellungs- und des Abberufungsverfahrens in Richtung auf Ausschreibung von Führungspositionen und Anhörung der Bewerber müßten allerdings zur Herstellung einer Konkurrenzsituation und damit zur Einführung unmittelbarer Alternativen in den Entscheidungsprozeß noch hinzukommen.

b) Die unmittelbare Rechtsstellung der Unternehmensleitung (Vorstand) kann durch entsprechende Weiterentwicklung des Aktienrechts geregelt werden.

aa) Die Bestellung und Abberufung durch die Unternehmensversammlung statt wie bisher durch ein zwischengeschaltetes Organ aktualisiert unmittelbar das grundsätzliche Spannungsverhältnis und kann dazu beitragen, die Unternehmenspolitik öffentlich zu machen. Sie erhöht auch die Möglichkeit, in der Unternehmensversammlung personelle Alternativen, damit zugleich aber auch unternehmenspolitische Alternativen zu diskutieren.

bb) Der notwendige Ausgleich zwischen Autonomie und Kontrolle läßt sich dabei durch ein System aufeinander abgestimmter Bestellungsfristen, Abberufungsgründe und Quoren erreichen. Eine längerfristige Bestellung als nach dem geltenden Aktienrecht trägt den Erfordernissen einer effizienten Unternehmensführung Rechnung, wäre aber zur Erhaltung einer effektiven Kontrolle durch die Möglichkeit einer Abberufung nach Art des konstruktiven Mißtrauensvotums auszugleichen. Insgesamt muß ebenso vermieden werden, daß das Unternehmen zum Spielball schnell wechselnder Interessenkonstellationen gemacht wird, wie daß die Bestellungs- und Abberufungskompetenzen der Unternehmensversammlung zu bloßen Formalien werden.

c) Durch eine solche Neuordnung würde der Aufsichtsrat nach dem geltenden Aktienrecht nicht überflüssig, sondern könnte im Gegenteil stärker auf seine ursprüngliche Funktion eines Ausschusses der Hauptversammlung zur Überwachung der laufenden Geschäftsführung zurückgeführt werden („Unternehmensrat"[54]). Der Verlust der Kompetenz zur Bestellung der Unternehmensleitung, der sich aus dem Dargelegten als Konsequenz ergibt, würde diese Zuordnung zur Unternehmensversammlung nur verstärken. –

4. *Weitere institutionelle Schwerpunkte*

Die Erweiterung der aktienrechtlichen Hauptversammlung zu einer Unternehmensversammlung im dargelegten Sinn bedeutet einen tiefen Eingriff in die bisherige Unternehmensordnung und wirft eine Fülle von Einzelfragen auf, insbesondere was die genaue Abgrenzung der Kompetenzen dieser Unternehmensversammlung gegenüber der Unternehmensleitung und dem Aufsichtsrat oder „Unternehmensrat" als dem Kontrollorgan in laufenden Angelegenheiten betrifft. Gleiches gilt für das Verfahren zur Auswahl, Bestellung und Rückkoppelung der Mitglieder der Unternehmensversammlung und vor allem auch für die Bestimmung des Verhältnisses der hier zusammengefaßten Einflußgruppen. Im Rahmen dieser Untersuchung kann dazu nur auf die hauptsächlichen Schwerpunkte und auf einige Faktoren von prinzipieller Bedeutung hingewiesen werden.

Übereinstimmend mit anderen Konzeptionen einer Unternehmensversammlung auf pluralistischer Basis erscheint zunächst eine Beschränkung der Mitgliederzahl auf einen relativ konstanten und überschaubaren Kreis und damit durchweg der Übergang auf das Repräsentativsystem unausweichlich[55]. Die direkte Beteiligung der Anteilseigner und der Arbeitnehmer würde nur die von der aktienrechtlichen Hauptversammlung her bekannten Erscheinungen der Aufsplitterung und Entmachtung perpetuieren und die der Unternehmensversammlung zugeordnete Macht faktisch wiederum bei oligarchischen und nicht-öffentlichen Gruppen monopolisieren. Realistischer ist es deshalb, die Entscheidungskompetenzen auch formal von vorneherein einem kleineren Kreis von Repräsentanten zuzuweisen und den Korporationsmitgliedern durch die prinzipiell unbeschränkte Öffentlichkeit der Tagungen der Unternehmensversammlung direkte Informations- und indirekte Kontrollmöglichkeiten zu geben.

Die Zahl der Mitglieder der Unternehmensversammlung läßt sich von den vorstehenden Überlegungen her nicht unmittelbar eingrenzen. Nach einem neueren Vorschlag soll sich die Unternehmensversammlung aus 75 Mitgliedern zusammensetzen; davon sollen je 30 Sitze auf die Anteilseigner und auf die Arbeitnehmer entfallen, während die restlichen 15 Sitze durch Vertreter der „Allgemeinheit" besetzt werden sollen[56]. Akzeptiert man dieses Schema im Prinzip, so müßte die Zahl der letztgenannten Gruppe nach der vorstehend entwickelten Konzeption ebenfalls auf 30

---

[54] Vgl. dazu Unternehmensverfassung, aaO. (Anm. 46), S. 131 f.
[55] Unternehmensverfassung, aaO., S. 115 ff., 129 ff.

erhöht werden. Die Unternehmensversammlung würde sich dann aus 90 Mitgliedern zusammensetzen und könnte – ihrem zahlenmäßigen Umfang nach – die ihr zugedachten Funktionen durchaus effektiv wahrnehmen.

a) Eine Neuordnung auf dieser Linie bedeutet in der Regel für die Anteilseigner gegenüber dem geltenden Recht zunächst den Ausschluß der direkten Partizipation. Im ganzen ändert sich dadurch ihre faktische Situation jedoch kaum; von relativ wenigen Ausnahmen abgesehen würde bei gleichzeitiger Einführung der Öffentlichkeit der Unternehmensversammlung ihr bisheriges Rollenverhalten nur unwesentlich berührt. Den wenigen bislang aktiven Kleinaktionären böte sich die Möglichkeit, ihr Wirken als delegierte Vertreter fortzusetzen, – soweit sie das nicht auch bisher schon waren. Großaktionäre würden im Rahmen des den Anteilseignern zufallenden Stimmengewichts ohnehin ihren dominierenden Einfluß behalten.

Wesentlich problematischer ist dagegen für die Stellung der Anteilseigner die drastische Relativierung des Einflusses der „Kapitalvertreter" im Unternehmen insgesamt. Dies ist als Konsequenz aus der Entwicklungslage der Unternehmenskorporation unvermeidlich und entspricht dem eigentlichen Anliegen, die hier akkumulierte soziale Macht wieder unter effektive gesellschaftliche Kontrolle zu bringen und die verloren gegangene Legitimität dadurch wiederherzustellen. Die grundsätzliche Verschiebung der Machtverhältnisse macht jedoch einen verstärkten Schutz der legitimen Vermögensinteressen der Anteilseigner erforderlich. Insbesondere kommt hierbei der Entscheidung über die Gewinnverwendung wesentliche Bedeutung zu. Schon im geltenden Aktienrecht hat sich dieses Problem immer schärfer gestellt und das Aktiengesetz 1965 war bestrebt, die Interessen der Aktionäre hier mehr als zuvor zu schützen. Dies wird bei einer Neuordnung der Unternehmenskorporation noch wesentlich verstärkt werden müssen. Um das Gewinninteresse der Anteilseigner hier nicht in einer ihren legitimen Interessen und ihrer weiteren Anlagebereitschaft widersprechenden Weise von politischen Kompromissen abhängig zu machen, muß der Rechtsschutz entsprechend ausgebaut werden. Dies kann grundsätzlich durch differenzierte Gewinngarantien oder durch Vetorechte der Anteilseigner bei Gewinnrückstellungen über eine bestimmte Grenze hinaus erreicht werden. Dies liegt ohnehin in der Konsequenz der aktienrechtlichen Entwicklung und entspricht auch, was den Kleinaktionär betrifft, der Angleichung seiner Interessenstruktur an die eines „Obligationärs".

Die Auswahl der Kapitalvertreter ließe sich im übrigen in Anlehnung an das geltende Aktienrecht gestalten, wobei gerade dem Depotstimmrecht der Banken besondere Bedeutung für eine fundierte und wirkungsvolle Geltendmachung der „kapitalistischen" Aspekte der Unternehmenspolitik zukäme.

b) Für die Bestellung der Arbeitnehmer-Vertreter kann im ganzen an die

[56] Ebd., S. 130.

Institutionen des geltenden Mitbestimmungsrechts angeknüpft werden. Im einzelnen tauchen die dort erörterten Fragen auch hier wieder auf; das gilt besonders für die Möglichkeit der Entsendung betriebsfremder Vertreter. Darauf kann an dieser Stelle nicht näher eingegangen werden. Ebenso kann auf die Probleme einer effektiven Demokratisierung im Bereich der Arbeitnehmer-Partizipation nur hingewiesen, die umfangreiche Diskussion im vorliegenden Rahmen jedoch nicht aufgenommen werden. Festzuhalten ist grundsätzlich, daß die Partizipation der Arbeitnehmer davor bewahrt werden muß, durch eine Verbreitung der politischen Basis des Unternehmens faktisch reduziert und letztlich überspielt zu werden. Da sich eine direkte organisationsinterne Demokratie auf der Stufe der Unternehmensversammlung aus den dargelegten strukturellen Gründen verbietet, muß es darauf ankommen, das innerorganisatorische Demokratisierungspotential durch ein „tief gestaffeltes und in sich verschachteltes System der Meinungs- und Willensbildung“[57] zu aktivieren und es zugleich mit der zentralen unternehmenspolitischen Kompetenz der Unternehmensversammlung zu verbinden. Die Partizipation der Arbeitnehmer würde um ihre eigentliche Wirkung gebracht, wenn sie keine Fortsetzung im zentralen Kontrollorgan des Unternehmens fände und auf dieser Ebene vom unternehmerischen Zielbestimmungsprozeß ausgeschlossen wäre.

c) Neuartige Probleme entstehen aus der Einschaltung des Parlaments in die Unternehmensordnung. Die institutionellen Vorkehrungen dazu müssen einmal am Ziel ausgerichtet sein, die zentrale politische Entscheidungsebene effektiv in den unternehmenspolitischen Entscheidungsprozeß einzuführen, zum andern – damit zusammenhängend – aber auch an der Leistungsfähigkeit des Parlaments selbst. Würde sich das Parlament auf die Bestellung Dritter beschränken, so geriete eine solche Lösung sofort wieder in die Nähe jener pluralistischen Unternehmenskonzepte, die die Vertretung des „Gemeinwohls“ sog. unabhängigen Repräsentanten übertragen wollen. Ohne direkte Verankerung im Parlament müßten die Vertreter der staatlichen Zentralinstanz in das Schwerefeld der in der Unternehmenskorporation bislang schon etablierten und dominierenden Gruppen geraten; die notwendige Konfrontation pluralistischer und zentralistischer Aspekte im Unternehmen selbst unterbliebe. Auf der andern Seite beschränkt die Leistungsfähigkeit des Parlaments den Anwendungsbereich einer solchen Unternehmensordnung entschieden.

Hinsichtlich der Abgrenzung der einzubeziehenden Unternehmen könnte, was zunächst die Einschaltung des Bundestages betrifft, auf die zu einem neueren Modell der Unternehmensverfassung entwickelten Vorschläge zurückgegriffen werden[58]. Danach soll die – dort anders konzipierte – Unternehmensverfassung auf sog. Größtunternehmen beschränkt bleiben. Größtunternehmen sollen dabei durch jeweils zwei von drei Mindestmerkmalen bestimmt werden: 20 000 Beschäftigte, 1

[57] *Naschold,* aaO. S. 75.

Milliarde DM Umsatz, 500 Mio. DM Bilanzsumme[59]. Erfaßt würden davon in der Bundesrepublik einschließlich West-Berlin etwa 50 Unternehmen. –

In diesem Rahmen erscheint eine funktionsfähige Lösung möglich. Durch entsprechend weiter gezogene Kriterien kann über die Einschaltung der Landesparlamente in grundsätzlich gleicher Weise der nächste Größenbereich der Unternehmenskorporationen erfaßt werden. Bei alledem ist es nicht entscheidend, alle Unternehmenskorporationen möglichst lückenlos in die parlamentarische Mitbestimmung einzubeziehen. Es muß vielmehr darauf ankommen die wichtigsten Zentren des wirtschaftlichen Herrschaftssystems auf diese Weise einer effektiven Kontrolle zu unterwerfen. Von hier aus läßt sich eine Integrationswirkung auch auf die nicht unmittelbar betroffenen Unternehmenskorporationen erwarten.

III. Wirtschaft, Staat, Gesellschaft

Das Problem der Kontrolle der Unternehmenskorporationen ist letzten Endes ein Problem der politischen Kontrolle der Wirtschaft. Wie dargelegt muß es entscheidend darauf ankommen, die Wirtschaft insgesamt und besonders die Unternehmenskorporationen als die eigentlichen Zentren wirtschaftlicher Macht in die Kontrolle der Gesellschaft zurückzuführen und damit einen Zustand zu beenden, in dem die Gesellschaft und ihre zentralen Organe einseitig unter den Einfluß der Wirtschaft geraten sind und in dem wirtschaftliche Interessen im weitesten Sinn einen generellen Vorrang vor allgemeinen und langfristig vitalen Interessen der Gesellschaft im übrigen besitzen.

Dazu kann die Neuordnung der Unternehmenskorporationen einen wesentlichen Beitrag leisten. Das ersetzt nicht das Instrumentarium der staatlichen Wirtschaftspolitik und des staatlichen Wirtschaftsrechts und ändert nichts an der Notwendigkeit, dieses weiter zu entwickeln. Aber erweiterte staatliche Kompetenzen zur Reglementierung der Wirtschaft vermögen das grundsätzliche Problem allein nicht zu lösen, wenn das pluralistische Machtgefüge selbst unangetastet bleibt. Sie können dann im Gegenteil zu einer noch verschärften Überwältigung der Gesellschaft durch die Wirtschaft führen, indem sich die wirtschaftlichen Machtgruppen dann mit Hilfe des Staates das holen, was sie aus eigener Macht nicht zu erreichen vermochten. Eine Reform muß deshalb ins Zentrum dieser Macht vorstoßen und dieses der notwendigen politischen Auseinandersetzung öffnen. Die Rahmenkompetenz der zentralen staatlichen Entscheidungsebene muß auf diese Weise unmittelbar in der Unternehmenskorporation verankert und dort mit den pluralistisch-zentrifugalen Tendenzen konfrontiert werden. Daß es notwen-

[58] Unternehmensverfassung, aaO. S. 80 ff.
[59] Ebd., S. 82.

dig, institutionell aber auch lösbar ist, dabei eine direkte staatliche Unternehmenssteuerung zu vermeiden und den Unternehmen einen zur Erfüllung ihrer Aufgaben notwendigen Spielraum zu erhalten, sei noch einmal ausdrücklich betont.

Das Konzept einer neuen Unternehmensordnung kann hier nur in Ansätzen, nicht schon in seiner konkreten Durchführung bezeichnet werden. Zunächst mußte es darauf ankommen, in einer kritischen Auseinandersetzung mit überkommenen Unternehmenskonzepten deren Legitimationsdefizite aufzuweisen und von daher sowohl die Notwendigkeit einer Neuordnung als auch deren generelle Tendenz und Richtung zu begründen und die sich als Antwort auf die festgestellten Defizite ergebenden neuen Organisationsprinzipien der Unternehmenskorporation wenigstens in Umrissen zu benennen. Dies in ein konkretes Organisationsstatut umzusetzen wirft eine Fülle von Einzelfragen auf, denen in einem anderen Rahmen nachzugehen sein wird. Hingewiesen sei hier nur auf einen Problembereich von grundsätzlicher Relevanz, der einstweilen ganz ausgeklammert wurde: die inter- und multinationalen Unternehmen. Durch sie ist das wirtschaftliche Herrschaftssystem zumindest partiell über den Staat hinausgewachsen; sie stellen deshalb das auf den Nationalstaat gegründete Rechts- und Kontrollsystem in einer noch viel entschiedeneren und grundsätzlicheren Weise in Frage, als es durch die hier allein untersuchten „nationalen" Unternehmenskorporationen geschieht. Auch in anderer Hinsicht reicht das Problem der Unternehmenskorporationen über den hier untersuchten institutionellen Rahmen hinaus. Institutionelle Änderungen entsprechend der hier entwickelten Konzeption vermögen das Grundproblem der modernen Industriegesellschaft allein nicht zu lösen. Hinzukommen muß die Aktivierung des allgemeinen politischen Bewußtseins für die Notwendigkeit einer Kontrolle der Wirtschaft und eines Ausgleichs zwischen wirtschaftlichen und nicht-wirtschaftlichen Belangen und Interessen. Notwendig ist die Abkehr von einem rein ökonomisch orientierten Wachstumsdenken, das einseitig verengt schon insofern ist, als es ökologische Faktoren und die langfristigen Kosten der Umweltbelastung in der Kalkulation nicht berücksichtigt und das im übrigen die Entwicklung der Gesellschaft an nicht hinterfragten Produktions- und Konsumindices mißt. Das verweist auf die Notwendigkeit der Initiierung allgemeiner Lernprozesse und verweist besonders auf die Funktion einer „aktiven Öffentlichkeit", die durch die „aktive Anteilnahme an der Diskussion über Möglichkeiten, Ziele und Handlungsalternativen in politischen Entscheidungsprozessen"[60] zur Artikulation nicht-evidenter und anderweitig nicht ausreichend artikulierter Interessen beitragen und Entwürfe für Handlungsstrategien entwickeln kann. Nur auf dieser Basis ist der durch eine Neuordnung der Unternehmenskorporation zu gewinnende Spielraum effektiv nutzbar. –

[60] *Fritz Scharpf*, aaO. S. 87.

Schluß

Juristische Personen im gesellschaftlichen Kräftefeld

Am Beispiel der Unternehmenskorporation wird die grundsätzliche Problematik autonomer Macht- und Herrschaftszentren in der pluralistischen Gesellschaft sichtbar. Deutlich wird daran aber auch, daß Rechtswissenschaft und Jurisprudenz auf die hier aufgeworfenen Fragen keine ausreichende Antwort zu bieten vermögen und ebenso wie das positive Recht selbst weit hinter der sozialen Entwicklung zurückgeblieben sind. Zwar beginnt der Bereich intermediärer Gewalten zwischen Staat und Individuum in ersten Ansätzen neu entdeckt zu werden, im ganzen bleibt das juristische Denken aber immer noch in der Vorstellung einer Entgegensetzung von Staat und individualistisch verstandener Gesellschaft befangen. Die Korporationen, die sich beiden Kategorien in gleicher Weise entziehen, können von daher weder in ihrer grundsätzlichen Bedeutung noch in ihren konkreten Auswirkungen erfaßt werden. Ihnen gegenüber sieht sich die Jurisprudenz bei dem Versuch, rechtliche Kontrollen zu entwickeln, auf ein Instrumentarium angewiesen, das im Grunde für eine ganz andere Gesellschaft entwickelt worden war. Eine effektive und mit den Grundprinzipien der Rechtsordnung konsistente Kontrolle dieser „Zwischengewalten" ist damit nicht gelungen und konnte nicht gelingen. Die expansive Tendenz der Korporationen vermochte sich vielmehr nahezu ungehindert zu entfalten, während die juristischen Ordnungskonzepte in immer größere Distanz zur sozialen Realität und gleichzeitig in immer stärkere Ideologisierung gerieten. Die Unternehmenskorporationen und die juristischen Personen allgemein sind ein besonders instruktives Beispiel für das Nachwirken tradierter, vom sozialen Wandel aber längst überholter Leitbilder in der juristischen Doktrin. Die Entwicklung der JP in den letzten 150 Jahren zeigt, wie sich eine Rechtsinstitution von zentraler Bedeutung aus ihrem sozialen Kontext herauslösen und von neuen gesellschaftlichen Kräften gegen ihre ursprünglichen Funktionen verwenden lassen konnte, ohne daß Rechtswissenschaft und Jurisprudenz die grundsätzliche Bedeutung dieses Vorgangs aufgenommen hätten. Ihnen ist im Hinblick auf die JP nicht nur das Bewußtsein des geschichtlichen Ursprungs und des Wert- und Funktionszusammenhangs verloren gegangen, aus dem die moderne JP entstanden ist, es fehlt ihnen weithin schon das Bewußtsein eines unmittelbaren Bezugs zwischen JP und sozialer Ordnung. So werden in der Doktrin der JP aus zentralen politischen Fragen letztlich terminologische Belanglosigkeiten: jeder soziale Bezug wird hinweginterpretiert und die Auseinandersetzung um die richtige gesellschaftliche Ordnung wird aus der Anwendung und Entwicklung des Rechts weitgehend verdrängt. Die sich daraus ergebende Beliebigkeit der Argumentationsbasis zeigt sich in der Unbefangenheit, mit der die Doktrin bei der Analyse der JP – wo sie überhaupt noch unternommen wird – die gegensätzlichsten Theorie-Fragmente nebeneinander verwendet.

Entgegen den liberalistischen und individualistischen Prämissen der modernen Rechtslehre sind die Korporationen in nahezu allen Lebensbereichen, ganz besonders aber im Wirtschaftsbereich neu entstanden. Sie sind zu Schaltstellen der gesellschaftlichen Entwicklung geworden, weithin bestimmend für den sozialen Status und für die Lebenschancen des einzelnen und für die Lebensqualität aller. In allen wesentlichen Punkten haben sie die rechtlichen Schranken durchbrochen und ihre Rechtsstellung faktisch selbst bestimmt. Diese Entwicklung war insofern zwangsläufig und unausweichlich, als ohne korporative Organisationsformen mit relativer Autonomie die Komplexität der Aufgaben in einer hochentwickelten, pluralistischen Gesellschaft kaum zu bewältigen wären. Aber ohne ein strukturgerechtes und effektive gesellschaftliche und politische Kontrolle vermittelndes Korporationsrecht sind die Korporationen zu einer Bedrohung für den einzelnen und zu einer Gefährung der tragenden Institutionen des freiheitlich-demokratischen Rechtsstaats und einer langfristig ausgewogenen gesamtgesellschaftlichen Entwicklung geworden.

Das weist die Weiterentwicklung des Rechts in diesem spezifischen Zwischenbereich als eine der zentralen Aufgaben der Gegenwart aus. Es müssen Ansätze gesucht werden, von denen aus sich die Abhängigkeiten und Einflußstrukturen differenziert genug erfassen lassen, um in zeitgemäße rechtspolitische Konzepte umgesetzt werden zu können. Das Ziel muß sein, Verantwortlichkeiten und Kontrolle sowie eine Neuverteilung der Einflußchancen zu institutionalisieren, wie es einem von überholten Traditionen befreiten Selbstverständnis der Gesellschaft entspricht.

Das bedeutet vor allem, daß der Schwerpunkt des dem juristischen Denken geläufigen Spannungsverhältnisses von Recht und Macht nicht allein und nicht einmal primär in der Gegenüberstellung von Gesellschaft und Staat zu suchen ist. Neben das – fortbestehende – Problem staatlicher Herrschaft tritt vielmehr der Problemkreis des „private government“ anderer sozialer Organisationen. Das Macht- und Herrschaftsmonopol des Staates ist längst von jenen intermediären sozialen Gewalten durchbrochen. Sie werden gleichwohl – diesem Tatbestand und ihrer Struktur zuwider – noch immer weithin als Emanationen einer freien Gesellschaft interpretiert und konnten sich in dieser hartnäckig verteidigten Schein-Solidarität mit den „Bürgern" einer umfassenden öffentlichen Kontrolle mit bemerkenswertem Erfolg entziehen.

Die Weiterentwicklung des Rechts setzt eine theoretische Neubestimmung voraus. Gegen die Entwicklungslage der Gesellschaft kann nicht unbesehen an die liberalistischen und individualistischen Grundprinzipien des überkommenen Rechtssystems angeknüpft werden. Die intermediären Institutionen, besonders die Korporationen im wirtschaftlichen Bereich, sind unverzichtbare Elemente eines modernen Gesellschaftssystems. Sie erbringen Leistungen, die für den einzelnen wie für die Gesellschaft im ganzen von lebenswichtiger Bedeutung sind. Die sich hieraus ergebenden Tatbestände funktionaler Abhängigkeiten müssen auch für das Recht zur Kenntnis genommen werden. Nur dann besteht Aussicht, sie durch eine rechtlich vermittelte Kontrolle aufzuheben, und nur dann kann das Korporationsrecht die soziale und politische Dimension wieder gewinnen.

LITERATURVERZEICHNIS

Literatur zu Randfragen und Aufsätze sind nur in den Anmerkungen aufgeführt.

Aktuelle Probleme der GmbH & Co. Zugleich Bericht über die Arbeitstagung „GmbH & Co" in Köln am 16./17. 3. 1967. Mit Beiträgen von R. Wiethölter u. a. 3. Aufl. Köln 1974.

Albert, Hans: Ökonomische Ideologie und politische Theorie, 2. Aufl. Göttingen 1972.

Almond, Gabriel A. und *G. Bingham Powell:* Comparative Politics, A Developmental Approach. Boston 1966.

Andreae, Clemens A. und *Werner Glahe:* Wirtschaftliche Macht und Wettbewerb. In: Das Gegengewichtsprinzip in der Wirtschaftsordnung, Band 1. FIW-Schriftenreihe Heft 33. Köln/Berlin/Bonn/München 1966.

Arndt, Helmut, Hrsg.: Die Konzentration in der Wirtschaft. On economic concentration, 2 Bände 2. Aufl. Berlin 1971.

Arndt, Helmut: Markt und Macht.Tübingen 1973.

–: Recht, Macht, Wirtschaft. Berlin 1968.

Bachrach, Peter: Die Theorie demokratischer Elitenherrschaft. Eine kritische Analyse. Frankfurt/M. 1970.

Ballantine, Henry W.: On Corporations. Rev. ed. Chicago 1946.

Bannock, Graham: The Juggernauts, 1971. Dt. Die unersättlichen Giganten. Das Zeitalter der Großkonzerne. Wien 1972.

Baran, Paul A. und *Paul M. Sweezy:* Monopolkapital. Ein Essay über die amerikanische Wirtschafts- und Gesellschaftsordnung. Frankfurt/M. 1967.

Barber, R. J.: The American Corporation: Its Power, Its Money, Its Politics. New York 1970.

Barz, C. H. u. a.: Großkommentar zum Aktiengesetz. Früher bearbeitet von Gadow, Heinichen u. a. 3. Aufl. Berlin 1970 ff.

Baumbach-Hueck: Kommentar zum Aktiengesetz. 13. Aufl. München 1968 (Nachtrag 1970).

Baumbach-Hueck: Kommentar zum GmbH-Gesetz. 13. Aufl. München 1970.

Baur, Jürgen F.: Der Mißbrauch im deutschen Kartellrecht. Tübingen 1972.

Bell, Gerald D., Hrsg.: Organizations and Human Behavior. A Book of Readings. Englewood Cliffs 1967.

Benda, Ernst: Industrielle Herrschaft und sozialer Staat. Wirtschaftsmacht von Großunternehmen als gesellschaftliches Problem. Göttingen 1966.

Bendix, Reinhard: Herrschaft und Industriearbeit. Untersuchungen über Liberalismus und Autokratie in der Geschichte der Industrialisierung. Frankfurt/M. 1956.

Berle, Adolf A.: Power without Property. A new development in America political economy. New York 1959. Dt. Macht ohne Eigentum. Meisenheim 1967.

–: The 20th Century Capitalist Revolution. New York 1954.

– und *Gardiner C. Means:* The Modern Corporation and Private Property. New York 1932, 18. Aufl. 1956.

Berndt, Hans: Stiftung und Unternehmen, Rechtsvorschriften, Besteuerung, Zweckmäßigkeit. 2. Aufl. Herne/Berlin 1971.

Bettermann-Nipperdey-Scheuner: Die Grundrechte. Handbuch der Theorie und Praxis der Grundrechte. 3. Band, 1. Halbband: Die Wirtschafts- und Arbeitsverfassung. 2. Aufl. Berlin 1972.

Beyme, Klaus v.: Die politische Elite in der Bundesrepublik Deutschland. 2. Aufl. München 1974.

–: Interessengruppen in der Demokratie. 4. Aufl. München 1974.

Binder, Julius: Das Problem der juristischen Persönlichkeit. Leipzig 1907.

Blau, Peter M. und *Richard Scott:* Formal Organizations: A Comparative Approach. San Francisco 1962.

Bloch-Lainé, François: Pour une réforme de l'entreprise. Paris 1963.

Böckenförde, Ernst-Wolfgang, Hrsg.: Moderne deutsche Verfassungsgeschichte (1815–1918). Köln 1972.

Böhm, Franz: Wettbewerb und Monopolkampf. Eine Untersuchung zur Frage des wirtschaftlichen Kampfrechts und zur Frage der rechtlichen Struktur der geltenden Wirtschaftsordnung. Berlin 1933.

Börner, Bodo: Staatsmacht und Wirtschaftsfreiheit. Bad Homburg v.d.H. 1970.

Bösselmann, Kurt: Die Entwicklung des deutschen Aktienwesens im 19. Jahrhundert. Berlin 1939.

Boettcher, Erik, Hrsg.: Theorie und Praxis der Kooperation. Tübingen 1972.

Borchardt, Knut und *Wolfgang Fikentscher:* Wettbewerb, Marktbeschränkung, Marktbeherrschung. Stuttgart 1957.

Bosetzky, Horst: Grundzüge einer Soziologie der Industrieverwaltung. Möglichkeiten und Grenzen der Betrachtung des industriellen Großbetriebs als bürokratische Organisation. Stuttgart 1970.

Bress, Ludwig und *Karl Paul Hensel,* Hrsg.: Wirtschaftssystem des Sozialismus im Experiment – Plan oder Markt? Frankfurt/M 1972.

Bryde, Brun-Otto: Zentrale wirtschaftspolitische Beratungsgremien in der parlamentarischen Verfassungsordnung. Frankfurt/M 1972.

Buchda, Gerhard: Geschichte und Kritik der deutschen Gesamthandelslehre. Marburg 1936.

Bullinger, Martin: Öffentliches Recht und Privatrecht. Studien über Sinn und Funktionen der Unterscheidung. Stuttgart/Berlin/Köln/Mainz 1968.

Burnham, James: The Managerial Revolution. New York 1941. Dt. Das Regime der Manager. Stuttgart 1949.

Cheit, Earl F., Hrsg.: The Business Establishment. New York 1964.

Child, John: The Business Enterprise in Modern Industrial Society. London 1969.

Christen, Heinz Peter: Die Wirtschaftsverfassung des Interventionismus. Zürich/St. Gallen 1970.

Coing, Helmut: Zur Geschichte des Privatrechtssystems. Frankfurt/M 1962.

Dahrendorf, Ralf: Pfade aus Utopia. Arbeiten zur Theorie und Methode der Soziologie. Gesammelte Abhandlungen I. 7. Aufl. München 1974.
–: Soziale Klassen und Klassenkonflikt in der industriellen Gesellschaft. Stuttgart 1957.
Dodd, Edwin M.: American business corporations until 1860. With special reference to Massachusetts. Cambridge, Mass. 1954.
Drucker, Peter F.: The Concept of the Corporation. New York 1946.
–: Die Zukunft bewältigen. Aufgaben und Chancen im Zeitalter der Ungewißheit. Düsseldorf/München 1971.
Dülfer, Eberhard: Die Aktienunternehmung. Eine betriebswirtschaftlich-morphologische Betrachtung der Aktiengesellschaft und ihrer Ordnungsprobleme im Hinblick auf eine Reform des Aktienrechts. Göttingen 1963.
Eells, Richard: The Government of Corporations. New York 1962.
–: The Meaning of Modern Business. New York 1960.
Ehmke, Horst: Wirtschaft und Verfassung. Die Verfassungsrechtsprechung des Supreme Court zur Wirtschaftsregulierung. Karlsruhe 1961.
Emmerich, Volker: Das Wirtschaftsrecht der öffentlichen Unternehmen. Berlin Zürich 1969.
Endress, Ruth: Unternehmer, Manager oder Staatsfunktionär? Neuwied 1971.
Engler, Robert: The Politics of Oil. Private Power and Democratic Decisions. Chicago 1961.
Enneccerus-Nipperdey: Lehrbuch des Bürgerlichen Rechts. 1. Band: Allgemeiner Teil. 1. Halbband: Allgemeine Lehren, Personen, Rechtsobjekte. 15. Aufl. Tübingen 1959.
Epstein, Edwin: The Corporation in American Politics. Englewood Cliffs 1969.
Ermann-Westermann: Handkommentar zum Bürgerlichen Gesetzbuch. 6. Aufl. Münster 1975.
Etzioni, Amitai: Modern Organizations. Englewood Cliffs 1964.
– Hrsg.: A Sociological Reader on Complex Organizations. 2. Aufl. New York 1969.
Fabricius, Fritz: Relativität der Rechtsfähigkeit. Ein Beitrag zur Theorie und Praxis des privaten Personenrechts. München/Berlin 1963.
Fässler, Klaus: Betriebliche Mitbestimmung. Verhaltenswiss. Projektionsmodelle. Wiesbaden 1970.
Farris, Robert E. L., Hrsg.: Handbook of Modern Sociology. Chicago 1964.
Fechner, Erich: Treubindungen der Aktionäre. Weimar 1942.
Feine, Hans Erich: Die Gesellschaft mit beschränkter Haftung. Leipzig 1929.
Festschrift Arndt: Festschrift für Adolf Arndt zum 65. Geburtstag. Hrsg. von Horst Ehmke, Carlo Schmid, Hans Scharoun. Frankfurt/M 1969.
Festschrift Bartholomeyczik: Entwicklungstendenzen im Wirtschafts- und Unternehmensrecht. Festschrift für Horst Bartholomeyczik zum 70. Geburtstag. Hrsg. von Wolfgang Harms, Dieter Heckelmann, Robert Knöpfle, Arndt Teichmann. Berlin 1973.
Festschrift Barz: Wirtschaftsfragen der Gegenwart. Festschrift für Carl Hans Barz zum 65. Geburtstag am 6. Dezember 1974. Hrsg. von Robert Fischer, Philipp Möhring und Harry Westermann. Berlin/New York 1974.

Festschrift Berber: Festschrift für Friedrich Berber zum 75. Geburtstag. Hrsg. von Dieter Blumenwitz und Albrecht Randelshofer. München 1973.

Festschrift Böhm: Wirtschaftsordnung und Rechtsordnung. Festschrift zum 70. Geburtstag von Franz Böhm. Hrsg. von Helmut Coing, Heinrich Kronstein und Ernst-Joachim Mestmäcker. Karlsruhe 1965.

Festschrift DJT: Hundert Jahre Deutsches Rechtsleben. Festschrift zum Hundertjährigen Bestehen des Deutschen Juristentages 1860–1960. Hrsg. von Ernst v. Caemmerer, Ernst Friesenhahn und Richard Lange. Karlsruhe 1960.

Festschrift Dölle: Vom deutschen zum europäischen Recht. Festschrift für Hans Dölle. Hrsg. von Ernst v. Caemmerer, Arthur Nikisch und Konrad Zweigert. Tübingen 1963.

Festschrift Gessler: Festschrift für Ernst Gessler zum 65. Geburtstag. Hrsg. von Kurt Ballerstedt und Wolfgang Hefermehl. München 1971.

Festschrift Hefermehl: Neue Entwicklungen im Wettbewerbs- und Warenzeichenrecht. Festschrift für Wolfgang Hefermehl zum 65. Geburtstag. Heidelberg 1971.

Festschrift E. R. Huber: Festschrift für Ernst Rudolf Huber zum 70. Geburtstag am 8. Juni 1973. Hrsg. von Ernst Forsthoff, Werner Weber, Franz Wieacker. Göttingen 1973.

Festschrift Hueck: Beiträge zum Arbeits-, Handels- und Wirtschaftsrecht. Festschrift für Alfred Hueck zum 70. Geburtstag am 7. 7. 1959. Hrsg. von Rolf Dietz, Hans Carl Nipperdey und Eugen Ulmer. München und Berlin 1959.

Festschrift Hug: Festschrift für Walther Hug zum 70. Geburtstag am 14. April 1968. Hrsg. von Riccardo Jagmetti und Walter R. Schluep. Bern 1968.

Festschrift Kaufmann: Beiträge zum Wirtschaftsrecht. Festschrift für Heinz Kaufmann zum 65. Geburtstag. Hrsg. von Horst Bartholomeyczik, Kurt H. Biedenkopf und Helmuth von Hahn. Köln-Marienburg 1972.

Festgabe Kronstein: Das Unternehmen in der Wirtschaftsordnung. Festgabe für Heinrich Kronstein aus Anlaß seines 70. Geburtstages am 12. September 1967. Hrsg. von Kurt. H. Biedenkopf, Helmut Coing und Ernst-Joachim Mestmäcker. Karlsruhe 1967.

Festgabe Kunze: Recht und Rechtsleben in der sozialen Demokratie. Festgabe für Otto Kunze zum 65. Geburtstag. Hrsg. von Kurt Ballerstedt, Ernst Friesenhahn und Oswald von Nell-Breuning. Berlin 1969.

Festschrift Michaelis: Festschrift für Karl Michaelis zum 70. Geburtstag am 21. Dez. 1970. Hrsg. von Hans-Martin Pawlowski und Franz Wieacker. Göttingen 1971.

Festgabe Nawiasky: Staat und Wirtschaft. Beiträge zum Problem der Einwirkung des Staates auf die Wirtschaft. Festgabe zum 70. Geburtstag von Hans Nawiasky. Einsiedeln/Zürich/Köln 1950.

Festschrift Ludwig Raiser: Funktionswandel der Privatrechtsinstitutionen. Festschrift für Ludwig Raiser zum 70. Geburtstag. Hrsg. von Fritz Baur, Josef Esser, Friedrich Kübler, Ernst Steindorff. Tübingen 1974.

Festschrift Schmidt: Aktuelle Probleme aus dem Gesellschaftsrecht und anderen Rechtsgebieten. Festschrift für Walter Schmidt zum 70. Geburtstag am 18. Dez. 1958. Hrsg. von Benvenuto Samson. Berlin 1959.

Festschrift Harry Westermann: Festschrift für Harry Westermann zum 65. Ge-

burtstag. Hrsg. von Wolfgang Hefermehl, Rudolf Gmür, Hans Brox. Karlsruhe 1974.
Fletcher, W. M.: Cyclopedia of the Law of Private Corporations. Band 1, Geschichte usw. Chicago 1931.
Flume, Werner: Allgemeiner Teil des Bürgerlichen Rechts. Zweiter Band, Das Rechtsgeschäft, 2. Aufl. Berlin/Heidelberg/New York 1975.
Forsthoff, Ernst: Der Staat in der Industriegesellschaft. Dargestellt am Beispiel der Bundesrepublik Deutschland. München 1971.
–: Lehrbuch des Verwaltungsrechts. 1. Band, 10. Aufl. München 1973.
Fraenkel, Franz: Die Gesellschaft mit beschränkter Haftung. Eine volkswirtschaftliche Studie. Tübingen 1915.
Das *Frankfurter Publizitätsgespräch:* Vorträge und Diskussionen der Tagung in Königstein/Ts. am 13. und 14. April 1962. Hrsg. von Carl Hans Barz u. a. Frankfurt/M 1962.
Friedmann, Wolfgang: Recht und sozialer Wandel. Frankfurt/M 1969.
–: Legal Theory. 4. Aufl. London 1960.
Fürstenberg, F.: Grundfragen der Betriebssoziologie. Köln und Opladen 1964.
Galbraith, John Kenneth: Die moderne Industriegesellschaft. Aus d. Amerik. – Frankfurt/M/Wien/Zürich 1969.
–: American Capitalism. The Concept of Countervailing Power. Boston 1952.
Gemper, Bodo, Hrsg.: Marktwirtschaft und soziale Verantwortung. Köln 1973.
Gierke, Otto von: Johannes Althusius und die Entwicklung der naturrechtlichen Staatstheorien. Zugleich ein Beitrag zur Geschichte der Rechtssystematik. 1880 (Untersuchungen zur Deutschen Staats- und Rechtsgeschichte, Heft 7). 6. Ausg. Aalen 1968.
–: Deutsches Privatrecht Bd. 1. Allg. Teil und Personenrecht. Leipzig 1895.
–: Genossenschaftsrecht. 4 Bände. Berlin 1868–1913.
–: Die Genossenschaftstheorie und die deutsche Rechtsprechung. Berlin 1887.
–: Das Wesen der menschlichen Verbände. Leipzig 1902.
Gleitze, Bruno/Thalheim, Karl C. u. a.: Das ökonomische System der DDR nach dem Anfang der Siebziger Jahre. Berlin 1971.
Godin, v. - Wilhelmi: Kommentar zum Aktiengesetz. 4. Aufl. Berlin/New York 1971.
Goodrich, Carter, Hrsg.: The Government and the Economy, 1783–1861. New York 1967.
Griesbach, Bernhard: Wettbewerbspolitik ohne neues Leitbild. München 1970.
Gross, Hermann und *Jens Meier:* Größe und Größenstruktur der Unternehmen. Ursachen und Auswirkungen ihrer Wandlungen in der modernen Industriegesellschaft. Köln/Berlin/Bonn/München 1964.
Grossfeld, Bernhard: Aktiengesellschaft, Unternehmenskonzentration und Kleinaktionär. Tübingen 1968.
Gutowski, Armin: Konglomerate Unternehmensgröße und wirtschaftliche Macht. Tübingen 1971.
Habermas, Jürgen: Legitimationsprobleme im Spätkapitalismus. Frankfurt/M 1973.
–: Strukturwandel der Öffentlichkeit. Untersuchungen zu einer Kategorie der bürgerlichen Gesellschaft. Neuwied und Berlin. 6. Aufl. 1974.
Hacker, Andrew, Hrsg.: The Corporation Take-Over. New York 1964.

Hallis, Frederick: Corporate Personality, A Study in Jurisprudence. London 1930.

Handwörterbuch der Sozialwissenschaften. Zugleich Neuauflage des Handwörterbuchs der Staatswissenschaften. Hrsg. von Erwin v. Beckerath u. a. 12 Bände. Stuttgart/Tübingen/Göttingen 1956–1968.

Hausmann, Fritz: Vom Aktienwesen und vom Aktienrecht. Leipzig 1928.

Hauss, Fritz u. a.: Richterliche Kontrolle von Allgemeinen Geschäftsbedingungen. Verhandlungen der Fachgruppe für Grundlagenforschung und Zivilrechtsvergleichung anläßlich der Tagung für Rechtsvergleichung in Berlin (27./30. 9. 1967). Frankfurt/Berlin 1968.

Herberts, Kurt: Verantwortung in der industriellen Gesellschaft. Düsseldorf/Wien 1971.

Hesse, Konrad: Grundzüge des Verfassungsrechts der Bundesrepublik Deutschland. 8. Aufl. Karlsruhe 1973.

Heuer, Uwe-Jens, Gerhard Pflicke, Horst Langer u. a.: Sozialistische Wirtschaftsentwicklung und Recht. Berlin (Ost) 1967.

–: Demokratie und Recht im neuen ökonomischen System der Planung und Leitung der Volkswirtschaft. Berlin (Ost) 1965.

Hippel, Eike von: Verbraucherschutz. Tübingen 1974.

Hippel, Fritz von: Zum Aufbau und Sinnwandel unseres Privatrechts. Tübingen 1957.

Hirsch, Ernst E.: Kontrolle wirtschaftlicher Macht. Drei Vorlesungen zum deutschen Gesetz gegen Wettbewerbsbeschränkungen. Abhandlungen zum Schweizerischen Recht. Bern 1958.

–: Das Recht im sozialen Ordnungsgefüge. Beiträge zur Rechtssoziologie. Berlin 1966.

Hirsch-Weber, Wolfgang: Politik als Interessenkonflikt. Stuttgart 1969.

Hondrich, Karl Otto: Demokratisierung und Leistungsgesellschaft. Macht- und Herrschaftswandel als sozio-ökonomischer Prozeß. Stuttgart/Berlin/Köln/Mainz 1972.

Hoppmann, Erich, Hrsg.: Konzertierte Aktion. Kritische Beiträge zu einem Experiment. Frankfurt/M 1971.

Huber, Ernst Rudolf: Grundgesetz und wirtschaftliche Mitbestimmung. Stuttgart/Berlin/Köln/Mainz 1970.

Huber, Ulrich: Vermögensanteil, Kapitalanteil und Gesellschaftsanteil an Personengesellschaften des Handelsrechts. Heidelberg 1970.

Hueck, Alfred: Gesellschaftsrecht. Ein Studienbuch. 17. Aufl., bearb. von Götz Hueck, München 1975.

Hueck, Alfred und *Hans Carl Nipperdey:* Grundriß des Arbeitsrechts. 5. Aufl. Berlin/Frankfurt/M 1970.

Hueck-Nipperdey: Lehrbuch des Arbeitsrechts. Band 1. 7. Aufl. Frankfurt 1963.

Huffschmid, Jörg: Die Politik des Kapitals. Konzentration und Wirtschaftspolitik in der Bundesrepublik. Frankfurt/M 1970.

Hunziker, Peter: Erziehung zum Überfluß. Soziologie des Konsums. Stuttgart/Berlin/Köln/Mainz 1972.

Immenga, Ulrich: Aktiengesellschaft, Aktionärsinteressen und institutionelle Anleger. Tübingen 1971.

–: Die personalistische Kapitalgesellschaft. Eine rechtsvergleichende Untersuchung nach deutschem GmbH-Recht und dem Recht der Corporations in den Vereinigten Staaten. Bad Homburg v.d.H. 1970.

Kantzenbach, Erhard: Die Funktionsfähigkeit des Wettbewerbs. 2. Aufl. Göttingen 1967.

Kartte, Wolfgang: Ein neues Leitbild für die Wettbewerbspolitik. Köln 1969.

Katz, Daniel/Robert L. Kahn: The Social Psychology of Organizations. New York, Wiley 1966.

Kirsch, Guy: Manager-Herrscher ohne Auftrag? Die Legitimationsgrundlagen der Manager-Herrschaft. Köln 1969.

Kirschstein, Friedrich: Marktmacht und ihre Kontrolle nach dem Gesetz gegen Wettbewerbsbeschränkungen. München 1973.

Klauss, Herbert Karl/Rolf Mittelbach: Der Gesellschaftsvertrag in seiner zweckmäßigsten Form. 8. Aufl. Ludwigshafen/Rh 1971.

Klein, Franz: Die neueren Entwicklungen in Verfassung und Recht der Aktiengesellschaft. Wien 1904.

König, Detlef: Konsumentenkredit. Die Neuordnung in den USA und deutsche Reformprobleme. Stuttgart 1971.

König, René, Hrsg.: Handbuch der empirischen Sozialforschung. Stuttgart 1969.

Kress, Gisela und *Dieter Senghaas:* Politikwissenschaft. Eine Einführung in ihre Probleme. 2. Aufl. Frankfurt/M 1970.

Kronstein, Heinrich: Die abhängige juristische Person. München/Berlin/Leipzig 1931.

Krüger, Herbert: Allgemeine Staatslehre. 2. Aufl. Stuttgart/Berlin/Köln/Mainz 1966.

Kübler, Friedrich: Empfiehlt es sich, zum Schutze der Pressefreiheit gesetzliche Vorschriften über die innere Ordnung von Presseunternehmen zu erlassen? Gutachten D zum 49. Deutschen Juristentag. München 1972.

–: Rechtsfähigkeit und Verbandsverfassung. Überlegungen zur Problematik der als nicht-rechtsfähige Vereine organisierten Gewerkschaften. Berlin/New York 1971.

Kuhn, Ottmar: Strohmanngründung bei Kapitalgesellschaften. Tübingen 1964.

Kunze, Otto: Wirtschaftliche Mitbestimmung als Legitimationsproblem. Karlsruhe 1970.

Lange, Heinrich: BGB. Allgemeiner Teil. 14. Aufl. München 1973.

Larenz, Karl: Methodenlehre der Rechtswissenschaft. 2. Aufl. Berlin/Heidelberg/New York 1969.

–: Allgemeiner Teil des deutschen bürgerlichen Rechts. Ein Lehrbuch. 2. Aufl. München 1972.

Lattin, Norman D.: The Law of Corporations. New York 1959.

Lehmann, Karl: Die geschichtliche Entwicklung des Aktienrechts bis zum Code de Commerce. Berlin 1895 (Nachdruck Frankfurt/M 1968).

–: Das Recht der Aktiengesellschaft. 2 Bde. Berlin 1898, 1904.

Lehmann-Dietz: Gesellschaftsrecht. 3. Aufl. Berlin/Frankfurt a.M. 1970.

Lehmann-Hübner: Allgemeiner Teil des Bürgerlichen Gesetzbuchs. 15. Aufl. Berlin 1966.

Lindahl, Martin L. und *William A. Carter:* Corporate Concentration and Public Policy. 3. Aufl. Englewood Cliffs 1959.

Loewenstein, Karl: Verfassungslehre. 2. Aufl. Tübingen 1969.

Lompe, Klaus: Gesellschaftspolitik und Planung. Probleme politischer Planung in der sozialstaatlichen Demokratie. Freiburg i.Br. 1971.

Luhmann, Niklas: Legitimation durch Verfahren. 2. Aufl. Neuwied und Berlin 1974.

Luhmann, Niklas: Rechtssoziologie. Reinbek 1972.

Lutter, Marcus: Der Aktionär in der Marktwirtschaft. Berlin/New York 1973.

Macaulay, Stewart: Law and the Balance of Power. The Automobile Manufacturers and Their Dealers. New York 1966.

Macht und Ökonomisches Gesetz. Verhandlungen auf der Tagung des Vereins für Socialpolitik. Gesellschaft für Wirtschafts- und Socialwissenschaften in Bonn 1972. Hrsg. von Hans K. Schneider und Christian Watrin. Berlin 1973.

Marburger Aussprache zur Aktienrechtsreform. Marburg 1959.

Marburger Gespräch über Eigentum, Gesellschaftsrecht, Mitbestimmung. Was leisten Eigentumsordnung und Gesellschaftsrecht für die Organisation der Leitung des Unternehmens? Marburg 1967.

March, James G., Hrsg.: Handbook of Organizations. Chicago 1965.

Mason, Edward, Hrsg.: The Corporation in Modern Society. New York 1967.

Maunz-Dürig-Herzog: Kommentar zum Grundgesetz. 4. Aufl. München 1973.

Mayntz, Renate: Soziologie der Organisation. Reinbek 1963.

Merz, Hans: Privatautonomie heute – Grundsatz und Rechtswirklichkeit. Karlsruhe 1970.

Mestmäcker, Ernst-Joachim: Verwaltung, Konzerngewalt und Rechte der Aktionäre. Eine rechtsvergleichende Untersuchung nach deutschem Aktienrecht und dem Recht der corporations in den Vereinigten Staaten. Karlsruhe 1958.

– Hrsg.: Wettbewerb als Aufgabe. Nach zehn Jahren Gesetz gegen Wettbewerbsbeschränkungen. Bad Homburg/Berlin/Zürich 1968.

Mitbestimmung im Unternehmen. Bericht d. Sachverständigenkommission z. Auswertung der bisherigen Erfahrungen bei der Mitbestimmung (Mitbestimmungskommission). Januar 1970. BT-Drucksache VI, 334.

Möschel, Werner: Der Oligopolmißbrauch im Recht der Wettbewerbsbeschränkungen. Tübingen 1971.

Müller, Friedrich: Korporation und Assoziation. Eine Problemgeschichte der Vereinigungsfreiheit im deutschen Vormärz. Berlin 1965.

Müller-Henneberg/Schwartz: Gesetz gegen Wettbewerbsbeschränkungen und Europäisches Kartellrecht. Gemeinschaftskommentar. 3. Aufl. Köln/Berlin/Bonn/München 1972/74.

Naschold, Friedrich: Organisation und Demokratie. 2. Aufl. Stuttgart/Berlin/Köln/Mainz 1970.

Nipperdey, Hans Carl: Die soziale Marktwirtschaft in der Verfassung der Bundesrepublik. Karlsruhe 1954.

– Hrsg.: Die Grundrechte und Grundpflichten der Reichsverfassung. Kommentar zum Zweiten Teil der Reichsverfassung. Band III, Art. 143–165. Berlin 1930.

Nisbet, Robert A.: Community and Power. London/Oxford/New York 1962 (zuerst veröffentlicht unter dem Titel: The Quest for Community, New York 1953).

Nuscheler, Franz und *Winfried Steffani,* Hrsg.: Pluralismus. Konzeptionen und Kontroversen. 2. Aufl. München 1973.

Ott, Claus: Typenzwang und Typenfreiheit im Recht der Personengesellschaft. Diss. Tübingen 1966.

Palandt: Kommentar zum BGB. 34. Aufl. München 1975.

Pleyer, Klemens: Zentralplanung und Zivilrecht. Juristische Untersuchungen zur Wirtschaftsordnung der SBZ. Stuttgart 1965.

Pleyer, Klemens und *Joachim Lieser:* Zentralplanung und Recht. Untersuchungen zur Entwicklung des Zivil-, Wirtschafts-, Arbeits- und Sozialrechts in beiden Teilen Deutschlands aus den Jahren 1966–1968. Stuttgart 1969.

Pound, Roscoe: Jurisprudence. S. Paul, Minn. 1959.

Presthus, Robert: The Organizational Society. An Analysis and a Theory. New York 1962. Dt. Individuum und Organisation. Frankfurt/M 1962.

Pross, Helge: Kapitalismus und Demokratie. Studien über Westdeutsche Sozialstrukturen. Frankfurt/M 1972.

–: Manager und Aktionäre in Deutschland. Untersuchungen zum Verhältnis von Eigentum und Verfügungsgewalt. Frankfurt/M 1965.

– und *Karl W. Boetticher:* Manager des Kapitalismus. Untersuchung über leitende Angestellte in Großunternehmen. 2. Aufl. Frankfurt/M 1971.

Raisch, Peter: Unternehmensrecht. Band 1 Unternehmensprivatrecht: Handels- und Gesellschaftsrecht. Reinbek 1973.

Raiser, Ludwig: Rechtsfragen der Mitbestimmung. Köln/Opladen 1954.

–: Die Zukunft des Privatrechts. Berlin/New York 1971.

–: Das Recht der Allgemeinen Geschäftsbedingungen. Bad Homburg v.d.H. 1961 (unveränd. Neudruck der Erstveröffentl. 1935).

Raiser, Thomas: Das Unternehmen als Organisation. Kritik und Erneuerung der juristischen Unternehmenslehre. Berlin 1969.

–: Grundgesetz und paritätische Mitbestimmung. Die Vereinbarkeit der Entwürfe eines Gesetzes über die Mitbestimmung der Arbeitnehmer mit dem Grundgesetz. Berlin/New York 1975.

–: Marktwirtschaft und paritätische Mitbestimmung. Zur Kritik des Berichts der Mitbestimmungskommission. Heidelberg 1973.

Ramm, Thilo: Die Freiheit der Willensbildung. Zur Lehre von der Drittwirkung der Grundrechte und der Rechtsstruktur der Vereinigung. Stuttgart 1960.

–: Einführung in das Privatrecht. Allgemeiner Teil des BGB. München 1970.

Reagan, Michael: The Managed Economy. London, Oxford, New York 1963.

Rehbinder, Eckard: Konzernaußenrecht und allgemeines Privatrecht. Eine rechtsvergleichende Untersuchung nach deutschem und amerikanischem Recht. Bad Homburg v.d.H./Berlin/Zürich 1969.

Rehbinder, Manfred: Das Kaufrecht in den Allgemeinen Geschäftsbedingungen der deutschen Wirtschaft. Eine Sammlung. Berlin 1970.

–: Allgemeine Geschäftsbedingungen und die Kontrolle ihres Inhalts. Berlin 1972.

Reich, Norbert: Sozialismus und Zivilrecht. Eine rechtstheoretisch-rechtshistorische Studie zur Zivilrechtstheorie und Kodifikationspraxis im sowjetischen Gesellschafts- und Rechtssystem. Frankfurt/M 1972.

Renner, Karl: Die Rechtsinstitute des Privatrechts und ihre soziale Funktion. Ein

Beitrag zur Kritik des bürgerlichen Rechts. Mit einer Einleitung und Anmerkung von Otto Kahn-Freund. Stuttgart 1965.

Reuter, Dieter: Privatrechtliche Schranken der Perpetuierung von Unternehmen. Ein Beitrag zum Problem der Gestaltungsfreiheit im Recht der Unternehmensformen. Frankfurt/M 1973.

Rhode, Heinz: Juristische Person und Treuhand. Grundzüge einer Lehre vom zweckgebundenen Recht. Berlin 1932.

Rinck, Gert: Wirtschaftsrecht, Wirtschaftsverwaltung. Wettbewerbs- und Kartellrecht. 3. Aufl. Berlin 1972.

Ripert, Georges: Aspects juridiques du capitalisme moderne. 2. Aufl. Paris 1951.

Rittner, Fritz: Die handelsrechtliche Publizität außerhalb der Aktiengesellschaft. Gutachten für den 45. Deutschen Juristentag. München/Berlin 1964.

–: Die werdende juristische Person. Untersuchungen zum Gesellschafts- und Unternehmensrecht. Tübingen 1973.

Rittstieg, Helmut: Eigentum als Verfassungsproblem. Zur Geschichte und Gegenwart des bürgerlichen Verfassungsstaats. Darmstadt 1975.

Rotter, Frank: Zur Funktion der juristischen Person in der Bundesrepublik und in der DDR. Karlsruhe 1968.

Rumpff, Klaus: Mitbestimmung in wirtschaftlichen Angelegenheiten und bei der Personalplanung. 2. Aufl. Heidelberg 1974.

Runge, Uwe: Antonomien des Freiheitsbegriffs im Rechtsbild des Ordoliberalismus. Tübingen 1971.

Saladin, Peter: Grundrechte im Wandel. Die Rechtsprechung des Schweizerischen Bundesgerichts in einer sich ändernden Welt. Bern 1970.

Sandrock, Otto: Grundbegriffe des Gesetzes gegen Wettbewerbsbeschränkungen. München 1968.

Savigny, Friedrich Carl von: System des heutigen Römischen Rechts. Band 1. Berlin 1840.

Schäfer, Erich: Die Unternehmung. Einführung in die Betriebswirtschaftslehre. 8. Aufl. Köln/Opladen 1974.

Scharpf, Fritz: Demokratietheorie zwischen Utopie und Anpassung. Konstanz 1970.

Schelsky, Helmut: Auf der Suche nach Wirklichkeit. Düsseldorf/Köln 1965.

Scheuner, Ulrich, Hrsg.: Die staatliche Einwirkung auf die Wirtschaft. Frankfurt/M 1971.

Schluep, Walter R.: Mitbestimmung? Aktienrechtlicher Ursprung und unternehmensrechtliche Problematik beteiligungsfreier Mitbestimmung. Zürich 1971.

Schmidt, Ingo: US-amerikanische und deutsche Wettbewerbspolitik gegenüber Marktmacht. Berlin 1973.

Schmidt, Walther Wieland: Grundrechte und Nationalität juristischer Personen. Eine Untersuchung über den Grundrechtsschutz der inländischen und ausländischen juristischen Personen in der Bundesrepublik Deutschland. Heidelberg 1966.

Schmidt-Salzer, Joachim: Das Recht der Allgemeinen Geschäfts- und Versicherungsbedingungen. Berlin 1967.

–: Allgemeine Geschäftsbedingungen. NJW-Schriftenreihe Heft 11. München 1971

Scholz, Rupert: Koalitionsfreiheit als Verfassungsproblem. München 1971.

Schwerdtfeger, Gunther: Unternehmerische Mitbestimmung der Arbeitnehmer und Grundgesetz. Frankfurt/M 1972.

Selznick, Philip: Law, Society, and Industrial Justice. New York 1969.

Serick, Rolf: Rechtsform und Realität juristischer Personen. Ein rechtsvergleichender Beitrag zur Frage des Durchgriffs auf die Personen oder Gegenstände hinter den juristischen Personen. Berlin–Tübingen 1955.

Shonfield, Andrew: Modern Capitalism. The Changing Balance of Public and Private Power. New York/London 1965. Dt. Geplanter Kapitalismus. Köln 1968.

Silbermann, Alphons und Ernest Zahn: Die Konzentration der Massenmedien und ihre Wirkungen. Eine wirtschafts- und kommunikationssoziologische Studie. Düsseldorf/Wien 1969.

Slapnicka, Helmut: Die sozialistische Kollektivperson. Funktion und Struktur der juristischen Person in den europäischen Volksdemokratien. Wien/Köln/Graz 1969.

Soergel-Siebert: Kommentar zum BGB. 10. Aufl. Stuttgart/Berlin/Köln/Mainz 1967.

Sölter, Arno: Investitionswettbewerb und Investitionskontrolle. Köln/Berlin 1973.

Sontheimer, Kurt: Grundzüge des politischen Systems der Bundesrepublik Deutschland. 4. Aufl. München 1974.

Spätkapitalismus oder Industriegesellschaft? Verhandlungen des 16. Deutschen Soziologentags. Hrsg. von Th. Adorno. Stuttgart 1969.

Stachels, Elmar: Das Stabilitätsgesetz im System des Regierungshandelns. Berlin 1970.

Staudinger: Kommentar zum BGB. Band I, 11. Aufl. Berlin 1957.

Stein, Ekkehart: Die Wirtschaftsaufsicht. Tübingen 1967.

–: Lehrbuch des Staatsrechts. 3. Aufl. Tübingen 1973.

Steinmann, Horst: Das Großunternehmen im Interessenkonflikt. Ein wirtschaftswissenschaftlicher Beitrag zu Grundfragen einer Reform der Unternehmensordnung in hochentwickelten Industriegesellschaften. Stuttgart 1969.

Stevens, Robert S.: Handbook on the Law of Private Corporations. St. Paul, Minn. 1949.

Summum ius summa iniuria. Individualgerechtigkeit und der Schutz allgemeiner Werte im Rechtsleben. Ringvorlesung von Mitgliedern der Tübinger Juristenfakultät. Tübingen 1963.

Tegtmeier, Werner: Wirkungen der Mitbestimmung der Arbeitnehmer. Göttingen 1974.

Teichmann, Arndt: Gestaltungsfreiheit in Gesellschaftsverträgen. München 1970.

Thiedig, Klaus: Suggestivwerbung und Verbraucherschutz. Frankfurt/M 1973.

Thomssen, Wilke: Wirtschaftliche Mitbestimmung als Problem der Gesellschaftstheorie. Zum Verhältnis v. industrieller Demokratie u. sozialem Konflikt. Berlin/Neuwied 1970.

Tuchtfeldt, Egon, Hrsg.: Soziale Marktwirtschaft im Wandel. Freiburg 1973.

–: Zielprobleme in der modernen Wirtschaftspolitik. Tübingen 1971.

Ulmer, Peter: Der Vertragshändler. Tatsachen und Rechtsfragen kaufmännischer Geschäftsbesorgung von Markenwaren. München 1969.

–: Abgestimmte Verhaltensweisen im Kartellrecht. Karlsruhe 1972.

United States Congress: House Commitee on the Judiciary. Subcommittee No. 5 (1970). Investigation of Conglomerate Corporations. Washington, D.C.: Government Printing Office.

Unternehmensverfassung als gesellschaftspolitische Forderung. Ein Bericht erstattet von Erik Boettcher, Karl Hax u. a. Berlin 1968.

Untersuchungen zur Reform des Unternehmensrechts. Bericht der Studienkommission des Deutschen Juristentags. Teil I. Bericht der Ausschüsse I und II. Tübingen 1955.

Varain, Heinz-Josef, Hrsg.: Interessenverbände in Deutschland. Köln 1973.

Vinken, Horst: Die Stiftung als Trägerin von Unternehmen und Unternehmensteilen. Ein Beitrag zur Morphologie der Einzelwirtschaften. Baden-Baden 1970.

Vogt, Winfried: Seminar: Politische Ökonomie. Frankfurt/M 1973.

Votaw, Dow: Modern Corporations. Englewood Cliffs 1965.

Wächter, Hartmut: Unternehmungs- und Unternehmerziele im sozio-ökonomischen Feld. Göttingen 1969.

Walton, Clarence: Corporate Social Responsibilities. Belmont, Calif. 1967.

Weber, Max: Wirtschaft und Gesellschaft. Studienausgabe. Hrsg. von Johannes Winckelmann. 5. Aufl. Köln/Berlin 1972.

Weber, Werner: Die Körperschaften, Anstalten und Stiftungen des öffentlichen Rechts. 2. Aufl. München/Berlin 1943.

–: Staats- und Selbstverwaltung in der Gegenwart. 2. Aufl. Göttingen 1967.

Wehler, Hans Ulrich, Hrsg.: Moderne deutsche Sozialgeschichte. 3. Aufl. Köln 1970.

Weimar, Robert: Untersuchungen zum Problem der Produktenhaftung. Ein Beitrag zur soziologischen Rechtsforschung. Basel 1967.

Wenger, Karl: Die öffentliche Unternehmung. Ein Beitrag zur Lehre von der Wirtschaftsverwaltung und zur Theorie des Wirtschaftsverwaltungsrechts. Wien/New York 1969.

Westermann, Harm Peter: Vertragsfreiheit und Typengesetzlichkeit im Recht der Personengesellschaften. Berlin/Heidelberg/New York 1970.

Westermann, Scherpf, Paulick, Bulla, Hackbeil: Handbuch der Personengesellschaften. Loseblatt. Köln ab 1967.

Whyte, William H.: The Organization Man. New York 1956. Dt. Herr und Opfer der Organisation. Düsseldorf 1958.

Wieacker, Franz: Privatrechtsgeschichte der Neuzeit unter besonderer Berücksichtigung der deutschen Entwicklung. 2. Aufl. Göttingen 1967.

Wiedemann, Herbert: Das Unternehmen in der Evolution. 3. Aufl. Neuwied 1973.

Wiethölter, Rudolf: Interessen und Organisation der Aktiengesellschaft im amerikanischen und deutschen Recht. Karlsruhe 1961.

Wilhelm, Walter, Hrsg.: Studien zur europäischen Rechtsgeschichte. Frankfurt 1972.

Winkler, Heinrich August, Hrsg.: Organisierter Kapitalismus. Voraussetzungen und Anfänge. Göttingen 1974.

Wolf, Erik: Große Rechtsdenker der deutschen Geistesgeschichte. 4. Aufl. Tübingen 1963.

Wolf, Manfred: Rechtsgeschäftliche Entscheidungsfreiheit und vertraglicher Interessenausgleich. Tübingen 1970.

Wolff, Hans Julius: Organschaft und Juristische Person. Berlin 1933/34.

Zehn Jahre Bundeskartellamt. Beiträge zu Fragen und Entwicklungen auf dem Gebiet des Kartellrechts. Köln/Berlin/Bonn/München 1968.

Ziegler, Helmut: Strukturen und Prozesse der Autorität in der Unternehmung. Stuttgart 1970.

Zöllner, Wolfgang: Die Schranken mitgliedschaftlicher Stimmrechtsmacht bei den privatrechtlichen Personenverbänden. München/Berlin 1963.

– Hrsg.: Kölner Kommentar zum Aktiengesetz. Köln/Berlin/Bonn/München 1970 ff.

SACHREGISTER